Palliativmedizin als Sterbebegleitung nach deutschem und griechischem Recht

Recht & Medizin

Herausgegeben von den Professoren
Dr. Erwin Deutsch, Dr. Adolf Laufs, Dr. Hans-Ludwig Schreiber

Bd./Vol. 76

PETER LANG
Frankfurt am Main · Berlin · Bern · Bruxelles · New York · Oxford · Wien

Anastassios Kantianis

Palliativmedizin als Sterbebegleitung nach deutschem und griechischem Recht

PETER LANG
Europäischer Verlag der Wissenschaften

Bibliografische Information Der Deutschen Bibliothek
Die Deutsche Bibliothek verzeichnet diese Publikation in der Deutschen Nationalbibliografie; detaillierte bibliografische Daten sind im Internet über <http://dnb.ddb.de> abrufbar.

Zugl.: Göttingen, Univ., Diss., 2003

D 7
ISSN 0172-116X
ISBN 3-631-53003-X

www.peterlang.de

Meinen teuren Eltern,
Konstantinos und Vassiliki Kantianis,
in ewiger Dankbarkeit gewidmet

Στους ακριβους μου γονεις,
Κωνσταντινο και Βασιλικη Καντιανη,
με ευγνωμοσυνη αφιερωμενο

Vorwort

Die vorliegende Arbeit wurde im Wintersemester 2003/2004 als Dissertation von der Juristischen Fakultät der Georg-August-Universität zu Göttingen angenommen. In der vorliegenden Arbeit wird die rechtliche Seite der Sterbebegleitung im Rahmen der sich entwickelnden Palliativmedizin anhand der deutschen und der griechischen Rechtsordnung untersucht.

Meinem verehrten Doktorvater, Herrn Prof. Dr. Dr. h.c. Hans-Ludwig Schreiber, danke ich herzlichst für sein wertvolles Vertrauen, seine vielfältige Unterstützung und seine Anregung zu dieser Arbeit. Dankbar blicke ich auf zahlreiche juristische Diskussionen mit ihm zurück, in denen er mich in eine feinsinnige Welt des Rechts einführte. Diese einzigartige Begleitung war für mich vorbildlich.

Mein Dank gilt ihm und den Professoren Erwin Deutsch und Adolf Laufs auch für die Aufnahme dieser Arbeit in die von ihnen herausgegebene Reihe "Recht und Medizin". Herrn Prof. Dr. Harald Bogs danke ich für die Übernahme des Zweitgutachtens und die wertvollen Anregungen.

Nicht unerwähnt lassen möchte ich die Förderung eines Promotionsstipendiums, welches mir nach Maßgaben der Bestimmungen des Graduiertenförderungsgesetzes auf Vorschlag der Kommission für Stipendienangelegenheiten des Senats der Universität Göttingen gewährt wurde. Dafür bin ich dankbar. Dieses Stipendium hat zu der Anfertigung der vorliegenden Arbeit wesentlich beigetragen. Herrn Professor Dr. Manfred Maiwald danke ich herzlich für sein Gutachten.

Athen, im Januar 2005 A.K.

Inhaltsverzeichnis

Abkürzungsverzeichnis

a.A. .... anderer Ansicht
aaO .... am angegebenen Ort
Abs. .... Absatz
AE .... Alternativ-Entwurf
AG .... Amtsgericht
AÖR .... Archiv des öffentlichen Rechts
AstK. .... Astikos Kodikas (griechisches bürgerliches Gesetzbuch)
AT .... Allgemeiner Teil
BÄK .... Bundesärztekammer
BayObLG .... Bayerisches Oberstes Landgericht
BGB .... Bürgerliches Gesetzbuch
BGBl. .... Bundesgesetzblatt
BGH .... Bundesgerichtshof
BGH St .... Entscheidungen des Bundesgerichtshofes in Strafsachen – Amtliche Sammlung
BGH Z .... Entscheidungen des Bundesgerichtshofes in Zivilsachen – Amtliche Sammlung
BT .... Besonderer Teil
BT-Dr. .... Bundestags-Drucksache
BtPrax .... Betreuungsrechtliche Praxis
BtMG .... Betäubungsmittelgesetz
BtMVV .... Betäubungsmittel-verschreibungsverordnung
BVerfG .... Bundesverfassungsgericht
BVerfG E .... Entscheidungen des Bundesverfassungsgerichts
bzw. .... beziehungsweise
ders./dies. .... derselbe/dieselbe
DGMR .... Deutsche Gesellschaft für Medizinrecht
DJT .... Deutscher Juristentag
DMW .... Deutsche Medizinische Wochenschrift
DRiZ .... Deutsche Richterzeitung
et al. .... et alii (und andere)
EthikMed .... Ethik in der Medizin
EuGRZ .... Europäische Grundrechte-Zeitung
f. .... folgende

FamRZ .... Zeitschrift für das gesamte Familienrecht
FAZ .... Frankfurter Allgemeine Zeitung
ff. .... fortfolgende
FGPrax .... Praxis der Freiwilligen Gerichtsbarkeit
FS .... Festschrift
Fß. .... Fußnote
GA .... Goltdammer's Archiv für Strafrecht
GG .... Grundgesetz
Hrsg. .... Herausgeber
i.V.m. .... In Verbindung mit
JA .... Juristische Arbeitsblätter
JAMA.................................... Journal of the American Medical Association
JIB/Ethique .... Journal International de Bioéthique
JR .... Juristische Rundschau
Jura .... Juristische Ausbildung
JZ .... Juristenzeitung
KJ .... Kritische Justiz
KritV .... Kritische Vierteljahresschrift für Gesetzgebung und Rechtswissenschaft
KuR .... Kirche und Recht
LG .... Landgericht
LK .... Leipziger Kommentar
MBO .... Musterberufsordnung
MDR .... Monatsschrift für Deutsches Recht
Med Law .... Medicine and Law
Med.L.Rev. .... Medical Law Review
MedR .... Medizinrecht
MJA .... The Medical Journal of Australia
NStZ .... Neue Zeitschrift für Strafrecht
NJW .... Neue Juristische Wochenschrift
o. .... oben
PK .... Poinikos Kodikas (griechisches Strafgesetzbuch)
S. .... Seite
s. .... siehe
SK .... Systematischer Kommentar
StGB .... Strafgesetzbuch
u.a. .... unter anderem
v. .... von

vgl.	vergleiche
Vor/Vorbem	Vorbemerkung
WHO	World Health Organisation
WMW	Wiener Medizinischer Wochenschrift
ZaeFQ	Zeitschrift für ärztliche Fortbildung und Qualitätssicherung
z. B.	zum Beispiel
Z Gerontol Geriat	Zeitschrift für Gerontologie und Geriatrie
Z Palliativmed	Zeitschrift für Palliativmedizin
ZRP	Zeitschrift für Rechtspolitik
ZStW	Zeitschrift für die gesamte Strafrechtswissenschaft

Einleitung

Jede unheilbare Krankheit und jedes „qualvolle“ Sterben stellt Maß und Inhalt der schon erreichten Selbstbestimmung in Frage. Der moderne Patient kann sich mit einem „fremdbestimmten“ Ende schwer abfinden. Die neue Herausforderung lautet: Selbstbestimmtes Sterben, menschenwürdiges Sterben. In diesem Rahmen werden in der Diskussion um das Sterben das Selbstbestimmungsrecht und die Menschenwürde zu Kernfiguren gemacht.

Das Selbstbestimmungsrecht bedarf allerdings der Konkretisierung und der Abwägung mit anderen in den modernen Rechtsordnungen verankerten Rechten und Prinzipien, wie das Recht auf Leben und das Verfassungsprinzip der Menschenwürde in seinen konkreten Ausprägungen. Eine inflationäre Verwendung des Prinzips der Menschenwürde führt oft zur Verwischung von notwendigen Differenzierungen. Davor ist zu warnen. Die Versuchung, eigenen Einstellungen und Vorstellungen vom „selbstbestimmten“ und „menschenwürdigen“ Sterben Allgemeingültigkeit zuzusprechen ist groß. Die Frage nach den rechtlichen Grenzen ärztlicher Intervention bei Patienten, die unheilbar krank und dem Tode sehr nah sind oder sich den Tod wünschen, wird in dieser Arbeit nicht lediglich unter dem Aspekt des Selbstbestimmungsrechts zu behandeln sein. Denn soweit durch die ärztliche Intervention vorsätzlich eine Lebensverkürzung herbeigeführt wird oder herbeigeführt werden soll, erlangt die Frage nach dem Lebensschutz des betroffenen Patienten rechtliche Relevanz.[1] Die Menschenwürde des Patienten soll beachtet werden, aber auch nur dort in der Diskussion in Betracht gezogen werden, wo ihre Verletzung feststellbar ist.

Der Schwerpunkt dieser Arbeit wird im Titel zum Ausdruck gebracht. Der Titel lautet: „Palliativmedizin als Sterbebegleitung nach deutschem und griechischem Recht“. Die Palliativmedizin ist ein Bereich der Medizin, der sich mit der Entwicklung therapeutischer Ansätze bei der Behandlung unheilbar Kranker und Kranker in fortgeschrittenem Stadium einer tödlich verlaufenden Krankheit befasst. Die Palliativmedizin soll den besonderen Bedürfnissen von Patienten, die dem Tode nahe sind, entsprechen, und ihnen eine angemessene Behandlung und ein möglichst friedliches Sterben ermöglichen. Gegenstand der folgenden Untersuchung ist die Palliativmedizin in der Form der „Sterbebegleitung“. Damit wird Bezug auf die Handlungsziele der Palliativmedizin im Bereich der ärztlichen Intervention angesichts des Sterbens des Patienten genommen. Die Problematik der Palliativmedizin als Sterbebegleitung soll ferner „nach deutschem und griechischem Recht“ behandelt werden. Es handelt sich daher um die rechtliche Beurteilung der palliativmedizinischen Sterbebegleitung anhand zweier Rechtsordnungen. Das setzt allerdings zunächst voraus, dass das zentrale Sachproblem als tertium comparationis identifiziert wird. Dies ist das gesellschaftliche Bedürfnis

---

[1] *McCall Smith*, Med.L.Rev. 1999, S. 194 (196).

nach einer angemessenen Behandlung bei Patienten, die dem Tode nahe sind, unter Respektierung ihrer Rechte. Auf der Basis dieses Sachproblems entstehen Teilsachprobleme und entsprechende Regelungsbedürfnisse. Ermittelt wird dann, auf welche Weise das deutsche und das griechische Recht dem in beiden Ländern bestehenden Sachproblem Rechnung tragen. Fest steht, dass sowohl im deutschen wie auch im griechischen Recht kein spezielles Gesetz, welches den Sterbebegleitungskomplex regelt, existiert. Während in Deutschland einschlägige gerichtliche Entscheidungen den Diskussionsprozess beschleunigt und verfeinert haben, führte das Fehlen solcher Entscheidungen in Griechenland zu einer in mancher Hinsicht undifferenzierten Auseinandersetzung mit den einschlägigen Sachproblemen. Letzteres führte aber dazu, dass einige Sachprobleme im griechischen Schrifttum nicht erkannt wurden. In dieser Arbeit spiegelt sich dieses Problem insofern wider, als an manchen Stellen eine Vertiefung in der Problematik nur anhand des deutschen Standpunktes möglich war. Eine starre Befolgung der rechtsvergleichenden Methode würde hier eine solche Vertiefung verhindern. Insofern handelt es sich hier um eine begrenzte wertende Vergleichung. Dies ist eine bewusste Entscheidung: Ohne Berücksichtigung von Teilaspekten, von Verfeinerung der Sachprobleme der Problematik der Sterbebegleitung würde meines Erachtens das Ziel dieser Arbeit verfehlt werden. Ziel der Arbeit ist, das in beiden Ländern bestehende Bedürfnis nach Rechtsklarheit und Rechtssicherheit im Bereich der Sterbebegleitung in seinen konkreten Ausprägungen zu analysieren und dabei dem überzeugenderen Lösungsweg zu folgen. Allerdings setzt das voraus, dass notwendige Sach- und Rechtsabgrenzungen vorgenommen werden. Die vorliegende Untersuchung befasst sich nicht mit der Problematik der Sterbebegleitung von geistig Behinderten, minderjährigen Patienten[2] und Neugeborenen.[3] Diese Kategorien von Patienten weisen Besonderheiten auf, die einer gesonderten Untersuchung bedürfen. Dagegen sind Gegenstand der hiesigen Arbeit erwachsene Patienten, die entscheidungsfähig, beschränkt entscheidungsfähig oder entscheidungsunfähig sind.

Der Aufbau dieser Arbeit verläuft in vier Teilen. Im ersten Teil wird zunächst auf das Konzept der palliativmedizinischen Sterbebegleitung eingegangen. Dabei wird dargelegt, wie die von der Sterbebegleitung angesprochene Kategorie von Patienten in Deutschland und in Griechenland nach dem Konzept der Palliativmedizin betreut werden. Die palliativmedizinische Sterbebegleitung wird des

---

[2] Dazu: *Rixen*, MedR 1997, S. 351 ff.; *Dierks/Graf-Baumann/Lenard* (Hrsg.), Therapieverweigerung bei Kindern und Jugendlichen, 1995; *Wölk*, MedR 2001, S. 80 ff.; *Czerner*, MedR 2001, S. 354 ff.

[3] Dazu: *Merkel*, Früheuthanasie, 2001; *ders.*, JZ 1995, S. 1145; *Kaufmann*, JZ 1982, S. 481 ff.; *Guttini* et al., The Lancet 2000, S. 2112 ff.; *Sklansky*, Journal of Medical Ethics 2001, S. 5 ff. Nach *Margaritis*, in: FS-Spinellis, 2001, S. 691 (693, Fß. 5) [gr.] ist die Frage der Sterbehilfe bei Neugeborenen nach den selben Kriterien zu behandeln wie die Frage der Sterbehilfe bei Erwachsenen.

weiteren in ihrem Verhältnis zu den Formen ärztlicher Sterbehilfe untersucht. Welche Formen der ärztlichen Sterbehilfe in die Sterbebegleitung integriert werden können, wird an dieser Stelle beantwortet. Da die strafrechtlich relevante Sterbebegleitung eine Lebensverkürzung bewirkt, werden Probleme des Lebensschutzes relevant. Eine erste Darstellung des strafrechtlichen Lebensschutzes in Deutschland und in Griechenland erscheint an dieser Stelle geboten. In diesem Teil wird auch auf die standesrechtliche und standesethische Ebene der Sterbebegleitung Bezug genommen, weil Standesrecht und Standesethik eine noch zu bestimmende Rolle bei der rechtlichen Beurteilung der Sterbebegleitung spielen.

Im zweiten Teil wird der Schwerpunkt der Untersuchung auf den Schutz der Selbstbestimmung und des Lebens des Patienten in den einschlägigen Fallkonstellationen der Sterbebegleitung gelegt. Es geht hier primär um die Frage, in welchem Umfang Entscheidungen des Patienten über seinen Tod rechtlich anerkannt werden und mittels welcher rechtlich anerkannten Institutionen dies geschieht. Bei Entscheidungsfähigkeit des Patienten kommt es auf Fragen der Einwilligungsfähigkeit und der Einwilligungsverbindlichkeit an. Für den Fall der späteren Entscheidungsunfähigkeit besteht ein System an Vorsorgemöglichkeiten, welche ein Patient in Anspruch nehmen kann. Auf diese Vorsorgemöglichkeiten wird dabei näher eingegangen. Bei Entscheidungsunfähigkeit des Patienten wird die staatliche Fürsorge relevant, so wie sie im Betreuungsrecht beider Länder zum Ausdruck gebracht wird. Betreuungsrechtliche Fragen bedürfen daher im Bereich der Sterbebegleitung der Untersuchung. Schließlich wird in diesem Teil die Rolle von Ethikkommissionen im Bereich der Sterbebegleitung untersucht.

Der dritte Teil widmet sich einer Form der Sterbebegleitung, die besondere strafrechtliche Probleme aufweist. Es geht um die Schmerzlinderung mit tödlicher Nebenfolge. Die strafrechtlich umstrittenen Schwerpunkte dieser Form von Sterbebegleitung betreffen insbesondere die Vorsatzart des handelnden Arztes sowie die Begründungswege der Straflosigkeit des einschlägigen ärztlichen Verhaltens. Diese Elemente sind zu untersuchen, denn nur dadurch kann die existierende rechtliche Differenz zwischen Schmerzlinderung mit tödlicher Nebenfolge und aktiver Sterbehilfe plausibel gemacht werden.

Im vierten Teil werden Formen der Sterbebegleitung strafrechtlich untersucht, welche der Behandlungsbeschränkung nach Änderung des Behandlungsziels zugeordnet werden. Die Fragen, welche hier auftauchen, betreffen insbesondere den Zeitpunkt der Änderung des Behandlungsziels, die Reichweite und den Inhalt der ärztlichen Garantenpflicht. Bei Entscheidungsfähigkeit des Patienten sind die Probleme dieser Form der Sterbebegleitung relativ leicht zu bewältigen. Bei Entscheidungsunfähigkeit könnten die in Anspruch genommenen Vorsorgemöglichkeiten des Patienten aktiviert werden, doch in vielen Fällen wird die

Entscheidung über eine Behandlungsbeschränkung nach besonderen Kriterien zu treffen sein. Diese Kriterien werden in ihrer rechtlichen Relevanz untersucht. Einer gesonderten Untersuchung bedarf letztlich die Problematik der Einstellung der sogenannten künstlichen Nahrungs- bzw. Flüssigkeitszufuhr.

Insgesamt erfolgt die Untersuchung in drei Schritten. Zunächst wird gefragt, worin die Entwicklung der palliativmedizinischen Sterbebegleitung besteht und welche rechtlich relevanten Elemente sie aufweist. Dann wird nach den Grenzen der Interventionsmöglichkeiten des Patienten in diesem Bereich gefragt. Und schließlich wird mit Blick auf den handelnden Arzt das Geschehen strafrechtlich untersucht. Ziel dieses Aufbaus ist es, möglichst viele Aspekte der palliativmedizinischen Sterbebegleitung zu berücksichtigen, welche die rechtliche Komplexität der Thematik zum Ausdruck bringen. Dadurch wird der Gefahr begegnet, auf einer reduzierten Beurteilungsbasis rechtlich zu argumentieren und dadurch zu willkürlichen Lösungsansätzen zu gelangen. Gefragt wird vielmehr nach einer nicht willkürlichen rechtlichen Stellungnahme, die sich widerspruchslos in das Rechtssystem einfügen lässt.[4]

---

[4] *Engisch*, in: Eser (Hrsg.), Suizid und Euthanasie, 1976, S. 312 (313).

Erster Teil
Die palliativmedizinische Sterbebegleitung als Weiterentwicklung der ärztlichen Sterbehilfe

Der Titel dieses Teiles stellt eine Arbeitshypothese dar. Die Antwort auf die Frage, ob die palliativmedizinische Sterbebegleitung als Weiterentwicklung der ärztlichen Sterbehilfe angesehen werden kann, setzt zunächst voraus, dass ein erster Überblick bezüglich der Frage verschafft wird, was unter palliativmedizinischer Sterbebegleitung zu verstehen ist. Des weiteren muss das Verhältnis der Sterbebegleitung zur Sterbehilfe untersucht werden, denn die zentrale Frage nach einer angemessenen Behandlung unheilbar Kranker bzw. Sterbender war und ist auch Gegenstand der Sterbehilfediskussion, die seit Jahrzehnten im ärztlichen, ethischen und juristischen Kreis geführt wird. Die Untersuchung des Verhältnisses beider Konzepte wird der Kontinuität der Diskussion gerecht, was von erheblicher Bedeutung ist. Sonst bestünde die Gefahr, dass die Sterbehilfe, insbesondere die Problematik der aktiven Sterbehilfe, ohne triftige Gründe in den Hintergrund gerückt würde. Dies könnte zu einer Tabuisierung der von ihr bisher behandelten Fragen führen.[5] Abschließend wird in diesem Teil auf die standesrechtliche und standesethische Betrachtung der palliativmedizinischen Sterbebegleitung eingegangen.

A. Das Konzept der palliativmedizinischen Sterbebegleitung

I. Das traditionelle Konzept und seine Unzulänglichkeiten

Die Mediziner sehen sich traditionell unter einem therapeutischen Imperativ. Der Grund dafür ist darin zu sehen, dass der Medizin entsprechend ihrer Wissenschaftstradition ein kuratives Paradigma anhängt, mit dem zugrundeliegenden Verständnis, dass Krankheit eine Abnormität darstellt, die durch Heilung normalisiert werden muss.[6] Erfolg und Misserfolg der Behandlung werden danach anhand des Kriteriums der Heilung definiert.[7] Gemäß dem traditionellen Konzept wird das Heilungsziel mit dem Lebenserhaltungsziel gleichgesetzt. Das entspricht einem dem traditionellen Konzept immanenten kausalen Denken: „Weil wir etwas können, müssen wir es tun. Weil wir begonnen haben, müssen wir weitermachen. Denken, das sich nur daran orientiert, was man kann, führt zu einem Automatismus, zu einer unkritischen Verselbständigung von Handlungsabläufen, deren Unsinnigkeit erst in Extremsituationen deutlich wird".[8] Zur Rechtfertigung dieses Konzepts wird teilweise auf die abendländische Tradition

---

[5] *Weigend*, ZStW 1986, S. 44 (67), weist auf die Tabuisierung im Sinne der Verdrängung des Problems der Lebensbeendigung selbst hin und fordert eine Auseinandersetzung mit der Frage des Lebensschutzes und seiner möglichen Limitationen ohne Berührungsangst. Ähnlich: *Merkel*, in: Hegselmann/Merkel (Hrsg.), Zur Debatte über Euthanasie, 1991, S. 71 (75).

[6] *Beck/Kettler*, ZentralblChir 1998, S. 624 (626).

[7] *Farsides*, Journal of Medical Ethics 1998, S. 149.

[8] *Salomon*, AINS 2000, S. 319 (323).

hingewiesen: Die hippokratische Medizin fordere eine maximale Behandlung des Patienten.[9] Dem ist aber in dieser Allgemeinheit zu widersprechen. Der hippokratische Arzt konnte die Behandlung aufgeben und den unheilbar kranken Patienten verlassen, so wie es im Corpus Hippocraticum zu lesen ist und sogar im christlich geprägten, wenn auch noch unter dem Einfluss der hippokratischen Medizin stehendem Byzanz in manchen berichteten Fällen praktiziert wurde.[10] Es sei unethisch unheilbar Kranken im terminalen Stadium zu behandeln, weil hierin die Grenzen der Medizin überholt seien.[11] In der Sache soll dadurch die Integrität der Medizin und des Ärztebildes geschützt werden. Nicht die ärztliche Kunst, sondern die Schwere der Krankheit sei in solchen Fällen für das negative outcome grundsätzlich verantwortlich.[12] Zutreffend wird daher darauf hingewiesen, dass die Wurzeln des heutigen Verständnisses des Kriteriums der „futility" (Unwirksamkeit, Sinnlosigkeit) als Grenze der Lebenserhaltungspflicht des Arztes in der Antike zu finden sind.[13]

Das traditionelle medizinische Konzept ist seit einigen Jahren in die Kritik geraten. Die Lebenserhaltung verlangt den Einsatz lebenserhaltender[14] ärztlicher Maßnahmen, auch wenn sie in vielen Fällen keine Hilfe mehr für den Patienten darstellen. Dies ist dann der Fall, wenn keine Aussicht auf Wiederherstellung der Lebensfähigkeit des Patienten besteht, oder wenn quälende Symptome als Nebenwirkungen der lebenserhaltenden Therapieansätze einen Leidzustand darstellen. Der Arzt hat nach dem traditionellen Konzept in jedem Fall und mit allen Mitteln einzugreifen, um Leben zu erhalten. Die undifferenzierte Betrachtung des Lebenserhaltungsziels hat angesichts der fast uneingeschränkten Möglichkeiten der Medizin zu Fällen von Übermaßbehandlung geführt. Auf der an-

---

[9] *Schürch*, Rationierung in der Medizin als Straftat, 2000, S. 113.

[10] Dazu eingehend *Laskaratos/Poulakou-Rebelakou/Marketos*, Journal of Medical Ethics 1999, S. 254 ff.

[11] *Laskaratos/Poulakou-Rebelakou/Marketos*, a.a.O., S. 254 (256).

[12] *Hippokrates* Techn. 8, Afor. 7on, 87, zitiert nach *Apostolidis*, Ippokrateios Orkos, 2000, S. 31 Fß. 57 [gr.].

[13] *Schneidermann/Jecker/Jonsen*, in: Arras/Steinbock (Hrsg.), Ethical Issues in Modern Medicine, 1995, S. 281 (283).

[14] Auf den Begriff "lebensverlängernde" Maßnahmen wird teilweise abgestellt, so u.a. bei *Taupitz*, NJW 2000, Beilage zu Heft 25, S. 6 (7); *Dontas*, Materia Medica Greca 1989, S. 371 (372) [gr.]. Die Lebensdauer verlängern zu können würde aber bedeuten, die Zäsur festlegen zu können, ab welcher die Lebenserhaltung zur Lebensverlängerung wird. Wenn schon in der Hirntoddiskussion eine solche Zäsur nur schwer auf einem Konsens beruhen konnte, dann dürfte zweifelhaft sein, dass eine solche Zäsur *im Vorfeld* des Hirntodes konsensfähig sein könnte. Auf der anderen Seite erlangt das Wort „Lebensverlängerung" im Sterbehilfekontext den Sinn, dass das Leben über das Erforderliche hinaus erhalten wird. Wann dies der Fall ist, danach wird aber in der Sterbebegleitungsdiskussion gefragt. Die Verwendung des Wortes „Lebensverlängerung" und des Attributs „lebensverlängernd" wird aus diesen Gründen in dieser Arbeit vermieden.

deren Seite liegt das Problem des traditionellen Konzeptes darin, dass dabei die Individualität des Patienten nur reduziert erfasst wird. Nicht nur kausales Denken, also konzeptioneller Reduktionismus, sondern auch praktizierter Reduktionismus führt zur Verdinglichung des Kranken.[15] Es handelt sich hierbei um einen Reduktionismus, der zu ermöglichen scheint, dass komplexe Strukturen auf einfache, höhere Seinsschichten auf niedrigere und schließlich: Kranke Menschen auf Befunde zurückzuführen sind.[16] *Diehl* schildert das alte Paradigma in der Onkologie: „Der Ausdruck: ‚Der Tumor spricht an' bezeichnet unmissverständlich die Dialogebene: Der Arzt spricht über seine therapeutischen Instrumente: schneiden, chemotherapieren mit dem Tumor. Der Patient als ‚Wirt' und ‚Träger' des Tumors wird dabei objektiviert, häufig seiner Subjektivität entkleidet und fast in den Hintergrund gestellt".[17] Dies widerspricht dem Konzept der Medizin als Humanwissenschaft. Der Automatismus führte zur Vernachlässigung der Individualität des Falles und somit des Patienten selbst im konkreten Fall.

Gerade die Berücksichtigung der Individualität des Patienten ist aber für die Erstellung des Therapieplans bei Unheilbarkeit und Todesnähe erforderlich. Am Beispiel der Schmerztherapie lässt sich dies verdeutlichen. Die Schmerzwahrnehmung ist ein subjektives Phänomen, so dass nur die Angaben des Patienten selbst verlässliche Hinweise auf eine entsprechende Therapienotwendigkeit geben können[18]. Zwar habe die medizinische Forschung viel dazu beigetragen, dass die Mechanismen des Schmerzes verstanden werden; die Physiologie der Nerven könne jedoch die Erfahrung des Schmerz-Habens nicht beschreiben.[19] Schmerzen seien daher unmittelbar objektiv nicht messbar.[20] Deswegen stelle die Einbeziehung des Patienten bei der Gestaltung der Schmerztherapie einen notwendigen Teil der effektiven Analgesie dar.[21] Im Bereich der Diagnose ist eine sorgfältige Anamneseerhebung die wichtigste Voraussetzung für eine Analyse von Schmerzart und Schmerzursache.[22] Sowohl in Griechenland als auch in

---

[15] *Gahl*, in: Kahlke/Reiter-Theil (Hrsg.), Ethik in der Medizin, 1995, S. 23 (29): Der Kranke wird auf die mit naturwissenschaftlicher Methodik erfassbarer Körperlichkeit reduziert, um „durch und durch erkannt", diagnostiziert und dementsprechend behandelt werden zu können.

[16] *Zenner*, Deutsches Ärzteblatt 2000, S. A164.

[17] *Diehl* et al., in: Schölmerich/Thews (Hrsg.), „Lebensqualität" als Bewertungskriterium in der Medizin, 1990, S. 149 (153).

[18] *Hanekop/Ensink/Bautz/Kettler*, Der Internist 2000, S. 633 (634); *Richter/Aulbert/Hankemeier*, in: Hankemeier/Schüle-Hein/Krizanits (Hrsg.), Tumorschmerztherapie, 2001, S. 20 (21).

[19] *Henderson*, JAMA 2000, S. 117.

[20] *Richter/Aulbert/Hankemeier*, a.a.O., 2000, S. 20.

[21] *Lempa* et al., Der Chirurg 2000, S. 1263.

[22] *Hankemeier/Krizanits/Schüle-Hein*, in: Hankemeier/Schüle-Hein/Krizanits (Hrsg.), Tumorschmerztherapie, 2001, S. 1 (5); *Skarpa*, Iatriko Vima 1999, S. 14 (17) [gr.].

Deutschland[23] wird Gebrauch von verschiedenen Fragebogen gemacht, in denen der Patient nach Lokalisation, Ausstrahlung, Intensität und Charakter, so wie nach zeitlichen Gesichtspunkten wie Häufigkeit, Dauer und tageszeitlichen Abhängigkeiten seiner Schmerzen gefragt wird.[24] Bei weit fortgeschrittener Krankheit können chronische Schmerzen eintreten. Chronische Schmerzen seien ihrer Natur nach konstant, wenn auch ihre Heftigkeit zu- oder abnehme.[25] Der chronische Schmerz sei kein Ereignis, sondern eine Situation, welche die gesamte Aufmerksamkeit des Patienten in Anspruch nehme und ihn von seiner Umwelt isoliere.[26] Die emotionelle und spirituelle Reaktion des Patienten auf diese Situation sei dabei stets zu beachten, weil Angst und Depression dazu beitragen, die Schmerzerfahrung insgesamt zu verschärfen. Es gilt hierbei der Grundsatz: Wenn der Patient sagt oder zu erkennen gibt, dass er Schmerzen hat, sollte ihm geglaubt werden.[27] Daraus zeigt sich, dass die Einbeziehung des Patienten und seine Einstellung zum Schmerzzustand notwendiger Teil einer Schmerzdiagnose sind, woraus sich die dem Patienten anzupassende Schmerztherapie ergeben wird. Nur dadurch könnte die unterschiedliche Wahrnehmung von Schmerzintensitäten in der Fremd- und Selbsteinschätzung des Schmerzes zumindest reduziert werden.[28] Dagegen wurde nach dem traditionellen Konzept der Schwerpunkt nicht auf die subjektive Wahrnehmung des Schmerzzustandes gestellt. Dies hat zu Fällen von Unterversorgung des Patienten geführt. Übermaß- und Unterversorgung sind daher zwei Seiten desselben Problems, nämlich der unangemessenen Behandlung der betreffenden Kategorie von Patienten.[29] Dies stellt auch die Unzulänglichkeiten des traditionellen Konzeptes dar, welches sich als revidierbedürftig erwiesen hat.

II. Das Konzept der Palliativmedizin

1. Inhalt, Ziele und Stand der Palliativmedizin

Angesichts der Unzulänglichkeiten des alten Konzepts und der besonderen Bedürfnisse von unheilbar kranken Patienten im fortgeschrittenen Stadium einer

---

[23] In Deutschland hat es sich bewährt, den Patienten vor dem ersten Gespräch einen Fragebogen ausfüllen zu lassen. Einige Kliniken bevorzugen ein Verschicken der Fragebogen nach der Anmeldung, s. *Hankemeier/Krizanits/Schüle-Hein*, a.a.O.

[24] *Hankemeier/Krizanits/Schüle-Hein*, a.a.O., S. 1 (3); *Skarpa*, Iatriko Vima 1999, S. 14 (17) [gr.].

[25] *Zimmermann*, Der Schmerz 2001, S. 85 (86); *Twycross*, in: *Eser* (Hrsg.), Suizid und Euthanasie, 1976, S. 111 (112).

[26] *Twycross*, a.a.O.; *Soyka*, Der Schmerz 2000, S. 81 (82).

[27] *Vadalouka*, Anakoufistiki kai symptomatiki agogi, 1999, S. 62 [gr.]; *Skarpa*, Iatriko Vima 1999, S. 14 (15) [gr.]; *Riesenberg*, JAMA 2000, S. 87 (88).

[28] Vgl. *Lempa* et al., Der Chirurg 2000, S. 1263 (1264); *Kordiolis*, Hellenic Oncology 1998, S. 205 [gr.].

[29] *Riesenberg*, JAMA 2000, S. 87 (88).

tödlich verlaufenden Krankheit hat sich das Konzept der Palliativmedizin entwickelt.[30] Es handelt sich bei der Palliativmedizin um eine umfassende, aktive Behandlung von Patienten mit einer nicht heilbaren, fortgeschrittenen Erkrankung mit begrenzter Lebenserwartung.[31]Angesichts der Unheilbarkeit der Grunderkrankung wird der pathologische Prozess an sich nicht grundlegend beeinflusst, weil es hier um den Zeitpunkt geht, an dem nicht die ursachenspezifische, sondern die hochspezialisierte symptomatische Therapie zusammen mit menschlicher Zuwendung im Vordergrund steht.[32] Zentrale Aufgabe der Palliativmedizin ist in diesem Rahmen die Linderung der Schmerzen durch eine adaptierte Pharmakotherapie.[33] Frühzeitiges Erkennen, untadelige Einschätzung und Behandlung von Schmerzen sind Mittel zur Verbesserung der Lebensqualität des Patienten.[34] Die palliativmedizinische Betreuung beinhaltet neben der rein symptomatischen Beschwerdelinderung auch kurative Therapieansätze, wie operative Eingriffe, als auch Strahlen- und Chemotherapie.[35] Durch die kurativen Ansätze kann auch eine Lebensverlängerung bewirkt werden,[36] wobei das eigentliche Ziel die Linderung der Symptome bleibt.[37] Eine scharfe Trennung zwischen kurativen und palliativen Maßnahmen ist nicht sinnvoll: Auch in fortgeschrittenen Tumorstadien stelle die Strahlentherapie die wirksamste Möglichkeit der Symptombehandlung dar,[38] während die Indikation für eine Chemotherapie unter der Zielsetzung der Symptomkontrolle wenig gesichert sei.[39]

---

[30] Die Notwendigkeit, neue Konzepte in der Behandlung Schwerstkranker und Sterbender zu entwickeln, wurde in den 60er Jahren maßgeblich von Elisabeth Kübler-Roß und Cicely Saunders ins Bewusstsein zurückgerufen. Erstere hat durch ihre Interviews mit Sterbenden die theoretische Grundlage der Entwicklung von Prinzipien in der Behandlung Sterbender geschaffen; letztere hat das erste moderne Hospiz gegründet; zur Entstehung der Palliativmedizin *Aulbert*, in: Aulbert/Klaschik/Pichlmaier, Palliativmedizin – Verpflichtung zur Interdisziplinarität, 2000, S. 15 (17 f.).

[31]*Aulbert*, in: Aulbert/Klaschik/Pilchmaier (Hrsg.), Palliativmedizin – Verpflichtung zur Interdisziplinarität, 2000, S. 15 (18); Beschlussprotokoll des 106. Deutschen Ärztetags, http://www.bundesaerztekammer.de/30/Aerztetag/106_DAET/03Beschluss/Top03/01.html [Stand: 27.05.2003]; *Papagiannis*, Elliniki Iatriki 1997, S. 72 (73) [gr.].

[32] *Beck/Kettler*, a.a.O., S. 624 (626); *Pichlmaier*, in: Aulbert/Klaschik/Pichlmaier (Hrsg.), Palliativmedizin – Ein ganzheitliches Konzept, 1998, S. 1.

[33] *Dettmeyer/Musshoff/Madea*, Z Palliativmedizin 2002, S. 50 (52); *Hanekop* et al., a.a.O., S. 633 (636).

[34] Erklärendes Memorandum der Empfehlung Rec (2003) 24 des Ministerkomitees des Europarates zur Strukturierung der palliativmedizinischen und –pflegerischen Versorgung, Punkt 48.

[35] *Herbst/Goeke*, in: Aulbert/Klaschik/Pichlmaier (Hrsg.), Palliativmedizin – Ein ganzheitliches Konzept, 1998, S. 19; *Walter*, Zentralbl Chir 1998, S. 678 ff.

[36] *Schreiber*, Palliativmedizin in Deutschland, Vortrag (demnächst zu veröffentlichen), S. 6.

[37] *Pichlmaier*, a.a.O., S. 1 (5); *Walter*, a.a.O., S. 678 (679).

[38] *Aulbert*, Zentralbl Chir 1998, S. 632 (633).

[39] *Hanekop* et al., Der Internist 2000, S. 633 (635); *Klaschik* et al., Der Internist 2000, S. 606 (608).

Die Änderung des Behandlungsziels in Richtung palliativmedizinische Betreuung kann eine Behandlungsbeschränkung nach sich ziehen. Es handelt sich hier nicht um einen Behandlungsabbruch: Dem Patienten wird die sogenannte Basisbetreuung geschuldet. Die Basisbetreuung, die bis zum Eintritt des Todes andauert,[40] umfasst diejenigen ärztlichen und pflegerischen Maßnahmen, welche die menschenwürdige Unterbringung, die menschliche Zuwendung, Körperpflege, Lindern von Schmerzen, Atemnot und Übelkeit sowie Stillen von Hunger und Durst[41] ermöglichen. Die Basisbetreuung gilt unabhängig von dem Ziel der medizinischen Behandlung,[42] also auch wenn der Todeseintritt bevorsteht oder der Sterbevorgang schon eingesetzt hat. Sie gilt nicht nur für Sterbende, sondern für alle Patienten.[43] Die Basisbetreuung soll der Qualität des Zustands des Patienten und nicht primär der Lebenserhaltung dienen.[44]

Die palliativmedizinische Versorgung folgt dem Ziel, die Lebensqualität des Patienten zu verbessern, indem die vielfältigen körperlichen Beschwerden auf ein erträgliches Maß herabgesetzt werden und dem Patienten durch individuelle und persönliche Pflege ein Mindestmaß an Selbstbestimmung in die Hand gegeben wird.[45]

Die am weitesten verbreiteten Palliativdienste sind spezialisierte stationäre Einrichtungen (Palliativstationen, stationäre Hospize), Palliativteams in Krankenhäuser, ambulante Palliativdienste, Tageshospize und Klinikambulanzen.[46] Großbritannien bietet das Modell der Entwicklung der Palliativmedizin im europäischen Raum: Seit Gründung des St. Christofer's Hospice 1967 hat die Bedeutung des Hospizgedankens zugenommen, so dass schon 1987 die Palliativ- medizin als eigenständige Fachrichtung anerkannt wurde.[47] 1999 existierten 182

---

[40] Schönke/Schröder/*Eser*, Vor §§ 211 ff. Rn. 24; *Ulsenheimer*, Arztstrafrecht in der Praxis, 1998, Rn. 274; *Anschütz*, MedR 1985, S. 17 (20).

[41] Präambel der *Grundsätze der BÄK zur ärztlichen Sterbebegleitung* - 2004, abrufbar unter: http:/www.bundesaerztekammer.de/30/Richtlinien/Empfidx/Sterbebegl2004.pdf [Stand: 31. 05.2004]; S. auch Präambel der *Grundsätze der BÄK zur ärztlichen Sterbebegleitung* - 1998, in: NJW 1998, S. 3406.

[42] *Grundsätze der BÄK zur ärztlichen Sterbebegleitung* - 2004, a.a.O.

[43] *Wuermeling*, EthikMed 1997, S. 91 (96).

[44] *Klaschik*, Der Internist 1999, S. 276 (280); *Wuermeling*, EthikMed 1997, S. 91 (96).

[45] *Klaschik* et al., a.a.O.; *Pichlmaier*, a.a.O., S. 1 (5); *Beck/Kettler*, Zentralbl Chir 1998, S. 624 (629).

[46] Erklärendes Memorandum der Empfehlung Rec (2003) 24 des Ministerkomitees des Europarates zur Strukturierung der palliativmedizinischen und –pflegerischen Versorgung, Punkt 77.

[47] *Field*, in: Aulbert/Klaschik/Pichlmaier (Hrsg.), Palliativmedizin – Verpflichtung zur Interdisziplinarität, 2000, S. 57: Im Jahr 2000 hatte die Palliativmedizin in Großbritannien 7 Lehrstühle, 205 registrierte Fachärzte und etwa 100 Ärzte in Ausbildung; Zur historischen Entwicklung der Palliativmedizin s. *Klaschik/Nauck*, Zentralbl Chir 1998, S. 620 ff.

Zentren palliativmedizinischer Behandlung (palliative care services).[48] In Deutschland gab es im Mai 2001 insgesamt 70 Palliativstationen und 89 stationäre Hospize.[49] Zwei Jahre später ist die Zahl der Palliativstationen auf 84 und der Hospize auf 107 gestiegen.[50] Während Palliativstationen eigenständige, an ein Krankenhaus angebundene oder integrierte Stationen sind, stellen die Hospize eigenständige Häuser dar, welche in der Regel über eigenständige Organisationsstrukturen verfügen.[51] An der Universität Bonn wurde 1999 die erste Professur für Palliativmedizin errichtet.[52] Zum selben Zeitpunkt existierten in Griechenland 25 ambulante Palliativeinrichtungen, welche den Krankenhäusern als eigene Abteilungen angegliedert sind.[53] Stationär können bis dato (Mai 2003) in Griechenland keine Patienten palliativmedizinisch betreut werden. Dies stellt eine änderungsbedürftige Situation dar. Denn bei manchen Patienten entsteht während der häuslichen Betreuung die Notwendigkeit der Weiterbetreuung in einem Hospiz bzw. einer Palliativstation. In Deutschland wird dies dadurch erreicht, dass die Betreuung dieser Patienten in einer Palliativstation oder einem Hospiz fortgesetzt werden kann.[54] In Griechenland sind diese Patienten mangels solcher Einrichtungen auf die Behandlung in Normal- bzw. Intensivstationen angewiesen. Nicht nur klinisch, sondern auch gesundheitsökonomisch erweist sich die Behandlung dieser Kategorie von Patienten in nicht auf ihren Zustand spezialisierten Stationen als ungünstig: Die Intensiv- und Normalstationen legen den Schwerpunkt der Behandlung auf die Intensiv- bzw. auf die kausale Therapie, woraus unnötige Kosten entstehen.

2. Die Entwicklung der Palliativmedizin als europäische Herausforderung

In einschlägigen Empfehlungen des Europarates wird zum Ausdruck gebracht, dass die Entwicklung der Palliativmedizin eine europäische Herausforderung darstellt. Deutschland und Griechenland sind Mitglieder des Europarates und insofern Adressaten der einschlägigen Empfehlungen.

---

48 *Pavis/Wilcock*, BMJ 2001, S. 484.

49 *Sabatowski* et al., Der Schmerz 2001, S. 312 (318); zur Hospizbewegung s. *Ballnus*, Z Gerontol Geriat 1995, S. 242 ff.

50 *Mader*, DMW 2003, S. 419.

51 *Sabatowski* et. al., a.a.O., 312 (313).

52 *Klaschik*, in: Wienke/Lippert (Hrsg.), Der Wille des Menschen zwischen Leben und Sterben, 2001, S. 3 (5).

53 Persönliche Mitteilung von Ass. Prof. Dr. med. *Vadalouka*.(Mai 2002). Zu der griechischen Entwicklung der Palliativmedizin s. auch *Kordiolis*, Hellenic Oncology 1993, S. 169 (170) [gr.]. Zu den Organisationsproblemen s. *Venizelos* et al, Protobathmia Frontida Ygeias 1998, S. 148 ff. [gr.].

54 *Ensik*, Das Projekt SUPPORT-eine Möglichkeit zur Optimierung der palliativmedizinischer Versorgung als ethisch zu präferierende Alternative zur aktiven Sterbehilfe, 2001, S. 6 unter: http://www.gwdg.de/~pctgoe/Seiten/Publikation/SUPPORTethics.pdf [Stand: 15.05.2003]; *Mendler*, EthikMed 1993, S. 136 (142 ff.).

Die parlamentarische Versammlung des Europarates hat sich schon 1976 mit der Problematik der Rechte der Kranken befasst. Im Anschluss an die Resolution 613/1976[55] ist die Empfehlung 1418/1999[56] über den Schutz der Menschenrechte und der Würde von Terminalkranken und Sterbenden erteilt worden. Gemäß dieser Empfehlung der parlamentarischen Versammlung des Europarates soll die Lebensverlängerung nicht alleiniges Ziel ärztlichen Handelns bei der Behandlung dieser Kategorie von Patienten sein. Die Versammlung konstatiert, dass auf der europäischen Ebene der Zugang zur palliativmedizinischen Behandlung ungenügend ist. Es fehle an einer ausreichenden finanziellen Förderung der relevanten Institutionen, wie Palliativstationen und Hospizeinrichtungen. Die Mitgliedsstaaten werden aufgefordert, notwendige rechtliche und soziale Maßnahmen zu treffen, welche auf den Schutz der betroffenen Kategorie von Patienten gerichtet sind. Im Einzelnen soll das Recht jedes Patienten auf palliativmedizinische Behandlung anerkannt und rechtlich gesichert werden. Die Qualitätssicherung in diesem Bereich soll durch die Entwicklung von Standards erreicht werden. Wichtig ist hierbei die Erstellung eines Behandlungskatalogs, in welchem definiert wird, welche Behandlungen unterlassen oder abgebrochen werden dürfen. Die Mitgliedsstaaten sollen auch alle notwendigen Maßnahen treffen, die darauf gerichtet sind, das Selbstbestimmungsrecht des Patienten rechtlich zu sichern. Der Terminalkranke bzw. Sterbende soll wahrheitsgemäß und verständlich über seinen Zustand aufgeklärt werden. Sein Wunsch, nicht informiert zu werden, soll aber respektiert werden. Die Mitgliedsstaaten werden aufgefordert, das Verbot der intentionalen Lebensverkürzung zu wahren. Hingewiesen wird diesbezüglich auf Artikel 2 der Europäischen Menschenrechtskonvention. Der Wunsch des Patienten nach Sterben könne nicht das rechtliche Fundament seiner Tötung konstituieren. Das Ministerkomitee hat am 07.11.2000 zu der Empfehlung der parlamentarischen Versammlung Stellung genommen.[57] Das Ministerkomitee stellt zwar fest, dass innerhalb der Mitgliedsstaaten keine Einheit bezüglich dem absoluten Verbot der aktiven Tötung besteht. Es weist aber bezüg-

---

[55] In der Recommendation 779/1976 und in der Resolution 613/1976 werden die Mitgliedstaaten aufgefordert, folgende Rechte der Patienten zu prüfen und sicherzustellen: a) das Recht auf Selbstbestimmung, z.B. das Recht auf Ablehnung einer vorgeschlagenen Behandlung oder Operation; b) das Recht auf Respektierung der Würde und der Integrität; c) das Recht auf Information; d) das Recht auf eine angemessene Behandlung; e) das Recht nicht leiden zu müssen.

[56] Abgedruckt in: Jahrbuch für Wissenschaft und Ethik 5/2000, S. 489 ff.

[57] Die Erteilung der Empfehlung wird begrüßt. Das Ministerkomitee gibt bekannt, dass das Europäische Gesundheitskomitee die Frage der palliativen Behandlung im Rahmen einer Studie untersucht, deren Ergebnisse Ende zu erwarten sind. Bezüglich des Schutzes des Selbstbestimmungsrechts weist das Ministerkomitee auf Artikel 9 der Konvention des Europarates über Menschenrechte und Biomedizin hin. Danach sind früher ausgedrückte Behandlungswünsche des jetzigen einwilligungsunfähigen Patienten maßgebend.

lich des Tötungsverbots auf die Zuständigkeit des Europäischen Gerichtshofes für Menschenrechte hin.[58]

Nachdem das Konzept und das Entwicklungspotenzial der Palliativmedizin dargestellt wurden, stellt sich die Frage der Klärung der begrifflichen Vielfalt, welche die Diskussion um die ärztliche Intervention am Sterben und beim Sterben eines Patienten kennzeichnet.

III. Palliativmedizinische Sterbebegleitung und konkurrierende Begriffe

Das Wort Sterbebegleitung weist auf das Wort Sterbehilfe und dies auf das Wort Euthanasie hin. Die rechtliche Diskussion um die Behandlung unheilbar Kranker wird durch die Verwendung der Begriffe Euthanasie und Sterbehilfe gekennzeichnet, wobei verschiedene Begriffsinhalte zu finden sind. Innerhalb verschiedener Begriffsinhalte der Euthanasie entstehe die Gefahr, dass ein unter das Strafgesetzbuch zu subsumierendes Verhalten sich durch Umdefinition dem Zugriff des Strafrechts entziehe.[59] Tatsächlich wird bisweilen in einschlägigen Sachverhalten zwischen einer Tötungshandlung und einer erlaubten Sterbehilfe- bzw. Sterbebegleitungshandlung schwer zu unterscheiden sein.[60] Die Relevanz der Begriffsklärung ist jedoch zu relativieren. Die Antwort auf die Frage, welche ärztliche Intervention das rechtlich Erlaubte überschreitet, lässt sich nicht in einem Begriff finden. Somit ist der Ansicht, wonach diese Begriffe als nicht gesetzliche Merkmale von der Strafrechtswissenschaft zu bestimmen seien, damit sie der Begründung der jeweiligen Entscheidungen im Schrifttum und Rechtsprechung zugrunde gelegt werden können,[61] nicht zu folgen. Vor einer Wiederbelebung der Begriffsjurisprudenz im Bereich der Sterbebegleitung ist daher zu warnen. Vielmehr ist hier die Klärung von Begriffen nur als Ausgangspunkt der Diskussion zu verstehen.

1. Euthanasie und Sterbehilfe

Im Gegensatz zu der deutschen macht die griechische Literatur überwiegend vom Begriff „Euthanasie" Gebrauch,[62] wobei der Inhalt des Begriffs variiert. Es

---

[58] Relevant wird diese Frage insofern, als zwei Mitgliedsstaaten – Niederlanden (im April 2001) und Belgien (im Mai 2002) – die aktive Sterbehilfe unter Voraussetzungen *entkriminalisiert* haben. Ob hierin eine unangemessene Lockerung des Verbots der intentionalen Tötung vorliegt, bleibt fraglich.

[59] *Arzt*, JR 1986, S. 309 (310).

[60] *Schreiber*, NStZ 1986, S. 337 (341) weist auf die „hauchdünne" Trennlinie hin, die zwischen der verbotenen aktiven und der erlaubten sogenannten indirekten Sterbehilfe besteht.

[61] *Langer*, JR 1993, 133 (135).

[62] *Kareklas*, in Eser/Koch (Hrsg.), Materialien zur Sterbehilfe, 1991, S. 321 (323); *Kaisaris*, Peri tis euthanasias, 1999, S. 13 [gr.]; *Protopapadakis*, I euthanasia, 2003 [gr.]; *Papapetropoulos* et al, Iatriki 1997, S. 69 (70) [gr.] und *Ziroyannis/Tzavella/Koutselinis*, Arch Hellen Med 1998, S. 382 f. [gr.] weisen auf die Vieldeutigkeit des Begriffs hin.

wird oft auf das Wort „Dysthanasie“ abgestellt, worunter die Erhaltung des Lebens eines unheilbaren, tödlich erkrankten Patienten durch „außerordentliche“ Maßnahmen verstanden wird.[63] Die Beendigung solcher außerordentlichen Maßnahmen und das daraus folgende Sterbelassen des Patienten wird als „Othothanasie“ bezeichnet.[64] Definiert wird die Euthanasie in der griechischen Strafrechtslehre überwiegend als die Beschleunigung der Todesagonie eines unter Schmerzen leidenden Sterbenden.[65]

In Deutschland wird überwiegend der Begriff „Sterbehilfe“ verwendet.[66] Unterschieden wird dabei zwischen aktiver, indirekter und passiver Sterbehilfe. Dagegen wird in Deutschland der Begriff „Euthanasie“ sparsam verwendet. Mit der international gebräuchlichen Bezeichnung „Euthanasie“ verbinden sich in Deutschland düstere Erinnerungen an die nationalsozialistische Vergangenheit.[67] Die Tabuisierung der Verwendung des Euthanasiebegriffs dürfte darauf zurückzuführen sein, dass der Begriff Euthanasie in der NS Zeit mit dem sogenannten „Euthanasie-Programm“ eng verknüpft war.[68] Dabei war von „Gnadentod“[69] die Rede, in Wirklichkeit handelte es sich um Morde. Der Begriff „Euthanasie“ wie der Begriff „Gnadentod“ wurden in ähnlicher Weise instrumentalisiert wie viele Rechtsbegriffe und im Zuge einer Funktionsvertauschung als Mittel zur Aufstel-

---

63 *Kotsianos*, I iatriki euthyni, 1977, S. 246 [gr.]; *Degleris*, Tetradia Psychiatrikis 1988, S. 80 [gr.]; *Sofoulakis*, Archeio Nomologias 1992, S. 458 (463) [gr.].

64 *Kotsianos*, a.a.O. [gr.]; *Alexiadis*, Eisagogi sto Iatriko Dikaio, 1996, S. 131 [gr.]; vgl. *Sofoulakis*, a.a.O. [gr.]; *ders.*, I prostasia tis anthropinis zois, 1994, S. 243 [gr.].

65 *Androulakis*, Eidikon Meros, 1974, S. 25 [gr.]; *Panousis*, Poiniki Dikaiosyni 1999, S. 732 (734) [gr.].

66 Zum Begriff Sterbehilfe s. *Koch*, in: Eser/Koch (Hrsg.), Materialien zur Sterbehilfe, 1991, S. 33 ff.

67 *Kaufmann*, MedR 1983, S. 121; *Küng*, in: Jens/Küng (Hrsg.), Menschenwürdig sterben, 1996, S. 13 (45); *Quante*, EthikMed 1998, S. 206 (210).

68 Aus den Urteilsgründen des LG Komblenz vom 29.07.1948 in der Strafsache gegen die Ärzte der Heilanstalt Andernach gilt als bewiesen, dass bereits im Juli 1939 zum ersten Mal eine Unterrichtung von Professoren und Psychiatern und anderen Fachleuten in der Kanzlei des Führers stattfand, in welcher der SS – Führer Viktor Brack die Versammelten damit bekannt machte, dass die Absicht bestehe, unter der Bezeichnung „Euthanasie“ ein Programm durchzuführen, nach dem in ganz Deutschland Geisteskranke getötet werden sollten. Die Anwesenden wurden aufgefordert, an der Verwirklichung des Programms mitzuarbeiten. Sie erklärten ihre Bereitschaft dazu, mit Ausnahme von Prof. *Ewald* aus Göttingen, der ausdrücklich seine Ablehnung kundgab. Dazu: *Mitscherlich/Mielke*, Medizin ohne Menschlichkeit, 1997, S. 375.

69 Wie im vielzitierten Erlass aus dem Jahre 1939, der folgenden Inhalt hatte: „Reichsleiter Bouhler und Dr. med. Brandt sind unter Verantwortung beauftragt, die Befugnisse namentlich zu bestimmender Ärzte so zu erweitern, dass nach menschlichem Ermessen unheilbaren Kranken bei kritischster Beurteilung ihres Krankheitszustands der Gnadentod gewährt werden kann“. In: *Mitscherlich/Mielke*, a.a.O., S. 238.

lung neuer, bisher nicht vorhandener Rechtsgebote benutzt.[70] Ein neues Rechtsgebot war unter anderen die Reinheit des deutschen Blutes, die in der Präambel des Gesetzes „zum Schutze des deutschen Blutes und der deutschen Ehre“[71] angekündigt war und verbrecherische Maßnahmen auf dem Wege der Gesetzgebung legitimiert hatte. Es scheint mir daher verfehlt, die gegenwärtige Euthanasieproblematik unter Berufung auf die Entartung des Euthanasiebegriffs während der nationalsozialistischen Zeit weiterhin zu tabuisieren. Im Gegenteil: Eine offene Haltung gegenüber der Geschichte zeigt, dass die national- sozialistische „Euthanasie“ vom historischen Begriff „Euthanasie“ abweicht. Das Wort Euthanasie wurzelt nämlich in der altgriechischen Dichtung und Philosophie.[72] Für diesen Begriff gibt es nur relativ wenige antike Textbelege und er scheint dabei nie im Sinne einer direkten Tötung gebraucht worden zu sein.[73] Das Verb „euthanatein“ wird im Kontrast zu dem Verb „dysthanatein“ verwendet.[74] Unter „dysthanatein“ verstand man das chronische Leiden aufgrund einer unheilbaren Krankheit.[75] Dennoch: Neben allen Argumenten für oder gegen die Verwendung des Wortes Euthanasie fließt die Tatsache der historischen Elastizität des Begriffsinhalts in die Diskussion explizit oder implizit ein. Überbleibsel von etwaigen Begriffsentartungen sind möglichst zu vermeiden, soweit sie die Einstellung der Beteiligten nach der einen oder nach der anderen Richtung manipulieren können. Die Verwendung des Wortes „Euthanasie“ könnte im jeweiligen Kontext die Stärke von Argumenten vorwegnehmen, das Ergebnis der Diskussion beeinflussen. Außerdem erweist sich der Begriff Euthanasie in einer rechtsvergleichenden Arbeit schon deshalb als irreführend, weil in verschiedenen Ländern unter „Euthanasie“ Unterschiedliches zu verstehen ist.[76]

2. Sterbebegleitung

Von Sterbebegleitung ist dann die Rede, wenn durch Änderung des Behandlungsziels palliativmedizinische Maßnahmen im fortgeschrittenen Stadium einer tödlich verlaufenden unheilbaren Krankheit angewandt werden und somit der medizinischen und pflegerischen Begleitung der letzten Lebensphase dienen. Das Wort Sterbebegleitung wird in den von der Bundesärztekammer im Jahr 1993 verabschiedeten „Richtlinien der Bundesärztekammer für die ärztliche

---

[70] *Rüthers*, Entartetes Recht, 1994, S. 95.

[71] Gesetz zum Schutze des deutschen Blutes und der deutschen Ehre vom 15.11.1935, RGBl. I S. 1146, abgedruckt auch in: *Schönfelder*, Deutsche Reichsgesetze, 1943, Nr. 12a.

[72] *Rainer*, in: Bernat (Hrsg.), Ethik und Recht an der Grenze zwischen Leben und Tod, 1993, S. 19 ff.; *Schadewaldt*, in: Hiersche (Hrsg.), Euthanasie, 1975, S. 12.

[73] *Eid*, in: *Eid* (Hrsg.), Euthanasie, 1975, S. 12 (13 f.); *Protopapadakis*, I euthanasia, 2003, S. 24 f. [gr.]; *Möllering*, Schutz des Lebens, 1977, S. 4.

[74] *Apostolidis*, Ippokrateios Orkos, 2000, S. 126, Fß. 416 [gr.].

[75] *Apostolidis*, a.a.O., S. 126, Fß. 415 [gr.].

[76] *Nys*, Med.L.Rew. 1999, S. 208; *Wernstedt/Mohr/Kettler*, AINS 2000, S. 220 (230).

Sterbebegleitung“[77] verwendet. Davor hatte die Bundesärztekammer im Jahr 1979 die „Richtlinien für die Sterbehilfe“[78] verabschiedet. Auf das Wort „Sterbehilfe“ wurde in den Richtlinien des Jahres 1993 verzichtet, weil jede Bezugnahme im Titel auf das Wort Sterbehilfe auch auf ihre aktive Form verweisen würde; jedes Missverständnis im Sinne aktiver Sterbehilfe sollte bereits im Titel ausgeschlossen werden.[79] Anschließend wurden am 11.09.1998 die „Grundsätze der Bundesärztekammer zur ärztlichen Sterbebegleitung“[80] und am 30.04.2004 deren Neufassung[81] verabschiedet. Damit hat sich das Wort „Sterbebegleitung“ gefestigt.

Gegen den Begriff „Sterbebegleitung“ wird vereinzelt eingewendet, dass die Rede von Sterbebegleitung den lebensverkürzenden Charakter einer hohen Schmerzlinderung und eines Behandlungsabbruchs verdunkle.[82] Dem ist zu widersprechen. Es wird zu zeigen sein, dass genau das Gegenteil der Fall ist. In die Sterbebegleitung können verschiedene Formen der Sterbehilfe integriert werden. Auch bei der Sterbebegleitung erweist sich der lebensverkürzende Charakter ärztlicher Interventionen als zentrales rechtliches Problem. Demgegenüber sind die Begriffe aktive, indirekte und passive Sterbehilfe insofern untauglich, der Problematik gerecht zu werden, als sie zu sehr von der Erscheinungsform der jeweiligen Intervention abhängig gemacht werden.

Nach der Begriffsklärung stellt sich die Frage, welche Kategorien von Patienten zu dem Betroffenenkreis der palliativmedizinischen Sterbebegleitung gehören.

B. Betroffenenkreis in der palliativmedizinischen Sterbebegleitung

Die Frage, welche Merkmale der betroffene Patient in der palliativmedizinischen Sterbebegleitung aufweisen muss, stellt den Gegenstand der nachfolgenden Untersuchung dar. Die Bestimmung des Betroffenenkreises wird sowohl negativ (unter: I) wie auch positiv (unter: II) erfolgen.

I. Negative Bestimmung des Betroffenenkreises

Die negative Bestimmung des Betroffenenkreises soll die Antwort auf die Frage geben, wer von der palliativmedizinischen Sterbebegleitung nicht betroffen ist. Auszugehen ist davon, dass derjenige, der schon tot ist, nicht Gegenstand irgendeiner Form von Sterbebegleitung sein kann. Hirntodkritiker heben aber her-

---

[77] Abgedruckt in: Deutsches Ärzteblatt 1993, S. C1628f.

[78] Abgedruckt in: Deutsches Ärzteblatt 1979, S. 957 f.

[79] *Wuermeling*, EthikMed 1997, S. 91.

[80] *Grundsätze der BÄK zur ärztlichen Sterbebegleitung*, NJW 1998, S. 3406 f.

[81] *Grundsätze der BÄK zur ärztlichen Sterbebegleitung*, abrufbar unter: http://www. bundesaerztekammer.de/30/Richtlinien/Empfidx/Sterbebegl2004.pdf [Stand: 31.05.2004].

[82] *Saliger*, KritV 2001, S. 382 (396); *Roxin*, in: Roxin/Schroth (Hrsg.), Medizinstrafrecht, 2001, S. 93 Fß. 1.

vor, dass der hirntote Mensch ein „sterbender“, also ein noch lebender Mensch sei.[83] Da in der Sterbebegleitungsproblematik „Sterbende“ durchaus dem Betroffenenkreis angehören, erhebt sich die Frage, ob auch Hirntote dem Betroffenenkreis der palliativmedizinischen Sterbebegleitung zugerechnet werden können.

1. Der Konventionscharakter des Todeszeitpunkts

Während die Feststellung des Todes eine medizinische Frage darstellt, muss das Recht die an sie anknüpfenden Konsequenzen für alle Beteiligte berücksichtigen.[84] Von der Bestimmung des Todeszeitpunkts hängt es ab, ob man sich mit einem Menschen oder einem Leichnam konfrontiert sieht.

Der Prozesscharakter des Todes, das Sterben, wird von Ärzten und Juristen nicht angezweifelt.[85] Dem intuitiven Gedanken, dass der Todeszeitpunkt mit dem Ende des Sterbeprozesses gleichzusetzen ist, muss entgegengesetzt werden, dass es sich bei dem Ende des Sterbeprozesses um ein empirisches non – liquet handelt. Wann der Sterbeprozess tatsächlich biologisch endet, kann nämlich nicht festgestellt werden: Neben dem feststellbaren Absterben der lebenswichtigen Organe Gehirn, Lunge und Herz, können Lebens- bzw. Absterbprozesse von Knorpelgewebe und Spermien noch lange nach der Beerdigung stattfinden.[86] Die Zellen und Gewebe sterben also über einen Zeitraum hinweg allmählich ab.[87] Das Absterben eines Organs bedeute noch nicht das Absterben seiner Zellen.[88] Diese medizinische Aussage ist von grundlegender Bedeutung: Wenn das Ende des Todesprozesses nicht mit dem Absterben eines Organs gleichgesetzt werden kann, dann müsste der Arzt abwarten, bis die letzte Zelle jedes Organs abgestorben ist, und auch dann würde er dies nicht feststellen können. Die Frage, wann der Mensch tot *ist*, wann der Sterbeprozess beendet *ist*, ließe sich demnach nicht beantworten, solange auf Körperzellen des Organismus abgestellt und auf deren biologischen Absterben gewartet würde. Deshalb hat die Medizin nie auf den Zelltod, sondern auf den „Funktionstod“, anders gesagt, auf den Funktionsverlust[89] lebenswichtiger Organe abgestellt. Nicht das Absterben des Herzens an

---

[83] *Spittler*, JZ 1997, S. 747 (748); Nach *Höfling*, JZ 1995, S. 26 (29) sei der Hirntote zugleich Lebender und Sterbender.

[84] *Stratenwerth*, FS-Engisch, 1969, S. 528 (530); *Geilen*, in: FS-Heinitz, 1972, S. 373 (386); *Heun*, JZ 1996, S. 213 (214); *Schreiber*, JZ 1983, S. 593 f.

[85] *Geilen*, FamRZ 1968, S. 121 (123); *Schreiber*, in: FS-Remmers, 1995, S. 593 (597); *ders.*, in: Mnimi II Daskalopoulou/Stamati/Baka, 1996, S. 441 (448); *Oduncu*, in: Roxin/Schroth (Hrsg.), Medizinstrafrecht 2001, S. 199 (229 f.).

[86] *Oduncu*, Hirntod und Organtransplantation, 1998, S. 146.

[87] *Schreiber*, in: Mnimi II Daskalopoulou/Stamati/Baka, 1996, S. 441 (444); *Geilen*, a.a.O., S. 121 (122).

[88] *Pallis*, Iatriko Vima, 1984, S. 27 (30) [gr.].

[89] *Pallis*, a.a.O. [gr.]; *Birnbacher* et al., Deutsches Ärzteblatt 1993, S. B2170 (B2172); *Geilen*, in: FS-Heinitz, 1972, S. 373 (386).

sich, sondern der irreversible Funktionsverlust des Herzens, also der irreversible Stillstand von Kreislauf und Atmung, gilt als der „klinischer Tod“ des Menschen.[90] Insofern handelt es sich um eine Konvention, als es sich hierbei um ein empirisches Moment handelt, ab welchem der Mensch als tot zu gelten hat. Dieser Zeitpunkt wurde zunächst mit dem irreversiblen Herztod gleichgesetzt.

2. Der irreversible Herz-/Kreislaufstillstand als konventioneller Todeszeitpunkt und seine Revidierung

Der Tod ist nach klassischer Auffassung der irreversible Stillstand von Kreislauf und Atmung, verbunden mit dem Aufhören der Tätigkeit des zentralen Nervensystems und gefolgt vom Absterben aller Zellen und Gewebe des Organismus.[91] Mit dem irreversiblen Funktionsverlust des Herzens wird der Tod des gesamten Organismus unaufhaltsam[92] und der Beginn der Absterbensautomatik umschrieben.[93] Daraus, dass der Beginn der unaufhaltsamen Absterbeautomatik als Todeszeitpunkt gilt, zeigt sich, dass die wissenschaftliche Gewissheit ein Rest von Ungewissheit nicht beseitigen kann.[94] Dies gilt unabhängig davon, ob es um die Feststellung des sogenannten Herz- oder des Hirntodes geht.

Das Recht folgte dem überlieferten medizinischen Begriff des sogenannten klinischen Todes und knüpfte daran die relevanten rechtlichen Konsequenzen. So sah man das Ende des Lebensschutzes dort, wo die ärztlichen Möglichkeiten des Eingreifens zur Lebenserhaltung endeten,[95] nämlich im Zeitpunkt des irreversiblen Kreislauf- und Atemstillstands.

Die wissenschaftliche Gewissheit galt nur solange als evident, wie sie niemand bezweifelt hat. In Frage gestellt wurde der „klinische Tod“, als aufgrund neuer Entwicklungen in der Intensivmedizin die Indizien des klinischen Todes durch den Fortschritt der Medizin, nämlich das Konzept der Reanimation, in Frage gestellt wurden. Die Irreversibilität des Funktionsverlustes des Herzens wurde durch den Arzt John Heyshem Gibbon de facto in Frage gestellt, als er 1954 die Herz-Lungen-Maschine bei der Herzoperation eines Mädchens zum Einsatz brachte.[96] Allerdings erlaube die Technik der Reanimation das „Wiederbeleben“ des Herzens nur in der zeitlichen Grenze der Wiederbelebungszeit des Herzens,

---

[90] *Pschyrembel*, Klinisches Wörterbuch, S. 1541 f.

[91] *Hansen*, Gerichtliche Medizin, 1965, S. 20 f., zitiert nach *Schreiber*, JZ 1983, S. 593.

[92] *Stratenwerth*, in: FS-Engisch, 1969, S. 528 (531).

[93] *Geilen*, in: FS-Heinitz, 1972, S. 373 (376).

[94] Vgl. *Heun*, JZ 1996, S. 213 (216).

[95] *Schreiber*, JZ 1983, S. 593.

[96] *Ackerknecht/Murken*, Geschichte der Medizin, 1992, S. 177 f. Am 19 Februar 1958 kam in der chirurgischen Klinik der Universität München unter der Leitung von Rudolf Zenker erstmals die Herz-Lungen Maschine in Deutschland bei einer Herzoperation erfolgreich zum Einsatz.

nämlich innerhalb von etwa 30 Minuten nach dem Kreislaufstillstand.[97] Nunmehr ist es dem Arzt innerhalb dieser Grenze möglich geworden, Herzschlag und Atmung entweder durch Reanimation wieder in Gang zu setzen oder durch künstliche Systeme wie die Herz-Lungen-Maschine zu ersetzen.[98]

Bei den Fällen, in denen die Reanimation bzw. das Einsetzen der Herz-Lungen-Maschine erfolgreich ist und eine autonome Atmung bei dem Patienten ermöglicht wird, wird die Irreversibilität von Atem-/Kreislaufstillstand längerfristig hinausgeschoben.[99] Es hat aber auch Fälle gegeben, in denen die Reanimation zwar innerhalb der Wiederbelebungszeit des Herzens, aber in einem Zeitpunkt durchgeführt wurde, in welchem das Gehirn aufgrund des Sauerstoffmangels irreversible Schäden erlitten hatte: Eine Unterbrechung der Sauerstoffszufuhr führe bereits nach wenigen Sekunden zum Bewusstseinsverlust, nach 3 bis 8 Minuten treten irreversible Schäden zunächst im Bereich der Großhirnrinde auf, nach 5 bis 10 Minuten folge auch der Untergang des Hirnstamms.[100] Der irreversible Ausfall des Hirnstamms bedeute den irreversiblen Ausfall von Atmung, Herz-Kreislauftätigkeit, zentraler Blutdruckregulation und des Bewusstseins.[101] Zum selben klinischen Bild können sogenannte primäre Hirnschädigungen führen, welchen schwere Schädel-Hirn-Verletzungen, Gehirntumore und Hirnblutungen zugrunde liegen.[102] Der Patient kann dann durch künstliche Beatmung und Ernährung für eine kurze oder längere Zeit (berichtet wird von 64 Tagen) am Leben erhalten werden.[103] Es handele sich in solchen Fällen um einen Verlauf, der nur unter intensivmedizinischen Bedingungen auftritt, sodass für die überwiegende Zahl der Todesfälle auf die klassischen Todeskriterien ankommt.[104]

Das klinische Bild der Irreversibilität des Funktionsverlusts des Gehirns hat die Frage aufgeworfen, ob der Zeitpunkt des Todes nicht mehr in dem – nunmehr intensivmedizinisch aufrechterhaltbaren – Funktionsausfall des Herzens, sondern im irreversiblen Funktionsausfall des Gehirns zu sehen ist.

---

[97] *Stratenwerth*, in: FS-Engisch, 1969, S. 528 (532).
[98] *Stratenwerth*, a.a.O., S. 528 (531).
[99] *Geilen*, in: FS-Heinitz, 1972, S. 373 (380).
[100] *Oduncu*, Hirntod und Organtransplantation, 1998, S. 43 f.
[101] *Oduncu*, a.a.O., S. 59.
[102] *Oduncu*, a.a.O., S. 43.
[103] *Fisher/Raper*, BMJ 2000, S. 1268. Trotz gegenteiliger Auffassung in einem Teil der Literatur, sind die einschlägigen Arbeiten der Neurologen Mollaret und Goulot mit der Einführung des Hirntodskriteriums nicht gleichzusetzen; darauf weist zutreffend *Schlich*, EthikMed 1999, S. 79 (83) hin.
[104] *Madea/Henssge/Dettmeyer*, MedR 1999, S. 162; *Klein*, EthikMed 1995, S. 6 (8); *Heun*, JZ 1996, S. 213 (214).

3. Der Hirntod als konventioneller Todeszeitpunkt

Die Hirntoddebatte ist allerdings seit Anfang ihrer Entstehung von historischen Argumenten geprägt. Gestritten wurde etwa darüber, ob der Hirntod zum Zweck der leichteren Organgewinnung eingeführt wurde oder nicht.[105] Hirntodkritiker weisen darauf hin, der Bericht der Harvard-Kommission von 1968 über das Hirntodkriterium stelle einen pragmatisch motivierten Vorschlag dar.[106] In Wirklichkeit hat die Kommission die Frage des Behandlungsabbruchs in den Vordergrund gestellt und die Organgewinnung erst an der zweiten Stelle genannt.[107] Dem Einwand, der Hirntod sei aus pragmatischen Gründen eingeführt worden, ist entgegenzuhalten, dass es bei der Feststellung des Hirntods um die Anwendung medizinischer Kriterien geht. Auf der Ebene der Todesfeststellung könnte also der Vorwurf der pragmatischen Einführung des Hirntodes nicht statthaft sein. Anders könnte es auf der Ebene des Todeskonzeptes erscheinen. Bei der Auswahl des Todeskonzeptes handelt es sich um eine gesellschaftliche Frage.[108] Der Behandlungsabbruch oder die Organgewinnung bei einem Hirntoten stellen gesellschaftliche Fragen dar, welche von juristischen, philosophischen, religiösen, medizinischen und sozialwissenschaftlichen Aspekten geprägt sind. Dass sich das Hirntodkonzept an die jeweiligen Wertungssysteme besser angepasst hat als das alte Konzept, weil es auf die relevanten Fragen einen überzeugenderen Lösungsvorschlag anbietet, spricht eher für die Annahme normativer Elemente als Grund seiner Einführung.[109]

In Deutschland wird auf den sogenannten Gesamthirntod abgestellt, der darin besteht, dass die Gesamtfunktion des Großhirns, des Kleinhirns und des Hirnstamms irreversibel erloschen ist.[110] Dem liegt ein ganzheitliches Konzept des Todes zugrunde: Irreversibler Verlust des Bewusstseins und irreversibler Verlust der Integration von Körperfunktionen zum Ganzen.[111] In Griechenland wird die Auffassung vertreten, dass die Atem*fähigkeit* kumulativ mit der Bewusstseinsfähigkeit zu den Grundvoraussetzungen des Lebens gehören.[112] Gerade sie, in ihrer Potentialität, werden in dem klinischen Zustand des Hirnstammsausfalls irreversibel aufgehoben. Sie können nicht wiederhergestellt, sondern nur künstlich aufrechterhalten werden. Da Eigenatmung und Bewusstsein im Hirnstamm

---

[105] *Schlich*, EthikMed 1999, S. 79.

[106] *Höfling*, JZ 1995, S. 26 (29).

[107] *Schlich*, EthikMed 1999, S. 79 (84).

[108] *Pallis*, Iatriko Vima 1984, S. 27 (32) [gr.].

[109] *Schreiber*, in: FS-Remmers, 1995, S. 593 (596); *Wolfslast*, MedR 1989, S. 163 (168).

[110] Bundesärztekammer, Richtlinien zur Feststellung des Hirntodes. Dritte Fortschreibung 1997 mit Ergänzungen gemäß Transplantationsgesetz, in: Deutsches Ärzteblatt 1998, S. A-1861 ff.

[111] *Birnbacher* et al., Deutsches Ärzteblatt 1993, S. B 2170 (B2171 f.).

[112] *Pallis*, a.a.O., S. 27 (29) [gr.]; *Giannakou-Peftoulidou*, Metamoscheusi 1990, S. 122 [gr.]. Kritisch: *Karakatsanis/Balamoutsos*, Iatriki 1999, S. 219 (225 f.) [gr.].

lokalisiert werden,[113] wird in Griechenland die Feststellung des irreversiblen Ausfalls der Hirnstammsfunktion mit dem Tod des Menschen gleichgesetzt.[114] Dabei handelt es sich nicht um den sogenannten Teilhirntod.[115] Bei dem Teilhirntodkonzept handele es sich vielmehr um die Annahme des Todeseintritts schon bei Destruktion des Großhirns oder der Hirnrinde (Cortex).[116] Dies sind Defektzustände oder Entwicklungsstörungen des Gehirns wie es beim apallischen Syndrom oder Anencephalie der Fall sei.[117] Der Hirnstamm sei in derartigen klinischen Zuständen jedoch noch intakt, mir der Folge, dass die darunter leidenden Patienten auch nach dem Hirnstammtodkriterium als Lebende zu behandeln sind.[118] Der praktische Unterschied zwischen Hirnstamm- (in Griechenland) und Gesamthirntodskriterium (in Deutschland) liegt darin, dass bei der Feststellung des Todes gemäß des Hirnstammausfalls nicht nach EEG-Aktivität gesucht wird, weil das EEG nicht die Aktivität des Hirnstamms, sondern die Aktivität der Hirnrinde nachweist.[119]

Sowohl in Deutschland als auch in Griechenland wurde das Hirntodkonzept im Rahmen der Transplantationsgesetzgebung anerkannt. Das deutsche und das griechische Transplantationsgesetz (TPG) beinhalten Vorschriften, die nicht die Kriterien der Feststellung des Hirntodes betreffen,[120] sondern sie bringen die rechtliche Anerkennung des Hirntodes zum Ausdruck. Anders als das griechische stellt das deutsche Transplantationsgesetz[121] in § 3 Abs. 2 S. 2 auf die Feststellung des endgültigen, nicht behebbaren Ausfalls der Gesamtfunktionen des Großhirns, des Kleinhirns und des Hirnstamms ab. Im Artikel 12 § 6 des griechischen Transplantationsgesetzes[122] wird als Zeitpunkt des Todes die Feststel-

---

113 *Pallis*, Iatriko Vima 1984, S. 27 (29) [gr.]; *Logothetis* et al., Metamoscheusi 1993, S. 175 (183) [gr.]; *Klein*, EthikMed 1995, S. 6 (8).

114 Artikel 12 §§ 1, 6 gr. TPG von 1999; *Varka-Adami*, Elliniki Dikaiosyni 1996, S. 535 (536) [gr.].

115 *Giannakou-Peftoulidou* et al., Metamoscheusi 1990, S. 122 [gr.]; *Logothetis* et al., Metamoscheusi 1993, S. 175 (185) [gr.]; *Pallis*, a.a.O., S. 27 (29) [gr.]; a.A.: *Kallert*, FortschrNeurolPsychiat 1994, S. 241 (249); *Oduncu*, Hirntod und Organtransplantation, 1998, S. 79, 91.

116 *Oduncu*, a.a.O., S. 79 ff.

117 *Angstwurm*, Internist 1999, S. 283 (284).

118 *Giannakou-Peftoulidou* et al., a.a.O., S. 122 (123) [gr.]; *Pallis*, a.a.O., S. 27 (31) [gr.].

119 *Klein*, EthikMed 1995, S. 6 (8); *Pallis*, Iatriko Vima 1984, S. 27 (46) [gr.]; *Oduncu*, a.a.O., S. 68.

120 Die Feststellung des Todes wird anhand von Kriterien, die dem Stand der medizinischen Erkenntnissen entsprechen, durch Ärzte getroffen: s. § 5 Abs. 1 S. 1 TPG und Artikel 12 § 6 S. 1 gr. TPG; Zu den griechischen Kriterien des Hirntodes: *Koutselinis*, Basikes Arches Bioethikis, 1999, S. 244 f. [gr.].

121 Transplantationsgesetz von 5.11.1997, BGBl I, 2631; in Kraft getreten am 1.12.1997.

122 Gesetz 2737/1999. In Griechenland wurde die Transplantationsproblematik seit Anfang ihrer Entstehung im ärztlichen klinischen Bereich Objekt gesetzgeberischer Initiative: 1978 wurde das Gesetz 821/1978 „über die Transplantation biologischer Substanzen menschlicher

lung des irreversiblen Ausfalls des Hirnstamms angesehen. Artikel 12 § 6 S. 4 gr. TPG schreibt vor, dass nach der Feststellung des irreversiblen Hirnstammsausfalls nur dann die apparative Unterstützung fortgeführt wird, wenn eine Transplantation bevorsteht. Hieraus wird deutlich, dass die Transplantation nicht der Grund für das Abstellen auf den Hirntod ist; vielmehr ist der Hauptgrund für die neue Bestimmung die Beobachtung der Aussichtslosigkeit des Einsatzes von apparativen Intensivmaßnahmen im Fall des irreversiblen Verlustes der Atem- und Bewusstseinsfähigkeit, also im Fall des irreversiblen Ausfalls des Hirnstamms. Der Todeseintritt ist ab diesem Zeitpunkt unausweichlich, so wie früher der Atem-/Kreislaufstillstand den Zeitpunkt markierte, ab welchem der Todeseintritt unausweichlich wurde.[123] Es sei schwierig dahin zu argumentieren, dass trotz irreversiblen Hirnstammsausfalls der Patient ein Interesse an der Fortführung der intensivmedizinischen Maßnahmen habe.[124]

Die juristischen Gründe für die Annahme des Hirntodkonzeptes betreffen insbesondere die Grenzen des strafrechtlichen Lebensschutzes, und speziell die Grenzen der Lebenserhaltungspflicht des Arztes. Nähme das Recht weiter allein den „klinischen Tod“ zum Ausgangspunkt, so würde daraus die Gefahr einer unangemessenen Behandlung abgeleitet werden, sowohl einer Unter- als auch einer Überbehandlung: Wenn rechtlich der Patient bereits beim Kreislaufstillstand als tot zu gelten hat, dann stehe die Reanimation im Belieben des Arztes.[125] Denn dem Arzt könnte keine Pflicht auferlegt werden, einen „schon Toten“ zu reanimieren. Auf der anderen Seite würde das rechtliche Abstellen auf den „klinischen Tod“ denjenigen Fällen nicht gerecht werden können, bei denen der Patient bei apparativer Aufrechterhaltung der Atemtätigkeit einen irreversiblen Ausfall der Funktionen des Gehirns erlitten hat: Der Arzt hätte solange die Pflicht zur Fortführung der intensivmedizinischen Behandlung, bis etwaige Komplika-

---

Herkunft“ verabschiedet, das später durch das Gesetz 1023/1980 modifiziert wurde. 1983 wurde das Gesetz 1383/1983 „über Entnahmen und Transplantationen von Geweben und Organen“ verabschiedet. Im Artikel 7 § 4 wird vorgeschrieben, dass die Organentnahme bei toten Organspendern neben anderen Voraussetzungen die Feststellung des Hirntodes voraussetzt. Die Feststellung des Hirntodes muss der Organentnahme vorangehen. Gemäß § 5 des selben Artikel verbietet sich die Beteiligung an der Hirntodfeststellung den Ärzten, die an der Transplantation beteiligt sind. 1985 hat der Zentrale Beirat für Gesundheit einen Rechtsverordnung erlassen, welche die Kriterien der Feststellung des Hirntodes festschrieb. Am 26. August 1999 wurde ein neues Transplantationsgesetz verabschiedet: Es handelt sich um das Gesetz 2737/1999; in Kraft getreten am 27.08.1999. Zur griechischen Entwicklung der Transplantationsgesetzgebung siehe: *Canellopoulou-Bottis*, European Journal of Health Law 2000, S. 427; *Varka-Adami*, Kritiki Epitheorisi 2000, S. 117 ff. [gr.]; *dies.*, To dikaio ton metamoscheuseon, 1993, S. 28 ff. [gr.]; *dies.*, Elliniki Dikaiosyni 1996, S. 535 (537 ff.) [gr.].

[123] *Schreiber*, in: FS-Steffen, 1995, S. 451 (455 f.).

[124] *Fisher/Raper*, BMJ 2000, S. 1268.

[125] *Schreiber*, in: Mnimi II Daskalopoulou/Stamati/Baka, 1996, S. 441 (445); Schönke/Schröder/*Eser*, § 211 Rn. 16.

tionen zu einer Asystolie führen, was mehrere Wochen dauern kann.[126] Bei Irreversibilität des Hirnsausfalls sei der Tod unausweichlich geworden, genau so wie früher der Herz-/Kreislaufstillstand die Unausweichlichkeit des Todes bedeutete.[127] Der Unterschied liegt darin, dass der Arzt jetzt Lungen- und Herzfunktion maschinell aufrechterhalten kann. Die maschinell aufrechterhaltenden Funktionen können aber nie wiederhergestellt werden, weil die Gehirnfunktionen irreversibel, das heißt endgültig ausgefallen und nicht behebbar sind.[128] Die Intensivmaßnahmen verfolgen aber nicht lediglich das Ziel, einen Menschen apparativ am Leben zu erhalten. Vielmehr zielen sie auf die Lebenserhaltung *und* die Wiederherstellung des Lebens. Auch die Hirntodkritiker weisen bezüglich der ärztlichen Behandlungspflicht darauf hin, dass nicht ein nacktes Überleben die Grenzen der Behandlungspflicht bestimmen sollte.[129]

Aus der Darstellung der Todesproblematik ergibt sich zweierlei: Erstens, dass die Hirntoten nicht zu dem Betroffenenkreis der Sterbebegleitung gehören. Zweitens, dass das alte medizinische Konzept, wonach alles medizinisch Machbare einzusetzen sei, relativiert werden musste. Die Wurzel der Lösungsvorschläge für die Frage der angemessenen ärztlichen Intervention am Sterben des Patienten finden sich in den Richtungen, die sich im Rahmen der Hirntoddebatte entwickelt haben.

II. Positive Bestimmung des Betroffenenkreises nach dem Krankheitszustand

Nach Ausschluss der Hirntoten von der Problematik der palliativmedizinischen Sterbebegleitung, stellt sich die Frage, welche Patienten Gegenstand der nachfolgenden Überlegungen sein können. Unklarheit bezüglich des Betroffenenkreises würde einen zusätzlichen Unsicherheitsfaktor für alle Beteiligten darstellen, was das Treffen der relevanten Entscheidungen hemmend beeinflussen

---

[126] Was im Fall des vielzitierten „Erlanger-Babys" gezeigt wurde: Bei einer unfallverunglückten Frau waren die Kriterien des Hirntodes erfüllt. Unerwartet wurde von den Ärzten eine Schwangerschaft festgestellt, die vollkommen intakt war und der 15. Schwangerschaftswoche entsprach. Angesichts der Überlebenschance des Foetus (ab der 26. Schwangerschaftswoche haben sogenannte Frühgeborene eine Überlebenschance von 50 %) führten die Ärzte die intensivmedizinische Behandlung der hirntoten Schwangeren fort. Nach fünf Wochen kam es zu einem Fieberanstieg und Zeichen einer Lungeninfektion im Körper der Schwangeren, was den Spontanabgang der Leibesfrucht zur Folge hatte. Das Beispiel erwähnt *Höfling*, JZ 1996, S. 615 (617) um seine These, der Hirntot sei bloß ein sterbender Mensch, zu stützen. Er verkennt aber, dass es hier nicht um den Tod der Schwangeren ging, sondern um die Frage, ob das Leben ihres Foetus zu retten war, worüber sich auch streiten lässt.

[127] Vgl. *Baloyannis*, Egefalos 2000, S. 7 (8) [gr.]; *Birnbacher* et al., Deutsches Ärzteblatt 1993, S. B-2170 (2171).

[128] *Schreiber*, in: FS-Remmers, 1995, S. 593 (595 f.).

[129] So etwa *Höfling*, JZ 1995, S. 26 (33).

würde. Wer im Rahmen der Sterbebegleitung palliativmedizinisch betreut werden kann bzw. soll, ist die Frage, die sich hierbei stellt.

1. Kriterien und Grenzen der positiven Bestimmung

Patienten, die an einer unheilbaren, tödlich verlaufender Krankheit leiden, können nach einhelliger Auffassung dem Betroffenenkreis der Palliativmedizin gehören. Bezüglich der Art der Krankheit ist folgendes zu bemerken: Die Palliativmedizin ist nicht auf die Behandlung von Patienten mit unheilbaren Tumorerkrankungen beschränkt.[130] Sie widmet sich auch Patienten mit Aids, neurologischen, kardialen, respiratorischen oder renalen Erkrankungen im weit fortgeschrittenen Stadium.[131] Überwiegend werden jedoch in den meisten Palliativeinrichtungen Tumorpatienten betreut.[132] Es besteht gleichwohl die Tendenz, die Palliativbehandlung allen Patienten mit einer unheilbaren Erkrankung und begrenzter Lebenserwartung zugute kommen zu lassen.[133]

Eine in abstracto Bestimmung des Betroffenenkreises auf Grund vom Vorliegen einer bestimmten Krankheit kann nicht angenommen werden. Die Krankheit macht nur einen Teil des Gesamtkomplexes aus, der durch sehr individuelle Interaktionen geprägt wird.[134] Nach diesen Interaktionen forschen die Ärzte im Einzelfall durch Fragestellungen, die auf Relationen gerichtet sind.[135] So ist eine wichtige Relation zwischen dem Abstraktum Krankheit und der konkreten Person, an der sie sich abspielt, die Beziehung zwischen Tragfähigkeit der Person und Belastung durch die Krankheit.[136] Nicht bei allen Krebs- oder Aidskranken verläuft die Krankheit gleichschnell, ebenso wenig leiden alle Schwerkranken an Symptomen gleicher Art oder Intensität. Zu betonen ist daher, dass die Bestimmung des Betroffenenkreises nach Krankheitsbildern nur einen Teil des Gesamtgeschehens betrifft, nämlich die Diagnose, die zum systematischen Teil der ärztlichen Indikation gehört.[137] Die Behandlungsfrage, die entscheidende Frage jedes ärztlichen Handelns, erfolgt nach der Bildung der personalen Indikation, welche die Person des konkreten Patienten berücksichtigt.[138] Die personale Indi-

---

[130] *Klaschik* et al., Der Internist 2000, S. 606 (608); *Papagiannis*, Elliniki Iatriki 1997, S. 72 (73) [gr.].
[131] *Hiddemann*, Der Internist 2000, S. 605.
[132] *Klaschik* et al., a.a.O.; *Aichmüller-Lietzmann /Clemm/Binsack*, MMW 1999, S. 26/42 (28/44).
[133] *Field*, in: Aulbert/Klaschik/Pichlmaier (Hrsg.), Palliativmedizin – Verpflichtung zur Interdisziplinarität, 2000, S. 57 (59).
[134] *Bochnik*, in: Bochnik/Gärtner-Huth/Richtberg (Hrsg.), Der einzelne Fall und die Regel, 1988, S. 11 (14).
[135] *Bochnik*, a.a.O.
[136] *Bochnik*, a.a.O.
[137] *Hampel*, Therapieverzicht, 1997, S. 24.
[138] *Hampel*, a.a.O.

kation kann vom systematischen Teil der Indikation, welcher die medizinische Regel zum Gegenstand hat, abweichen. Denn das Wesentliche eines Patienten, die Besonderheit des Einzelfalls, kann in der Varianz der medizinischen Regel liegen.[139] Somit stellt der Gebrauch von verschiedenen Fallgruppen lediglich einen Teil der Bestimmung des Betroffenenkreises dar. Das Abstellen auf Art, Schwere, und mögliches outcome (Prognose) der Krankheit als auch auf die durch die Krankheit hervorgerufenen Symptome ist daher als Ausgangspunkt zu verstehen. Die Bestimmung des Betroffenenkreises kann vollständig dann nur erfolgen, wenn die Person des konkreten Kranken und somit seine Interventionsmöglichkeit, die Gegenstand des zweiten Teils dieser Arbeit ist, berücksichtigt wird.

2. Fallgruppen von betroffenen Patienten

In der Literatur wird teilweise auf die Fallgruppe „Sterbende" abgestellt.[140] Sterbende sind nach den Grundsätzen der Bundesärztekammer zur ärztlichen Sterbebegleitung Kranke oder Verletzte mit irreversiblem Versagen einer oder mehrerer vitaler Funktionen, bei denen der Eintritt des Todes in kurzer Zeit zu erwarten ist.[141] Entscheidend hierbei ist das Kriterium der Todesnähe beim irreversiblen Versagen einer oder mehrerer vitaler Funktionen. Bei tödlich verlaufenden Krankheiten, die über eine bestimmte Zeit fortdauern, wird dies in der sogenannten Finalphase, welche die Sterbephase umschreibt, der Fall sein.[142] Sterbende, bei denen eine stationäre Behandlung im Krankenhaus nicht erforderlich und eine ambulante Betreuung nicht möglich ist, werden in Deutschland in Hospizen aufgenommen.[143] Eine Erweiterung des Begriffs „Sterbende" schlägt *Eibach* vor. Danach soll bei geriatrischen und gerontopsychiatrischen (betagte Demenz-Kranke) Patienten von einem ‚altersbedingten Sterbeprozess' die Rede sein, welcher mit der herkömmlichen Beschreibung des Sterbeprozesses nicht immer gleichzusetzen ist.[144] Dieser Ansicht kann nicht gefolgt werden. Zwar ist das Alter *ein* Faktor bei der Frage der Indikation und der zu befolgenden Be-

---

[139] *Bochnik*, a.a.O., S. 11 (17).

[140] LK-*Jähnke*, Vor § 211, Rn. 12; *Maurach/Schröder/Maiwald*, BT 1,1995, S. 22; *Langer*, JR 1993, S.133 (135). *Dontas*, in: *Etaireia Bioiatrikis Ethikis kai Deontologias*, Iatriki 1999, S. 576 (582) [gr.] lehnt den Begriff „Sterbende" ab. Prospektiv gäbe es für den Arzt keinen Sterbenden, sondern einen Kranken.

[141] Punkt I der *Grundsätze der BÄK zur ärztlichen Sterbebegleitung* - 2004, abrufbar unter: http://www.bundesaerztekammer.de/30/Richtlinien/Empfidx/Sterbebegl2004.pdf [Stand: 31. 05.2004].

[142] Vgl. *Klaschik* et al., Der Internist 2000, S. 606 (607); *Kolb*, European Journal of Geriatrics 2001, S. 7 (9), der vom Einsetzen eines unumkehrbaren Prozess des schrittweisen Verlustes von Vitalfunktionen spricht.

[143] *Sabatowski* et al., Der Schmerz 2001, S. 312 (313); *Cremer*, in: Aulbert/Klaschik/Pichlmaier (Hrsg.), Palliativmedizin – Verpflichtung zur Interdisziplinarität, 2000, S. 64.

[144] *Eibach*, MedR 2002, S. 123 (128).

handlungsstrategie. Der Sterbeprozess wird aber anhand vielfältiger medizinischer Befunde diagnostiziert, eine Dominierung des Altersfaktors lässt sich daher nicht rechtfertigen.[145]

Betroffen in der Sterbebegleitung sind auch Patienten in der Terminalphase einer unheilbaren, tödlich verlaufenden Krankheit. Die Terminalphase umfasst einen Zeitraum von einigen Wochen, manchmal Monaten, in denen die Aktivität zunehmend eingeschränkt wird, der Sterbevorgang aber noch nicht eingesetzt hat.[146] Somit ist der von einer tödlichen Krankheit betroffene Mensch nicht notwendig ein Sterbender. Die Terminalphase wird durch eine Reihe von Symptomen gekennzeichnet: Schwäche, zeitweise Desorientierung, zunehmendes Desinteresse an Nahrung, Flüssigkeit und auftretender Schwindel.[147]

Als weitere Zielgruppe der Sterbebegleitung werden von manchen Autoren die „unheilbar Kranken",[148] so wie die „unheilbar Leidenden" herangezogen.[149] Gemeinsames Element dieser Fallgruppen ist das Vorliegen einer schweren unheilbaren Krankheit in der Person des Kranken, welche für den Kranken ein unabwendbares Leiden bedeutet. Allein das Vorliegen der Unheilbarkeit einer Krankheit ist aber kein taugliches Moment bei der Konkretisierung des Betroffenenkreises. Die Unheilbarkeit der Krankheit stellt einen sehr vagen Begriff dar, der verschiedene Konstellationen umfasst:[150] Unheilbar kann eine Krebskrankheit im fortgeschrittenen Stadium, aber auch der Diabetes mellitus[151] sein. Zu fragen ist daher, welche unheilbar Kranke außer denjenigen, die sich im terminalen oder finalen Stadium befinden, palliativmedizinisch betreut werden können. Eine Änderung des Therapieziels kann in der Tat auch in einem früheren Stadium des Krankheitsverlaufs in Betracht kommen. Maßgebend ist zunächst das Vorliegen einer weit fortgeschrittenen und tödlich verlaufenden Krankheit. Es handelt sich hierbei nicht um „sterbende" Patienten, der Eintritt des Todes steht nach ärztlicher Prognose nicht bevor; er ist aber abzusehen. Man

---

145 *Vasilopoulos/Filopoulos*, Hellenic Oncology 1993, S. 172 (173) [gr.] warnen vor einer Änderung des Behandlungsziels anhand des Alterskriteriums.

146 Vgl. *Klaschik* et al., a.a.O. Der britische „National Council for Hospice and Specialist Palliative Care Services" versteht unter „terminally ill" Menschen mit aktiver und progressiver Erkrankung, für welche eine kurative Behandlung nicht möglich oder nicht adäquat ist, und bei welchen der Tod mit einiger Sicherheit innerhalb der nächsten 12 Monaten eintreten wird, s. dazu: *Eychmüller*, Der Schmerz 2001, S. 357.

147 *Eychmüller*, Der Schmerz 2001, S. 357; *Thielemann/Pichlmaier*, MMW 1988, S. 279 f.

148 *Otto*, Die einzelnen Delikte, § 6 Rn. 19; *Wessels/Hettinger*, BT 1 Rn. 35.

149 *Küper*, BT I, § 1 Rn. 18.

150 *Koutselinis*, Basikes Arches Bioethikis, 1999, S. 192 [gr.]. Auch *Dontas*, a.a.O., S. 576 (578) [gr.] weist auf die Vagheit des Begriffs der „Unheilbarkeit".

151 Stoffwechselkrankheit, bei der die Insulinproduktion gestört ist. Hierzu: Lothar Hans *Schreiber*/Christiane *Schreiber*, ZRP 1993, S. 146 (148).

spricht von infauster (aussichtsloser) Prognose.[152] Das wird etwa bei unwiderruflichem Ausfall vitaler Organfunktionen der Fall sein. Zudem kann die Präsenz von belastenden Symptomen im Sinne einer Leidensverlängerung, die auf das Ein- bzw. Fortsetzen lebenserhaltender Maßnahmen zurückzuführen ist, eine Änderung des Behandlungsziels bzw. die Aufnahme in eine Palliativstation indizieren.[153] Auch in einem weniger fortgeschrittenen Stadium kann die Symptombelastung eine palliativmedizinische Behandlung medizinisch begründen. Hier ist allerdings die Sterbephase noch nicht in Sicht, so dass bei der Entscheidung für eine Änderung des Behandlungsziels der Patientenwille eine dominierende Rolle spielen wird. In Zweifelsfällen sollte nach den Grundsätzen der Bundesärztekammer eine Beratung mit anderen Ärzten und Pflegenden erfolgen.[154]

Oft stellt sich die Frage der Sterbebegleitung bei Patienten, die sich im sogenannten „Wachkoma“ befinden.[155] Dabei geht es um eine Bewusstseinsstörung, bei der nicht die Wachheit, sondern die Wahrnehmungsfähigkeit beeinträchtigt wird. Es besteht ein Schlaf-Wachzyklus, so dass diese Patienten intermittierend wach sind und die Augen geöffnet haben.[156] Zwischen Beeinträchtigung und Aufhebung der Wahrnehmungsfähigkeit ist stets zu differenzieren, mag dies in der Praxis Schwierigkeiten bereiten. Es wird vertreten, dass die Aufhebung der Wahrnehmungsfähigkeit bedeute, dass diese Patienten ihre Erkrankung nicht als Leidenszustand erleben. Ein mögliches Verziehen des Gesichtes auf Schmerzreize sei als subkortikal generierte mimische Reaktion und nicht als bewusste

[152] Prognose ist die Voraussagung des wahrscheinlichen Verlaufs einer Krankheit. Die Prognose beruht auf statistischen Erkenntnissen und ärztlicher Erfahrung. Prognostische Angaben betreffen die Überlebenschancen eines Patienten oder seine Aussichten auf Heilung. Die Gesamtprognose einer Gesundheitsstörung hängt oftmals nicht nur vom Grundleiden, sondern auch von der Wahrscheinlichkeit bestimmter Komplikationen ab, s. *Gahl/Raspe*. EthikMed 1995, S. 29 (33).

[153] Punkt II der *Grundsätze der BÄK zur ärztlichen Sterbebegleitung*-2004, abrufbar unter: http:/www.bundesaerztekammer.de/30/Richtlinien/Empfidx/Sterbebegl2004.pdf [Stand: 31. 05.2004]; s. auch *Grundsätze der BÄK zur ärztlichen Sterbebegleitung*-1998, NJW 1998, S. 3406 (3407); *Sabatowski* et al., Der Schmerz 2001, S. 312 (313); *Cremer*, in: Aulbert/ Klaschik/Pilchmaier (Hrsg.), Palliativmedizin-Verpflichtung zur Interdisziplinarität, 2000, S. 64 (65).

[154] Punkt II der *Grundsätze der BÄK zur ärztlichen Sterbebegleitung*-2004, abrufbar unter: http://www.bundesaerztekammer.de/30/Richtlinien/Empfidx/Sterbebegl2004.pdf [Stand: 31. 05.2004].

[155] Teilweise wird der Begriff „apallisches Syndrom“ verwendet. Dieser Begriff ist nach dem neuen Forschungsstand medizinisch und neurobiologisch fraglich geworden. Dazu: *Enquete-Kommission Ethik und Recht der modernen Medizin*, Zwischenbericht v. 13/9/2004, BT-Drucksache 15/3700, S. 38, Fß. 210.

[156] *Nacimiento*, Deutsches Ärzteblatt 1997, S. B 529.

Schmerzempfindung zu werten.[157] Die Annahme der fehlenden Wahrnehmungsfähigkeit muss klinisch gut begründet sein.[158] Das „Wachkoma“ wird durch Gehirndefektzustände gekennzeichnet, wobei aber die Gesamtfunktion des Gehirns aufrecht erhalten bleibt, so dass der Wachkomatöser gemäß dem Kriterium des Hirntodes ein lebender Patient ist.[159] Es ist daher Ansichten, wonach der Wachkomatöser mit einem Sterbenden gleichzusetzen ist,[160] zu widersprechen. Das „Wachkoma“ kann allerdings aufgrund objektiver medizinischer Befunde als irreversibel eingestuft werden.[161] In der angloamerikanischen Literatur ist der Begriff „persistent vegetative state“ am gebräuchlichsten, er hat jedoch zu Verwirrungen geführt, da von vielen Autoren „persistierend“ mit „irreversibel“ gleichgesetzt wird. Die Autoren des 1972 eingeführten Begriffs wollten aber mit „persistierend“ nur zum Ausdruck bringen, dass dieser Zustand über einen gewissen Zeitraum aufrechterhalten bleibt, ohne damit eine prognostische Wertung zu implizieren.[162] Ein „persistierendes“ Koma bedeutet daher nicht immer „irreversibel“. Zutreffend ist in der neuen Fassung der Grundsätze der Bundesärztekammer von „anhaltender“ Bewusstlosigkeit die Rede.[163] Wird nach der akuten Krankheitsphase ein stabiler Allgemeinzustand des sich im „Wachkoma“ befindenden Patienten konstatiert, so beträgt die durchschnittliche Überlebenszeit zwei bis fünf Jahre.[164] In den Grundsätzen der Bundesärztekammer wird jedoch niedergeschrieben, dass die Dauer der Bewusstlosigkeit nicht alleiniges Kriterium bei den die Änderung des Therapieziels betreffenden Entscheidungen sein darf.[165] Das ist auch richtig, denn das „Wachkoma“ kann als ein Zwischenstadium, als sogenanntes Durchgangssyndrom, in Erscheinung treten.[166] Allerdings wird auch bei wachkomatösen Patienten, eine Änderung des Behandlungsziels in Betracht kommen, wenn eine Situation entritt, die derjenigen bei Sterbenden

[157] *Nacimiento*, a.a.O., S. B 529 (B 532).

[158] *Nacimiento*, a.a.O., S. B 529; *von Lutterotti*, WMW 1996, S. 59; *Kallert*, Fortschr. Neurol. Psychiat. 1994, S. 241 (250).

[159] *Angstwurm*, Der Internist 1999, S. 283 (284); *Weißauer/Opderbecke*, MedR 1995, S. 456 (457); *Enquete-Kommission Ethik und Recht der modernen Medizin*, Zwischenbericht v. 13/9 /2004, BT-Drucksache 15/3700, S. 38.

[160] So etwa bei *Hirsch*, in: FS-Lackner, 1987, S. 597 (602).

[161] *Nacimiento*, a.a.O., S. B 529.

[162] *Nacimiento*, Deutsches Ärzteblatt 1997, S. B 529 (B 530).

[163] Punkt III der *Grundsätze der BÄK zur ärztlichen Sterbebegleitung*-2004, abrufbar unter: http://www.bundesaerztekammer.de/30/Richtlinien/Empfidx/Sterbebegl2004.pdf [Stand: 31. 05.2004].

[164] *Naciemento*, a.a.O., S. B-529 (B-532).

[165] Punkt III der *Grundsätze der BÄK zur ärztlichen Sterbebegleitung*-2004, abrufbar unter: http://www.bundesaerztekammer.de/30/Richtlinien/Empfidx/Sterbebegl2004.pdf [Stand: 31. 05.2004]; s. auch *Grundsätze der BÄK zur ärztlichen Sterbebegleitung*-1998, a.a.O.

[166] *Dörner*, ZRP 1996, S. 93.

oder Patienten mit infauster Prognose entspricht.[167] Bei solcher Situation kann auch bei Patienten, die sich im „Wachkoma" befinden, auf den Einsatz substituierender weiterer technischer Hilfsmittel verzichtet werden[168] und palliativmedizinische Versorgung eingesetzt werden. Fälle vom „Wachkoma" sind aufgrund ihrer - sogar auf medizinischer Ebene – Schattenhaftigkeit der Standort des faktischen Vorranges des Patientenwillens, seiner Interventionsmöglichkeiten, so wie der staatlichen Betreuung.

C. Verhältnis der palliativmedizinischen Sterbebegleitung zu den Formen ärztlicher Sterbehilfe

I. Gemeinsames strafrechtlich relevantes Element: Die Lebensverkürzung

1. Strafrechtliche Relevanz

Eine gesetzliche Regelung der Problematik der Sterbebegleitung und der Sterbehilfe fehlt bisher sowohl in Deutschland als auch in Griechenland. Das deutsche Strafgesetzbuch kennt die Begriffe der Sterbehilfe und Sterbebegleitung nicht.[169] Auch im griechischen Strafgesetzbuch (Poinikos Kodikas) ist das Wort „Sterbebegleitung" und „Sterbehilfe" nicht zu finden. Strafrechtlich relevant werden ärztliche Interventionen, durch welche das Leben des Patienten verkürzt wird. Lebensverkürzung ist strafrechtlich nur vor dem Eintritt des Hirntodes relevant.[170] Die Lebensverkürzung wird rechtlich notwendigerweise auf ein menschliches Verhalten zurückgeführt. Denn es gibt keinen Erfolgsunwert ohne Handlungsunwert[171] und einen solchen kann nur ein menschliches Verhalten mit sich bringen. Darunter wird sowohl aktives Tun wie auch dem aktiven Tun rechtlich gleichgesetztes Unterlassen verstanden. Lebensverkürzung bedeutet somit die Tötung eines anderen im Sinne der §§ 211 ff. Strafgesetzbuch bzw. Artikel 299 ff. PK. Da es sich bei der Sterbehilfe nicht um ein gesetzliches Merkmal handelt, kann gemäß des Gesetzlichkeitsprinzips, worauf das Strafrecht sowohl in Deutschland (§1 Strafgesetzbuch) wie auch in Griechenland (Artikel 1 PK) beruht, eine Strafbarkeit wegen Sterbehilfe nicht in Betracht kommen. Vielmehr wird bei den relevanten Sachverhalten eine Strafbarkeit wegen eines Tötungsdelikts geprüft. Demgemäss hatte die deutsche Rechtspre-

---

[167] Punkt III der *Grundsätze der BÄK zur ärztlichen Sterbebegleitung* - 2004, abrufbar unter: http://www.bundesaerztekammer.de/30/Richtlinien/Empfidx/Sterbebegl2004.pdf [Stand: 31. 05.2004].

[168] *Schreiber*, Kirche und Recht 1999, S. 227 (231).

[169] *Arzt*, JR 1986, S.309 (310); *Roxin*, in: Roxin/Schroth, Medizinstrafrecht, 2001, S. 93; *Eser*, JZ 1986, S. 786 (792); *Sonnen*, Z Gerontol Geriat 1995, S. 279.

[170] Schönke/Schröder/*Eser*, Vor §§ 211 ff. Rn 22; Vgl. *Angstwurm*, Der Internist 1999, S. 283.

[171] *Roxin*, AT § 10 Rn. 96.

chung sich bisher mit Sterbehilfefällen zu befassen, welche unter dem Aspekt der möglichen Strafbarkeit wegen eines Tötungsdelikts entschieden wurden.[172]

2. Sterbehilfe ohne Lebensverkürzung?

Gefragt wird, ob es Sterbehilfe auch ohne Lebensverkürzung geben kann.[173] Im Schrifttum wird teilweise die Schmerzlinderung ohne Lebensverkürzung als wesentliches Element der „reinen" bzw. „eigentlichen" Sterbehilfe bezeichnet. Danach werden einem Sterbenden schmerzlindernde Mittel ohne lebensverkürzende Wirkung verabreicht.[174] Teilweise wird auf den Begriff „echte Euthanasie" abgestellt, worunter diejenigen ärztlichen und pflegerischen Maßnahmen zu verstehen sind, durch welche der Schmerz gelindert und der Sterbevorgang erleichtert wird, ohne eine Lebensverkürzung auszulösen.[175] Wesentliche Begriffselemente der Auffassungen, wonach Sterbehilfe ohne Lebensverkürzung möglich ist, sind die Schmerzlinderung einerseits und die Erleichterung des Todesvorganges andererseits. Was die Schmerzlinderung anbelangt, muss zunächst davon ausgegangen werden, dass der Arzt dazu rechtlich verpflichtet ist.[176] Wenn die Schmerzlinderung aber keine lebensverkürzende Wirkung hat, dann kann sie auch einen Todesvorgang nicht beschleunigen, und sie stellt eine rein ärztliche Heilbehandlung dar. Dass die Schmerzlinderung bei einem Sterbenden durchgeführt wird, macht sie nicht zu einer dem Sterbenden dienenden besonderen Hilfeleistung, weil sie wesentliches Element der ärztlichen Pflicht bei jedem „Schmerzkranken" ist. Allerdings ist der Ansicht nicht zu folgen, die Fälle „reiner Sterbehilfe ohne Lebensverkürzung" seien strafrechtlich irrelevant.[177] Denn bei Vernachlässigung bzw. Verweigerung der Schmerzlinderung kommen die Tatbestände der unterlassenen Hilfeleistung oder der Körperverletzung in Betracht.[178]

Das zweite Element, welches für die Annahme des Vorhandenseins einer Sterbehilfe ohne Lebensverkürzung verwendet wird, ist die Erleichterung des Sterbevorgangs durch Schmerzlinderung. Dies setzt das Vorverständnis des Begriffs „Sterbevorgang" voraus. Der Sterbevorgang sei der Vorgang, der unausweich-

---

[172] BGH St 32, 367 (371); St 37, 376; St 40, 257 f.; St 42, 301 (305). Übersicht bei *Ulsenheimer*, Der Internist 2000, S. 648 ff und *Rothärmel*, Zentralbl Chir 2001, S. 722 ff.

[173] Bejahend: *Otto*, Die einzelnen Delikte, § 6 Rn. 21; *Pelzl*, KJ 1994, S. 179 (181).

[174] *Roxin*, in: Roxin/Schroth (Hrsg.) Medizinstrafrecht, 2001, S. 93 (94); *Leonardy*, DRiZ 1986, S. 281 (283); Günter *Hirsch*, ZRP 1986, S. 239; *Maurach/Schröder/Maiwald*, Strafrecht BT I S. 22.

[175] *Kutzer*, NStZ 1994, S. 110.

[176] *Tröndle*, ZStW 1987 S.25 (28); *Dölling*, MedR 1987, S. 6; *Dettmeyer/Musshoff/Madea*, Z Palliativmedizin 2002, S. 50 (51).

[177] *Helgerth*, JR 1976, S. 45.

[178] *Schreiber*, NStZ 1986, S. 337 (338); *Kutzer*, Der Schmerz 1991, S. 53 (54); *Pelzl*, KJ 1994, S. 179 (181); *Leonardy*, DRiZ 1986, S. 281 (283).

lich sehr bald zum vollständigen und endgültigen Verlust der einen Menschen kennzeichnenden Lebensmerkmale führen wird.[179] Unter dieser Klärung ist die „Erleichterung des Sterbevorgangs" wie folgt zu verstehen: Entweder ist mit der „Erleichterung des Sterbevorgangs" eine Beschleunigung des Sterbevorgangs angedeutet, was aber bedeuten würde, dass eine Beschleunigung des Todes vorliegt; gerade das würde dem Inhalt einer „Sterbehilfe ohne Lebensverkürzung" widersprechen. Oder es wird unter der „Erleichterung des Sterbevorgangs" der Zustand verstanden, in welchem der Sterbende durch die schmerzlindernde Behandlung weniger leidet, also die Sterbephase möglichst schmerzfrei erlebt. Dann handelt es sich wiederum um eine Schmerzlinderung, die, weil sie keine Lebensverkürzung mit sich bringt, nach den selben Regeln wie jeder ärztliche Heileingriff zu beurteilen ist.[180]

Somit ist unter „Sterbehilfe ohne Lebensverkürzung" und unter dem emotional gefärbten Ausdruck der „Erleichterung des Sterbevorgangs" nichts anderes als *eine* Form der palliativmedizinischen Sterbebegleitung zu verstehen, nämlich die, bei welcher die ärztliche Intervention oder das Unterlassen einer solchen keine Lebensverkürzung mit sich bringt. Es ist jedoch nicht richtig, alle Formen der Sterbebegleitung mit dem Fehlen einer rechtlich relevanten Lebensverkürzung gleichzusetzen. Die rechtliche Relevanz der Problematik der Sterbebegleitung betrifft vielmehr insbesondere die lebensverkürzende Wirkung einer ärztlichen Intervention bzw. das Unterlassen einer solchen im Rahmen der palliativmedizinischen Sterbebegleitung nach Änderung des Behandlungsziels. Die Lebensverkürzung stellt den Kern der rechtlichen Problematik dar: Anders als bei der Prüfung von ärztlichen Behandlungsfehlern mit Todesfolge, geht es hier grundsätzlich um vorsätzliche Interventionen mit Todesfolge. Dies macht konsequenterweise die strafrechtliche Beurteilung der Sterbebegleitung mit Lebensverkürzung unentbehrlich. Es sind daher an dieser Stelle die einschlägigen Straftatbestände beider Länder darzustellen.

3. Strafrechtlicher Lebensschutz in Deutschland und in Griechenland

In beiden Ländern ist geschütztes Rechtsgut der Tötungstatbestände das menschliche Leben. Es bestehen beim strafrechtlichen Schutz menschlichen Lebens keine wesentlichen Unterschiede, von der Strafbarkeit der Suizidteilnahme im griechischen Strafgesetzbuch einmal abgesehen.[181]

Wenn ein Todeserfolg nach vorsätzlicher ärztlichen Intervention festgestellt wird, wird sich die Frage stellen, ob nicht ein Totschlag bzw. Mord vorliegt. Der

---

[179] *Angstwurm*, Der Internist 1999, S. 283 (284); vgl. *Tröndle*, MedR 1988, S. 163 (166).
[180] *Dölling*, MedR 1987, S. 6.
[181] Die „Straftaten gegen das Leben" sind im Kapitel 15 des griechischen Strafgesetzbuches (Poinikos Kodikas) enthalten.

Grundtatbestand ist nach griechischem Strafrecht die vorsätzliche Tötung gemäß Artikel 299 PK.[182] Dabei wird zwischen der Tötung, die in einer heftigen Gemütsbewegung im Sinne eines Affektes beschlossen und ausgeführt wurde (Artikel 299 § 2 PK), und der Tötung, die nicht in einer solchen Gemütsbewegung beschlossen oder ausgeführt wurde (Artikel 299 § 1 PK), unterschieden.[183] Im deutschen Strafgesetzbuch bildet der Totschlag gemäß § 212 Strafgesetzbuch den Grundtatbestand.[184] Eine aktive Sterbehilfe kann den Grundtatbestand des Totschlags erfüllen, wenn sie ohne Verlangen des Patienten geleistet wird.[185] Auch die passive Sterbehilfe ohne Verlangen des Patienten kann als Totschlag begangen durch Unterlassen strafbar sein, soweit dem Arzt die Garantenpflicht zur Abwendung des Todes trifft. In den hier einschlägigen Fallkonstellationen wird häufiger eine Strafbarkeit des Handelnden wegen einer Tötung auf Verlangen des Opfers in Betracht kommen. Die Tötung auf Verlangen nach Artikel 300 PK[186] entspricht mit einigen Besonderheiten der Tötung auf Verlangen gemäß § 216 Strafgesetzbuch. Der griechische Tatbestand ist enger als der deutsche: Er enthält als zusätzliche Tatbestandsmerkmale das Vorliegen des Mitleids beim Täter und das Vorliegen einer unheilbaren Krankheit beim Opfer. Das Mitleid muss aufgrund der unheilbaren Krankheit des Opfers entstanden sein.[187] Unter unheilbarer Krankheit ist nach überwiegender Auffassung in Griechenland auch eine psychische Krankheit zu verstehen, solange aber der psychisch Kranke ein ernstliches und ausdrückliches Verlangen ausdrücken kann.[188] Auch wenn der griechische Tatbestand der Tötung auf Verlangen enger gefasst ist, so sind darunter nicht alle Fälle von aktiver Sterbehilfe zu subsumieren. Nicht geregelt

---

[182] Artikel 299 § 1 PK: Wer vorsätzlich einen anderen tötet, wird mit lebenslänglichem Zuchthaus bestraft. § 2: Wenn die Tat in einer heftigen Gemütsbewegung beschlossen und ausgeführt wurde, so ist auf zeitiges Zuchthaus (Freiheitsstrafe 5 bis 20 Jahre) zu erkennen.

[183] Unter heftiger Gemütsbewegung wird diejenige heftige psychische Bewegung verstanden, die aufgrund einer frappierenden, plötzlichen Überanspannung von Gefühls- oder Leidenschaftsintensität eine Abwägung der Gründe für und gegen die Tat unmöglich macht, ohne dass dadurch beim Täter das Stadium der Zurechnungsunfähigkeit erreicht wird, dazu: *Mangakis*, Poiniko Dikaio, 1984, S. 312 [gr.].

[184] Dahingestellt bleibt hier, ob Mord (§ 211 Strafgesetzbuch) gegenüber dem Totschlag ein selbständiger Tatbestand mit strafbegründenden Merkmalen und eigenem Unrechtsgehalt ist – so die Rechtsprechung – oder er als qualifizierter Tatbestand zu betrachten ist – so die herrschende Meinung in der Lehre – anzusehen ist. Dazu: *Wessels/Hettinger*, BT 1 Rn. 69 ff.

[185] Aus der griechischen Literatur: *Karambelas*, Poinika Chronika 1986, S. 539 [gr.].

[186] Artikel 300 PK: „Wer die Tötung eines anderen auf dessen ausdrückliches und ernstliches Verlangen und aus Mitleid wegen dessen unheilbarer Krankheit beschlossen und ausgeführt hat, wird mit Gefängnis bestraft."

[187] *Katsantonis*, Poin Chr 1956, S. 225 (232) [gr.]; *Gafos*, Poinikon Dikaion, 1963, S. 33 [gr.]; *Symeonidou-Kastanidou*, Eglimata kata tis zois, 1995, S. 428 [gr.].

[188] *Gafos*, Poinikon Dikaion, 1963, S. 34 [gr.]; Efeteio Aigaiou 6/1986, Poinika Chronika 1987, S. 241 (242) [gr.]; *Mavroforou/Michalodimitrakis*, European Journal of Health Law 2001, S. 157 (159).

wird im Artikel 300 PK der Fall einer Tötung aus Mitleid ohne Verlangen des unheilbaren Kranken.[189] Zudem sind unheilbare Krankheiten gemäß Artikel 300 PK auch unheilbare körperliche Behinderungen wie Verstümmelungen oder Blindheit,[190] also Behinderungen, die nach international gefestigter Auffassung eine aktive Sterbehilfe nicht legitimieren können.

Nachdem ein erster Überblick der in Betracht kommenden Straftatbestände verschafft worden ist, fragt es sich, in welchem Verhältnis die palliativmedizinische Sterbebegleitung zu den Formen der Sterbehilfe steht.

II. Verhältnis der Sterbebegleitung zu der passiven Sterbehilfe

1. Erscheinungsformen der passiven Sterbehilfe

Unter der Fallgruppe der sogenannten passiven Sterbehilfe werden in der Literatur unterschiedliche Verhaltensweisen subsumiert. Teilweise ist von „Behandlungsabbruch", „Verzicht auf lebensverlängernde Maßnahmen" oder von „Beendigung lebenserhaltender Eingriffe" die Rede.[191] Teilweise wird auf die Ausdrücke „Abbruch lebenserhaltender Maßnahmen" und „Verzicht auf Therapie" abgestellt.[192] Aus diesem Grund ist die Bezeichnung „passive Sterbehilfe" oft irreführend für die Beteiligten. Der BGH klammert in seinem Urteil aus dem Jahre 1994[193] den Behandlungsabbruch aus der Fallgruppe der passiven Sterbehilfe aus, wenn der Sterbevorgang des Patienten noch nicht eingesetzt hat. Nach der Rechtsprechung kommt eine passive Sterbehilfe nur bei Sterbenden in Betracht. Bei Patienten, bei denen der Sterbevorgang noch nicht eingesetzt hat, handelt es sich nach der Rechtsprechung nicht um eine Sterbehilfe, sondern um den Abbruch bestimmter lebenserhaltender Maßnahmen.[194] Auf den Kunstbegriff „passive Sterbehilfe" sollte angesichts dieser Unklarheiten verzichtet werden. Schließlich seien das Konzept der Passivität und das Konzept der Hilfe schwerlich zu vereinbaren.[195]

---

[189] *Sifnaios/Chalkias*, O neos Poinikos Kodix, 1955, S. 640 [gr.].

[190] *Symeonidou-Kastanidou*, Eglimata kata tis zois, 1995, S. 451f. [gr.]; *Katsantonis*, Poinika Chronika 1956, S. 225 (231) [gr.] ; *Vavaretos*, Poinikos Kodix, S. 913 [gr.].

[191] *Fröschle*, JZ 2000, S. 72; *Coeppicus*, NJW 1998, S. 3381; *Ulsenheimer*, Arztstrafrecht in der Praxis, 1998, Rn. 287

[192] *Fritsche*, MedR 1993, S. 126 (128); *Knieper*, NJW 1998, S. 2720.

[193] BGH St 40, 257 (259 f.).

[194] OLG Karlsruhe, NJW 2004, S. 1882 f.

[195] *Kendel*, Arztrecht 1997, Übergänge II, S. VI f.; *Schreiber*, Kirche und Recht 1999, S. 227 (230); *Eibach*, MedR 2000, S. 10 (12); Vgl. auch *Vestergaard*, European Journal of Health Law 2000, S. 405.

2. Integration der passiven Sterbehilfe in die palliativmedizinische Sterbebegleitung

Anders als bei der „passiven Sterbehilfe" kommt die Änderung des Behandlungsziels und die darausfolgende Behandlungsbeschränkung nicht nur bei Sterbenden, sondern auch bei Patienten in Betracht, bei welchen der Sterbeprozess noch nicht eingesetzt hat.[196] In der Sterbebegleitung gibt es einen totalen Behandlungsabbruch nicht.[197] Es handelt sich bei der Sterbebegleitung nicht bloß um ein Unterlassen lebenserhaltender Maßnahmen, sondern um eine Änderung des Behandlungsziels, welche das Abbrechen oder die Nicht-Vornahme bestimmter Therapieansätze zugunsten anderer Hilfsmaßnahmen als geboten erscheinen lässt. Der Abbruch oder das Unterlassen bestimmter Therapieansätze ist in diesem Rahmen als Zwischenstadium zu verstehen, das mit der Änderung des Behandlungsziels markiert wird. An der Stelle der abgebrochenen bzw. unterlassenen Maßnahme tritt palliativmedizinische Versorgung. Im Einzelnen kann die Änderung des Behandlungsziels in verschiedene Bereiche der ärztlichen Fürsorge in Betracht kommen. Sie kann zu einer Reduktion der zu treffenden ärztlichen Maßnahmen sowohl in der Diagnostik wie auch in der Therapie führen.

Die Reduktion in der Diagnostik tritt in der Form einer eingeschränkten Diagnostik ein, wodurch viele spezifische diagnostische Prozeduren vermieden werden.[198] Die Basisdiagnostik bleibt hierbei unberührt, um mögliche iatrogene Ursachen oder die Verstärkung eines Symptoms, wie etwa der Atemnot, auszuschließen.[199] Die Reduktion in der Therapie tritt in der Form einer zielorientierten Therapie auf, wobei das Ziel die Symptomlinderung ist.[200] So kann bei geriatrischen, dementen Patienten mit begrenzter Lebenserwartung der Übergang zur palliativen Behandlung dazu führen, dass Antibiotika bei einer Pneumonie nicht verabreicht werden, was einen lebensverkürzenden Erfolg mit sich brächte.[201] In diesem Fall würde sich die Behandlung an der Symptombekämpfung der Pneumonie orientieren. Es ist möglich, dass im Rahmen der palliativmedizinischen Behandlung sogenannte interkurrente Krankheiten nicht behandelt werden: Es handelt sich hierbei um solche Krankheiten, welche wie die Bettlungenentzündung mit dem Grundleiden nicht notwendig verknüpft und für sich beherrschbar sind, sie aber ohne Behandlung den Tode des Patienten herbeiführen

---

[196] Dazu s.o. B II.

[197] *Beleites*, in: Wienke/Lippert (Hrsg.), Der Wille des Menschen zwischen Leben und Sterben, 2001, S. 65 (70);vgl. *Spickhoff*, NJW 2000, S. 2297 (2298); *Laufs*, NJW 1998, S. 3399 (3400).

[198] Vgl. *Roller*, ZaeFQ 2000, S. 579 (580).

[199] *Roller*, a.a.O.

[200] *Roller*, a.a.O., S. 579 (581).

[201] *Van der Steen* et. al., Journal of Medical Ethics 2000, S. 114.

können.[202] Die Unterlassung der Behandlung solcher Krankheiten fiel bisher in den Bereich der sogenannten „passiven Sterbehilfe". Die Behandlungsbeschränkung nach Änderung des Therapieziels kann daher eine lebensverkürzende Wirkung mit sich bringen.

Im Unterschied zu der „passiven Sterbehilfe" kommt beim Abbruch bzw. beim Unterlassen bestimmter ärztlicher Maßnahmen nach Änderung des Behandlungsziels die sogenannte Basisversorgung in Betracht. Es gibt allerdings Maßnahmen, die auch nach Änderung des Therapieziels sowohl spezifisch, als auch rein symptomorientiert durchgeführt werden können. So kann die Gabe von Antibiotika bei einer Pneumonie beide Ziele verfolgen, entscheidend sei hierbei der Wille des Patienten, der in einem Verzicht auf Antibiotika bestehen kann.[203] Auch in diesem Fall wird aber der Patient nicht ohne jegliche Behandlung gelassen, sondern es wird mit einer intensiven Symptomtherapie begonnen.[204] Im Einzelnen werden die rechtlichen Probleme der Erscheinungsformen der Behandlungsbeschränkung nach Änderung des Behandlungsziels im vierten Teil dieser Arbeit behandelt.

III. Verhältnis der Sterbebegleitung zu der aktiven und der indirekten Sterbehilfe

Das Verhältnis der palliativmedizinischen Sterbebegleitung zu der aktiven und der indirekten Sterbehilfe setzt das Vorverständnis der letztgenannten Formen der Sterbehilfe voraus. Schwierigkeiten bereitet die Unterscheidung zwischen aktiver und indirekter Sterbehilfe, weil beiden Formen ein aktives Tun zugrunde gelegt wird. Man versucht die Schwierigkeit dadurch umgehen zu können, dass die Unterscheidung auf die Vorsatzebene verlagert wird: Aktive Sterbehilfe setzt Tötungsabsicht, indirekte Sterbehilfe nur Eventualvorsatz einer Tötung voraus. Das Kriterium heißt nunmehr Vorsatzintensität. Es wird zu zeigen sein, dass sich schon auf der Handlungsebene diese Formen der Sterbehilfe voneinander unterscheiden.

1. Der qualitative Unterschied zwischen aktiver und indirekter Sterbehilfe

Nach überwiegender Auffassung ist aktive Sterbehilfe die durch einen aktiven Eingriff beabsichtigte Lebensverkürzung eines Schwerkranken beziehungsweise Sterbenden auf dessen Wunsch bzw. Verlangen.[205] Der aktive Eingriff kann darin bestehen, dass eine dem Körper fremde Substanz wie das Herzgift Kalium-

---

[202] LK-*Jähnke*, Vor § 211 Rn. 19.

[203] *Roller*, a.a.O., S. 579 (583).

[204] *Roller*, a.a.O., S. 579 (583).

[205] *Schreiber*, NStZ 1986, S. 337 (339); *Geilen*, in: FS-Bosch 1976, S. 277; *Karger/Haupt*, Der Nervenarzt 1997, S. 907.

chlorid injiziert wird.[206] Indirekte Sterbehilfe ist eine Lebensverkürzung, welche nur als unbeabsichtigte, unvermeidbare Nebenwirkung einer ärztlich indizierten Medikation erfolgt.[207] Dem Phänotyp nach handelt es sich auch bei der sogenannten indirekten Sterbehilfe um Sterbehilfe durch aktives Handeln.[208] Beim bloßen Abstellen auf die Erscheinungsform der Handlung könnte somit zwischen aktiver und indirekter Sterbehilfe nicht unterschieden werden. In beiden Fällen liegt ein aktives Tun vor, wodurch der Tod herbeigeführt wird. Die Injektion einer voraussichtlich tödlichen Dosis komme in der Tat der Injektion eines tödlichen Herzgiftes wie Kaliumchlorid gleich, schreibt *Fuchs*.[209] Der Inhalt der Handlung ist aber prospektiv auszumachen, um herauszufinden, ob tatsächlich diese beiden Formen sich voneinander unterscheiden.

Jede ärztliche Handlung muss medizinisch begründet sein. Die Medikation als Bestandteil der indirekten Sterbehilfe beruht auf der fachgerechten Bildung der Indikation. Der Krankheitsverlauf beispielsweise von Tumorpatienten in weit fortgeschrittenem Stadium lässt erwarten, dass die Schmerzen unerträglicher werden und eine steigende Dosis von Medikamenten zur Linderung notwendig wird.[210] Bei den stark wirkenden Opioiden ist die Maximaldosierung überwiegend nicht bekannt, so dass es hierbei um eine Dosierung nach Wirkung geht, das heißt bis eine ausreichende Schmerzreduktion eintritt.[211] Die Dosierung muss jedem Patienten individuell angepasst sein.[212] Indiziert ist in der Praxis nicht die Dosierung selbst, sondern die Dosierung, die Wirksamkeit am konkreten Patienten zeigt. Unter Wirksamkeit versteht sich hierbei die ausreichende[213] Schmerzlinderung.[214] Wenn mit der Initialdosierung der Schmerz nicht zufriedenstellend beherrscht werde, sei eine schrittweise Dosiserhöhung durchzuführen, bis die Schmerzen ausreichend gelindert seien. Es gebe keine Maximaldosis.[215] Wenn die Schmerzlinderung durch niedrigere Dosierung erreicht werden kann, dann wird die niedrigere Dosierung angewandt.

---

206 *Fuchs*, in: *Spaemann/Fuchs*, Töten oder sterben lassen, 1997, S. 31 (34).

207 *Kutzer*, NStZ 1994, S. 110 (115); *ders*. ZRP 1997, S. 117; *Karger/Haupt*, a.a.O.

208 *Schreiber*, a.a.O., S. 337 (340).

209 *Fuchs*, a.a.O., S. 31 (97).

210 *Schlunk*, Schmerztherapie bei Tumorpatienten, 1999, S. 1.

211 *Hankemeier/Krizanits*, in: Hankemeier/Schüle-Hein/Krizanits (Hrsg.), Tumorschmerztherapie, 2001, S. 41 (53 ff.).

212 WHO, Symptomatische Therapie bei unheilbaren Krankheiten, 1998, S. 7.

213 *Hankemeier/Krizanits/Schüle-Hein*, in: Hankemeier/Schüle-Hein/Krizanits (Hrsg.), Tumorschmerztherapie, 2001, S. 1 (2) weisen darauf hin: „Das eigentlich angestrebte Behandlungsziel einer völligen Schmerzfreiheit lässt sich in der Praxis der Tumorschmerztherapie oft nicht aufrechterhalten. Eine Schmerzreduktion auf ein für den Patienten erträgliches Maß (bei möglichst guter Lebensqualität) ist jedoch fast immer erreichbar".

214 Vgl. *Hankemeier/Krizanits*, a.a.O.

215 *Zech/Schug/Grond*, Therapiekompendium Tumorschmerz und Symptomkontrolle, 1999, S. 52.

Daher ergibt sich der Unterschied zwischen aktiver und indirekter Sterbehilfe auf Handlungsebene: Es handelt sich bei der indirekten Sterbehilfe um eine schrittweise am Behandlungsziel (Schmerzlinderung) orientierte ärztliche Medikation, deren unvermeidbare Folge eine Lebensverkürzung sein kann. Im Gegensatz dazu stellt die Handlung bei der aktiven Sterbehilfe den Einsatz von Medikamenten in so hoher Dosis dar, dass das Ausbleiben des Todeseintritts ausgeschlossen ist.[216] Hier liegt das Umschlagen des Quantitativen in das Qualitative vor.[217]

Die Grenzziehung zwischen aktiver und indirekter Sterbehilfe ist eine auf der Handlungsebene vorgenommene Unterscheidung zwischen verschiedenen Sachverhalten, die für das Recht eine sachliche Notwendigkeit ist.[218]

2. Integration der indirekten Sterbehilfe in die palliativmedizinische Sterbebegleitung

Die sogenannte indirekte Sterbehilfe verliert mangels wesentlicher Unterschiede von der palliativmedizinischen Sterbebegleitung ihre Eigenständigkeit. Die Schmerzlinderung, die mit der Einwilligung des Patienten erfolgt, ist Bestandteil des ärztlichen Behandlungsziels in der Palliativmedizin. Bei unheilbaren Kranken, welche sich in der Regel im terminalen oder finalen Stadium ihrer Krankheit befinden, stellt der Schmerz ein häufiges Symptom dar,[219] das es zu beherrschen gilt. Es wird hierbei bisweilen den Fall geben, in welchem die Schmerzlinderung eine erhöhte Dosis von Medikation erfordern wird, wodurch der Sterbevorgang beschleunigt wird. Der Standort einer effektiven Schmerzbehandlung bei unheilbar Kranken ist somit eine Palliativstation, eine Hospiz oder – in Griechenland – eine Schmerzbehandlungsabteilung eines Krankenhauses. In den Grundsätzen der Bundesärztekammer zur ärztlichen Sterbebegleitung wird direkt auf die Leidenslinderung mit möglicher Lebensverkürzung Bezug genommen: „Bei Sterbenden kann die Linderung des Leidens so im Vordergrund stehen, dass eine möglicherweise dadurch bedingte unvermeidbare Lebensverkür-

---

[216] In dieser Richtung führt *Geilen*, in: FS-Bosch, 1977, S. 277 (289 f.) aus: „Für den Arzt ist eine erforderliche hohe Dosierung eines schmerzlindernden Medikamentes im Rahmen seiner Therapieaufgabe etwas völlig anderes als ein im buchstäblichen Sinne verstandenes ‚Abspritzen'."

[217] *Engisch*, in: FS-Dreher, 1977, S. 309 (329); *Schreiber*, Kirche und Recht 1999, S. 227 (230).

[218] *Hanack*, in: Hiersche (Hrsg.), Euthanasie, 1975, S. 121 (150 f.).

[219] Darüber wird von *Staudigel/Hankemeier*, Der Schmerz 2000, S. 111, berichtet: „Durchschnittlich leiden etwa 50 % der Karzinompatienten unter Schmerzen, in der terminalen Phase solle es bis zu 70 % sein. Von den Patienten, die unter Tumorschmerzen leiden, sind lediglich 2,6-4 % nicht therapierbar".

zung hingenommen werden darf".[220] Die rechtlichen Probleme der Sterbebegleitung in der Form einer Schmerzlinderung werden dann präsent, wenn das Leben des Patienten als Nebenwirkung der Medikation verkürzt wird. Gefragt wird dann, unter welchen Voraussetzungen die palliativmedizinische Schmerzlinderung erlaubt ist. Dieser Frage wird im dritten Teil dieser Arbeit nachgegangen.

3. Der Unterschied zwischen aktiver Sterbehilfe und palliativmedizinischer Sterbebegleitung

Aktive Sterbehilfe ist sowohl in Deutschland als auch in Griechenland unzulässig und mit Strafe bedroht, auch dann, wenn sie auf Verlangen des Patienten geleistet wird.[221] Allein der Verweis auf das Strafrecht könne allerdings nicht hinreichend begründen, dass die aktive Sterbehilfe „unärztlich" sei.[222] Diese Frage erweist praktische Relevanz: Wenn die aktive Sterbehilfe eine ärztlich vertretbare Alternative darstellt, dann würde der Ruf nach ihrer Legalisierung plausibler gemacht.

Die aktive Sterbehilfe wird nicht schon deshalb zu einer ärztlichen Behandlung, weil sie von einem Arzt geleistet wird. Eine ärztliche Behandlung erfordert darüber hinaus drei zusammenhängende Elemente: Sie muss indiziert sein, der Patient muss nach Aufklärung seine Einwilligung erteilt haben und der Arzt hat das Behandlungsverfahren lege artis durchzuführen.[223] Zu prüfen ist an dieser Stelle, worin die Indikationsregel bei der aktiven Sterbehilfe bestehen kann. Die Frage der Indikation ist von grundlegender Bedeutung. Indikation ist der begründete Entschluss zu einer bestimmten Handlung; ärztliches Handeln bedarf in besonderem Maß der Begründung und der Rechtfertigung.[224] Die Indikation stellt mithin ein konstitutives Element ärztlichen Handelns dar.[225] *Uhlenbruck* will allerdings die Erforderlichkeit der Indikation relativieren:[226] Es gebe Eingriffe, bei denen die medizinische Indikationsstellung entweder ganz entfalle, wie etwa beim kosmetischen Eingriff, oder bei denen die Indikation psychologische Gründe habe.[227] Einer Relativierung des Indikationserfordernisses ist aber nicht zu folgen. Eine Indikation muss nicht ausschließlich auf ein objektives Krankheitsbild zurückzuführen sein. Auch Gesichtspunkte der individuellen Le-

---

[220] Punkt I der *Grundsätze der BÄK zur ärztlichen Sterbebegleitung* - 2004, abrufbar unter: http://www.bundesaerztekammer.de/30/Richtlinien/Empfidx/Sterbebegl2004.pdf [Stand: 31. 05.2004].

[221] BGH St 37, 376 (379); Schönke/Schröder/*Eser*, Vor §§ 211 ff. Rn 24 f.; *Klinkhammer*, Deutsches Ärzteblatt 2001, S. A 1158 f.

[222] *Wiesing*, in: Holderegger (Hrsg.), Das medizinisch assistierte Sterben, 1998, S. 233 (234).

[223] *Laufs*, in: Laufs/Uhlenbruck, Handbuch des Arztrechts, 1999, § 6 Rn. 1.

[224] *Anschütz*, Ärztliches Handeln, 1987, S. 257; *Raspe*, Z Gerontol Geriat 2000, S. 78 (80).

[225] *Laufs*, NJW 1999, S. 1758 (1762); *Tröndle*, NJW 1995, S. 3009 (3016).

[226] *Uhlenbruck*, in: Laufs/Uhlenbruck (Hrsg.), Handbuch des Arztrechts, 1999, § 52 Rn. 2, 9.

[227] *Uhlenbruck*, in: Laufs/Uhlenbruck, a.a.O., § 51 Rn. 4.

bensqualität des Patienten können eine ärztliche Intervention als begründet erscheinen lassen. Ein an sich nicht krankhafter Zustand kann unter Umständen eine psychische Beeinträchtigung für den Patienten darstellen. In diesem Rahmen kann etwa der sogenannte kosmetische Eingriff eine Heilbehandlung darstellen.[228] Als weiteres Beispiel von Indikationen, welche nicht ausschließlich auf ein objektives Krankheitsbild zurückzuführen sind, seien die soziale und eugenische Indikation einer freiwilligen Sterilisation zu nennen.[229] Darunter fallen berufliche Probleme, hohe Kinderzahl, häusliche Not einerseits, Verhinderung erbgeschädigten Nachwuchses andererseits.[230] Sie betreffen nicht ein bestimmtes Krankheitsbild, sie enthalten aber Beeinträchtigungen der Lebensqualität des konkreten Menschen, welche durch die Sterilisation gemindert werden können. Daraus wird deutlich, dass der Heilzweck auch mit der Bewahrung bzw. Steigerung der Lebensqualität eines Menschen mit einhergehen kann.[231]

Bei der Prüfung der Indizierbarkeit der aktiven Sterbehilfe ist es meines Erachtens verfehlt, auf das Verlangen des Patienten abzustellen. Der Patientenwille kann eine ärztliche Entscheidung nicht begründen.[232] Der Arzt darf zwar gegen den ausdrücklichen Willen des Patienten keine ärztlichen Maßnahmen vornehmen, auch bei vitaler Indikation nicht, also wenn diese dringend lebensnotwendig sind.[233] Dies bedeutet aber nicht, dass die medizinische Indikation durch den Patientenwillen positiv definiert werden kann. Die Patientenautonomie findet ihre Grenze in der Autonomie des Arztes.[234] Einige Beispiele dazu: Die Angehörigen eines bereits im Sterben liegenden Patienten haben keinen Anspruch auf einen aus medizinischer Sicht unwirksamen bzw. sinnlosen Anschluss des Patienten an ein Beatmungsgerät.[235] Verlangt der Patient eine bestimmte Behandlung, die dem Arzt standesrechtlich untersagt ist bzw. gegen die guten Sitten (§ 138 BGB) verstößt, so ist der Arzt berechtigt, den Abschluss des Arztvertrages

---

[228] *Ulsenheimer*, Arztstrafrecht in der Praxis, 1998, Rn. 72; *Laufs*, NJW 1989, S. 1521 (1522).
[229] Schönke/Schröder/*Eser*, § 223 Rn. 61.
[230] *Ulsenheimer*, a.a.O., Rn. 353
[231] Die indirekte Heiltendenz anerkennt am Beispiel der Geschlechtsumwandlung auch *Uhlenbruck*, a.a.O., § 52 Rn. 2, der im übrigen für den Verzicht auf die herkömmliche Definition der Heilbehandlung plädiert.
[232] *Bobbert/Werner*, EthikMed 1997, S. 209 (211). Etwas anderes könnte dann gelten, wenn der Arzt bloßer Erbringer von Dienstleistungen ist und in einem instrumentalisierten Verhältnis zu seinem Patienten steht, vgl. *Karger/Haupt*, Nervenarzt 1997, S. 907 (911).
[233] BGH St 11, 111 (114).
[234] Der Ansicht *Verrels*, JZ 1996, S.224 (227), wonach der Patientenwille lediglich als Abwehrrecht und nicht als Anspruch auf eine bestimmte Behandlung zu begreifen sei, ist in ihrer Allgemeinheit nicht zu folgen. Der Patient hat vielmehr Anspruch auf eine dem Stand der Entwicklung der Medizin entsprechende Behandlung; der Inhalt dieses Anspruches kann jedoch die gesetzlichen Grenzen nicht überschreiten.
[235] LG Karlsruhe, NJW 1992, S. 756.

abzulehnen.[236] Eine kontraindizierte Behandlung, die der Arzt auf nachhaltigen Wunsch des Patienten vornimmt, kann als Behandlungsfehler angesehen werden.[237] Einen verlangten Schwangerschaftsabbruch dürfe der Arzt nicht lediglich vollziehen, sondern „er hat sein ärztliches Handeln zu verantworten. Er ist Gesundheit und Lebensschutz verpflichtet und darf deshalb nicht unbesehen an einem Schwangerschaftsabbruch mitwirken."[238]

Mit der aktiven Sterbehilfe sollte der Patient durch einen „sanften Tod" von starken Schmerzen und Leid befreit werden. Weil mit der aktiven Sterbehilfe jede andere ärztliche Alternative ausgeschlossen wird, müsste sie nur als letzte und einzige Alternative, als ultimum refugium in Betracht kommen. Es müssten also alle vorhandenen schmerzlindernden Mittel schon angewendet und für den Patienten erfolglos geblieben sein. Vertreten wird in diesem Rahmen die Straflosigkeit der gezielten Tötung bei seltenen Ausnahmesituationen, wenn die Möglichkeiten der Schmerztherapie und der ärztlichen Kunst einmal nicht ausreichen sollten, einen entwürdigen Todeskampf zu verhindern.[239] Danach kommt die aktive Sterbehilfe in Betracht, wenn der Schmerz trotz Ausschöpfung der Mittel der Schmerztherapie nicht mehr behandelbar ist oder resistenzfähig bleibt. Stellt diese Hypothese eine Ausnahmesituation dar? Auszugehen ist dabei vom Verständnis der Schmerztherapie als Schmerz*reduktion* auf ein für den Patienten erträgliches Maß, was – im Gegensatz zur völligen Schmerz*freiheit* – fast immer erreichbar ist.[240] Nach dem Präsidenten der Bundesärztekammer *Hoppe* sei die Palliativmedizin schon heute in der Lage, Schmerzen und anderen Symptomen auf ein erträgliches Maß zu reduzieren.[241] Dennoch berichten erfahrene Schmerztherapeuten von einzelnen Patienten, bei denen sich auch mit hohem Aufwand kein zufriedenstellender Erfolg bei der Schmerztherapie einstellen will.[242] Entscheidend ist aber hierbei nicht die Tatsache, dass in wenigen Fällen die Schmerztherapie keinen gewünschten Erfolg hat, sondern die Frage, worauf dieses Ergebnis zurückzuführen ist. Um eine echte Ausnahmesituation könnte es dann gehen, wenn die unerreichte Schmerzreduktion auf die Ineffizienz der

---

[236] *Uhlenbruck*, in: Laufs/Uhlenbruck (Hrsg.), Handbuch des Arztrechts, 1999, § 52 Rn. 8.
[237] OLG Karlsruhe, Urt. v. 11.09.2002, MedR 2003, S. 104 (106).
[238] BVerfGE 88, S. 203 (289).
[239] *Kutzer*, MedR 2001, S. 77 (78); *ders.*, ZRP 1997, S. 117 (119).
[240] *Hankemeier/Krizanits/Schüle-Hein*, in: Hankemeier/Schüle-Hein/Krizanits (Hrsg.), Tumorschmerztherapie, 2001, S. 1 (2); *Hankemeier/Krizanits*, in: Hankemeier/Schüle-Hein/Krizanits (Hrsg.), Tumorschmerztherapie, 2001, S. 41 (42), berichten von einer zufriedenstellenden Schmerzreduktion bei 90 % der Tumorschmerzpatienten.
[241] Statement des Präsidenten der Bundesärztekammer, Prof. Dr. Jörg-Dietrich Hoppe, zur Pressekonferenz am 04. Mai 2004 in Berlin, abrufbar unter: http://www.bundesaerztekammer.de/30/Ethik/50Sterben/40SterbebegleitungHoppe.html [Stand: 30.05.2004].
[242] *Radbruch/Sabatowski/Grond*, in: Aulbert/Klaschik/Pichlmaier (Hrsg.), Palliativmedizin – Verpflichtung zur Interdisziplinarität, 2000, S. 192.

Schmerztherapie bei kunstgerechter Anwendung aller dem aktuellen Stand der Schmerzforschung entsprechenden Möglichkeiten zurückzuführen wäre. Denn nur in einem solchen Fall hätte der Arzt von allen vorhandenen Möglichkeiten kunstgerecht Gebrauch gemacht, ohne dem Patienten die gewünschte Hilfe einer Schmerzreduktion geleistet zu haben. Die Inneffizienz der Schmerzlinderung bei Ausschöpfung des ärztlichen Hilfepotenzials könnte dann eine Ausnahmesituation darstellen, in welcher die aktive Sterbehilfe als die letzte Alternative ärztlichen Handelns erscheinen könnte.

Die Praxis zeigt aber, dass die unzureichende Schmerzkontrolle nicht im Mangel von Möglichkeiten der Schmerztherapie, sondern im mangelhaften Gebrauch der vorhandenen Möglichkeiten der Schmerztherapie liegt. Bisherige Untersuchungen[243] bringen eine oft unzureichende Schmerztherapie zum Ausdruck. Einem Mitte 1997 durchgeführten Survey zufolge, kannte nach eigenem Bekunden nur etwa ein Drittel der befragten Ärzten den WHO-Stufenplan (den weltweit akzeptierten Algorithmus zur Durchführung einer adäquaten medikamentösen Tumorschmerztherapie).[244] Als andere Quellen mangelhafter Schmerzbehandlung kommen in Betracht:[245] Mangelndes Wissen über die Schmerzursachen und die Möglichkeiten zu kombinierender Koanalgetika; unterlassene oder falsche Umrechnung der Dosierungen aufgrund nicht bekannter Äquivalenzfaktoren, wenn ein Medikamentenwechsel erforderlich wird. Wenn aber die unzureichende Schmerzkontrolle auf eine dem Stand der medizinischen Erkenntnisse nicht entsprechende Schmerztherapie zurückzuführen ist, dann liegt ein pflichtwidriges Verhalten des zuständigen Arztes vor.[246] Dies bedeutet, dass ein pflichtgemäßes Verhalten möglich und geboten ist, so dass von einem Ausnahmefall, der jede andere Alternative ausschließt, nicht die Rede sein kann. In diesem Rahmen bliebe kein Raum für die Annahme der Erforderlichkeit einer aktiven Sterbehilfe.[247]

---

[243] Bei eine von *Radbruch/Sabatowski/Grond*, a.a.O., S. 192 (193) berichtete Untersuchung der Patienten, die wegen „therapieresistenter" Schmerzen in der Schmerzambulanz des Universitätsklinikums Köln vorgestellt wurden, hatten 10 % der Patienten überhaupt kein Analgetikum erhalten, weitere 56 % hatten keine oder zu wenig Opioide erhalten. Bei 66 % der Patienten wurden die Analgetika mit nicht angemessenen Applikationszeiten verordnet.

[244] *Ensink*, Das Projekt SUPPORT-eine Möglichkeit zur Otimierung der palliativmedizinischer Versorgung als ethisch zu präferierende Alternative zur aktiven Sterbehilfe, 2001, S. 3 f. unter: http://www.gwdg.de/~pctgoe/Seiten/Publikation/SUPPORTethics.pdf [Stand: 15.05. 2003]; *Klaschik*, in: Jahrbuch für Wissenschaft und Ethik 2000, S. 251 (255 f.); Das Problem des mangelnden Wissens im Bereich der Schmerzkontrolle existiert auch in anderen Ländern, für die USA s. *Foley*, JAMA 2000, S. 115.

[245] *Brigitte Hirsch*, in: Aulbert/Klaschik/Pichlmaier (Hrsg.), Palliativmedizin – Verpflichtung zur Interdisziplinarität, 2000, S. 212 (215).

[246] Der pflichtwidrig handelnde Arzt könnte sich wegen Körperverletzung (hier: begangen durch Unterlassen) strafbar machen, vgl. *Kutzer*, a. a. O.

[247] So jetzt auch *Kutzer*, ZRP 2003, S. 209 (212).

Es erscheint an dieser Stelle hilfreich, auf die niederländische Regelung der aktiven Sterbehilfe einzugehen. Diese Regelung ist hauptsächlich das Endergebnis eines niederländischen standesethischen und standesrechtlichen Wandels bezüglich der aktiven Sterbehilfe.[248] Insbesondere auf diesen Wandel hat die Rechtsprechung die Annahme einer Rechtfertigung gestützt, die dann der Gesetzgeber in einem Gesetz verankert hat.

4. Die gesetzliche Regelung der aktiven Sterbehilfe in den Niederlanden

Im April 2001 wurde in den Niederlanden das Gesetz „über die Überprüfung bei Lebensbeendigung auf Verlangen und bei Hilfe bei der Selbsttötung" verabschiedet.[249] Das niederländische Gesetz ist aus rechtshistorischer und rechtssoziologischer Sicht eher eine Momentaufnahme in einer ständigen Entwicklung, in dem kodifiziert wird, was bereits Praxis ist und was sich als Ansatz in der Gesellschaft noch weiter entwickeln könnte.[250] Es ist das Schlussstück einer jahrzehntelangen Entwicklung, in deren Verlauf die niederländische Rechtsprechung, dann die dortigen Staatsanwaltschaften und die Gesundheitsbehörden und schließlich der niederländische Gesetzgeber selbst die Freiräume des Arztes zugunsten einer stärkeren Berücksichtigung des Patientenwillens vergrößert haben.[251] Zu bemerken ist, dass aktive Sterbehilfe und Hilfe bei Selbsttötung in der niederländischen Rechtsprechung, Literatur und Gesetzgebung größtenteils gleich behandelt werden.[252]

a. Die Sorgfaltskriterien

Seit den achtziger Jahren wurde in den Niederlanden durch eine rechtsfortbildende Rechtsprechung im Wege einer extensiven Interpretation der allgemeinen Strafausschließungsgründe das Verbot der Tötung auf Verlangen (Artikel 293 nl. Strafgesetzbuch) relativiert.[253] Als ungeschriebene Rechtfertigungsgründe für die Ärzte wurden in der ersten Zeit von der Rechtsprechung der „Wegfall der materiellen Rechtswidrigkeit" und die dem ärztlichen Berufsrecht zuzuordnende „medizinische Ausnahme" herangezogen. Zur Rechtfertigung von angeklagten

---

[248] Vgl. *Pellegrino*, Journal of Medicine and Philosophy 2001, S. 93 (99).

[249] In Kraft getreten am 1. Januar 2002. Der Gesetzestext ist abgedruckt in der FAZ v. 14.04.2001, S. 11 und in BtPrax 2001, S. 242 ff. Am 16.05.2002 hat das belgische Abgeordnetenhaus ein Gesetz verabschiedet, in welchem „ärztliche Euthanasie" von der Strafbarkeit des Totschlags bzw. Mordes unter bestimmten Voraussetzungen ausgenommen wird. Zu diesem Gesetz s. *Khorrami*, MedR 2003, S. 19 ff.

[250] *Dineke de Groot*, BtPrax 2001, S. 223; *Khorrami*, MedR 2003, S. 19 (21).

[251] *Scholten*, BtPrax 2001, S. 231.

[252] *Henk ten Have*, European Journal of Palliative Care 2003, Supplement S. 21 (23); *Sagel-Grande*, ZStW 1999, S. 742 (743); *Dineke de Groot*, BtPrax 2001, S. 223 (224).

[253] Dazu und zu den weiteren Ausführungen im Text: *Reuter*, Die gesetzliche Regelung der aktiven ärztlichen Sterbehilfe, 2001, S. 10 ff.

Ärzten, die aktive Sterbehilfe geleistet haben, wurde später überwiegend der „übermächtige Einfluss“ herangezogen, das Vorliegen dessen nach Artikel 40 nl. Strafgesetzbuch die Strafbarkeit ausschließt. Auf der Basis des Artikels 40 nl. Strafgesetzbuch kann der „übermächtige Einfluss“ sowohl einen rechtfertigenden wie auch einen entschuldigenden Notstand begründen, im letzteren Fall ist von einem übermächtigen psychischen Einfluss die Rede. Ein verklagter Hausarzt hatte zu seiner Verteidigung vorgebracht, er habe unter einem übermächtigen Einfluss gehandelt, weil er sich als behandelnder Arzt der Patientin, konfrontiert mit ihrem Leiden, in einer Zwangslage befunden habe, in der er zu keiner anderen Entscheidung habe kommen können, als ihrem Todeswunsch nachzukommen.[254] Das höchste Gericht hat den Entschuldigungsgrund der Gewissensnot zunächst ohne nähere Begründung für ausgeschlossen gehalten.[255] In einem späteren Beschluss hat aber das höchste Gericht den Ausschluss der Gewissensnot damit begründet, dass vom gelernten Arzt zu verlangen sei, dass er dem Druck, der aus schwerer Krankheit oder bevorstehendem Tod herrührt, standhalten könne.[256] Allerdings konnte der Arzt auf einen rechtfertigenden Notstand berufen, der dann vorliege, wenn nach wissenschaftlich zu verantwortender ärztlicher Erkenntnis und den in der medizinischen Ethik geltenden Normen die Pflicht des Arztes, das Leiden des Patienten zu erleichtern, seine Pflicht nach Artikel 293 nl. Strafgesetzbuch, das Leben zu erhalten, überwiege.[257]

Seit diesem Urteil haben die Strafgerichte eine Art Liste von Kriterien entwickelt, die bei der aktiven Sterbehilfe und der Beihilfe an Suizid zu beachten waren. Diese Kriterien haben sich nur deshalb in der Rechtsprechung entwickeln können, weil aktive Sterbehilfe und Beihilfe zum Suizid in der Gesellschaft, sowohl von den Patienten als auch von Ärzten, erwünscht war und praktiziert wurde und weil der Gesetzgeber noch nicht bereit war, die Artikel 293 und 294 des niederländischen Strafgesetzbuchs zu ändern.[258] Die meisten dieser Kriterien wurden in das neue Gesetz als Sorgfaltskriterien integriert. Im Artikel 20 des Gesetzes vom April 2001 werden unter anderem Artikel 293 (Tötung auf Verlangen) und Artikel 294 (Teilnahme am Suizid) des niederländischen Strafgesetzbuches geändert.[259] Die Strafbarkeit einer Tötung auf Verlangen und einer

---

[254] Gerichtshof Amsterdam, Urteil v. 17.11.1983, s. dazu. *Reuter*, a.a.O., S. 27.

[255] Hoge Raad, Urteil v. 27.11.1984, dazu: *Reuter*, a.a.O., S. 29.

[256] Hoge Raad, Beschluß v. 23.06.1987, dazu: *Reuter*, a.a.O., S. 49.

[257] *Reuter*, a.a.O., S. 49, 50.

[258] *Dineke de Groot*, BtPrax 2001, S. 223 (226).

[259] Die geänderten Artikel des nl. Strafgesetzbuch lauten: Artikel 293: 1. Wer einen anderen Menschen auf dessen ausdrückliches und ernsthaftes Verlangen hin tötet, wird mit Gefängnisstrafe bis zu zwölf Jahren oder einer Geldstrafe der fünften Kategorie bestraft. 2. Die im ersten Absatz bezeichnete Tat ist nicht strafbar, wenn sie von einem Arzt begangen worden ist, der dabei die Sorgfaltskriterien im Sinne von Artikel 2 „Gesetz über die Überprüfung bei Lebensbeendigung auf Verlangen und bei Hilfe bei der Selbsttötung“ erfüllt und den kommuna-

Beihilfe bei einer Selbsttötung wird unter bestimmten Voraussetzungen für den Arzt-Täter aufgehoben. Nur ein Arzt darf daher nach niederländischem Recht eine Lebensbeendigung auf Verlangen ausführen, eine Hilfe bei der Selbsttötung leisten[260] oder die zu einer Selbsttötung erforderlichen Mittel verschaffen. Entscheidend für die Eignung des Arztes sei, dass einzig er die zu einer sorgfältigen Entscheidung nötigen Fragen beantworten könne, wie beispielsweise, welcher Leidensweg dem Patienten noch bevorstünde.[261] Somit entfaltet die Einwilligung in die Tötung nur innerhalb bestimmter Grenzen und im Rahmen eines Arzt-Patienten-Verhältnisses ihre rechtfertigende Kraft. Ein Angehöriger darf aufgrund einer Einwilligung des Schwerkranken keine aktive Sterbehilfe leisten. Es zeigt sich dadurch, dass ein Recht auf den eigenen Tod bzw. ein Recht auf selbstbestimmtes Sterben in den Niederlanden nicht in vollem Umfang anerkannt wird. Ein Patient kann nicht frei bestimmen, wer aktive Sterbehilfe leistet.

Die Sorgfaltskriterien, von deren Einhaltung die Straflosigkeit des Arztes gemäß Artikel 293 Abs. 2 nl. Strafgesetzbuch abhängt, sind im Artikel 2 des Gesetzes enthalten. An dieser Stelle ist eine kommentierte Darstellung der Sorgfaltskriterien vorzunehmen (unten: a-f).

a) Der Arzt muss zunächst zu der Überzeugung gelangt sein, dass der Patient freiwillig und nach reiflicher Überlegung um Sterbehilfe gebeten hat.[262] Der Wunsch des Patienten zu sterben ist das zentrale Element der aktiven Sterbehilfe, so dass es bei seinem Fehlen nicht um aktive Sterbehilfe, sondern um unfreiwillige Beendigung des Lebens geht.[263] Die bisherige Praxis hat sich allerdings nicht immer an dieses Sorgfaltskriterium gehalten. Die von der Regierung 1990 eingesetzte Untersuchungskommission (Remmelink-Kommission), legte ihren Abschlussbericht zur Praxis ärztlicher Entscheidungen am Lebensende von Patienten vor. Die sogenannte Remmelink-Studie belegte für den Untersuchungszeitraum 1990, dass Ärzte in 1040 Fällen direkt und gezielt den Tod ihrer

---

len Leichenbeschauer gemäß Artikel 7 Absatz 2 „Gesetz über das Leichen- und Bestattungswesen" informiert. Artikel 294: 1. Wer einen anderen Menschen vorsätzlich zur Selbsttötung anstiftet, wird, wenn die Selbsttötung begangen wird, mit Gefängnisstrafe bis zu drei Jahren oder einer Geldstrafe der vierten Kategorie bestraft. 2. Wer einem anderen Menschen vorsätzlich bei einer Selbsttötung behilflich ist oder ihm die dazu erforderlichen Mittel verschafft, wird, wenn die Selbsttötung begangen wird, mit Gefängnisstrafe bis zu drei Jahren oder einer Geldstrafe der vierten Kategorie bestraft. Artikel 293 Abs. 2 gilt entsprechend.

[260] Nicht richtig daher *Khorrami*, MedR 2003, S. 19 (21), nach welcher die Strafbarkeit der Beihilfe bei einer Selbsttötung von dem neuen Gesetz unberührt bleibe.

[261] Präsidium der Königlich Niederländischen Gesellschaft zur Förderung der Heilkunde (KNGH), zitiert nach: *Reuter*, Die gesetzliche Regelung der aktiven ärztlichen Sterbehilfe, 2001, S. 62.

[262] Artikel 2 Abs. 1 a, Gesetz über die Überprüfung bei Lebensbeendigung auf Verlangen und bei Hilfe bei der Selbsttötung.

[263] *Dineke de Groot*, BtPraxis 2001, S. 223 (224).

Patienten ohne deren Verlangen bzw. ohne das ausdrückliche Verlangen des Patienten verursacht hatten, indem sie das tödliche Medikament „zum unverhüllten Zweck, das Lebensende zu beschleunigen" verschrieben, zur Verfügung gestellt oder verabreicht hatten, zumal 36 % der 1040 Patienten uneingeschränkt entscheidungsunfähig waren.[264] Die Kommission bemerkte in Bezug auf diese Fälle, dass ein aktiver ärztlicher Eingriff aufgrund der Qual des Patienten regelmäßig unvermeidbar sei, weshalb diese Fälle als „Sterbebegleitung" verstanden werden sollten. Medizinisch betrachtet, bestehe kaum ein Unterschied zwischen diesen Situationen und der aktiven Sterbehilfe auf Verlangen, weil in beiden Fällen die Patienten leiden. Das Fehlen des Verlangens folge teilweise aus dem Umstand, dass der Patient seinen Willen nicht mehr äußern kann, weil er bereits unheilbar krank ist und teilweise, weil sein Verlangen nicht mehr freiwillig ist, wenn die Behandlung von Schmerzen und Symptomen intensiviert wird. Der erniedrigende Zustand des Patienten versetze den Arzt in die Notstandssituation.[265] Diese Betrachtung widerspricht zwar dem nunmehr gesetzlich festgeschriebenen Sorgfaltskriterium. Das Kriterium des „unerträglichen Leidens" und nicht das Kriterium der „Patientenautonomie" scheint aber in der Praxis zu dominieren.[266] Der Übergang von der freiwilligen in die unfreiwillige aktive Sterbehilfe ist somit durch eine medizinische Auslegung der einschlägigen Begriffe, etwa der Begriffe „ unerträgliches Leiden" und „Notstand"[267] leicht zu lösen.

b) Ferner muss der Arzt nach dem neuen Gesetz zu der Überzeugung gelangt sein, dass der Zustand des Patienten aussichtslos und sein Leiden unerträglich war.[268] Unter Leiden wird sowohl körperlich wie auch psychisch bedingtes Leiden verstanden. Im Chabot-Fall hat die niederländische Rechtsprechung erstmals die Möglichkeit eines straffreien ärztlich assistierten Suizids beim psychiatrischen Patienten anerkannt. Bedenkt man, dass von den organischen Psychosen abgesehen keine psychische Krankheit ohne Zutun des Menschen tödlich verläuft,[269] so gehört die Todesnähe einer Krankheit nicht zu dem Sorgfaltskriterium. Die Interpretationsbedürftigkeit dieses Kriteriums hat sich zudem in einem Fall gezeigt, bei welchem zwei Gerichte zwei unterschiedliche Auffassungen vertreten haben.[270] Ein Arzt hat Hilfe beim Suizid eines 86-jährigen, *nicht* un-

---

[264] *Van der Maas* et.al., Euthanasia and other Medical Decisions Concerning the End of Life. An Investigation Performed upon Request of the Commission of Inquiry into the Medical Practice Concerning Euthanasia, zitiert nach: *Reuter*, a.a.O., S. 155.

[265] Ministry of Justice, zitiert nach *Reuter*, a.a.O., S. 158.

[266] *Henk ten Have*, European Journal of Palliative Care 2003, S. 21 (25).

[267] Nach *Leenen*, European Journal of Health Law 2001, S. 125 (131) kann der Arzt, der aktive Sterbehilfe bei einem entscheidungsunfähigen Patienten leistet, sich auf Notstand berufen.

[268] Artikel 2 Abs. 1 b, Gesetz über die Überprüfung von Lebensbeendigung auf Verlangen und Hilfe bei der Selbsttötung.

[269] *Fuchs/Lauter*, Der Nervenarzt 1997, S. 878 (882).

[270] Berichtet von: *Sheldon*, BMJ 2001, S. 1384.

heilbar kranken Senators geleistet. Der Senator hatte in mehr als neun Fällen seinen Sterbewunsch geäußert mit der Begründung, er könne seinen physischen Verfall und seine Hoffnungslosigkeit nicht ertragen. Das Landgericht Haarlem hat eine breite Interpretation der Merkmale der Aussichtslosigkeit und Unerträglichkeit vorgenommen und den Arzt freigesprochen. Dieses Urteil hat Unruhe innerhalb der Ärzteschaft und in politischen Kreisen hervorgerufen. Es schien so, dass die Grenze der Euthanasie zu weit gezogen würde. Die Staatsanwaltschaft hat Berufung beim Oberlandesgericht Amsterdam eingelegt. Das Oberlandesgericht hat den Arzt für schuldig erklärt. Der Gesetz unterscheide zwischen Leiden medizinischer Natur – als Ergebnis einer physischen oder psychischen Krankheit – und Existenz-Leiden („existential" suffering). Existenz-Leiden sei oft mit dem Altern assoziiert, resultierend aus Einsamkeit, Leerheit und Angst vor weiterem Verfall. Ein Leiden solcher Art können Ärzte nicht beurteilen, weil ihnen die Expertise bezüglich dieser Fragen, die nicht als medizinisch anzusehen seien, fehle. Das Gericht hat jedoch von einer Strafe abgesehen: der Arzt habe aus Fürsorge gehandelt. Das höchste Gericht (Hoge Raad) hat die daraufhin eingelegte Revision des verurteilten Arztes zurückgewiesen und bestätigt, dass Lenbensmüdigkeit („tired of life situations") dem Kriterium des unerträglichen und aussichtslosen Leidens im Sinne des Gesetzes nicht zu subsumieren ist.[271] Es bleibt letztlich fraglich, mittels welcher Kriterien der Arzt zu der Überzeugung gelangen kann, dass es sich in concreto um „unerträgliches Leiden" handelt.[272]

c) Der Arzt muss ferner den Patienten über seinen Zustand und dessen Aussichten informiert haben.[273]

d) Der Arzt muss mit dem Patienten zu der Überzeugung gelangt sein, dass es in dem Stadium, in dem sich der Patient befand, keine angemessene andere Lösung gab.[274] Es geht hierbei um den subsidiären Charakter der aktiven Sterbehilfe und der Beihilfe am Suizid. Gibt es eine weniger weitgehende Möglichkeit, so muss die zuerst versucht werden.[275] Es hat sich erwiesen, dass Schmerzbekämpfung und gute palliativmedizinische Sterbebegleitung oft schon ausreichend sind und aktive Sterbehilfe dann vom Patienten gar nicht mehr als notwendig betrachtet wird.[276] Zu bedenken sind aber Berichte über die unzureichende palliativmedizi-

---

[271] *Sheldon*, BMJ 2003, S. 71.

[272] *Henk ten Have*, European Journal of Palliative Care 2003, S. 21 (25).

[273] Artikel 2 Abs. 1 c, Gesetz über die Überprüfung von Lebensbeendigung auf Verlangen und Hilfe bei der Selbsttötung.

[274] Artikel 2 Abs. 1 d, Gesetz über die Überprüfung von Lebensbeendigung auf Verlangen und Hilfe bei der Selbsttötung.

[275] *Dineke de Groot*, BtPrax 2001, S. 223 (226).

[276] *Dineke de Groot*, BtPrax 2001, S. 223 (225)

nische Versorgung von Patienten in den Niederlanden.[277] Treffen diese Berichte zu, so würde die Glaubwürdigkeit dieses Kriteriums ernstlich in Frage gestellt werden.

e) Der Arzt muss ferner mindestens einen anderen, unabhängigen Arzt hinzugezogen haben, der den Patienten gesehen und sein schriftliches Urteil über die in den Punkten a) bis d) des Artikel 2 Abs. 1 genannten Sorgfaltskriterien abgegeben hat.[278]

f) Schließlich muss der Arzt die Lebensbeendigung medizinisch sorgfältig ausgeführt haben.[279] Hier wird die lex artis der aktiven Sterbehilfe angesprochen. Auch nach der Verabschiedung des Gesetzes wird die aktive Sterbehilfe in den Niederlanden allerdings nicht als normales ärztliches bzw. medizinisches Handeln und demzufolge nicht als Teil des Behandlungsvertrags zwischen Arzt und Patient betrachtet.[280]

Aus der Darstellung der Sorgfaltskriterien ergibt sich, dass diese Kriterien Raum für abweichende Interpretationen lassen. Das wird in der Praxis zugunsten der Arztes sein: Nach dem Grundsatz in dubio pro reo wird der Arzt bei mangelndem Nachweis der Sorgfaltsverletzung freizusprechen sein. Hier zeigt sich, dass es dabei nicht um einen Streit über die philosophische oder ethische Legitimation der aktiven Sterbehilfe geht, sondern vielmehr darum, dass eine Tötung unter Einhaltung von Sorgfaltskriterien von einer Tötung ohne Einhaltung von Sorgfaltskriterien rechtlich unterschiedlich behandelt wird. Wenn aber diese Unterscheidung in der Rechtspraxis nicht durchgesetzt werden kann, weil die Verletzung von einem Sorgfaltskriterium in dubio als Einhaltung dieses Kriteriums angesehen werden muss, dann wird die das Gesetz legitimierende Unterscheidung nicht aufrechterhalten.[281] Allerdings hat der niederländische Gesetzgeber

---

[277] *Janssens/ten Have/Zylicz*, Journal of Medical Ethics 1999, S. 408; *Wernstedt/Mohr/Kettler*, AINS 2000, S. 220 (228) m.w.N.

[278] Artikel 2 Abs. 1 e, Gesetz über die Überprüfung von Lebensbeendigung auf Verlangen und Hilfe bei der Selbsttötung.

[279] Artikel 2 Abs. 1 f, Gesetz über die Überprüfung von Lebensbeendigung auf Verlangen und Hilfe bei der Selbsttötung. Man spricht auch von der Beendigung des Lebens des Patienten in einer „medizinisch angemessenen" Weise. Der Königliche Verein für Pharmazie Hollands empfiehlt diesbezüglich eine Überdosis Barbiturat, s. dazu: *Khorrami*, MedR 2003, S. 19 (20 Fß. 17).

[280] *Dineke de Groot*, BtPrax 2001, S. 223 (224); *Leenen*, European Journal of Health Law 2001, S. 125 (131): "A right to euthanasia does not exist".

[281] Gunther *Arzt*, in: FS-Schreiber, 2003, S. 583 (591) drückt dies allgemeiner aus: „Eine Verurteilung des Helfers wegen vorsätzlicher Tötung scheitert, wenn sich nicht ausschließen lässt, dass die Sterbehilfe materiell zulässig gewesen ist". Diese Feststellung dürfte gleichzeitig die Antwort auf seine Kritik geben, wenn er sich gegen die „administrativ-juristischen

versucht, auf vor-prozessualer Ebene einen Kontrollmechanismus der Einhaltung der Sorgfaltskriterien zu schaffen.

b. Das Meldeverfahren

Im Titel des niederländischen Gesetzes herrscht das Wort „Überprüfung“. Die Kontrollbedürftigkeit wie auch die erhöhte Missbrauchsgefahr der Leistung der aktiven Sterbehilfe kommt dadurch deutlich zum Ausdruck. Die Kontrollpolitik bezüglich der aktiven Sterbehilfe in den Niederlanden wird durch das sogenannte Meldeverfahren gekennzeichnet. Die Meldung der aktiven Sterbehilfe bzw. der Suizidhilfe wird als notwendiger Weg angesehen, die Prüfung des Einzelfalls zu gewährleisten. Da es sich bei der aktiven Sterbehilfe stets um eine nicht natürliche Todesursache handelt,[282] muss der Arzt bei Ausfüllung des Todesfeststellungsformulars erklären, dass es sich nicht um einen natürlichen Tod handelt. Im Fall eines nicht natürlichen Todes muss anschließend der öffentliche Leichenbeschauer eingeschaltet werden. In der ersten Zeit informierte der öffentliche Leichenbeschauer den Staatsanwalt über die Todesursache. Der Staatsanwalt konnte dann eine weitere strafrechtliche Untersuchung anordnen und über die Verfolgung des Arztes entscheiden.[283] Im Laufe der Zeit hat aber die Bereitschaft der Ärzte, aktive Sterbehilfe zu melden, sehr abgenommen, weil sie durch die Meldung Strafverfolgung riskierten und die Staatsanwaltschaft nicht im ganzen Land die gleiche Verfolgungspolitik hatte.[284]

Die Frage, wie man die strafrechtliche Verfolgung der aktiven Sterbehilfe durch die Staatsanwaltschaft am besten regeln könnte, führte zu einem besonderen Meldeverfahren für aktive Sterbehilfe, das in einem Gesetz festgelegt wurde. Das am 1. Juni 1994 in Kraft getretene Gesetz änderte nichts an der derzeitigen Strafbarkeit der aktiven Sterbehilfe. Es enthielt aber strafprozessuale Regelungen, wonach die Chance der Strafverfolgung verringert werden konnte. Der Arzt musste beim Leichenbeschauer die aktive Sterbehilfe melden und Bericht über

---

Hürden“ wendet, die einer missbräuchlichen Sterbehilfe vorbeugen sollen, aber auch eine erlaubte Sterbehilfe zu mühsam machen, a.a.O., S. 583 (591 f.).

[282] Verfechter einer Sterbehilfelösung aufgrund einer medizinischen Ausnahme bestreiten, dass es sich bei einer nach aller Regeln der Heilkunst ausgeführten aktiven ärztlichen Sterbehilfe überhaupt um eine unnatürliche Todesursache im Sinne des Gesetzes über das Bestattungswesen handele. Dazu s. *Reuter*, Die gesetzliche Regelung der aktiven ärztlichen Sterbehilfe, 2001, S. 192; *Henk ten Have*, European Journal of Palliative Care 2003, Supplement, S. 21 (22). Unklar insoweit *Khorrami*, MedR 2003, S. 19 (20), nach welcher der Tod nach aktiver Sterbehilfe grundsätzlich als natürlicher Tod gilt.

[283] *Dineke de Groot*, BtPrax 2001, S. 223 (224).

[284] *Dineke de Groot*, BtPrax 2001, S. 223 (227). Die Staatskommission Euthanasie forderte 1985 „Offenheit und Ehrlichkeit bezüglich der Todesursache“ von Ärzten als „absolute Voraussetzung“ für die Kontrollierbarkeit der aktiven ärztlichen Sterbehilfe auf Verlangen zur Vorbeugung von Missbrauch, dazu s.: *Reuter*, Die gesetzliche Regelung der aktiven ärztlichen Sterbehilfe, 2001, S. 106 f.

die Beachtung von gewissen „Anhaltspunkten" erstatten. Andernfalls informierte der Leichenbeschauer das Standesamt und den Staatsanwalt. Der Staatsanwalt prüfte, ob die aktive Sterbehilfe mit der Rechtsprechung in Übereinstimmung war. Wenn ja, fand keine Verfolgung statt. Der Staatsanwalt unterzeichnete eine Erklärung, wonach die Beerdigung stattfinden konnte. Aus der staatlichen Evaluation dieses Meldeverfahrens ging jedoch hervor, dass fast 60 % der Ärzte Leistungen von aktiver Sterbehilfe nicht meldeten. Das Untersuchungsergebnis veranlasste die damalige Regierung das Meldeverfahren in dem Sinne zu ändern, dass eine Prüfungskommission gegründet wurde, die das Handeln des Arztes beurteilen sollte, ehe der Fall an die Staatsanwaltschaft weitergeleitet wurde. Diese Prüfungskommission beurteilte aus medizinisch-professioneller Sicht, ob die aktive Sterbehilfe gemäß den Bedingungen ausgeführt worden war. Dieses Meldeverfahren trat am 1. November 1998 in Kraft.

Die Existenz der Prüfungskommissionen ist auch im neuen Gesetz vorgesehen.[285] Eine Prüfungskommission besteht aus einem Juristen als Vorsitzenden, einem Arzt und einem Spezialisten in ethischen Fragen. Sie urteilt – aufgrund des Berichts des Leichenbeschauers und des Berichts des Arztes, der aktive Sterbehilfe geleistet hat – ob der Arzt gemäß den Gesetzesbestimmungen gehandelt hat. Die Kommission soll innerhalb von sechs Wochen nach Empfang des Berichts des Leichenbeschauers dem Arzt ihr Urteil zur Kenntnis geben.[286] Die Kommission gibt ihr Urteil der Obersten Staatsanwaltschaft und dem regionalen Aufsichtsamt für Gesundheitspflege nur dann zur Kenntnis, wenn sie der Meinung ist, dass der Arzt nicht in Übereinstimmung mit den Sorgfaltskriterien gehandelt hat, oder dass der Staatsanwalt aus sonstigen Gründen keine Zustimmung zur Beerdigung geben würde.[287] Die Kommission urteilt bei Beteiligung aller ihrer Mitglieder mit einfacher Mehrheit.[288] Die Kommission registriert ihre Arbeit und erstattet dem Minister jährlich Bericht über die Anzahl der gemeldeten Fälle von aktiver Sterbehilfe und Hilfe bei der Selbsttötung, die Art dieser Fälle, die Urteile und die dabei gemachten Erwägungen.[289]

Gegen die Tauglichkeit des Meldeverfahrens als Kontrollmechanismus sprechen aber gewichtige Argumente. Das niederländische Meldeverfahren stellt sich als

[285] Kapitel III (Artikel 3 bis 19) Gesetz über die Überprüfung von Lebensbeendigung auf Verlangen und Hilfe bei der Selbsttötung. Es bestehen fünf regionale Prüfungskommissionen.
[286] Artikel 9 Abs. 1 Gesetz über die Überprüfung von Lebensbeendigung auf Verlangen und Hilfe bei der Selbsttötung.
[287] Artikel 9 Abs. 2 Gesetz über die Überprüfung von Lebensbeendigung auf Verlangen und Hilfe bei der Selbsttötung.
[288] Artikel 12 Gesetz über die Überprüfung von Lebensbeendigung auf Verlangen und Hilfe bei der Selbsttötung.
[289] Artikel 17 Gesetz über die Überprüfung von Lebensbeendigung auf Verlangen und Hilfe bei der Selbsttötung.

prozedural defizitär insofern dar, als es nur eine ex post Prüfung ermöglicht.[290] Die Konstruktion bzw. die Rekonstruktion des Sachverhalts wird im wesentlichen dem betroffenen Arzt und damit der Person überlassen, die eigentlich der Kontrolle bedarf.[291] Kennzeichnend für Prozeduralisierung ist dagegen eine externe ex ante Prüfung, also die Prüfung des Vorliegens der Straffreistellungsvoraussetzungen vor Vornahme der rechtsgutsverletzenden bzw. rechtsgutstangierenden Handlung durch einen nicht am Eingriff Beteiligten.[292] Zu bedenken sind außerdem Berichte über die Praxis der zuständigen Regionalkommissionen: Für jeden gemeldeten Fall soll der Zeitaufwand der zuständigen Kommission im Durchschnitt eine Stunde betragen.[293]

Ob das Hauptziel der neuen Regelung, durch gesteigerte Meldebereitschaft die Leistung der aktiven Sterbehilfe besser zu kontrollieren, zu erreichen ist, bleibt abzuwarten. Dass dem Gesetz ein experimenteller Charakter zu entnehmen ist, wird sogar von seinen Verfechtern implizit zum Ausdruck gebracht. In den Jahren 1990-1991 wurden pro Jahr 2700 Fälle von aktiver Sterbehilfe und von Hilfe beim Suizid gemeldet, während im Jahr 2000 (also nach Inkrafttreten des Meldeverfahrens des Jahres 1998, das auf die Steigerung der Meldebereitschaft abzielte) die zuständigen Kommissionen 2123 Meldungen empfangen haben.[294] Im Jahr 2001 wurden 2054 Meldungen empfangen.[295] Die niederländische Richterin *Dineke de Groot* fügt hinzu: „Die Zahlen nehmen also ab. Die Frage ist natürlich, ob es weniger aktive Sterbehilfe gibt oder ob weniger Ärzte sie melden. Wahrscheinlich wird in kürze eine anonyme Forschung unter Ärzten beginnen, um die Meldebereitschaft zu messen."[296]

IV. Das Verhältnis der Sterbebegleitung zu dem ärztlich assistierten Suizid

1. Erscheinungsformen des ärztlich assistierten Suizids

Durch einen vollendeten Suizid wird am eindeutigsten eine Entscheidung zum frühzeitigen Sterben manifestiert.[297] Problematisch wird es, wenn ein Patient einen Suizidwunsch dem Arzt gegenüber äußert und dessen Hilfe verlangt, um einen Suizid vorzunehmen. Einen weiteren Bereich der Sterbebegleitung im weiteren Sinne betreffen somit diejenigen Fallkonstellationen, in welchen ein

[290] *Saliger*, JuS 1999, S. 16 (21, Fß. 71).
[291] *Scholten*, BtPrax 2001, S. 231 (235).
[292] *Saliger*, JuS 1999, S. 16 (21).
[293] *Henk ten Have*, European Journal of Palliative Care 2003, Supplement S. 21 (22).
[294] *Dineke de Groot*, BtPrax 2001, S. 223 (228 f.).
[295] *Sheldon*, BMJ 2002, S. 1354.
[296] *Dineke de Groot*, BtPrax 2001, S. 223 (229).
[297] *Bottke*, Suizid und Strafrecht, 1982, S. 37.

Arzt dem unheilbar Schwerkranken auf dessen Bitte Hilfe zum Suizid leistet.[298] Vieles ist aber bei dem ärztlich assistierten Suizid im Einzelnen unklar. Auf welche Art diese Hilfe geleistet wird variiert. Für den ärztlich assistierten Suizid kennzeichnend ist die Verschreibung einer letalen Dosierung von Medikamenten.[299] Derzeit existieren aber mehrere Möglichkeiten, von einem Dritten Hilfe beim Suizid zu bekommen. Ein Jahr nach dem Beitritt zur Deutschen Gesellschaft für Humanes Sterben haben Mitglieder die Möglichkeit, bei einem separaten Verlag bzw. einem Versandbüro Suizidinformationen zu beziehen.[300] Andere applizierte Vorrichtungen oder Suizidapparaturen kommen als Formen der Suizidhilfe in Betracht.[301] Hierzu gehören auch die sogenannten „Exit Bags", also spezielle Suizidtüten, die per Internet bestellbar sind.[302] In Australien wurde, kurzfristig, mit dem computergesteuerten „Death-Delivery-System" der Höhepunkt des hoch technisierten Suizids mittels eines Computers erreicht: Die vom Arzt vorprogrammierte Injektion konnte durch Tastendruck verabreicht werden.[303]

Ein Überblick über strafrechtliche Aspekte des ärztlich assistierten Suizids in Deutschland und in Griechenland erscheint zunächst geboten.

2. Strafrechtliche Aspekte der Suizidteilnahme in Deutschland und in Griechenland

Sowohl in Deutschland als auch in Griechenland stellt der Suizid und der Suizidversuch kein tatbestandsmäßiges, rechtswidriges Verhalten dar.[304] Nach den in beiden Ländern geltenden Regeln der Akzessorietät der Teilnahme kann An-

---

[298] *Schöch*, ZRP 1986, S. 236 (238). Nach *Müller-Busch*, Z Palliativmed 2000, S. 8 (13), wird in der durch besondere Nähe und Vertrauen gekennzeichnete Palliativsituation der Wunsch nach Hilfe zur Lebensbeendigung häufig an Ärzte und Pflegende herangetragen.

[299] In Griechenland wird von Fällen berichtet, in welchen Schmerzpatienten im weit fortgeschrittenen Stadium einer tödlich verlaufenden Krankheit hinreichende Mengen von Schmerzmitteln veschrieben bekamen, die für einen Suizid ausreichen würden. Es kommt bisweilen zu absichtlicher Überdosierung seitens der Patienten, im Grunde geht es hier um Suizid. Gefordert wird von Fachärzten für Palliativmedizin in Griechenland eine Lockerung des Betäubungsmittelgesetzes für Einzelfälle.

[300] http://www.dghs.de/presse130201.htm [Stand: Mai 2002]. Die Deutsche Gesellschaft für Humanes Sterben e.V. ist Mitglied der World Federation of Right to Die Societies: http://www.finalexit.org [Stand: 23.05.2003]. In der Schweiz wird das „Manual für Schwerstkranke, zum Freitod entschlossene Exit-Mitglieder" Sterbewilligen nach mindestens dreimonatiger Mitgliedschaft in der Vereinigung zur Verfügung gestellt. Dazu: *Frei* et al., Der Nervenarzt 1997, S. 903 (905).

[301] *Fuchs/Lauter*, Der Nervenarzt 1997, S. 878 (880 f.).

[302] Unter: http://www.finalexit.org/store.html [Stand: 23.05.2003].

[303] *Fuchs/Lauter*, a.a.O., S. 878 (881); *Fuchs*, in: Spaemann/Fuchs, Töten oder sterben lassen, 1997, S. 31 (87).

[304] Zur materiellen Begründung: *Sax*, JZ 1975, S. 137 (146 f.).

stiftung und Beihilfe zu einem Suizid mangels einer tatbestandsmäßigen, rechtswidrigen Haupttat nicht strafbar sein.

a. Aktiver ärztlich assistierter Suizid

Anders als der deutsche hat aber der griechische Gesetzgeber die „Teilnahme an Selbsttötung" unter Strafe gestellt (Artikel 301 PK).[305] Der Strafrahmen entspricht dem der Tötung auf Verlangen: Freiheitsstrafe von 10 Tagen bis 5 Jahren. Die Ansichten über den Grund der Strafwürdigkeit der Teilnahme am Suizid sind in der griechischen Lehre vielfältig. Teilweise wird als Grund dafür angeführt, der Suizidversuch sei eine rechtswidrige, an sich strafwürdige, jedoch nicht strafbedürftige Tat.[306] Wäre dies zutreffend, dann müsste jede Form der Teilnahme unter Strafe gestellt werden, was aber – wie zu zeigen sein wird – nicht der Fall bei Artikel 301 PK ist.[307] Gegen die Auffassung, wonach der Suizidversuch rechtswidrig ist, bestehen weitere Einwände. Der Suizidversuch ist nicht strafbar. Die Rechtswidrigkeit ist eine Strafbarkeitsvoraussetzung. Da ein Tatbestand, in welchem der Suizidversuch unter Strafe gestellt wird, nicht existiert, müsste diese Ansicht im Wege der Analogie der Tötungstatbestände (=Tötung eines anderen Menschen) zur Rechtswidrigkeit des Suizidversuchs gelangen. Eine analoge Anwendung der Strafbarkeitsvoraussetzungen, die zur Rechtsneuschöpfung führt, verstößt aber gegen die Garantiefunktion des Strafgesetzes,[308] und ist daher abzulehnen. Teilweise wird für die Erklärung der Strafwürdigkeit der Teilnahme am Suizid auf die besondere psychische Verfassung des Suizidenten hingewiesen, welche ein Dritter leicht zu eigenen Zwecken ausnutzen könnte.[309] Wäre dies der Grund, dann hätte der Gesetzgeber das Element „Ausnutzen" im Gesetzestext zum Ausdruck gebracht, so wie er das in anderen Tatbeständen gemacht hat. Aus der griechischen Gesetzesbestimmung geht vielmehr hervor, dass der Gesetzgeber den Suizidenten als eine in der Regel freiverantwortliche Person behandelt.[310] Andernfalls würde der Strafrahmen des Deliktes nicht dem der Tötung mit Einwilligung, sondern dem des Tot-

---

[305] Artikel 301 PK: Wer einen anderen vorsätzlich dazu verleitet hat, sich zu töten, oder ihm bei Ausführung der Selbsttötung geholfen hat, wird, wenn die Selbsttötung vollendet oder versucht worden ist, mit Gefängnis bestraft.

[306] *Androulakis*, Eidikon Meros, 1974, S. 28 [gr.]; *Kontaxis*, PK-Arthro 301, S. 2492 [gr.]. *Manoledakis*, Yperaspisi 1994, S. 523 (527) [gr.]; *Papaneofytou*, Poinika Chronika 1984, S. 881 (893) [gr.]. Vgl. in Deutschland: *Schmidhäuser*, in: FS-Welzel, 1974, S. 801 (811, 817).

[307] *Charalambakis*, I emmesi autourgia, 1988, S. 318 [gr.].

[308] Dazu: *Jescheck/Weigend*, AT S. 134 f. m.w.N.

[309] *Charalambakis*, a.a.O. [gr.]; *Symeonidou-Kastanidou*, Eglimata kata tis zois, 1995, S. 481 ff. [gr.].

[310] Freilich stellt jeder Suizid einen psychiatrisch relevanten Fall dar. Auch die Möglichkeit des Vorliegens eines sogenannten präsuizidalen Syndroms, aufgrund dessen die Freiverantwortlichkeit des Suizidenten entfallen kann, lässt sich nicht ausschließen. Doch aus der Möglichkeit eines solchen Vorliegens sollte eine Regel, wonach *allen* Suizidenten (und daher jedem Suizident) die Freiverantwortlichkeit fehlt, nicht gebildet werden.

schlags – begangen in mittelbarer Täterschaft – entsprechen.[311] Nach anderer Auffassung beinhaltet die rechtliche Pflicht, das Leben anderer zu respektieren, ein grundsätzliches Verbot einer bestimmten Art von Einmischung Dritter in einen fremden Suizid; die Verletzung dieser Pflicht wurde vom griechischen Gesetzgeber als sui generis Delikt der Teilnahme am Suizid typisiert.[312] Danach wird die Ratio der Strafbarkeit der Teilnahme am Suizid im Lebensschutz lokalisiert. Dieser Auffassung ist zu folgen. Dafür spricht zudem die systematische Stellung des Delikts.

Zu betonen ist allerdings, dass der griechische Tatbestand nicht alle Formen der Teilnahme an einem Suizid deckt.[313] Der objektive Tatbestand der Teilnahme am Suizid umfasst nur die Verleitung zu einer Selbsttötung und die Hilfe *bei* einer Selbsttötung. Das Wort „Teilnahme" ist hier anders zu verstehen als im Allgemeinen Teil des griechischen Strafgesetzbuchs. Nicht unter den griechischen Tatbestand fällt daher die Verschaffung von Tötungsmitteln vor der Ausführung des Suizids.[314] Leistet der Arzt dem Patienten dadurch Hilfe, dass er ihm die notwendigen Mittel zur Selbsttötung verschafft, so macht er sich nicht nach Artikel 301 PK strafbar. Eine andere Frage ist, ob der Arzt dann wegen Verstoßes gegen das griechische Betäubungsmittelgesetz[315] zu bestrafen wäre, wenn die Suizidmittel Betäubungsmittel sind.

Folgender Fall aus der deutschen Rechtsprechung zeigt, dass, obwohl in Deutschland die aktive Suizidhilfe nicht strafbar ist, eine Strafbarkeit unter Berufung auf das Betäubungsmittelgesetz möglich ist. In diesem Urteil[316] hat der BGH einen 83-jährigen Schweizer Theologen und Psychologen wegen unerlaubter Einfuhr von Betäubungsmitteln (§ 29 Abs. 1 Nr. 1 BtMG) in Tateinheit mit unerlaubtem Überlassen von Betäubungsmitteln zum unmittelbaren Verbrauch (§ 29 Abs. 1 Nr. 6 BtMG) schuldig gesprochen, verwarnt und die Verurteilung zu einer Geldstrafe von 60 Tagessätzen vorbehalten. Im Grunde ging es hier um

---

[311] *Charalambakis*, I emmesi autourgia, 1988, S. 324 [gr.].

[312] *Mangakis*, Poiniko Dikaio, 1984, S. 404 [gr.]; *Kontaxis*, PK-Arthro 301, S. 2492 [gr.]; *Bakatsoulas*, Poinika Chronika 1962, S. 129 (138) [gr.]; *Staikos*, Epitomos Ermineia, S. 207 [gr.].

[313] Somit sollte unter Berufung auf Artikel 301 PK nicht undifferenziert gefolgert werden, der ärztlich assistierte Suizid sei nach griechischem Strafrecht strafbar. So aber *Koniaris/Karlovassitou-Koniari*, Medical Law in Greece, 1999, Rn. 462.

[314] Herrschende Meinung: *Androulakis*, Eidikon Meros, 1974, S. 30 [gr.]; *Symeonidou-Kastanidou*, Eglimata kata tis zois, 1995, S. 499 [gr.]; *Papacharalambous*, I symmetochi se autoktonia, 1997, S. 73 [gr.]; *Kioupis*, Poinika Chronika 1995, S. 549 (565) [gr.]. *Filippidis*, Mathimata Poinikou Dikaiou, 1979, S. 73 [gr.]; *Margaritis*, Oi exoterikoi oroi tou axiopoinou, 1983, S. 177 [gr.]. A.A.: *Bakatsoulas*, a.a.O., S. 129 (142) [gr.]; *Kaisaris*, Poiniki Dikaiosyni 1998, S. 231 (233) [gr.].

[315] Gesetz 1729/1989 und Gesetz 2161/1993.

[316] BGH, Urt. v. 7.2.2001, NStZ 2001, S. 324 ff.

die Teilnahme des Angeklagten an der Selbsttötung einer an fortgeschrittener Multipler Sklerose leidenden Frau.[317] Der Angeklagte übernahm mehrmals in der Vergangenheit die Aufgaben eines „Freitodbegleiters". Bei seiner Tätigkeit verwendete er regelmäßig Natrium-Pentobarbital.[318] Die verstorbene Frau Dr. T hatte im Jahr 1997 einen Selbsttötungsversuch unternommen, der am Einschreiten ihres Ehemannes scheiterte. In monatelangen Diskussionen überzeugte Frau Dr. T ihren Ehemann, dass er sie „gehen lassen" müsse. Sie wandte sich an die Vereinigung „E" mit dem Wunsch nach einer „Sterbebegleitung" und übersandte dem Angeklagten ein ärztliches Gutachten, in dem der Verlauf ihrer Krankheit beschrieben und deren Unheilbarkeit bestätigt war. Bei einem Besuch verschaffte sich der Angeklagte im persönlichen Gespräch mit der Verstorbenen und ihrem Ehemann die Überzeugung, dass diese im Vollbesitz ihrer geistigen Kräfte war und ihr Todeswunsch ernsthaft und nicht Folge eines auch nur entfernt erkennbaren äußeren Drängens war. Am 20.4.1998 reiste er mit 10 g Natrium-Pentobarbital aus der Schweiz in die Bundesrepublik Deutschland ein. Im Haus der Familie T versicherte der Angeklagte sich im Beisein ihres Ehemannes von dem guten geistigen Zustand der Frau Dr. T und dem Fortbestand ihres Todeswunsches. Sie füllte eine formularmäßig vorbereitete „Freitoderklärung" aus. In Anwesenheit des Ehemannes löste der Angeklagte die 10 g Natrium-Pentobarbital in einem Glas Wasser auf und reichte dies der Frau Dr. T zur sofort erfolgten Einnahme. In Folge der schnell eintretenden Wirkung des Mittels wurde Frau Dr. T nach drei Minuten bewusstlos.[319] Der Tod trat binnen der nächsten halben Stunde ein. Der BGH stellt zunächst fest, dass sich eine Einschränkung des Anwendungsbereiches des Betäubungsmittelgesetzes weder aus dem Prinzip der Menschenwürde noch aus dem Gesichtspunkt der Straflosigkeit der Hilfe zur Selbsttötung oder aus der Rechtsentwicklung des Problemkreises „Sterbehilfe und Sterbebegleitung" ergibt. Die Straflosigkeit des Verhaltens des Angeklagten beschränke sich auf seine Hilfe bei dem freiverantwortlichen Suizid der Frau Dr. T und erstrecke sich nicht etwa auf das vom Angeklagten begangene Betäubungsmitteldelikt, mit dem andere Rechtsgüter gefährdet werden. Das durch die betäubungsrechtlichen Strafvorschriften geschützte Rechtsgut sei

[317] BGH, a.a.O., S. 324 (325 Punkt I 2a).

[318] Es handelt sich um ein hochwirksames und sehr anflutendes Barbiturat, das normalerweise bei einer Dosierung von 100 mg als Schlafmittel zum Einsatz kommt. Im Fall einer höhen Dosierung dieses Mittels tritt zunächst (vergleichbar einer Narkose) eine Ausschaltung des Bewusstseins und erst danach eine tödliche Atemlähmung ein, wobei im Regelfall 3 g des Mittels die für einen Erwachsenen tödliche Dosis darstellen. Die minimale letale Dosis beträgt etwa 1 g.

[319] Bereits zu diesem Zeitpunkt wären alsdann eingeleitete Rettungsversuche, namentlich ein Auspumpen des Magens erfolglos verlaufen, da wegen der schnellen Anflutung bereits eine tödliche Konzentration des Mittels im Blut der Verstorbenen erreicht war, wovon auch der Angeklagte ausging.

nicht nur die Gesundheit des Einzelnen, sondern auch die Volksgesundheit.[320] Dieses universale Rechtsgut stehe dem Einzelnen nicht zur Disposition. Die Frage, ob aus allgemeinen Rechtfertigungs- und Entschuldigungsgründen die Straflosigkeit des Umgangs des Angeklagten mit dem Betäubungsmittel hergeleitet werden kann, war nach dem BGH zu verneinen: Der Angeklagte handele weder als Arzt noch als Angehöriger der Verstorbenen oder als sonst persönlich Betroffener, auf dessen Gewissensentscheidung es ankommen könnte.[321]

Sternberg-Lieben kritisiert, der ergangene Schuldspruch werde kompetente Sterbehelfer davon abhalten, suizidwilligen Schwerstkranken Hilfe zu leisten. Letztere müssen ihre Zuflucht dann in ‚nichtprofessionellen' Suizidmethoden mit im Einzelfall zweifelhaften Erfolgsaussichten suchen.[322] Dieser Kritik ist nicht zuzustimmen. Ob der Angeklagte als Theologe und Psychologe als kompetenter und sachkundiger Suizidhelfer angesehen werden kann, ist mehr als fraglich. Er war kein Arzt. Nach § 13 Abs. 1 S. 1 BtMG ist nur ein Arzt, Zahnarzt oder Tierarzt im Rahmen der jeweiligen Behandlung berechtigt, verkehrs- und verschreibungsfähige Betäubungsmittel zu verabreichen oder einem anderen zum unmittelbaren Verbrauch zu überlassen. Nur der Arzt darf auch nach § 2 Abs. 2 BtMVV in begründeten Einzelfällen bei Patienten, welche in seiner Dauerbehandlung stehen, von den festgesetzten Höchstmengen oder der Zahl der verschriebenen Betäubungsmittel abweichen. Nicht im Sinne des Betäubungsmittelgesetzes wäre daher eine Privatisierung des Umgangs mit Betäubungsmitteln. Dem Urteil des BGH ist zuzustimmen. Auch nach griechischem Recht wäre hier kein Fall strafbarer Suizidteilnahme anzunehmen, weil sich die Hilfe des Angeklagten auf die Überlassung des Betäubungsmittels zum unmittelbaren Verbrauch erstreckt hat. Dieses Verhalten des Angeklagten kann als Verschaffung von Suizidmitteln vor der Ausführung des Suizids erfasst werden und fällt somit nicht unter dem Tatbestand des Artikel 301 PK.[323] Vielmehr wäre hier eine Strafbarkeit wegen Verstoßes gegen das griechische Betäubungsmittelgesetz in Betracht zu ziehen.

Es ist andererseits zu bemerken, dass durch die Entscheidung des BGH lediglich eine Suizidhilfe wegen Verstoßes gegen das Betäubungsmittelgesetz rechtlich missbilligt wurde. Eine Suizidbeihilfe mittels sogenannter „Exit-Bags" bleibt strafrechtlich unberührt. Es gibt derzeit weder in Griechenland noch in Deutsch-

---

[320] BGH, a.a.O., S. 324 (327 Punkt 2).

[321] Der BGH lässt hier Raum für eine Gewissensentscheidung des Arztes oder des Angehörigen beim Umgang mit Betäubungsmitteln zum Zweck einer Suizidhilfe. Dies mag dem Einzelfall gerecht werden, trägt aber zur Lösung des rechtlichen Problems des ärztlich assistierten Suizids nicht viel bei.

[322] *Sternberg-Lieben*, JZ 2002, S. 153 (154).

[323] *Kioupis*, Poinika Chronika 1995, S. 549 (573) [gr.], in Bezug auf den deutschen Fall Hackethal.

land ein Gesetz, nach welchem die Verschaffung solcher Suizidmittel als gemeingefährliche Mittel verboten sind. Auch nach griechischem Recht wäre daher die Verschaffung solcher Mittel straflos. Festzustellen ist daher, dass ärztlich assistierter Suizid in der Form der Verschaffung von Suizidmitteln in beiden Ländern nur wegen Verstoßes gegen ein spezielles Gesetz, nach welchem auch überindividuelle Rechtsgüter geschützt werden, strafbar sein kann.

Als weitere Form von Suizidhilfe nach griechischem Strafrecht kommt die „Verleitung“ zu einem Suizid in Betracht, die als Tatmodalität des griechischen Tatbestands „Teilnahme am Suizid“ strafbar ist. Eine „Verleitung“ wird aber bei einem typischen ärztlich assistierten Suizid nicht vorliegen. Hier ist der Suizident zu der Selbsttötung schon entschlossen. In diesem Fall gibt es keinen Raum für eine „Verleitung“ im Sinne des Artikels 301 PK.[324] Dies zeigt, dass nicht jede Form des ärztlich assistierten Suizids in Griechenland strafbar ist, obwohl das Vergehen „Teilnahme am Suizid“ gemäß Artikel 301 PK strafbar ist.

Zu betonen ist, dass beim aktiven ärztlich assistierten Suizid der Arzt als Teilnehmer im weiteren Sinne rechtlich angesehen wird. Der Arzt leistet hierbei keine aktive Sterbehilfe. Deshalb ist meines Erachtens nicht richtig, den ärztlich assistierten Suizid als Fallgruppe der aktiven Sterbehilfe zu behandeln.[325] Im medizinischen Schrifttum begegnet man allerdings oft einer grundsätzlichen Gleichbehandlung des ärztlich assistierten Suizids mit der aktiven Sterbehilfe.[326] Dies entspricht im juristischen Schrifttum dem Versuch, die rechtlich relevanten Unterschiede zwischen Teilnahme am Suizid und Tötung auf Verlangen im Bereich der Sterbebegleitung bzw. der Sterbehilfe zu negieren.[327] Eine rechtliche Gleichbehandlung beider Fallkonstellationen ist aber abzulehnen. „Es *ist* ein Unterschied, ob jemand einem krebskranken Bekannten tödliches Gift verschafft, das der Lebensmüde selbst einnimmt, oder ob er ihm in Erfüllung eines ernsthaft-ausdrücklichen Verlangens eine Kugel in den Kopf schießt“.[328] Die Abgrenzung von Suizidteilnahme und Tötung auf Verlangen richtet sich nach überwiegender Meinung danach, wer die Herrschaft über den letzten, unwiderruf-

---

[324] *Androulakis*, Eidikon Meros, 1974, S. 29 [gr.]; Diat Eis Prot Thes 102/1998, Yperaspisi 1998, S. 721(722 f.) [gr.]; Die „Verleitung“ muss denjenigen Grad erreichen, dass dem Opfer der Suizid als einziger Ausweg angesehen werden kann: Symb Plem Artas 84/1997, Archeio Nomologias 1988, S. 772 (773) [gr.]; Trimm Plemm Ath 50694/1990, Yperaspisi 1991, S. 435 (436) [gr.].

[325] So aber: *Arzt*, JR 1986, S. 309 (310); *Brändel*, ZRP 1985, S. 85 (87); *Ulsenheimer*, Der Internist 2000, S. 648 (649 f.).

[326] So etwa bei *Csef*, Der Schmerz 1998, S. 1 (2 ff.); *Seay*, Journal of Medicine and Philosophy 2001, S. 75 ff.; Len *Doyal*/Lesley *Doyal*, BMJ 2001, S. 1079 f.

[327] *Merkel*, in: Hegselmann/Merkel (Hrsg.), Zur Debatte über Euthanasie, 1991, S. 71 (85 f.); *Krack*, KJ 1995, S. 60 ff.; *Kaufmann*, MedR 1983, S. 121 (123).

[328] *Herzberg*, NJW 1986, S. 1635.

lich zum Tode führenden Akt innehat.[329] Ihre sachliche Berechtigung findet diese Abgrenzung in der Annahme, dass dem Gesetzgeber die Autonomie des suizidalen Aktes gegen mögliche Fremdbestimmung nur gesichert erscheint, wenn der Sterbewillige die „Herrschaft über den todbringenden Moment" in der Hand behält.[330] Vorausgesetzt wird allerdings dabei, dass der Suizident freiverantwortlich handelt. Nach welchen Kriterien die Freiverantwortlichkeit zu bestimmen ist, bleibt umstritten. Teils werden die §§ 20, 35 Strafgesetzbuch und § 3 JGG analog angewandt,[331] teils wird darauf abgestellt, ob der Suizid Ausdruck eines freien und ernstlichen Verlangens nach dem eigenen Tod ist.[332] Manches spricht dafür, die §§ 20, 35 Strafgesetzbuch und § 3 JGG als Indiz anzusehen und dann konkreter auf die Frage der Ernstlichkeit im Sinne einer freiverantwortlichen Entscheidung einzugehen. Festzustellen ist, dass der aktive ärztlich assistierte Suizid nicht als Unterfall der aktiven Sterbehilfe anzusehen ist.[333]

b. Passiver ärztlich assistierter Suizid

Es geht hierbei um Fälle, in welchen der Arzt angesichts eines versuchten Suizids seines Patienten untätig bleibt. Gefragt wird, ob der Arzt als Garant die Pflicht hat, die Vollendung des Suizids seines Patienten zu verhindern bzw. rettend einzugreifen. Hat der Arzt hier „rechtlich dafür einzustehen" (§13 Strafgesetzbuch), dass der Tod seines Patienten nach einem Suizidversuch nicht eintritt? In Deutschland wird hier das Problem unter dem Aspekt der Lebensrettungspflicht behandelt, so dass die Tötungstatbestände in Betracht kommen.[334] Im Gegensatz dazu ermöglicht der griechische Tatbestand der „Teilnahme an Selbsttötung" in solchen Fällen differenzierte Ergebnisse. Wenn der aktiv bei einem Suizid Handelnde wegen Teilnahme am Suizid sich strafbar machen kann, so kann sich der passiv Handelnde nicht wegen eines Tötungsdelikts strafbar machen.[335] Unterlässt ein Garant pflichtwidrig, einen Suizid zu verhindern, so könnte dies in Griechenland nicht zu seiner Strafbarkeit wegen Tötung, wohl

---

[329] BGH St 19, 135 (139 f.); OLG München, NJW 1987, S. 2940 (2941); *Roxin*, in: Roxin/Schroth, Medizinstrafrecht, 2001, S. 93 (111); *Dölling*, MedR 1987, S. 6 (10); *Eser*, MedR 1985, S. 6 (8); *ders.*, in: Eser (Hrsg.), Suizid und Euthanasie, 1976, S. 392 (400); *Otto*, in: FS-Tröndle, 1989, S. 157 (162 f.).

[330] *Roxin*, a.a.O.

[331] *Dölling*, GA 1984, S.71 (76); *Roxin*, NStZ 1984, S. 71; *Bottke*, GA 1983, S. 22 (36); *Charalambakis*, GA 1986, S. 485 (498); *Hirsch*, JR 1979, S. 429 (432 f.).

[332] Schönke/Schröder/*Eser*, Vor §§ 211 ff. Rn. 36; SK-*Horn*, § 212 Rn. 13; *Lackner/Kühl*, Vor § 211 Rn. 13 a.

[333] A.A.: *Brändel*, ZRP 1985, S. 85 (87).

[334] Rechtsprechungsübersicht bei *Gropp*, NStZ 1985, S. 97 ff.

[335] *Androulakis*, Eidikon Meros, 1974, S. 33 [gr.].

aber zu seiner Strafbarkeit wegen Teilnahme am Suizid durch Unterlassen führen.[336]

Maßgebend ist daher, den Inhalt der Garantenpflicht im jeweiligen Fall zu bestimmen. Gefragt wird, ob die Garantenpflicht des Arztes auch darin besteht, den versuchten Suizid zu verhindern bzw. rettend einzugreifen. Ist der Suizident imstande, seinen Suizidwillen zu bestätigen und lehnt jede Hilfe ab, so ist der Garant zu einer Zwangsrettung bzw. Zwangshinderung nicht verpflichtet bzw. nicht berechtigt.[337] Problematisch ist es, wenn der Suizident nach dem Suizidversuch das Bewusstsein verloren hat. Dabei kann unklar sein, ob sein ursprünglicher Todeswunsch noch fortdauert. Diese Frage kann beim Fehlen jeglicher Anhaltspunkte – Kenntnis des Suizidenten, Zeugen, schriftliche Patientenverfügungen – sogar ein empirisches non-liquet darstellen. Für diesen Fall, in welchem ein Suizidversuch sich als Notfall darstellt, dürfe man aus dem Selbsttötungsversuch nicht auf einen der Rettung widerstrebenden Willen schließen.[338] Der Arzt muss hier lebensrettend eingreifen.

Ein notfallähnlicher Suizidversuch dürfte aber bei dem ärztlich passiven assistierten Suizid nicht häufig vorkommen. Bei dem *typischen* ärztlich passiven assistierten Suizid fehlt es nicht an Informationen über den Suizident und den Grund seines Suizides. Allerdings sind auch hier die rechtlichen Grenzen nicht immer klar zu setzen. Die deutsche Rechtsprechung hält die Rettungspflicht des Garanten bei Bewusstlosigkeit des Suizidenten regelmäßig für gegeben. So hatte sich der BGH in einem Urteil aus dem Jahre 1984 (im sogenannten Wittig-Fall) mit einem Fall passiven ärztlich assistierten Suizids bei Bewusstlosigkeit des Suizidenten zu befassen. Der Angeklagte war Arzt einer erheblich erkrankten 76 jährigen Frau, die an hochgradiger Verkalkung der Herzkranzgefäße und an einer Hüft- und Kniearthrose litt. Ihr Ehemann war vor kurzem gestorben. Sie sah ihr Leben als sinnlos an und äußerte wiederholt die Absicht, aus dem Leben zu scheiden. Sie wünschte niemals in einen Zustand der Hilflosigkeit zu verfallen und in einen Pflegeheim zu kommen. Sie hatte diese Wünsche auch schriftlich

---

336 *Androulakis*, Eidikon Meros, 1974, S. 33 f. [gr.]; *Symeonidou-Kastanidou*, Eglimata kata tis zois, 1995, S. 512 ff. [gr.]; *Kioupis*, Poinika Chronika 1995, S. 549 (566) [gr.]. Anders aber, wenn der Patient ein Psychiatriepatient ist. Hier hat der Arzt auch dafür zu sorgen, dass Maßnahmen getroffen werden, die Schutz des Patienten vor einer Selbstschädigung erforderlich sind: Areios Pagos 683/1997, Poinika Chronika 1998, S. 167f.[gr.]. Zu der Problematik der Verhinderung eines Suizids bei Psychiatriepatienten siehe *Fuchs/Lauter*, Der Nervenarzt 1997, S. 878 (882); BGH, Urteil v. 20.06.2000, DMW 2000, S. 1344 f. mit Anmerkung *Rieger*.

337 *Engisch*, in: FS-Dreher, 1977, S. 309 (322); *Zippelius*, JuS 1983, S. 659 (660).

338 *Engisch*, in: *Eser* (Hrsg.), Suizid und Euthanasie, 1976, S. 312 (314); *Schmitt*, JZ 1987, S. 400 (401); *ders.*, JZ 1985, S. 365 (366); *Gropp*, NStZ 1985, S. 97 (102); Günter *Hirsch*, ZRP 1986, S. 239 (242); *Wassermann*, DRiZ 1986, S. 291 (295).

festgelegt. Als Dr. W. sie eines Abends aufsuchen wollte, öffnete niemand, obwohl Licht brannte. Nach Öffnung der Tür mit einem Zweitschlüssel fand er Frau U. bewusstlos. Unter ihren Händen befand sich ein Zettel: „An meinen Arzt, bitte kein Krankenhaus – Erlösung!“ Sie hatte eine Überdosis Morphium und Schlafmittel eingenommen, ihr Puls war nicht mehr fühlbar, ihre Atmung nur noch sehr schwach. Dr. W. nahm an, die Patientin sei nicht mehr zu retten, jedenfalls nicht ohne schwere Dauerschäden. Im Hinblick auf die vorgegebene Situation und den wiederholt geäußerten Selbsttötungswillen veranlasste Dr. W. nichts zur Rettung seiner Patientin, sondern er blieb in der Wohnung, bis er ihren Tod feststellte. Der BGH ging davon aus, dass dem Arzt eine Garantenpflicht zur Rettung der Patientin traf. Ein Tötungsdelikt begangen durch Unterlassen komme daher nach Ansicht des Gerichts in Betracht. Wenn der Suizident das Bewusstsein verloren habe und der Eintritt des Todes allein vom Verhalten des Garanten abhinge, müsse der Garant rettend tätig werden.[339] Wegen des fortgeschrittenen Vergiftungszustandes und der nur unter Inkaufnahme dauerhaften Schäden mögliche Lebensrettung[340] der Patientin hielt aber der BGH die Entscheidung des Arztes, untätig zu bleiben, als vertretbare Gewissensentscheidung und sprach ihn frei.

Es stellt sich aber die Frage, warum der BGH dem Vorliegen der schriftlichen Erklärung der Frau, sie wolle keine lebensrettenden Maßnahmen, keine eigenständige Bedeutung beigemessen hat. Beim Normalpatienten wäre nämlich eine solche Erklärung zu beachten. Anders als beim Normalpatienten will aber der BGH beim Suizidenten, der das Bewusstsein verloren hat, grundsätzlich keine Inaktivität des Arztes gestatten, sondern erklärt es im Prinzip für unzulässig, dass ein Arzt sich dem Todeswunsch eines Suizidenten beugt.[341] Der Grund für die unterschiedliche Behandlung des Normalpatienten und des Suizidenten sieht der BGH zum einen in der ärztlichen Ethik,[342] die beim Suizidenten das ärztliche Gebot der Hilfe gegenüber dem Prinzip der Selbstbestimmung in den Vordergrund rückt, zum anderen in den Erkenntnissen der neueren Suizidforschung.[343] Danach „verfalle“ ein zunächst ernsthafter Selbsttötungswille oft nach Beendi-

---

[339] BGH St 32, 367 (373 f.).

[340] Im Freitodbegleiter – Fall hat der BGH eine solche Pflicht des Angeklagten verneint, weil in dem Zeitpunkt, als Frau Dr. T durch den Eintritt ihrer Bewusstlosigkeit die Kontrolle über das Geschehen verlor, etwaige Rettungsversuche – wegen der bereits eingetretenen gravierenden Wirkung des Betäubungsmittels – gescheitert wären.

[341] *Schreiber*, in: FS-50 Jahre BGH, S. 503 (521); *Brändel*, ZRP 1985, S. 85 (86).

[342] S. auch Beschlussprotokoll des 106. Deutschen Ärztetags, unter: http://www.bundesaerztekammer.de/30/Aerztetag/106_DAET/03Beschluss/Top03/06.html [Stand: 27.05.2003], in welchem aktive Sterbehilfe und Hilfe zur Selbsttötung in gleicher Weise abgelehnt werden.

[343] *Schreiber*, a.a.O., S. 503 (525 f.)

gung des Suizidversuchs, den schließlichen Todeseintritt trägt er nicht mehr.[344] Gegen die Auffassung vom BGH ist einzuwenden, dass weder die standesethische Missbilligung des ärztlich assistierten Suizids, noch die *Möglichkeit* einer Sinnesänderung des bewusstlosen Suizidenten genügende Gründen darstellen, aus welchen der Arzt grundsätzlich lebensrettend eingreifen muss. Das sind nur Gründe, den Suizidwillen zu erforschen. Stellt sich heraus, dass der Suizidwille in casu dem Sterbewillen eines „Normalpatienten" normativ gleichzusetzen ist, so wäre er zu respektieren. Somit stellt sich die Frage, unter welchen Umständen die Entscheidung des Suizidenten, das eigene Leben zu beenden, in gleicher Weise anzuerkennen ist wie das Selbstbestimmungsrecht des schwerstkranken Patienten.[345]

3. Die normative Gleichsetzung des Suizidwillens mit dem Patientenwillen

Wenn Gegenstand der Entscheidung eines aufgeklärten entscheidungsfähigen Patienten die Unterlassung bzw. der Abbruch einer therapeutischen lebenserhaltenden Option ist, dann ist diese Entscheidung nicht schon deshalb einem Suizidwunsch gleichzusetzen, weil ihre Respektierung den frühzeitigen Tod des Patienten bedeuten wird.[346] So wurde der Wunsch eines Quadriplegikers auf Abschalten des Beatmungsgeräts vom Supreme Court von Nevada nicht als Suizidwunsch bewertet. Der Patient war entscheidungsfähig, litt unter einem irreversiblem Zustand, er war auf künstliche Maßnahmen permanent angewiesen und befand sich demzufolge in einem absoluten Abhängigkeitszustand. Unter solchen Umständen sei der Sterbewunsch nicht mit dem Suizidwunsch gleichzusetzen.[347] Es zeigt sich, dass eine Patientenentscheidung für den frühzeitigen Tod nicht ohne weiteres mit einer Suizidentscheidung gleichgesetzt werden dürfte.

Auf der anderen Seite kann eine Suizidentscheidung unter Umständen mit einer Patientenentscheidung normativ gleichgesetzt werden. Folgender Fall kann als Beispiel der normativen Gleichsetzung von Sterbe- und Suizidwillen dienen.[348] Infolge eines Unfalls litt der Spanier Ramon Sampedro seit 29 Jahren unter Tetraplegie. Er war kein unheilbar Kranker im terminalen Stadium, sein Zustand war stabil und er litt nicht unter Depressionen. Er hatte über all die Jahre den gefestigten Selbsttötungswunsch, war aber aufgrund seiner Krankheit physisch nicht imstande, seinen Willen in die Tat umzusetzen. Er benötigte dazu Hilfe,

---

[344] BGH St 32, 367 (376); *Gropp*, NStZ 1985, S. 97 (102): Vgl. aber BGH, NJW 1988, S. 1532, wonach der Senat dazu neigt, einem ernsthaften, freiverantwortlich gefassten Selbsttötungsentschluss eine stärkere rechtliche Bedeutung beizumessen, als dies im BGH St 32, 367 ff. geschehen ist.

[345] *Eisenbart*, Patienten-Testament, 2000, S. 25.

[346] *Wuermeling*, EthikMed 1997, S. 91 (94).

[347] Berichtet von *Bernat*, WMW 1996, S. 195 (198).

[348] Berichtet von *Guerra*, Bioethics 1999, S. 426 ff.

was nach spanischem Recht nicht erlaubt ist. Die letzten Jahre seines Lebens hat er vor spanischen Gerichten darum gekämpft, dass ihm das Recht der Suizidhilfe zugesprochen wird. Die spanischen Gerichte haben alle seine Anträge abgelehnt. Am 12. Januar 1998 hat er mit arbeitsteiliger Hilfe von Freunden einen Suizid vorgenommen. Einer von ihnen hat auf sein Verlangen hin den Suizid auf einer Videokassette aufgezeichnet, so dass Sampedro allen zeigen konnte, dass er die Verantwortung für den Suizid bis zum letzten Moment getragen hat. In diesem Fall lag die Besonderheit darin, dass der behinderte Ramon Sampedro die Hilfe anderer brauchte, um sich zu töten, was Nicht-Behinderte ohne Hilfe anderer erreichen können.[349] Dass Inhalt der Entscheidung hier ein Suizid ist, lässt sich nicht bezweifeln. Doch ist hier fraglich, ob die vom BGH angeführten Argumente in diesem Fall greifen. Müsste etwa der behandelnde Arzt von Sampedro nach Eintritt der Bewusstlosigkeit des Suizidenten rettend eingreifen, weil er in diesem Fall davon auszugehen hätte, dass eine Sinnesänderung beim Suizidenten vorlag?

Das Beispiel zeigt, dass es Fälle gibt, in welchen weder die ärztliche Ethik noch die Möglichkeit der Sinnesänderung eine Irrelevanz des Suizidwillens nach Eintritt der Bewusstlosigkeit des Suizidenten begründen können. Es handelt sich hier um Fälle, in welchen sich ein Suizidwunsch als gefestigte, ernstliche Entscheidung eines Patienten darstellt, sich dem Tod zu begeben.[350] Dazu gehören auch der Wittig-Fall und der Freitodbegleiter-Fall. In beiden Fällen lag kein empirisches non-liquet vor, von einer Ernstlichkeit des Suizidwunsches wäre daher auszugehen. In diesen Fällen geht es um schwerkranke Patienten, die nicht unter hochgradigen Defekten leiden und die in concreto ernstlich einen Suizidwunsch äußern. Gerade in solchen Fällen trifft folgende Aussage nicht zu: „Wer psychisch völlig intakt ist, legt nicht Hand an sich selbst.“[351] Die Entscheidung zu sterben entspringt hier einem somatischen Leidenszustand und wird dadurch rationalisiert. Auch dieser somatische Leidenszustand ist – anders als beim psychischen Leidenszustand – hinreichend konkretisiert und dem Arzt bekannt. Zumindest für den passiven ärztlich assistierten Suizid wäre in solchen Fällen eine Suizidhinderungspflicht nicht zu rechtfertigen. Der Suizidwille ist hier vielmehr als Patientenwille zu beachten, eine Zwangsrettung hätte auszubleiben. Nach Eintritt der Bewusstlosigkeit dürfte ebenso wie bei Bewusstlosigkeit nach Therapieverweigerung nicht von einer Sinnesänderung ausgegangen werden.

---

[349] *Guerra*, Bioethics 1999, S. 426 (430 f.).

[350] Für eine Gleichsetzung des Patienten- mit dem Suizidwillen hat sich das OLG München, NJW 1987, S. 2940 (2943 f.) im sogenannten Hackethal-Fall ausgesprochen. *Verrel*, JZ 1996, S. 224 (230) spricht hier von Abwägungs- und Bilanzsuiziden. Ähnlich *Gropp*, NStZ 1985, S. 97 (102); *Dölling*, MedR 1987, S. 6 (10); *Eser*, MedR 1985, S. 6 (14); *Bottke*, Suizid und Strafrecht, 1982, S. 48; *Roxin*, Täterschaft und Tatherrschaft, 2000, S. 591; *Sternberg-Lieben*, JZ 2002, S. 153 (156); *Dettmeyer/Musshoff/Madea*, Z Palliativmedizin 2002, S. 50 (54).

[351] *Schmitt*, JZ 1987, S. 400 (401).

Für den aktiv ärztlich assistierten Suizid ist folgendes zu sagen: In den hier beschriebenen Fallkonstellationen schafft der Arzt etwa durch die Verschreibung einer letalen Dosis von Medikamenten ein Risiko, das strafrechtlich relevant sein könnte. Die Verschaffung bzw. Überlassung von Tötungsmitteln als aktive Suizidhilfe bei einem mündigen Patienten ist zwar nicht strafbar. Die Bejahung einer Garantenstellung aus vorausgegangenem Tun (Ingerenz) hängt aber nicht davon ab, ob das gefahrenverursachende Verhalten als solches strafbar ist. Es muss vielmehr eine nahe Gefahr für den Eintritt schädlicher Erfolge durch ein pflichtwidriges Verhalten geschaffen worden sein.[352] Gerade die Pflichtwidrigkeit wird aber in den einschlägigen Fallkonstellationen fehlen. § 2 Abs. 2 BtMVV berechtigt nämlich den Arzt in begründeten Einzelfällen hinsichtlich der gesetzten Höchstmengen von Betäubungsmitteln abzuweichen, das heißt sie auch gegebenenfalls zu überschreiten. Aus diesen Gründen kann keine Garantenstellung aus Ingerenz begründet werden.[353] Aus dem Blickpunkt der Risikoschaffung und der Risikoverwirklichung lässt sich der aktive ärztlich assistierte Suizid rechtlich nicht missbilligen.[354] Eine ärztliche Hilfe beim Suizid würde die Tätigkeit von Laien[355] und Sterbehilfeorganisationen sowie das Angebot von technischen Apparaten, die sich für den Betroffenen als Verzweiflungslösung darstellen, entbehrlich machen. Die Kommerzialisierung von Suizidmitteln und die „mitleidsmotivierte“ Tätigkeit von Einzelgängern markieren einen meines Erachtens falschen, mit Risiken verbundenen Weg.

Eine Regelung, die den ärztlich assistierten Suizid als ultimum refugium zum Gegenstand hätte, wäre daher denkbar. Die Darstellung der Regelung des ärztlich assistierten Suizids von Oregon könnte an dieser Stelle aufschlussreich sein.

4. Die Regelung des ärztlich assistierten Suizids in Oregon (USA)

Der ärztlich assistierte Suizid ist außer in den Niederlanden seit 2001 auch im Bundesstaat Oregon seit 1997 legalisiert.[356] Anders als beim niederländischen Gesetz ist nach dem Gesetz von Oregon die aktive Sterbehilfe nicht erlaubt.

Nach der Oregon Regelung darf ein Arzt einem Patienten eine tödliche Dosis von Medikamenten unter folgenden Voraussetzungen verschreiben: Der Patient muss volljährig, entscheidungs- und kommunikationsfähig sein; er muss freiwillig seinen Wunsch nach der Verschreibung der letalen Dosierung zweimal mündlich und einmal schriftlich und in Anwesenheit eines Zeugen ausdrücken;

---

352 *Stree*, JuS 1985, S. 179 (183).

353 Vgl. OLG München, NJW 1987, S. 2940 (2944).

354 Im Ergebnis zustimmend: *Roxin*, in: Roxin/Schroth, Medizinstrafrecht 2001, S. 93 (116); vgl. auch *Brändel*, ZRP 1985, S. 85 (91 f.), der allerdings die Grenzen des ärztlich assistierten Suizids meines Erachtens zu weit zieht.

355 Kritisch dazu: Gunther *Arzt*, in: FS-Schreiber, 2003, S. 583 (591).

356 http://www.ohd.hr.state.or.us/chs/pas/cfm [Stand: 15.05.2003]

es muss bei ihm eine maximale Lebenserwartung von 6 Monaten prognostiziert und seine Fähigkeit zur oralen Einnahme der Medikation diagnostiziert werden; ein zweiter Arzt muss die Diagnose und die Prognose bestätigen und ferner feststellen, dass der Patient fähig ist, eine informierte Wahl zu treffen; der behandelnde Arzt muss den Patienten über alternative Optionen etwa palliativmedizinische Betreuung informieren und die möglichen Risiken und Ergebnisse der Einnahme der letalen Medikation nachprüfen; der Arzt muss diese Aspekte dokumentieren.[357]

Im Jahr 1999 haben 33 Patienten die Möglichkeit des medizinisch assistierten Suizids in Anspruch genommen und entsprechende Rezepte bekommen; 26 von ihnen haben die tödliche Dosierung eingenommen, an welcher sie auch starben.[358] Die meisten dieser Patienten waren Krebskranke im terminalen Stadium (63 %) und wurden in Hospizen noch unmittelbar vor ihrem Tod behandelt (78 %).[359] Es ist daher möglich, dass im Rahmen der palliativmedizinischen Betreuung die Frage nach unterstütztem Suizid vom Patienten gestellt wird. Diese Möglichkeit scheint aber selten in Betracht zu kommen, wenn man bedenkt, dass ca. 10250 terminal Kranke (35 % der gesamten Todeszahl der Einwohner von Oregon) in Hospizen gestorben sind,[360] von welchen weniger als 21 Patienten die Möglichkeit des medizinisch assistierten Suizids in Anspruch genommen haben und an der Einnahme der Medikamenten gestorben sind.[361]

Das macht aber die Frage recht dringend, aus welchem Grund sich die 21 Patienten für die Alternative des assistierten Suizids entschieden haben. Der Autonomieverlust und die Unfähigkeit am aktiven Leben teilzunehmen war der meistgenannte Grund der Patienten für diese Entscheidung (81 %).[362] Ein kleiner Teil der Patienten (26 %) nannte als Grund die mangelnde Kontrolle von Schmerzen. Innerhalb der Patienten, welche Gebrauch von dem Rezept gemacht haben, entsprach die Sorge um das physische Leiden nicht dem erlebenden Leiden.[363] Der dominierende Grund war daher der Autonomieverlust und der Versuch, durch Inanspruchnahme der ärztlichen Assistenz die Kontrolle über die Art des Sterbens zu bewahren. Zu dieser Kontrolle gehört der wichtige Aspekt der Entscheidung über den *Zeitpunkt* der Einnahme der Medikamente und somit über den Zeitpunkt des eigenen Todes. Das zeigt sich in der Praxis: Nicht alle

---

[357] *Sullivan/Hedberg/Fleming*, The New England Journal of Medicine 2000, S 598.

[358] Von den übrigen 7 Patienten, die das Rezept bekommen haben, starben 5 an ihrer Haupterkrankung und 2 hatten am 1 Januar 2000 noch nicht die Medikamente eingenommen, s. dazu und zu weiteren Angaben: *Sullivan/Hedberg/Fleming*, a.a.O., S. 598 (599).

[359] A.a.O., S. 598 (599).

[360] *Ganzini* et al., JAMA 2001, S. 2363 (2368).

[361] *Sullivan/Hedberg/Fleming*, a.a.O., S. 598 (599).

[362] A.a.O., S. 598 (600).

[363] A.a.O., S. 598 (603).

Patienten, die das Rezept bekommen haben, machen davon Gebrauch bzw. sie sterben, bevor sie Gebrauch von den Medikamenten gemacht haben.[364] Dieser letzte Punkt unterscheidet auch wesentlich den ärztlich assistierten Suizid von der aktiven Sterbehilfe. Im letzteren Fall überlässt der Patient die Kontrolle des letzten Aktes einer anderen Person.

Im Rahmen der palliativmedizinischen Sterbebegleitung sollte allerdings der Suizidwunsch selten vorkommen, denn es sind hierbei andere Maßnahmen ärztlicher Hilfe als die Mitwirkung am Suizid vorhanden.[365] Ärzte aus Oregon berichten davon, dass Patienten ihre Meinung über den ärztlich assistierten Suizid dadurch geändert haben, dass sie palliativmedizinisch betreut wurden.[366] Jedoch eröffnet die Oregon-Regelung einem kleinen Teil von Patienten die Möglichkeit, sich in aussichtslosen Fällen selbstbestimmend in den Tod zu begeben.

Im Unterschied zur aktiven Sterbehilfe erstreckt sich hier die Mitwirkung der Ärzte nicht auf die Herbeiführung des Todes des Patienten. Hinsichtlich anderer ärztlicher Interventionen, insbesondere im Bereich der hochdosierten Schmerzlinderung, birgt ein kontrollierter ärztlich assistierter Suizid vergleichbare Risiken.[367]

D. Standesrechtliche und standesethische Betrachtung der Sterbebegleitung

I. Sterbebegleitung und Standesrecht in Deutschland und in Griechenland

1. Sterbebegleitung und Standesrecht in Griechenland

Nach griechischem Standesrecht ist der Arzt zur Erhaltung und zum Schutz menschlichen Lebens verpflichtet.[368] Es wird dabei kein Bezug auf die besondere Kategorie von unheilbar Kranken genommen. Demgegenüber wird dem Arzt die Pflicht zum „absoluten Respekt der Ehre und Persönlichkeit des Menschen" auferlegt.[369]

Die griechische Ärztekammer hat in einer Stellungnahme aus dem Jahr 1987 jede Form von Sterbehilfe abgelehnt: Das Recht des Patienten, eine ärztliche Behandlung zu verweigern, dürfe nicht zu einem Recht des Arztes umgewandelt

---

[364] S.o. Fß. 359.
[365] *Pellegrino*, Journal of Medicine and Philosophy 2001, S. 93 (96).
[366] *Ganzini* et al., JAMA 2001, S. 2363 (2364).
[367] Vgl. *Fraser/Walters*, Journal of Medical Ethics 2000, S. 121 (123).
[368] Artikel 9 Königl. Verordnung v. 25/5-6/7/1955. Das griechische ärztliche Standesrecht wurzelt im wesentlichen im Zwangsgesetz 1565/1939 über den Berufskodex für Ärzte und in der Königlichen Verordnung 25/5-6/7/1955 über den Deontologiekodex der Ärzte.
[369] Artikel 8 Königl. Verordnung 25/5-6/7/1955.

werden, das Leben des Patienten zu verkürzen.[370] Mittlerweile scheint diese absolute Ablehnung jeder Form von Sterbehilfe revidiert zu sein. Dies ist nicht zuletzt darauf zurückzuführen, dass auf Empfehlungen des Europarates und auf die Entwicklung im europäischen und internationalen Raum reagiert werden musste. So ist die Pflicht des Arztes zum Sterbebeistand im Entwurf des neuen Deontologiekodexes[371] verankert. Nach Artikel 22 des Entwurfs ist der Arzt verpflichtet, dem unheilbaren Kranken bis zu seinem Tod beizustehen. Dabei darf der Arzt die Behandlung eines Patienten, der sich im terminalen Stadium der Krankheit befindet, allein auf Schmerzlinderung beschränken, welche der Erhaltung der Lebensqualität des Patienten dient.[372] Von der Gefahr einer unvermeidbaren tödlichen Nebenwirkung bei der Schmerztherapie ist allerdings hier nicht die Rede. Eine wichtige Entwicklung stellt die gesetzliche Verankerung der Rechte des Patienten dar, welche auch das Recht des Patienten auf Verweigerung einer Therapie einschließt – Artikel 47 des Gesetzes 2071/1992.[373]

Diese Entwicklungen zeigen, dass sich das griechische Standesrecht in einem Entwicklungsprozess befindet, wovon sich Zeichen für eine Integration der Sterbebegleitung in das griechische Standesrecht abzuleiten sind.

2. Sterbebegleitung und Standesrecht in Deutschland

a. Sterbebegleitung und Musterberufsordnung für Ärzte

Die Musterberufsordnung und die auf ihrer Grundlage stehenden Berufsordnungen der einzelnen Ärztekammern sind als zentrale Normen des deutschen ärztlichen Standesrechts anzusehen.[374] Die geltende Musterberufsordnung[375] enthält eine spezifische Bestimmung zu der gebotenen Form ärztlichen Handelns im Umgang mit einem Sterbenden. Der Paragraph gehört systematisch zu dem Punkt B III, der folgenden Titel hat: „Besondere medizinische Verfahren und Forschung“. Im § 16 MBO-Ä 1997 wird im Anschluss an § 1 Abs. 2 MBO-Ä 1997[376] der „Beistand des Arztes für den Sterbenden“ geregelt. § 16 MBO-Ä 1997 lautet: „Ärztinnen und Ärzte dürfen – unter Vorrang des Willens der Pati-

[370] In: *Avramidis*, Euthanasia, S. 77 f. [gr.].
[371] Abgedruckt in: *Koutselinis*, Basikes Arches Bioethikis, 1999, S. 321 ff. [gr.].
[372] A.a.O., S. 326.
[373] *Garanis-Papadatos/Dalla Vorgia*, European Journal of Health Law 2000, S. 441 (442 f.).
[374] *Koch*, in: Eser/Koch (Hrsg.), Materialien zur Sterbehilfe, 1991, S. 31 (39).
[375] MBO-Ä 1997, abgedruckt in: NJW 1997, S. 3076 ff. Zuletzt geändert wurde die Musterberufsordnung durch die Beschlüsse des 107. Ärztetages 2004 in Bremen, abrufbar unter: http://www.bundesaerztekammer.de /30/ Berufsordnung /10Mbo/ [Stand: 20.01.2005].
[376] § 1 Abs. 2 MBO-Ä 1997 lautet: „Aufgabe der Ärztinnen und Ärzten ist es, das Leben zu erhalten, die Gesundheit zu schützen und wiederherzustellen, Leiden zu lindern, Sterbenden Beistand zu leisten und an der Erhaltung der natürlichen Lebensgrundlagen im Hinblick auf ihre Bedeutung für die Gesundheit der Menschen mitzuwirken.“

entin oder des Patienten – auf lebensverlängernde Maßnahmen nur verzichten und sich auf die Linderung der Beschwerden beschränken, wenn ein Hinausschieben des unvermeidbaren Todes für die sterbende Person lediglich eine unzumutbare Verlängerung des Leidens bedeuten würde. Ärztinnen und Ärzte dürfen das Leben des Sterbenden nicht aktiv verkürzen. Sie dürfen weder ihr eigenes noch das Interesse Dritter über das Wohl der Patientin oder des Patienten stellen". Hierbei wird ausdrücklich die aktive Verkürzung des Lebens des Sterbenden abgelehnt. Interessant ist die Formulierung der gebotenen Form ärztlichen Handelns angesichts des Sterbenden: Der Arzt *dürfe nur* unter den vorgeschriebenen Voraussetzungen dem Sterbenden Beistand leisten. Der Arzt soll dies aber nicht tun. Die defensive Formulierung weist eher auf die Unsicherheit hin, welche die Problematik der Sterbebegleitung kennzeichnet. Diese defensive Formulierung widerspricht aber dem § 1 MBO-Ä 1997, nach welchem der Sterbebeistand zu den Aufgaben des Arztes gehört: Nach § 1 MBO-Ä 1997 gehört die Linderung des Leidens zu den Aufgaben des Arztes. Als speziellere Bestimmung sollte § 16 MBO-Ä 1997 den Sterbebeistand nicht mit defensiver Haltung regeln, sondern die Konturen des gebotenen ärztlichen Verhaltens enthalten. Im § 16 MBO-Ä 1997 wird demgegenüber der Eindruck erweckt, dass der Sterbebeistand unter gewissen Voraussetzungen toleriert würde.

b. Sterbegleitung und Grundsätze der Bundesärztekammer

Im Gegensatz zu der oben angesprochenen Bestimmung der MBO-Ä 1997 behandeln die von der Bundesärztekammer verabschiedeten „Grundsätze der Bundesärztekammer zur ärztlichen Sterbebegleitung" die Problematik in sachgerechter Weise, weil sie die Pflicht des Arztes zu bestimmten Formen der Sterbebegleitung zum Ausdruck bringen. Danach sei es Aufgabe des Arztes, unter Beachtung des Selbstbestimmungsrechts des Patienten Leben zu erhalten, Gesundheit zu schützen und wiederherzustellen sowie Leiden zu lindern und Sterbenden bis zum Tod beizustehen.[377] Es ist darauf hinzuweisen, dass sowohl in der Musterberufsordnung wie auch in den Grundsätzen der BÄK die Rede von Linderung des Leidens und nicht von Linderung der Schmerzen ist. Die Leidenslinderung sollte nicht als Paraphrase[378] der Schmerzlinderung verstanden werden. Vielmehr sollte die Leidenslinderung als Oberbegriff angesehen werden, weil die Schmerzlinderung zwar immer eine Leidenslinderung darstellt, nicht aber umgekehrt. Es fragt sich, warum in den Grundsätzen der BÄK nicht von Schmerzlinderung die Rede ist. Der Grund ist darin zu sehen, dass ärztliche

---

[377] Präambel der *Grundsätze der BÄK zur ärztlichen Sterbebegleitung* - 2004, abrufbar unter: http://www.bundesaerztekammer.de/30/Richtlinien/Empfidx/Sterbebegl2004.pdf [Stand: 31. 05.2004].

[378] Das heißt, die Leidensminderung bezeichnet nicht die selbe Klasse von Objekten wie die Schmerzlinderung; der Begriffsumfang beider Begriffe ist also verschieden. Vgl. *Titzmann*, Strukturale Textanalyse, 1993, S. 49.

Maßnahmen, welche der Leidenslinderung dienen, nicht nur im Rahmen der Schmerztherapie, sondern auch im Rahmen der Reduktion bzw. des Abbruch aggressiver Therapieansätze Relevanz erlangen. Insgesamt dient die Sterbebegleitung daher der Leidenslinderung.

Die Sterbebegleitung ist bisher vier mal in Deutschland Gegenstand der Fassung eines Textes von der Bundesärztekammer geworden. Im Gegensatz zu den Fassungen von 1979 und 1993, in welchen von „Richtlinien" die Rede ist, wird in den Fassungen von 1998 und 2004 vom Wort „Grundsätze" Gebrauch gemacht. Das Abschiednehmen von dem Gebrauch des Wortes „Richtlinien" erhebt die Frage, ob unter der Bezeichnung „Grundsätze" etwas anderes zu verstehen ist. Der Kommentar zu den Grundsätzen der Bundesärztekammer zur ärztlichen Sterbebegleitung von 1998 hat den Titel: „Wegweiser für ärztliches Handeln".[379] Es ist auch im Text des Kommentars nicht mehr von Richtlinien, sondern von Aussagen die Rede, welche als Wegweiser für ärztliches Handeln zu verstehen sind. Die Grundsätze dürften somit eher als Empfehlungen angesehen werden. Der Verfasser des Kommentars führt aus, dass die Grundsätze erhebliche Bedeutung für die Bewertung des einschlägigen Handelns durch die Juristen haben werden.[380] Diese Aussage scheint berechtigt zu sein: § 13 MBO-Ä 1997 bezieht sich auf Empfehlungen der Ärztekammer zur Indikationsstellung bei speziellen medizinischen Maßnahmen oder Verfahren, die ethische Probleme aufwerfen. Diese Empfehlungen hat der Arzt gemäß § 13 MBO-Ä 1997 zu beachten. Bezug wird hierbei auf die Landesärztekammer, welche die Richtlinien und Empfehlungen der Bundesärztekammer als Satzung beschließen können. Nach Genehmigung des jeweils Verabschiedeten durch die Aufsichtsbehörde entfalten sie dann ihre berufsrechtliche Verbindlichkeit.[381]

Auch Leitlinien könnten künftig im Bereich der Sterbebegleitung von Bedeutung sein. Leitlinien sollen den aktuellen Stand der medizinischen Wissenschaft und Erkenntnis wiedergeben und unter dem Aspekt der Qualitätssicherung für den Adressaten der Leitlinie eine Hilfestellung leisten, um dessen Handeln sicherer, messbarer und berechenbarer zu machen.[382] Im Jahr 2000 haben sich die Arbeitsgemeinschaft der Wissenschaftlichen Medizinischen Fachgesellschaften (AWMF) und die Ärztliche Zentralstelle Qualitätssicherung[383] (ÄZQ) auf eine gemeinsame Methodik für die Entwicklung und Implementierung ärztlicher Leitlinien geeinigt und das „Leitlinienmanual von AWMF und ÄZQ" veröffent-

---

[379] *Beleites*, Wegweiser für ärztliches Handeln, Deutsches Ärzteblatt 1998, S. A2365 f.
[380] A.a.O.
[381] *Laufs*, NJW 1997, S. 3071 (3072). Zu dieser Frage s. auch *Vesting*, MedR 1998, S. 168 f.
[382] Alfred *Schneider*, Die Schwester/Der Pfleger 2002, S. 78; *Hart*, MedR 2000, S. 1 (4).
[383] Es geht um eine gemeinsame Einrichtung von Bundesärztekammer und Kassenärztlicher Bundesvereinigung.

licht.[384] Danach seien Leitlinien „systematisch entwickelte Entscheidungshilfen über die angemessene ärztliche Vorgehensweise bei speziellen gesundheitlichen Problemen", Orientierungshilfen im Sinne von „Handlungs- und Entscheidungskorridoren", von denen in begründeten Fällen abgewichen werden kann oder sogar muss.[385] Leitlinien haben die Aufgabe, das umfangreiche Wissen (wissenschaftliche Evidenz und Praxiserfahrung) zu speziellen Versorgungsproblemen zu werten, gegensätzliche Standpunkte zu klären und unter Abwägung von Nutzen und Schaden das derzeitige Vorgehen der Wahl zu definieren, wobei als relevante Zielgrößen (outcomes) nicht nur Morbidität und Mortalität, sondern auch Patientenzufriedenheit und Lebensqualität zu berücksichtigen sind.[386]

Haftungsrechtlich sind die Folgen des Verstoßes gegen vorhandene Richtlinien, Empfehlungen und Leitlinien noch nicht abschließend geklärt. Richtlinien seien keine Rechtssätze und sie schließen die fachliche Entwicklung keineswegs ab.[387] Das OLG Hamm hat ausgeführt,[388] dass die regelgerechte Behandlung nicht allein durch Richtlinien bestimmt werde. Vielmehr komme es auf den Erkenntnisstand der medizinischen Wissenschaft zur Zeit der Behandlung an. Richtlinien können diesen Erkenntnisstand nur deklaratorisch wiedergeben, nicht aber konstitutiv begründen.[389] Die Anwendung von Richtlinien bedürfe der Prüfung in jedem Einzelfall.[390] Richtlinien orientieren sich in der Regel an der herrschenden Rechtsprechung, sie sind also eher konservativ.[391] Mittelbare Wirksamkeit gewinnen sie gegebenenfalls als Standards oder Sorgfaltsgebote über § 276 BGB.[392] Inhaltlich wie in ihrer Funktion sind Richtlinien Orientierungshilfen für

[384] Abgedruckt in: ZäFQ 2001, Supplement I. Das Manual wird kontinuierlich fortgeschrieben und ist im Internet zugänglich unter: http://www.awmf-online.de [Stand: 15.05.2003].

[385] Das Leitlinien-Manual von AWMF und ÄZQ, ZäFQ 2001, Supplement I, S. 5; *Dressler*, in: FS-Geiß, 2000, S. 379; *Clade*, Deutsches Ärzteblatt 2001, S. A288 (A290); *Mountokalakis*, Iatriki 1998, S. 111 (112 f.) [gr.].

[386] Das Leitlinien-Manual von AWMF und ÄZQ, a.a.O. Die Leitlinien dienen nach *Ollenschläger* et al., Z Gerontol Geriat 2000, S. 82 (83) auch zur Vermeidung unnötiger Kosten. Auf besondere rechtlich problematische Seiten der Leitlinien weisen *Ulsenheimer*, Zentralbl Chir 2001, S. 730 (733f.) und *Dressler*, a.a.O., S. 379 ff. hin.

[387] *Laufs*, NJW 1999, S. 1758 (1759).

[388] OLG Hamm, NJW 2000, S. 1801 (1802).

[389] OLG Hamm, a.a.O. In manchen Fällen besitzen Richtlinien einen mehr als nur deklaratorischen Charakter: In den §§ 16 Abs. 1 S. 2 TPG, 12 Abs. 1, 18 Abs. 2 TransfusionsG hat der Gesetzgeber jedenfalls für die Transplantations- und Transfusionswesen ausdrücklich vorgegeben, dass die Einhaltung des Standes der Erkenntnisse der medizinischen Wissenschaft vermutet werde, wenn die hierzu ergangenen Richtlinien der Bundesärztekammer beachtet worden seien.

[390] *Laufs*, a.a.O.

[391] *Kutzer*, ZRP 1997, S. 117 (119).

[392] *Laufs*, NJW 1997, S. 3071 (3073).

den Richter und konkretisieren den gesetzlichen Terminus der „im Verkehr erforderlichen Sorgfalt".[393]

Im Geltungsbereich der „Grundsätze der Bundesärztekammer zur ärztlichen Sterbebegleitung" sind die Unsicherheiten insofern größer, als die „Grundsätze" nicht hinreichend konkret sind. Sie bieten eher den Rahmen der jeweiligen Entscheidung, aber für den konkreten Fall lässt sich daraus keine zwingende Handlungsanweisung ableiten. Das wird in der letzten Zeit in der Problematik des Abbruchs der künstlichen Nahrungs- bzw. Flüssigkeitszufuhr offenbar. Kritisiert wird auch, dass in den Grundsätzen die Besonderheiten der Intensivmedizin nicht hinreichend berücksichtigt werden.[394] Wünschenswert wäre die Ergänzung der Grundsätze durch Leitlinien, die für jeden Fachbereich dem Arzt konkretere Anweisungen anbieten könnten.

II. Sterbebegleitung und Standesethik

Dass sich Recht und Ethik im ärztlichen Bereich überschneiden wird nicht bestritten. Es gibt keinen anderen Bereich des Rechts als der des Arztrechts, in welchem die Verbindung zwischen Recht und Ethik gleich eng und explizit ist.[395] Auch die Problematik der Sterbegeleitung und der Sterbehilfe wird durch den Verweis auf die medizinische Ethik gekennzeichnet. Rechtliche und ethische Argumente können in diesem Bereich nicht immer voneinander unterschieden werden. Wichtiger noch: Der Wandel der medizinischen Ethik drängt zum Wandel des Rechts im Bereich der Sterbebegleitung.[396] So waren in den Niederlanden Ethiker als Sachverständige in Sterbehilfe-Prozessen vorgeladen, da die Beachtung der Standards der medizinischen Ethik als Voraussetzung für die Annahme des „überwiegenden Notstands" galt. Und das ärztliche Ethos war in den Niederlanden der Hauptmotor für die anfangs herangezogene Rechtfertigung, nunmehr Legalisierung der aktiven Sterbehilfe. Auch in Deutschland wird dieser Tendenz begegnet, die Problematik der Sterbehilfe durch Verweis auf die ärztliche Standesethik lösen zu wollen: „Gegen eine gesetzlich geregelte Straffreiheit der aktiven Sterbehilfe auf Verlangen auch in Deutschland wäre grundsätzlich nichts einzuwenden, wenn sich die Allgemeinheit auf das ärztliche Gewissen und das Arztethos verlassen könnte."[397]

---

[393] Alfred *Schneider*, Die Schwester/Der Pfleger 2002, S. 78 (79).

[394] *Burchardi*, in: FS-Deutsch, 1999, S. 477 (479); Zu diesen Besonderheiten: *Bauer*, ZfME 2001, S. 139 (140 ff.).

[395] *Schreiber*, in: FS-Dünnebier, 1982, S. 633 (642); *Van der Burg*, Bioethics 1997, S. 91 (93).

[396] Gegen diese Tendenz zutreffend *Eser*, JZ 1986, S. 786 (788 f.).

[397] *Uhlenbruck*, NJW 2001, S. 2770 (2771), der allerdings anschließend auf die Missbrauchsgefahr der Entkriminalisierung der aktiven Sterbehilfe in den Niederlanden aufmerksam macht.

Zu bedenken ist aber, dass die rechtliche Perspektive bei der Beurteilung der Sterbebegleitung von der standesethischen Perspektive teilweise abweicht. Die standesethische Bewertung (Billigung oder Missbilligung) einer Handlung ist nicht immer mit der sozialethischen Bewertung dieser Handlung und dadurch mit der rechtlichen Beurteilung dieser Handlung gleichzusetzen.[398] Eine Dominierung der Standesethik im Bereich der Sterbebegleitung bringt die Gefahr der Überethisierung mit sich. Man dürfte sich damit fragen, ob nicht durch den Verweis auf das ärztliche Ethos die rechtlichen Probleme, welche schon bei den erlaubten Formen der Sterbebegleitung bestehen, verschleiert werden. Wie es zu zeigen sein wird, sind Fragen der Entscheidungsfähigkeit, der Gültigkeitsvoraussetzungen von antizipierten[399] Entscheidungen, der Zuständigkeit von Zivilgerichten, der Ermittlung des mutmaßlichen Willens bei Entscheidungsunfähigkeit des Patienten, des Zeitpunkts der Änderung des Therapieziels, der Befugnisse von Dritten – Stellvertreter des Patienten, nicht geklärt. Die rechtliche Unsicherheit bei der Entscheidungsfindung fließt in diesem Bereich explizit ein. Ist das ärztliche Ethos der richtige Standort der Lösung dieser rechtlichen Probleme?[400] Im Verlauf dieser Arbeit wird sich zeigen, dass durch einen inflationären Verweis auf das ärztliche Ethos wichtige rechtliche Aspekte der Problematik der Sterbebegleitung unberücksichtigt bleiben.

Gewiss muss die Standesethik auch im Bereich der Sterbebegleitung berücksichtigt werden. An verschiedenen Stellen im Schrifttum wird auf den sogenannten[401] hippokratischen Eid[402] abgestellt, um darauf Argumente für den Umfang der ethischen Verpflichtung des Arztes, Leben zu erhalten, zu stützen.[403] Der Eid ist der Text, der auf die ethische Grundverantwortung und die Integrität des Arztes gegenüber dem Patienten hinweist. Der Arzt soll im Rahmen des Möglichen dem Patienten helfen, er darf dem Patienten nicht schaden.[404] Was aus dem Eid für die hier in Frage stehende Problematik abzuleiten ist, ist aber keine kon-

---

398 Vgl. *Schreiber*, in: FS-Dünnebier, 1982, S. 633 (644 f.).

399 Antizipieren=vorwegnehmen

400 Bejahend: Henk Prins, Interview bei *Klotzko*, in: Bioethics 1997, S. 24 (39).

401 Es ist höchst umstritten, ob Hippokrates der Autor des Eides ist. L. Edelstein vertritt in seiner Monographie „The Hippokratic Oath“ die pythagoreische Herkunft des Eides; Siehe auch: *Jetter*, Geschichte der Medizin, 1992, S. 69; *Ackerknecht/Murken*, Geschichte der Medizin, 1992, S. 41. Aus der griechischen Literatur: *Apostolidis*, Ippokrateios Orkos, 2000, S. 44 ff. [gr.]. Auf pythagoreische Einflüsse wird auch das Verbot des ärztlich assistierten Suizids im Text des Eides zurückgeführt, s. dazu: *Lypourlis*, Ippokratiki Iatriki, 1983, S. 100 [gr.].

402 Abgedruckt in: *Laufs*, in: FS-Weitnauer, 1980, S. 363 (375 f.).

403 So u.a. *von Gerlach*, in: FS-Geiß, 2000, S. 389 (398 f.), der feststellt, dass der Eid gerade bei der Diskussion um die Zulässigkeit der ärztlichen Sterbehilfe wieder aktuelle Bedeutung erlangt hat. Eingehend zum Eid und zu seiner Bedeutung in der Antike s. *Rainer*, in: Bernat (Hrsg.) Ethik und Recht an der Grenze zwischen Leben und Tod, 1993, S. 19 ff.

404 *Merikas*, Arch. Hellen. Med. 1985, S. 21 (23) [gr.]; *Eser*, Fortschritte der Medizin 1998, S. 37 (38 f.); *Laufs*, a.a.O., S. 363 (377).

krete Handlungsanweisung für den Bereich der Sterbebegleitung, sondern das Gebot der Beachtung des Ärztebildes als das eines tugendhaften Künstlers und Wissenschaftlers der Medizin. Was darunter im Einzelnen zu verstehen ist, ist Gegenstand der medizinischen Ethik und nicht Gegenstand einer juristischen Arbeit. Zu bedenken ist allerdings, dass in der bioethischen Diskussion die Frage des Ärztebildes oft gar nicht gestellt wird, so dass der Dissens bezüglich ethischer Fragen – etwa des ärztlich assistierten Suizids – im Grunde auf einem unterschiedlich verstandenen Ärztebild beruht.

Zweiter Teil
Lebensschutz und Selbstbestimmungsschutz des Patienten in der palliativmedizinischen Sterbebegleitung

Alle rechtlich relevanten Fragen im Bereich der Sterbebegleitung knüpfen an den Schutz des Lebens und der Selbstbestimmung des Patienten an. In diesem Teil wird der Versuch unternommen, Konflikte, die dabei entstehen, zu analysieren und Lösungsansätze anzubieten. Gegenstand der nachfolgenden Untersuchung ist insbesondere die Frage der rechtlichen Verbindlichkeit der Interventionsmöglichkeiten des Patienten im Rahmen der palliativmedizinischen Sterbebegleitung in Deutschland und in Griechenland. Es handelt sich dabei um die rechtlichen Voraussetzungen und die Grenzen der Selbstbestimmung in der Form der Einwilligung einerseits und der Vorsorgemöglichkeiten für den Fall der späteren Entscheidungsunfähigkeit andererseits. Für den Fall des Fehlens von Interventionsmöglichkeiten des Patienten, wird die Problematik der gesetzlichen Betreuung angesprochen. Es wird hier zu zeigen sein, dass das oft postulierte „selbstbestimmte Sterben“ in der rechtlichen Perspektive eine komplexe Konstruktion darstellt.

A. Die Einwilligung des Patienten in der Sterbebegleitung

I. Die Einwilligung im Spannungsfeld zwischen Selbstbestimmungsschutz und Lebensschutz

Sowohl in Deutschland als auch in Griechenland steht nicht nur das Leben und die körperliche Unversehrtheit des Patienten, sondern auch das Recht des Patienten auf Selbstbestimmung unter rechtlichem Schutz. In Griechenland wurzelt das Selbstbestimmungsrecht des Patienten im Recht auf die freie Entfaltung der Persönlichkeit gemäß Artikel 5 § 1 griechische Verfassung in Verbindung mit der Menschenwürde gemäß Artikel 2 § 1 griechische Verfassung.[405] In Deutschland wurzelt das Selbstbestimmungsrecht des Patienten im Artikel 1 Abs. 1 sowie Artikel 2 Abs. 2 des Grundgesetzes und verlangt für jeden Eingriff in die körperliche Unversehrtheit die vorhergehende Einwilligung des Patienten.[406]

---

[405] *Varka-Adami*, Elliniki Dikaiosyni 1997, S. 1976 [gr.]. Artikel 5 § 1 griechische Verfassung: Jeder hat das Recht auf freie Entfaltung seiner Persönlichkeit und auf die Teilnahme am gesellschaftlichen, wirtschaftlichen und politischen Leben des Landes, soweit er nicht gegen die Rechte anderer, die Verfassung oder die guten Sitten verstößt. (Übersetzung von *Dagtoglou*, in: Jahrbuch des Öffentlichen Rechts der Gegenwart, Band 32, 1983, S. 361.). Artikel 2 § 1 griechische Verfassung: Grundverpflichtung des Staates ist es, die Würde des Menschen zu achten und zu schützen. (Übersetzung von *Dagtoglou*, a.a.O.). *Paraskeuopoulos*, Ell Ep Egl,1989, S. 58 (65 f.) [gr.].

[406] *Schreiber*, Der Internist 1983, S. 185; *Steffen*, NJW 1996, S. 1581; vgl. auch *Vossler*, ZRP 2002, S. 295 zu abweichenden Auffassungen.

Schon das Reichsgericht hat in ständiger Rechtsprechung[407] daran festgehalten, dass auch der lege artis durchgeführte ärztliche Heileingriff tatbestandsmäßige Körperverletzung ist, dessen Strafbarkeit nur dann entfällt, wenn ein allgemeiner Rechtfertigungsgrund vorliegt. Als solcher kommt in erster Linie die ausdrücklich oder schlüssig erklärte Einwilligung des Patienten und - wenn diese nicht rechtzeitig eingeholt werden kann - dessen mutmaßliche Einwilligung in Betracht. Die Bedeutung dieser Auffassung liegt darin, dass auf diese Weise das Selbstbestimmungsrecht des Patienten optimal garantiert werde, als dessen Missachtung strafrechtliche und zivilrechtliche Konsequenzen nach sich zieht.[408] Dieser Rechtsprechung folgt seitdem auch der BGH.[409] Der überwiegende Teil der Lehre wendet sich bis heute gegen diese Rechtsprechung.[410]

Während in Deutschland die Achtung des Selbstbestimmungsrechts des Patienten durch die judikatorische Annahme der Tatbestandsmäßigkeit des ärztlichen Eingriffs de facto verstärkt wurde, überwog in Griechenland lange Zeit im juristischen Schrifttum die Auffassung, dass ein indizierter und lege artis durchgeführter Eingriff nicht tatbestandsmäßig sei.[411] Die griechische Rechtsprechung vertrat zwar die Gegenauffassung, aber in keiner gerichtlichen Entscheidung wurde ein Arzt wegen Missachtung der Einwilligung eines entscheidungsfähigen Patienten zu einer Körperverletzung verurteilt. Dies hat ungewollt eine Kultur der Vernunfthoheit des Arztes gefördert. Zwar wurde immer in juristischen Abhandlungen und in den gerichtlichen Entscheidungen die Einwilligung des Patienten als Voraussetzung ärztlichen Handelns hervorgehoben.[412] Da aber eine rechtliche Ahndung der Missachtung des Patientenwillens fehlte, wurde in der ärztlichen Praxis die Beachtung der Einwilligung des Patienten eher dem ärztlichen Ethos überlassen. Bedenkt man, dass in Griechenland bis vor wenigen Jahren das sogenannte hippokratische Modell des Arzt-Patienten Verhältnisses herrschte, nach welchem der Arzt das Wohl des Patienten nach objektiven Kriterien zu bestimmen pflegt, so erklärt sich, warum in der griechischen ärztlichen

---

[407] RG St 25, 375 (381 ff.); RG Z 68, 431 (433 f.).

[408] *Rengier*, in: FS-50 Jahre BGH, 2000, S. 467 (477); *Schreiber*, in: FS-50 Jahre BGH, 2000, S. 503 (506).

[409] BGH St 11, 111 (113 f.); St 32, 367 (378); BGH Z 29, 46 (49); Z 106, 391 (397 f.).

[410] Das Bundesministerium der Justiz hat mit einem Referentenentwurf eines Sechsten Gesetzes zur Reform des Strafrechts auch neue Straftatbestände der eigenmächtigen und fehlerhaften Heilbehandlung vorgelegt, die aber auf eine ablehnende Stellungnahme der Bundesärztekammer und Kritik im Schrifttum gestoßen sind und im Gesetzgebungsverfahren nicht weiter verfolgt wurden. Eingehend dazu: *Schreiber*, ZaeFQ 1998, S. 568 (570 ff.).

[411] *Psarouda-Benaki*, Poinika Chronika 1974, S. 641 Fß. 1 [gr.]; *Androulakis*, Eidikon Meros, 1974, S. 117 ff. [gr.]; *ders.*, Poinikai Meletai, 1972, S. 104 ff. [gr.]; *Manoledakis*, Paratiriseis, Armenopoulos 1972, S. 468 [gr.]; *Bitzilekis*, Epistimoniki Epetirida DSTh 1985, S. 43 (55) [gr.].

[412] *Psarouda-Mbenaki*, a.a.O., S. 641 (642) [gr.].

Praxis die Aufklärung und Einwilligung des Patienten nicht genügend beachtet worden sind.[413] Trotz Verankerung des Einwilligungserfordernisses im Gesetz 2071/1992, finden sich heute noch Überbleibsel dieser langen Tradition, die insbesondere im Bereich der Sterbebegleitung rechtlich unerträglich sind. In einer Untersuchung aus dem Jahr 1996[414] berichten die befragten Ärzte darüber, dass der Wunsch nach aktiver Sterbehilfe viel häufiger von den Angehörigen des Patienten als von dem Patienten selbst geäußert wird.[415] Die Ärzte seien nach ihren Angaben in „sehr wenigen Fällen" diesem Wunsch nachgekommen. Nach der Mehrzahl der befragten Ärzte werden aber die Entscheidungen über Sterbehilfe entweder durch das medizinische Personal allein oder im Einvernehmen mit den Angehörigen getroffen.[416] In einem Kommentar dieser Untersuchung wird eine ähnliche Ansicht vertreten, die Entscheidung über einen Behandlungsabbruch sei von der Familie des Patienten zu treffen.[417] Dieser Auffassung, der eine patriarchalische Struktur zugrunde gelegt wird, kann rechtlich nicht gefolgt werden. Es wird noch zu zeigen sein, dass sich das Arzt-Patienten-Verhältnis in Griechenland seit Anfang der 90er Jahren im Liberalisierungsprozess befindet. Rechtliche Auffassungen, wonach ein ärztlich indizierter und lege artis durchgeführter Eingriff tatbestandslos ist, erschweren diesen Prozess. Zu begrüßen ist daher die im juristischen Schrifttum jetzt wohl überwiegende Auffassung der Tatbestandsmäßigkeit des ärztlichen Eingriffs und der daraus abgeleiteten rechtlichen Konsequenzen bei nicht Beachtung des Einwilligungserfordernisses.[418]

Auch wenn die Beachtung des Selbstbestimmungsrechts des Patienten in beiden Ländern als unzweifelhafte Rechtspflicht postuliert wird, so findet diese Selbstverständlichkeit ihre Grenze, wenn der Selbstbestimmungsschutz mit dem Lebensschutz kollidiert. Gerade in den Fällen der Sterbebegleitung ist dies der Fall. Hier wird der sogenannte „Sterbewille" des einwilligungsfähigen Kranken vorausgesetzt, eine Situation, die allerdings eine Ausnahmesituation darstellt. Im Normalfall der ärztlichen Behandlung hat der Patient den Willen zu leben. Unter „Sterbewillen" kann verschiedenartiges verstanden werden: Die Einwilligung des Patienten in eine Schmerztherapie mit dem Risiko einer tödlichen Nebenfolge; die Weigerung des Patienten, in eine vital indizierte Therapie bzw. in das Fortsetzen einer solchen einzuwilligen; das Verlangen des Patienten, durch den Arzt getötet zu werden. Die Umsetzung in die Tat solcher Entscheidungen bringt

---

[413] Beispiele dieser Praxis bei *Alexias*, Logos, 2000, S. 367 [gr.] und bei *Androulidaki-Dimitriadi*, in: Primba (Hrsg.) Dikaio kai Ygeia, 1994, S. 25 (29) [gr.].
[414] *Garanis* et al., Arch Hell Med 1996, S. 38 ff. [gr.].
[415] A.a.O., S. 38 (40 f.).
[416] A.a.O., S. 38 (43).
[417] *Ziroyannis*, Arch Hell Med 1996, S. 22 (24) [gr.].
[418] *Giannidis/Mbitsaksis*, Poinika Chronika 1991, S. 604 (606 ff.) [gr.]; *Karambelas*, Poinika Chronika 1988, S. 337 (340 ff.) [gr.]; *Katsantonis*, Poinika Chronika 1970, S. 65 ff. [gr.]; *Kaiafa-Gbandi*, Nomiko Vima 1989, S. 872 (880 f.) [gr.].

den Tod des Patienten mit sich und hängt vom Verhalten eines Dritten ab, welchem der Todeserfolg zuzurechnen ist. Somit geht es bei den hiesigen Fallkonstellationen um das Spannungsverhältnis zwischen Selbstbestimmungsschutz und Lebensschutz des Patienten. Im Vordergrund steht in diesem Rahmen die Einwilligung, die von einer dazu fähigen Person erklärt werden muss, um Ausdruck ihres Selbstbestimmungsrechts zu sein. Die Einwilligungsfähigkeit reicht aber nicht aus. Vielmehr muss die aufgrund einer Einwilligung erfolgte Tat rechtlich gebilligt werden. Man spricht von den Verbindlichkeitsgrenzen der Einwilligung.

II. Einwilligungsfähigkeit und Einwilligungsverbindlichkeit

Die Einwilligungsfähigkeit stellt die Fähigkeit dar, für jede Entscheidung den notwendigen Abwägungsvorgang durchzuführen und die Konsequenzen der gefällten Entscheidung im wesentlichen zu erfassen und in ihren Auswirkungen zu überblicken.[419] Es handelt sich dabei nicht um eine abstrakte oder generelle Fähigkeit.[420] Die Einwilligungsfähigkeit ist in jedem Einzellfall festzustellen und besagt die konkrete Fähigkeit angesichts einer konkreten Sachlage. Es gibt nämlich nicht lediglich permanent und generell einwilligungsunfähige Kranke, sondern auch konkret und zeitbedingt einwilligungsunfähige Gesunde. So ist ein ansonsten gesunder Patient, welchem das notwendige Wissen wegen unterbliebener Aufklärung fehlt, nicht fähig, eine Entscheidung über eine vorgeschlagene Therapie zu treffen. Im Schrifttum ist dabei oft von Freiverantwortlichkeit und von Ernstlichkeit der Einwilligung die Rede, was unter dem Gesichtspunkt der Wirksamkeitsvoraussetzungen der Einwilligung thematisiert wird. Sowohl die Freiverantwortlichkeit als auch die Ernstlichkeit betrifft die Person des Einwilligenden, so dass nicht die Einwilligung per se hier unter die Lupe genommen wird. Vielmehr geht es dabei um die Frage, ob die konkrete Person selbstbestimmt und verantwortlich eine Entscheidung mit erheblichen Folgen treffen kann. In diesem Rahmen wäre es meines Erachtens zutreffender, alle Faktoren, welche die Fähigkeit der einwilligenden Person beeinträchtigen bzw. entfallen lassen, unter dem Gesichtspunkt der Einwilligungsfähigkeit zu erörtern. Dieser Vorschlag ist nicht nur theoretischer Natur. Die Erörterung der Momente der Freiverantwortlichkeit und Ernstlichkeit unter dem Gesichtspunkt der Verbindlichkeit der Einwilligung führt dazu, dass auf den Inhalt bzw. Gegenstand der Einwilligung abgestellt wird; somit wird die Problematik der Fähigkeit mit der Problematik der Verbindlichkeit verwickelt. Beispiel: Wird die Frage der Unvernünftigkeit der Einwilligung unter dem Aspekt der Verbindlichkeitsvoraussetzungen der Einwilligung behandelt, so wird der Schwerpunkt der Prüfung auf den Inhalt der Einwilligung gesetzt. Maßgebend ist aber im ersten Stadium nicht, ob die Einwilligung ihrem Inhalt nach vernünftig ist, sondern ob die ein-

[419] *Rickmann*, Zur Wirksamkeit von Patiententestamenten, 1987, S. 139; BGH Z 29, 33 (36).
[420] so aber *Rickmann*, a.a.O.; *Amelung*, JR 1999, S. 45 (47).

willigende Person als einwilligungsfähig bei der Erteilung der Einwilligung zu beurteilen ist. Fehlt einer Person im konkreten Fall die Einwilligungsfähigkeit, dann ist die erteilte Einwilligung aus diesem Grund als unwirksam zu beurteilen. Die Einwilligungsfähigkeit ist demnach notwendige aber nicht ausreichende Voraussetzung einer verbindlichen Einwilligung.

Demgegenüber gehört die Verbindlichkeit der Einwilligung in ein anderes Problemfeld. Die Einwilligung einer einwilligungsfähigen Person kann von der Rechtsordnung als unverbindlich bewertet werden. Dabei werden von der Rechtsordnung Grenzen gesetzt, die den Umfang der Verfügungsmacht des Einwilligenden über seine Rechtsgüter bestimmen. Die Verbindlichkeit der Einwilligung hängt daher von Entscheidungen des Gesetzgebers ab, welche teils zum Schutz des Einwilligenden[421] teils zum Schutz öffentlicher Interessen getroffen werden. Der Einwand des Paternalismus trifft hierbei nicht zu. Würde das Recht jede Einwilligung von einwilligungsfähigen Menschen als verbindlich ansehen, würde die Verletzung der Strafrechtsnormen vom Willen des Betroffenen abhängig gemacht. So wird die Einwilligung in eine Tötung gemäß § 216 StGB bzw. Artikel 300 Poinikos Kodikas als unwirksam angesehen. Auch die Einwilligung in eine schwere Körperverletzung wird in der Regel als unverbindlich angesehen werden aufgrund eines Verstoßes der schweren Körperverletzung gegen die guten Sitten. Erweist sich die Einwilligung als unverbindlich, dann gilt dies unabhängig von der Person, die zu der Erteilung der Einwilligung befugt ist. Das ist dann von Bedeutung, wenn an Stelle eines entscheidungsunfähigen Patienten sein Betreuer bzw. Bevollmächtigter die Einwilligung erteilt.

B. Konkretisierung der Einwilligungsfähigkeit des Patienten

I. Die Einwilligungsfähigkeit als konkrete Fähigkeit

Für die Einwilligungsfähigkeit maßgebend ist nicht die Geschäftsfähigkeit.[422] Die Einwilligungsfähigkeit soll Ausdruck der rechtlich garantierten Selbstbestimmung sein.[423] Da im Strafgesetzbuch[424] keine Regeln für den Ausschluss

[421] *Stratenwerth*, AT § 9 Rn. 17: „Mitmenschliche Solidarität dürfte gelegentlich durchaus gebieten, das Dogma zu relativieren, dass jedermann der beste Anwalt seiner wohlverstandenen Interessen sei. Unvernunft ist ubiquitär"; *Kliemt*, in: *Tietzel* (Hrsg.), Ökonomische Theorie der Rationierung, 1998, S. 279 (281); *Hoerster*, NJW 1986, S. 1786 (1789).

[422] Denn die Einwilligung ist kein Rechtsgeschäft, s. dazu: *Roxin*, AT § 13 Rn. 55.

[423] *Amelung*, ZStW 1992, S. 525 (547).

[424] Es gibt aber Spezialregeln in anderen Gesetzen, die sich vor allem zum Mindestalter und zum geistigen Zustand der Einwilligungsberechtigten äußern. Zu nennen sind beispielhaft: Die auf 25 Jahre festgesetzte Altersgrenze in § 2 Abs. 1 S. 3 und die Voraussetzungen einer wirksamen Einwilligung in § 3 Kastrationsgesetz (geändert durch 6. Strafrechtsreformgesetz v. 26.1.1998, BGBl I S. 164); Die Einwilligungserfordernisse in eine klinische Prüfung bei Erwachsenen in § 17 Abs. 1 S. 2 i.V.m. § 17 Abs. 2 und bei Minderjährigen in § 17 Abs. 4

oder das Vorliegen der Einwilligungsfähigkeit vorhanden sind, wird auf ein mehr oder weniger vages Kriterium abgestellt. Es ist die natürliche Einsichts- und Urteilsfähigkeit.[425] Die Konkretisierung dieses Kriteriums bereitet jedoch Schwierigkeiten.[426] Maßgebend soll sein, dass der Einwilligende im Zeitpunkt der Erteilung der Einwilligung die Fähigkeit besitzt, die Bedeutung der Preisgabe des geschützten Interesses und die Tragweite der Tat im wesentlichen abzuschätzen.[427] Der rein faktische Wille genügt somit nicht.[428] Der Einwilligende muss imstande sein, die seiner Entscheidung zugrundelegenden Informationen zu verstehen, bewerten und gegeneinander abzuwägen.[429] Schon daraus zeigt sich, dass die Einwilligungsfähigkeit an keinen generalisierten Maßstäben gemessen werden kann.[430] So kann etwa das Alter, welches für die Schuldfähigkeit nach § 19 StGB ein generelles Kriterium darstellt, hier nur als Indikator gelten, dessen Bedeutung nur in Verbindung mit den subjektiven Verhältnissen des Einwilligenden gewonnen werden kann. Ein 13 jähriger kann in concreto die Bedeutung und die Tragweite der Folgen seiner Einwilligung besser einsehen können als ein Volljähriger. Dasselbe gilt für Krankheitszustände, aufgrund derer im Rahmen der §§ 20, 21 StGB die Schuldfähigkeit aufgehoben bzw. gemindert werden kann. Weder Geisteskrankheit noch Zwangseinweisung sind ohne weiteres eine ausreichende Basis, um auf die Einwilligungsunfähigkeit des Patienten zu schließen.[431] Eine psychische Störung schließt nicht immer die Einwilligungsfähigkeit aus.[432] Das Vorliegen oder Fehlen der Einwilligungsfähigkeit muss deshalb in jedem Einzelfall festgestellt werden.[433]

S.4 MPG (geändert durch MPG – ÄndG v. 6.8.1998, BGBl I S. 2005); Andere Beispiele bei *Amelung*, ZStW 1992, S. 525 (529 ff.).

425 Schönke/Schröder/*Eser*, § 223 Rn. 38; *Uhlenbruck*, MedR 1992, S. 134 (136); BGH St 12, 379 (382); *Jescheck/Weigend*, AT S. 382; *Androulakis*, Poiniko Dikaio-Geniko Meros, 2000, S. 347 [gr.].

426 Der Konkretisierungsversuch wird von anderen Autoren unter dem Aspekt der „Wirksamkeitsvoraussetzungen" der Einwilligung unternommen. Es geht aber in der Sache hier um die Konkretisierung der Einwilligungsfähigkeit

427 BGH St 12, 379 (383); St 23, 1 (4); *Jescheck /Weigend*, AT S. 382; *Kern*, NJW 1994, S. 753.

428 *Roxin*, AT § 13 Rn. 55.

429 Andrew *Grubb*, European Journal of Health Law 1998, S. 231 (233); Vgl. auch *Kröber*, Rechtsmedizin 1998, S. 41 (42).

430 *Baumann/Weber/Mitsch*, AT § 17 Rn. 103. Insofern handelt es bei der Einwilligungsfähigkeit nicht um eine generelle Fähigkeit. So aber *Amelung*, JR 1999, S. 45 (47).

431 *Giesen*, JZ 1990, S. 929 (938).

432 *Frei* et al., Der Nervenarzt 1997, S. 903 (906); *Kern*, NJW 1994, S. 753 (756); *Kröber*, Rechtsmedizin 1998, S. 41 (42); *Kropp* et al., DMW 2001, S. 507 (508).

433 BGH Z 29, 33, 36; Aus der griechischer Literatur u.a.: *Gafos*, Poinikon Dikaion, 1963, S. 31.

Ausdruck der Selbstbestimmung ist die Einwilligung nur dann, wenn der Betroffene ihre Tragweite tatsächlich überblickt und ihm die Freiheit der Entscheidung nicht durch außerhalb der Sache liegende Einflüsse genommen wird.[434] Es muss sich dabei um Einflüsse handeln, welche die Fähigkeit des Betroffenen im konkreten Fall beeinträchtigen, eine Entscheidung freiverantwortlich zu treffen. Teilweise wird hierbei auf Willensmängel abgestellt.[435] Was unter Willensmängeln im Einzelnen zu verstehen ist, lässt sich nach herrschender Auffassung nicht aus den zivilrechtlichen Regeln über Willensmängel (§§ 119, 120, 123 BGB) ableiten.[436] Dann sollte aber auf den zivilrechtlichen Begriff Willensmängel verzichtet werden. Auch der Begriff Einwilligungsmängel ist insofern missverständlich, als der Eindruck entsteht, die Einwilligung an sich leide an Mängeln. Darum geht es aber hier nicht. Maßgeblich ist, inwiefern der Einwilligende die konkrete Fähigkeit besitzt, angesichts der konkreten Sachlage eine freiverantwortliche Entscheidung zu treffen. Aus verschiedenen Gründen kann die Fähigkeit, die Bedeutung und Tragweite der eigenen Entscheidung und ihre Folgen zu urteilen, beeinträchtigt sein. Irrtümer im Sinne von Fehlvorstellungen, deren Entstehungsgrund in der Person des Betroffenen (u.a. Verwirrung, Bewusstseinsstörung) oder in der Person eines Dritten (u.a. Unterbleiben der Aufklärung durch einen Arzt) zu finden ist und Zwänge nicht geringer Intensität können die Einwilligungsfähigkeit in der konkreten Situation erheblich beeinträchtigen oder sogar zur Einwilligungsunfähigkeit führen.

II. Die Aufklärung des Patienten als Bedingung der Einwilligungsfähigkeit

Zu den Faktoren, welche die Fähigkeit des Betroffenen, eine freiverantwortliche Entscheidung zu treffen, beeinträchtigen können, gehört die fehlende bzw. mangelhafte Aufklärung durch den Arzt.[437] Dadurch werden dem Betroffenen entweder Entscheidungsalternativen kupiert oder falsche Vorstellungen von realen entscheidungsrelevanten Faktoren dargereicht, die zu einer Fehlbewertung der bevorzugten Konfliktlösungsalternative führen. Die sogenannte Aufklärung des Patienten dient also sowohl der notwendigen Informationsvermittlung als auch der Behebung von Irrtümern bezüglich des Entscheidungsgegenstands.

---

[434] *Stratenwerth*, AT § 9, Rn. 26; *Amelung*, GA 1999, S. 182 (195 ff.).

[435] *Amelung*, ZStW 1997, S. 490 ff; *ders./Eymann*, JuS 2001, S. 937 (943).

[436] *Roxin*, AT § 13 Rn 68; *Jescheck/Weigend*, AT, S. 382 f. Diff. Schönke/Schröder/*Lenckner*, Vor §§ 32 ff. Rn. 39 f.

[437] Es wird in der Literatur dabei teilweise auf die Bezeichnung Entscheidungsmöglichkeit abgestellt, worunter die Fähigkeit zu verstehen sei, bei Kenntnis aller für eine konkrete Entscheidung erheblichen Faktoren einen Behandlungsentschluss in Bezug auf die konkrete Krankheitssituation treffen zu können, so etwa *Eisenbart*, Patienten-Testament, 2000, S. 119; *Rickmann*, Zur Wirksamkeit von Patiententestamenten, 1987, S. 139. Im Grunde geht es aber hier, wie auch aus der Definition zu entnehmen ist, um einen Bestandteil der konkreten Fähigkeit des Patienten, die Tragweite und die Konsequenzen seiner Entscheidung einzusehen.

1. Rechtliche Bedeutung der Aufklärungspflicht

a. Bedeutung und rechtliche Relevanz der Aufklärungspflicht

Die Etymologie des lateinischen Wortes „doctor" weist auf das Verb „docere" (lehren) hin, was die traditionelle Rolle des Arztes als Lehrer des Kranken widerspiegelt.[438] Der Arzt ist wegen seines Fachwissens imstande, dem Kranken Informationen weiterzugeben, wodurch ein für den Patienten unbekannter krankhafter Zustand und dessen Verlauf rationalisiert und die zu folgende Behandlungsstrategie erklärt wird. Aufzuklären hat daher der behandelnde Arzt und nicht das Pflegepersonal.[439] Die dazu benötigten Informationen werden dem Patienten in der Regel[440] fehlen. Es ist aber nicht über alle in Betracht kommenden Befunde, Risiken, Nebenwirkungen zu informieren, sondern nur über jene, die als Grundlage der Entscheidung des Patienten angesichts der konkreten Sachlage erforderlich sind.[441] Dadurch wird dem Patienten zunächst die Entscheidung über das „ob" einer ärztlichen Behandlung bzw. eines ärztlichen Eingriffs ermöglicht. Die für die Behandlung erforderliche Einwilligung ist nur wirksam, wenn der Patient die Tragweite seiner Entscheidung, das heißt die für seine Entscheidung bedeutsamen Umstände kennt. Wird ihm das notwendige Wissen vorenthalten, so kann dies dazu führen, dass dem Patienten die Fähigkeit fehlt, eine Entscheidung verantwortlich zu treffen. Die Verletzung der Aufklärungspflicht kann daher normativ einer Irrtumsschaffung bzw. Irrtumserhaltung gleichgesetzt werden, die im Einzellfall zur Einschränkung bzw. Fehlen der Entscheidungsfähigkeit des Patienten und dadurch zur Unwirksamkeit der Einwilligung führen kann.[442] Die Aufklärungspflicht als rechtliche Pflicht folgt daher aus dem Erfordernis einer irrtumsfreien Einwilligung und dem dahinstehenden Gesichtspunkt des Schutzes der Selbstbestimmung des Patienten.[443] Aus diesem

---

[438] *Merakou/Theodoridis*, Nosokomeiaka Chronika 1999, S. 69 [gr.].

[439] BGH NJW 1974, S. 604 (605); *Bundesärztekammer*, Empfehlungen zur Patientenaufklärung, Deutsches Ärzteblatt 1990, S. C-807 (C-808).

[440] Wenn aber der Patient über diejenigen Informationen verfügt, welche Gegenstand der Aufklärung sein sollen, kann die Aufklärungspflicht des Arztes teilweise oder vollständig entfallen, dazu: *Kern*, MedR 1986, S. 176 (179). Wenn der Patient bereits von anderer Seite hinreichend aufgeklärt worden ist, bedarf er nicht der Aufklärung: BGH, NJW 1994, 2414 (2415); *Gehrlein*, Leitfaden zur Arzthaftpflicht, 2000, S. 128; *Bundesärztekammer*, Empfehlungen zur Patientenaufklärung, Deutsches Ärzteblatt 1990, S. C-807.

[441] BGH, NJW 1990, 2929 (2930); *Schreiber*, Der Internist 1983, S. 185. Vor einer Überspannung des Umfangs der aufklärungsbedürftigen Risiken warnen *Wachsmuth/Schreiber*, NJW 1981, S. 1985.

[442] BGH, NJW 1982, S. 2121 (2123): „Da der Bekl. seine ärztliche Aufklärungspflicht vor der Operation nicht verletzt hat, ist die Einwilligung des Kl. in die Operation rechtswirksam gewesen."

[443] LK-*Hirsch*, § 228 Rn. 19.

Grund wird die für eine irrtumsfreie Entscheidung des Patienten notwendige Aufklärung als Selbstbestimmungsaufklärung gekennzeichnet.[444]

Gleichzeitig ist die Aufklärung ein Baustein des Arzt-Patienten Verhältnisses. Aus klinischer Erfahrung wird davon berichtet, dass die Mitteilung der Diagnose einer tödlich verlaufenden Krankheit, die „schlechte Nachricht", bei Aufbau eines Vertrauensverhältnisses zwischen Arzt und Patienten ihre vordergründliche Position verliert.[445] Durch die Aufklärung werden rationale Entscheidungen gefördert und der Arzt wird zur selbstkritischen Reflexion angeregt.[446] Dem aufgeklärten Patienten steht auch der sich in einer klaren Situation befindende Arzt gegenüber.[447] Auch wenn das Ideal der gemeinsamen Entscheidung („shared decision making") nicht immer realisierbar sein wird, sollte der Patient zumindest die Schlüsselfunktion innehaben, die es ihm erlaubt, einem therapeutischen Vorschlag zuzustimmen oder einen solchen abzulehnen.[448] Nicht bürokratischer Formularismus, sondern ein bewusstes Gespräch zwischen Arzt und Patienten ist hierbei gefordert.[449]

b. Rechtliche Verankerung und forensische Relevanz der Aufklärungspflicht

Die Aufklärungspflicht ist zwar vom deutschen Gesetzgeber als solche explizit nicht geregelt. In speziellen Gesetzen sind Bestimmungen über die Aufklärung und Einwilligung des Patienten bei bestimmten ärztlichen Eingriffen zu finden.[450] Das Bundesverfassungsgericht hat aber anerkannt, dass die Aufklärung des Patienten auf Artikel 2 GG, auf die freie Entfaltung der Persönlichkeit gegründet ist.[451] In Griechenland wurde das Recht des Krankenhauspatienten auf Aufklärung erstmals im Artikel 47 §§ 3, 4 und 5 des Gesetzes 2071/1992 verankert. Durch Artikel 1 des Gesetzes 2519/1997 hat sich dieses Recht auf alle Ka-

---

[444] Von der hier relevanten Selbstbestimmungsaufklärung zu unterscheiden ist die therapeutische Aufklärung, die darauf zielt, das Therapieergebnis zu sichern, deshalb wird sie auch Sicherheitsaufklärung genannt. Die therapeutische Aufklärung ist Bestandteil der ärztlichen Behandlung. Die Verletzung dieser Behandlungspflicht kann daher einen Behandlungsfehler begründen. Dazu: LK-*Hirsch*, § 228 Rn. 19; *B. Hirsch*, in: Aulbert/Klaschik/Pichlmaier (Hrsg.), Palliativmedizin – Verpflichtung zur Interdisziplinarität, 2000, S. 212 (214) berichtet über spezielle Probleme der therapeutischen Aufklärung bei schmerzkranken Patienten.
[445] Vgl. *Eudokas*, To telos i i archi, 1996, S. 59 [gr.].
[446] *Wolff*, in: *Sass* (Hrsg.), Medizin und Ethik, 1999, S. 184 (199).
[447] *Krüger*, in: Pichler (Hrsg.), Einführung in die Patientenpolitik, 1990, S. 95 (96).
[448] *Meran/Hamm/Ganser*, WMW 1996, S. 190 (192).
[449] *Schreiber*, Der Internist 1983, S. 185 (187).
[450] Gesetz über die freiwillige Kastration und andere Behandlungsmethoden v. 15.08.1969 (BGBl I S. 1143) zuletzt geändert durch 6. Strafrechtsreformgesetz v. 26.01.1998 (BGBl I S. 164), § 3 I, III 1; Gesetz über die Spende, Entnahme und Übertragung von Organen v. 05.11.1997 (BGBl I S. 2631), § 7 Abs. 2.
[451] BVerfG E, 131 (168).

tegorien von Patienten erstreckt.[452] Doch fehlen beiden Gesetzen Bestimmungen bezüglich der Rechtsfolgen bei Verletzung des Rechts auf Aufklärung. Daher ist auch in Griechenland auf die rechtliche Verbindung der Aufklärung mit der Einwilligung abzustellen.[453]

Dass die Aufklärungspflichtverletzung in Deutschland forensisch äußerst relevant wird, kann beispielshalber anhand einer Untersuchung am Landgericht Bremen[454] gezeigt werden. Von den 32 Fällen von Arzthaftung, bei welchen es zu einer Verurteilung gekommen ist, wurden die Beklagten in 8 Fällen (25 %) wegen einer Aufklärungspflichtverletzung verurteilt. Zu einem höheren Zahl gelangt man, wenn man berücksichtigt, dass die Beklagten in 19 Fällen (59,4 %) aufgrund eines Behandlungsfehlers verurteilt wurden. Denn darin sind auch Fälle von der sogenannten Sicherheitsaufklärung enthalten, deren Unterlassen als Behandlungsfehler angesehen wird. In der Tat, wenn man die Urteilsgründe betrachtet, ergibt sich ein ungefähres Verhältnis von 1/3 Aufklärungspflichtverletzungen zu 2/3 Behandlungsfehlern.[455]

In Griechenland wird die Verletzung der Aufklärungspflicht von der Rechtsprechung meistens im Rahmen der Prüfung der Sorgfaltspflichtverletzung behandelt,[456] wobei die Zahl der relevanten Entscheidungen noch als gering einzuschätzen ist.[457] Das hängt offenbar damit zusammen, dass in Griechenland das sogenannte paternalistische Modell des Arzt-Patienten Verhältnisses bis vor kurzem herrschend war[458] und auch im juristischen Schrifttum Beifall fand. Unter der Herrschaft dieses Modells waren Fragen der Einwilligung und Aufklärung insofern subsidiär, als man auf das Wohl des Patienten abstellte, das zu definieren am besten der Arzt imstande war. Im Rahmen des paternalistischen Modells wird angenommen, dass es objektive Kriterien dessen gibt, was dem

---

452 *Hanika*, MedR 1999, S. 149 (154); *Merakou/Garani-Papadatou*, Iatriki 1999, S. 161 (166) [gr.]; *Alexiadis*, Arch Hellen Med 2000, S. 101 ff. [gr.].

453 Vertreten wird aus zivilrechtlicher Sicht bei Verletzung der Aufklärungspflicht als Klagebasis die Verletzung des Persönlichkeitsrechts – Artikel 57 AstK Siehe *Canellopoulou-Bottis*, Iatriki euthyni, 1999, S. 49 ff. [gr.].

454 Berücksichtigt und ausgewertet wurden Akten der Jahren 1977 bis 1987 mit der Schwerpunktsetzung auf Klagen gegen Krankenhausträger im Stadtgebiet Bremen.

455 *Seehafer*, MedR 1989, 123 (127).

456 Polymeles Protodikeio Athinon 6890/1985, EEN 1986, S. 197 [gr.]; Efeteio Athinon 197/1988, Elliniki Dikaiosyni 1988, S. 1239 [gr.]; Efeteio Athinon 479/1983, Nomiko Vima 1983, S. 527 [gr.].

457 *Canellopoulou-Bottis*, Iatriki euthyni, 1999, Einleitung, S. XX [gr.].

458 Dieses Modells wird allerdings immer noch im medizinischen Schrifttum vertreten, so etwa bei *Baloyannis*, Egefalos 1998, S. 9 (14) [gr.], der die Beachtung des Patientenwillens davon abhängig macht, dass der Patientenwille dem objektiven Wohl des Patienten nicht widerspricht.

besten Interesse des Patienten entspricht.[459] So könne der Arzt die Informationen, welche er dem Patienten zu überreichen hat, nach dem Kriterium des besten Interesses selektieren, um die Patienteneinwilligung in die jeweilige Behandlung zu gewinnen. Oder der Arzt informiert die Angehörigen des Patienten und sie werden dann zusammen mit dem Arzt die Entscheidungsträger.[460] Im Rahmen dieses Modells wird der Patientenwille in den Entscheidungsprozess nur gering miteinbezogen.[461] Während nach einer Untersuchung aus dem Jahr 1986 87, 5 % der gefragten Fachärzte dem Patienten keine Diagnoseaufklärung geboten hätten,[462] weisen neue Untersuchungen[463] in Verbindung mit anderen Indizien – nicht zuletzt die in den 90er Jahren wachsende einschlägige medizinrechtliche Literatur – darauf hin, dass sich das griechische Modell des Arzt-Patienten-Verhältnisses in einem Liberalisierungsprozess befindet. Es ist daher zu erwarten, dass sich die griechische Rechtsprechung bald mit Fällen von Verletzung der ärztlichen Aufklärungspflicht als selbstständige Klagebasis befassen wird.

2. Selbstbestimmungsaufklärung in der palliativmedizinischen Sterbebegleitung

Der Inhalt der Aufklärungspflicht ist bei Patienten, die dem Betroffenenkreis der Sterbebegleitung angehören, nicht leicht zu konkretisieren. Die Unsicherheit der Grenzen der Aufklärungspflicht bei unheilbar Kranken bzw. Sterbenden kommt im deutschen und im griechischen Standesrecht zum Ausdruck. Nach Artikel 15 § 6 des Entwurfs des griechischen Deontologiekodexes hat der Arzt in der Regel die Pflicht, den Patienten wahrheitsgemäß aufzuklären. Bei ungünstiger Prognose und wenn der Arzt voraussieht, dass die Aufklärung zu ernsten und nicht behebbaren Schäden für den Patienten führen kann, darf der Arzt dem Patienten die Wahrheit teils oder ganz vorenthalten.[464] In Deutschland wird auch von einer Regel ausgegangen: Die Aufklärung ist nach § 8 MBO-Ä 1997 ärztliche Berufspflicht und bildet einen integralen Bestandteil der Krankenbehandlung.[465] Diese

---

[459] E. *Emanuel*/L. *Emanuel*, in: Arras/Steinbock, Ethical Issues in Modern Medicine, 1995, S. 67; *Wolff*, in: *Sass* (Hrsg.), Medizin und Ethik, 1999, S. 184 (201).

[460] Kritisch zu dieser Praxis *Frantzeskakis*, Archeio Nomologias 1983, S. 678 (680) [gr.].

[461] *Oreopoulos*, Arch. Hellen. Med. 1988, S. 296 (299) [gr.] berichtet: Platon hielt die mechanische Fürsorge, das mangelhafte Gespräch mit dem Patienten, die Vorenthaltung von Informationen für ein Charakteristikum des Verhältnisses zwischen einem Arzt und einem Sklaven.

[462] *Dosios* et al, Iatriki 1992, S. 300 (306) [gr.].

[463] Danach haben 86 % der Patienten erklärt, dass sie über die wichtigen Bestandteile ihrer Krankheit durch den Arzt aufgeklärt worden sind; 91 % der Patienten fand die durchgeführte Aufklärung und die darin beeinhaltenden Informationen verständlich. Dazu: *Merakou*/*Theodoridis*, Nosokomeiaka Chronika 1999, S. 69 (75) [gr.].

[464] Abgedruckt in: *Koutselinis*, Basikes Arches Bioethikis, 1999, S. 323 [gr.].

[465] MBO-Ä 1997, abgedruckt in: NJW 1997, S. 3076 (3077); *Ulsenheimer*, Arztstrafrecht in der Praxis, 1998, Rn. 60. Vgl auch die Empfehlungen der Bundesärztekammer zur Patientenaufklärung, in: Deutsches Ärzteblatt 1990, S. C-807 ff.

Regel wird im Weg der Konkretisierung relativiert: Nach den Grundsätzen der Bundesärztekammer zur ärztlichen Sterbebegleitung muss die Unterrichtung des Sterbenden über seinen Zustand und mögliche Maßnahmen wahrheitsgemäß sein, sie soll sich aber an der Situation des Sterbenden orientieren und vorhandenen Ängsten Rechnung tragen.[466] Wie lassen sich diese Maßstäbe konkretisieren?

a. Conditio: Aufklärungsfähigkeit

Es gibt zunächst Fälle, in denen die Aufklärungsfähigkeit dem Patienten fehlt. In solchen Fällen stellt sich nicht die Frage nach der gebotenen Aufklärung, also die Frage nach dem Umfang der ärztlichen Aufklärungspflicht, weil hierbei eine Aufklärung mangels tauglichen Adressaten möglich ist. Dies wird bisweilen bei unheilbar Kranken bzw. Sterbenden der Fall sein.[467] Aufklärungsunfähig ist ein Patient, der nicht imstande ist, an einem Aufklärungsgespräch mitzuwirken, weil er nicht ansprechbar ist. Auf die Frage der Einsichtsfähigkeit kommt es hierbei nicht an, weil es sich bei der Aufklärungsunfähigkeit um eine faktische Untauglichkeit des Patienten als Ansprechpartner handelt. Dies kann etwa bei Bewusstlosigkeit des Patienten bei Vorliegen der Indikation eines dringenden vitalen, also lebensnotwendigen Eingriffs der Fall sein. Der Arzt wäre hier rein faktisch gehindert, den Patienten aufzuklären.[468] Er sollte hier (Entscheidungsnot) von einer mutmaßlichen Einwilligung des Patienten ausgehen, bei deren Ermittlung das Befragen von anderen Bezugspersonen bzw. von Angehörigen von Bedeutung sein kann.[469] Wenn der Patient bereits tage- oder wochenlang bewusstlos ist, keine Vorsorgemaßnahmen getroffen hat und die Frage gestellt wird, ob ein Eingriff erfolgen soll, muss die Bestellung eines Betreuers veranlasst werden;[470] Der Betreuer wird hier zum Aufklärungsberechtigten insoweit, als er der Einwilligungsberechtigte ist.[471] Aufklärungsunfähig könnte ein Patient auch dann sein, wenn er zwar ansprechbar, aber einsichtsunfähig ist. Einsichtsunfähig könnte ein

---

466 Punkt I der *Grundsätze der BÄK zur ärztlichen Sterbebegleitung* - 2004, abrufbar unter: http://www.bundesaerztekammer.de/30/Richtlinien/Empfidx/Sterbebegl2004.pdf [Stand: 31.05.2004]. Kritisch zu dieser Formulierung: *Bobbert/Werner*, EthikMed 1997, S. 209 (211).

467 *Eberbach*, MedR 1986, S. 180 (181).

468 *Gehrlein*, Leitfaden zur Arzthaftpflicht, 2000, S. 156.

469 BGH, NJW 1993, 2372 (2374); Punkt 11 der Empfehlungen der Bundesärztekammer zur Patientenaufklärung, in: Deutsches Ärzteblatt 1990, S. C-807 (C-809).

470 *Tempel*, NJW 1980, S. 609 (613).

471 *Pawlowski*, in: FS-Hagen, 1999, S. 5 (22 f.); *Lenckner*, in: *Eser/von Lutterotti/Sporken* (Hrsg.), Lexikon Medizin, Ethik, Recht, 1989, Stichwort „Aufklärung", S. 145. Im Fall der Operationserweiterung, in welchem der in Narkose befindliche Patient nicht aufgeklärt werden kann, handelt es sich um eine zeitlich begrenzte Unfähigkeit, deshalb ist zwischen voraussehbaren und nicht voraussehbaren Operationserweiterungen zu differenzieren. Nur bei nicht voraussehbaren Erweiterungen kann es um eine Ausnahme von der Notwendigkeit der Aufklärung unter bestimmten Voraussetzungen gehen, im Einzelnen: *Tempel*, NJW 1980, S. 609 (613).

Patient dann sein, wenn er die Bedeutung der ihm vermittelten Informationen nicht einsieht.[472] Dieser Zustand könnte bei Eintrübung des Bewusstseins infolge einer starken Medikation oder bei schon weit fortgeschrittenem Persönlichkeitsabbau eintreten.[473] Gerade in Situationen des Sterbenskrankseins, wenn Entscheidungsmöglichkeiten immer weniger oder nicht mehr vom Patienten wahrgenommen werden können und der Tod bevorstehe,[474] wird dies zuweilen der Fall sein. Zu beachten ist aber, dass für die Annahme der Einsichtsunfähigkeit eine ad hoc Prüfung durch den Arzt notwendig ist. Bleibende Reste an Einsichtsfähigkeit führen zur Aufklärungsfähigkeit des Patienten. Gerade in Zweifelsfällen empfiehlt es sich, die leitenden Gründe der ärztlichen Entscheidung im Krankenblatt zu dokumentieren.[475]

b. Diagnose- und Prognoseaufklärung

Beim normalen Vorgang in der ärztlichen Praxis erhält der Patient Informationen über den medizinischen Befund, die sogenannte Diagnose.[476] Die sogenannte Diagnoseaufklärung versetzt den Arzt in eine Dilemmasituation, wenn – ex ante gesehen – sowohl die Offenbarung als auch die Verheimlichung der Diagnose dem Patienten schaden könnte. Die Mitteilung etwa einer Krebs- oder Aidserkrankung könnte den Patienten psychologisch so stark belasten, dass der Verlauf seiner Krankheit beschleunigt und dadurch seine Gesundheit zusätzlich beeinträchtigt werde.[477] Unterbleibt die Aufklärung, so wird dem Patienten die Möglichkeit vorenthalten, sein psychisches Potential in Anspruch zu nehmen[478] und eine Entscheidung bezüglich der konkreten Sachlage zu treffen. Der Patient wird damit faktisch entscheidungsunfähig, so dass auf seine mutmaßliche Einwilligung abzustellen ist.[479]

---

[472] Nach dem BGH Z 29, 46 (51) hat die Aufklärung gegenüber einem Kranken zu erfolgen, „der fähig ist, Art, Zweck und Folgen der Behandlung zu beurteilen und in der Frage der Behandlung einen Willensentschluss zu fassen, denn nur ein Kranker, der hierzu in der Lage ist, kann wirksam sein Einverständnis mit der vorgesehenen Behandlung erklären".

[473] *Anschütz*, MedR 1985, S. 17 (18); Vgl. *Eberbach*, MedR 1986, S. 180 (181).

[474] *Müller-Busch*, in: Aulbert/Klaschik/Pichlmaier (Hrsg.), Palliativmedizin – Verpflichtung zur Interdisziplinarität, 2000, S. 253 (255).

[475] *Kern/Laufs*, Die ärztliche Aufklärungspflicht, 1983, S. 125.

[476] LK-*Hirsch*, § 226 a Rn. 24. Von der Diagnose, die bestätigt sein muss, ist der „Verdacht" streng zu unterscheiden. Letzterer beruht nicht auf einer hinreichenden tatsächlichen Grundlage und ihre Eröffnung kann deshalb zu getäuschten Entscheidungen führen, gegebenenfalls zur Unwirksamkeit der Einwilligung. Die Mitteilung einer Verdachtsdiagnose sei zudem unzulässig, wenn sie für den Laien auf eine schwere Erkrankung schließen lasse und der Patient zu Überreaktionen neige; dazu: OLG Köln, NJW 1987, S. 2936.

[477] *Koutselinis*, Basikes Arches Bioethikis, 1999, S. 108 [gr.].

[478] *Eudokas*, To telos i i archi, 1996, S. 18 [gr.]; *Daikos*, Iatriki 1992, S. 263 (264) [gr.].

[479] *Jescheck/Weigend*, AT S. 388 f.

Angesichts dessen stellt der BGH hohe Anforderungen an die Einschränkung der Aufklärungspflicht: Wenn durch die Eröffnung der Diagnose ernste und unbehebbare Gesundheitsschäden zu befürchten seien, könnte ein Absehen von der Aufklärung gerechtfertigt sein.[480] Das Abstellen auf „unbehebbare" Gefahren wird im Schrifttum als zu eng kritisiert.[481] Maßgeblich sollten danach therapeutische Gesichtspunkte sein, nach welchen die Aufklärung zu einer schweren, wenn auch wieder behebbaren Belastung des Patienten führen würde.[482] Wenn der Patient durch die Aufklärung einer nicht zu verantwortenden Belastung ausgesetzt wird, ist von „therapeutischer Unzumutbarkeit"[483] der Aufklärung die Rede.[484] Ein allgemeiner Hinweis auf die Schwere der Erkrankung genüge aber dabei nicht.[485] Sonst würde ein Absehen von der Aufklärung bei Schwerkranken eher die Regel bilden. Eine Kategorisierung nach Krankheitszuständen, in welchen eine Aufklärung contra-indiziert ist, ist daher abzulehnen. Dies führte zur ungerechtfertigten Begrenzung des Rechts auf Aufklärung derjenigen Patienten, die auch im ungünstigsten Fall über den wahren Zustand ihrer Gesundheit informiert werden wollen. Der BGH führt aus: „Fälle, in denen aus diesem Grund (scil: therapeutischer Unzumutbarkeit) eine Aufklärung unterbleiben kann, müssen die Ausnahme bleiben, damit das durch die Aufklärung zu wahrende Selbstbestimmungsrecht des Patienten nicht unterlaufen wird".[486] Der Arzt soll andererseits nicht gezwungen sein, durch eine zu weitgehende Aufklärung den Heilerfolg selbst zu beeinträchtigen.[487]

Jedenfalls erforderlich bei der Bestimmung des Umfangs der Aufklärungspflicht erscheint eine Orientierung nicht nur an den intellektuellen Fähigkeiten, sondern auch an dem psychischen Potential des Patienten. Angesichts einer unbekannten Krankheit wächst bei dem Kranken Angst.[488] Die Weitergabe von Informationen durch den Arzt soll auch dazu beitragen, dass durch die Rationalisierung der

---

480 BGH Z 29, 176 (184).

481 *Deutsch*, MedR 2001, S. 435 (436); *Schreiber*, MMW 1996, S. 424 (425).

482 *Schreiber*, in: FS-50 Jahre BGH, 2000, S. 503 (515); *Deutsch*, Medizinrecht, 1997, Rn. 150.

483 BGH Z 90, 103 (110).

484 Der vielgebrauchte Ausdruck „therapeutisches Privileg" sei zu vermeiden. Denn es handele sich hierbei nicht um ein Privileg des Arztes. Das englische Wort „privilege" ist lediglich in nicht ganz glücklicher Weise wörtlich übersetzt: es meint das Recht des Zeugen, nicht auszusagen. *Schreiber*, in: Madea et al. (Hrsg.), Innere Medizin und Recht, 1996, S. 17 (18); siehe auch im Ergebnis zustimmend, wenn auch ohne weitere Begründung, BGH Z 85, 327 (333).

485 BGH, a.a.O.

486 BGH Z 90, 103 (109). *Taupitz*, NJW 1986, S. 2851 (2857): „denn jeder Aufklärungsverzicht führt dazu, dass die eigene Entscheidung des Patienten durch die einer anderen Person ersetzt wird".

487 BGH Z 29, 46 (56).

488 *Aulbert*, ZentralblChir 1998, S. 632 (634).

Krankheit Angst abgebaut wird.[489] Dabei wird vertreten, dass der Zweifel an der Krankheit die schlimmste Angst ist, die der psychischen Gesundheit des Patienten schadet.[490] Das ist aber nicht immer der Fall: Medizinische Untersuchungen zeigen, dass manche Patienten auf die Aufklärung ihres Zustands nicht wie gewünscht reagieren. So können bei alten multimorbiden Menschen die Kompensationsmöglichkeiten weitgehend erschöpft sein. Werden in dieser Situation dem Patienten durch die Aufklärung Bedrohliches und Gefährliches nahegebracht, dann tritt Überforderung zutage,[491] was zur psychischen Dekompensation, zur Flucht in die Hilflosigkeit führen kann. Hiermit wird das Problem der Aufklärungsbelastbarkeit angesprochen. Anders als bei der Aufklärungsfähigkeit, bei welcher auf die kognitive Seite der Aufklärung ankommt, wird bei der Aufklärungsbelastbarkeit auf die psychische Seite des Patienten abgestellt: Das vermittelte Wissen muss vom Patienten nicht nur gehört und verstanden, sondern auch verarbeitet und verkraftet werden können. Dies setzt die psychische Belastbarkeit des Patienten voraus. Wenn die Aufklärungsbelastbarkeit des Patienten gering ist, kann die Aufklärung, die nach dem Maßstab des „verständigen Patienten" als erforderlich anzusehen ist, für den konkreten Patienten eine Übermaßaufklärung darstellen. Ein denkbarer Fall ist hierbei die Offenbarung einer infausten Prognose gegenüber einem psychisch besonders labilen Patienten mit der vorhersehbaren Folge eines geistigen und körperlichen Zusammenbruchs.[492] Chronisch Kranke benötigen oft neben ihrer medizinischen Behandlung viel Zeit für die Verarbeitung ihrer unausweichlichen Situation.[493] Das Problem der psy-

---

489 *Richter/Aulbert/Hankemeier*, in: Hankemeier/Schüle-Hein/Krizanits (Hrsg.), Tumorschmerztherapie, 2001, S. 20 (26); Die Unwissenheit wird als Faktor der Tabuisierung der Krankheit und der daraus folgenden Angst schon am Anfang der Verwissenschaftlichung der Medizin in Altgriechenland angesehen: Die hippokratische Schrift „Über die heilige Krankheit" befasst sich mit der Epilepsie, die als heilig galt, weil man diese Krankheit nicht heilen konnte, so dass eine Heilung nur durch die Götter erfolgen könnte. Der Autor dieser Schrift kämpft gegen die Bezeichnung „heilig": Man nenne diese Krankheit heilig entweder aus Unwissenheit oder weil ihre Symptome eigenartig seien; es gäbe aber mehrere Krankheiten, deren Symptome eigenartig seien, so dass man alle diese Krankheiten als heilig bezeichnen müsste. Er vertritt die Meinung, dass auch diese Krankheit ihre physischen Ursachen habe, diese Ursachen werden im Gehirn lokalisiert. Dazu: *Lypourlis*, Ippokratis – iatriki theoria kai praksi, 2000, S. 322, 376 [gr.].

490 *Aulbert*, ZentralblChir 1998, S. 632 (635); *Grammatikos/Tsapas*, Iatriko Vima 1993, S. 23 (25) [gr.].

491 *Saternus/Kernbach-Wighton*, in: FS-Deutsch, 1999, S. 723 (733); *Schreiber*, in: FS-Deutsch 1999, S. 773 (779) weist auf die Bedeutung der Angstvermeidung hin. Dies scheinen *Bobbert/Werner*, EthikMed 1997, S. 209 (211 f.) zu unterschätzen.

492 *Roßner*, Begrenzung der Aufklärungspflicht des Arztes, 1998, S. 255.

493 *Pichlmaier*, in: Aulbert/Klaschik/ Pichlmaier (Hrsg.), Palliativmedizin – Verpflichtung zur Interdisziplinarität, 2000, S. 274 (276): „Nicht selten ist es notwendig, das Aufklärungsgespräch in zeitlich getrennten Schritten vorzunehmen". *Eudokas*, To telos i i archi, 1996, S. 61 [gr.].

chischen Ressourcen des konkreten Patienten dürfte demnach keinesfalls außer Betracht bleiben.[494]

Was die Mitteilung einer infausten Prognose angeht, sei eine Aussage über die Dauer der noch verbleibenden Lebenszeit vermessen: Auch ein erfahrener Arzt könne sich bei einer konkreten Zeitangabe sehr irren, denn auch bei Schwerkranken und Sterbenden gäbe es immer wieder unerwartet kurze oder auch erstaunlich lange Krankheitsverläufe bis zum Tod- und sehr selten sogar Heilungen.[495] Andererseits sollte die Ansicht, bei infauster Prognose die Wahrheit sagen und Hoffnung erhalten zu sollen gleiche der Quadratur des Kreises,[496] rechtlich nicht dahin verstanden werden, dass daraus zwingende Schlüsse für ein Unterbleiben der Aufklärung zu ziehen sind. Psychiater berichten darüber, dass es bei unheilbar Kranken häufig vorkommt, dass das Bedürfnis nach Wahrheit und die Meidung der Wahrheit gleichzeitig existieren.[497] Was im konkreten Fall tatsächlich vorliegt bzw. überwiegt, bedarf der näheren Untersuchung, die ein Arzt ohne Hilfe eines psychiatrischen Kollegen bzw. eines Psychologen oft nicht durchführen kann. Die Hoffnung zu erhalten und die Wahrheit zu offenbaren schließen sich nicht zwingend aus. Allerdings muss hier der Arzt genügend Einfühlungsvermögen besitzen und den Patienten weder mit Indifferenz noch mit übertriebenem Mitleid aufklären.[498] Berichtet wird auch von Fällen, bei welchen der Patient nur scheinbar um Aufklärung bittet, in Wirklichkeit will er aber durch diese Aufklärung lieber hinters Licht geführt werden.[499] Ob ein Arzt imstande ist, den Schluss auf einen versteckten Willen des Patienten auf Unterblei-

---

494 *Deutsch*, NJW 1980, S. 1305 (1306); *Bodenburg*, NJW 1981, S. 601 (603); *Mangakis*, Poiniko Dikaio, 1984, S. 255.[gr.]

495 *Jonen-Thielemann*, in: Aulbert/Klaschik/Pichlmaier (Hrsg.), Palliativmedizin – Verpflichtung zur Interdisziplinarität, 2000, S. 278 (281).

496 *Wolff*, in: *Sass* (Hrsg.), Medizin und Ethik, 1999, S. 184 (195).

497 *Fotiadou* et al., Engefalos 2001, S. 36 (38) [gr.].

498 *Aulbert*, Zentralbl Chir 1998, S. 632 (635); *Gruber/Vollmer/Hiddemann*, Der Internist 2000, S. 619 (622); Vgl. auch *Jonen-Thielemann*, in: Aulbert/Klaschik/Pichlmaier (Hrsg.), Palliativmedizin – Verpflichtung zur Interdisziplinarität, 2000, S. 278 (281): „Der Satz ‚wir können nichts mehr für Sie tun' ist nicht nur grausam, da er den Patienten in Hoffnungslosigkeit stürzt, sondern auch falsch; denn symptombezogene Palliativtherapie und Palliativpflege im körperlichen Bereich sowie Betreuung und Begleitung auf geistiger, seelischer, spiritueller und sozialer Ebene sind bis zum Lebensende möglich"; Ähnlich *Papagiannis*, Helleniki Iatriki 1997, S. 72 (74) [gr.]; *Alivisatos*, Iatriki 1980, S. 273 (276) [gr.]; *Abrahm*, JAMA 2000, S. 116.

499 *Engisch*, , in: *Engish/Hallermann*, Die ärztliche Aufklärungspflicht aus rechtlicher und ärztlicher Sicht, 1970, S. 23 f.; *Sifakaki*, in: *Potamianos* (Hrsg.) Dokimia stin psychologia tis ygeias, 1995, S. 131 (149) [gr.] nennt als Beispiele für eine solche Haltung des Patienten die Stellung von sogenannten geschlossenen Fragen, wenn nämlich der Patient den Arzt fragt: „Es ist ja nicht Krebs, oder?" Eine solche Frage könne den Sinn haben, dass der Patient noch nicht die Wahrheit erfahren möchte, weil er wahrscheinlich dazu noch nicht imstande sei.

ben der Aufklärung zu ziehen, bleibt fraglich. Der Auffassung, wonach der Arzt die Fähigkeit besitzt, über die Gebotenheit der Aufklärung selber zu entscheiden,[500] ist daher nur unter Vorbehalt zu folgen. In manchen Fällen wird der Arzt der Hilfe eines Psychologen bzw. Psychiaters bedürfen.[501]

c. Risikoaufklärung am Beispiel der lebensgefährlichen Schmerzlinderung
Fraglich ist der Umfang der Aufklärungspflicht im häufigen Fall der Schmerzlinderung mit dem Risiko einer Lebensverkürzung im Rahmen der Sterbebegleitung. Zu beachten ist, dass es hierbei um einen unter starken Schmerzen leidenden, unheilbar todkranken Patienten geht, der um Linderung von Schmerzen fleht. Sollte hier der Arzt den Patienten darauf aufmerksam machen, dass eben die von ihm gewollte Schmerzlinderung tödlich wirken kann?

Engisch verneint die Frage: Dem Patienten die letzte Hoffnung zu rauben, könne nicht Inhalt „richtigen Rechtes" sein.[502] Es könne nicht dem Willen des schon mit dem Tode ringenden Patienten, der häufig schon im Todesangst schwebt, entsprechen, seine Angst auch noch durch Hinweis auf die Gefährlichkeit der Schmerzlinderung zu steigern.[503] Hier komme der Leitgedanke der mutmaßlichen Einwilligung mit dem des „überwiegenden Interesses" der Notstandsvorschrift in Betracht, wobei es nicht nur auf körperliche Interessen, sondern auch auf seelische Interessen, wie Verschonung vor Todesangst, ankommen kann.[504] In dieser Allgemeinheit ist aber dieser Ansicht nicht zu folgen. Seelische Interessen eines Schwerkranken sind nicht immer mit der Todesangst gleichzusetzen. Viele schwerkranke Patienten fragen nach den zu erwartenden Nebenwirkungen der Medikation. Sie wollen eventuell dadurch in ihren letzten Tagen persönliche Angelegenheiten erledigen oder mit Angehörigen über die Erfüllung ihrer letzten Wünsche sprechen. Sollte in diesem Fall eine zu erwartende lebensverkürzende Wirkung nicht erwähnt werden? Die ohne Aufklärung durchgeführte Schmerzlinderung mit tödlicher Nebenfolge würde zwar dem Willen des Patienten auf Schmerzlinderung, aber eventuell nicht seinem Willen nach Gestaltung seiner letzten Tage entsprechen. Lebensgestaltung gehört zur Lebensqualität, und die kann man nicht generell Schmerzpatienten und Sterbenden absprechen.[505] Aus diesem Grund ist der Ansicht, die Aufklärung sei bei Linderungsmaßnahmen für Sterbende contra-indiziert, „da hier in Wirklichkeit nichts mehr zu entscheiden ist und daher Sinn und Zweck der Aufklärung leerlau-

---

[500] *Koutselinis*, Basikes Arches Bioethikis, 1999, S. 109 [gr.].
[501] In Griechenland ist der Psychologe Mitglied des Palliativteams. Auf die Beteiligung eines Psychologen im Team weist *Spohr*, ZaeFQ 2000, S. 595 (599 f.) hin.
[502] *Engisch*, in: FS-Bockelmann, 1979, S. 519 (533).
[503] *Engisch*, a.a.O.
[504] *Engisch*, a.a.O., S. 519 (533 f.)
[505] Vgl. *Sifakaki*, in: *Potamianos* (Hrsg.), Dokimia stin psychologia tis ygeias, 1995, S. 131 (165) [gr.]

fen",[506] nicht zu folgen. Auch hier wird es vielmehr auf den konkreten Patienten abzustellen sein. Richtig ist andererseits, dass bei Patienten dieser Kategorie oft aufgrund der Medikation die Aufklärungsbelastbarkeit oder gar die Aufklärungsfähigkeit fehlen wird.

3. Der Aufklärungswille des Patienten

In einer griechischen Untersuchung haben krebskranke Patienten den Aufklärungswillen als das wichtigste Kriterium genannt, nach welchem die Entscheidung des Arztes über das Absehen von der Aufklärung zu treffen ist.[507] Der Aufklärungswille des Patienten ist in der Tat maßgebend für die Grenzen der Aufklärungspflicht des Arztes.[508] Der Aufklärungsverzicht stellt den Höhepunkt der Bedeutung des Aufklärungswillens dar. Nicht aufklärungsbedürftig ist der Patient, der deutlich zu erkennen gibt, dass er alles vertauensvoll seinem Arzt überlässt, wenn er auf eine Aufklärung verzichtet.[509] Der Aufklärungsverzicht kann daher ausdrücklich oder konkludent sein.[510] Ein „Blankoverzicht" ist unwirksam.[511] Der Patient muss vielmehr die Bedeutung des Verzichts einsehen, das heißt, dass eine Grundaufklärung stattzufinden hat. Lehnt der Patient eine lebenserhaltende Maßnahme ab, so hat der Arzt den Patienten deutlich auf die Selbstschädigung aufmerksam zu machen.[512] Der Aufklärungsverzicht sollte dokumentiert werden.[513]

Dass der Aufklärungsverzicht auch Ausdruck des Selbstbestimmungsrechts sein kann,[514] wird überwiegend anerkannt – man spricht vom Recht auf Nichtwissen.[515] Dies setzt aber voraus, dass der Verzicht nicht Ausdruck einer durch

---

506 *Ulsenheimer*, Arztstrafrecht in der Praxis, 1998, Rn. 89.

507 *Dosios* et al, Iatriki 1992, S. 300 (303) [gr.].

508 *Gardikas*, Logoi kai logia, 1992, S. 131 f.[gr.]; *Laum*, Zentralbl Chir 2000, S. 920 (922).

509 BGH Z 29, 46 (54).

510 *Schaffer*, VerR 1993, S. 1458 (1462); *Buchborn*, MedR 1987, S. 260 (263); *Mangakis*, Poiniko Dikaio, 1984, S. 255 [gr.].

511 *Ulsenheimer*, Arztstrafrecht in der Praxis, 1998, Rn. 112.

512 http://www.djt.de/lib/documents/63_jur/zivilrecht.doc, Punkt II, 2, 2.2 [Stand: 16.05.2003].

513 *Bundesärztekammer*, Empfehlungen zur Patientenaufklärung, Deutsches Ärzteblatt 1990, S. C-807 (C-809);
Schaffer, a.a.O.

514 *Hanika*, MedR 1999, S. 149 (160); *Mountokalakis*, Arch Hellen. Med. 1993, S. 53 (54) [gr.]: „Recht auf Unwissenheit"; *Engisch*, in: *Engish/Hallermann*, Die ärztliche Aufklärungspflicht aus rechtlicher und ärztlicher Sicht, 1970, S. 23.

515 Dieses Recht wird seit 1998 in Griechenland gemäß Artikel 10 § 2 des Ratifizierungesetzes 2619/1998 ausdrücklich anerkannt. Es handelt sich um das Ratifizierungsgesetz der Konvention des Europarates über Menschenrechte und Biomedizin Dazu aus verfassungsrechtlicher Sicht: *Canellopoulou-Botis*, KritE 2000, S. 179 ff.[gr.]. Auch standesrechtlich hat nach Artikel 15 § 2 Entwurf des Deontologiekodex für Ärzte der Patient das Recht, jede Aufklä-

Angst und Depression kennzeichneten akuten psychischen Krise ist, die als therapiewürdig gelten kann.[516] In Zweifelsfällen wäre die Heranziehung eines Psychologen bzw. Psychiaters erforderlich. Das bloße Schweigen des Patienten kann an sich einen Aufklärungsverzicht nicht begründen.[517] Die Tatsache, dass sich der Patient nach der Aufklärung an wichtige Informationen nicht erinnert, stellt eine häufig bei Krebspatienten vorkommende Situation dar.[518] Daraus kann keinesfalls der Schluss gezogen werden, dass der Patient kein Interesse an einer weiteren Aufklärung hat. Wichtig ist daher, dass ein Aufklärungsverzicht Ausdruck des Vertrauens, nicht Ausdruck der Verzweiflung ist.

III. Mängel der Einwilligungsfähigkeit des Patienten

Die Einwilligungsfähigkeit setzt voraus, dass der Patient seine Entscheidung nicht unter Umständen trifft, die ihm die Freiverantwortlichkeit seiner Entscheidung nehmen. Einem Patienten, der sich im Zustand der Verwirrtheit oder der akuten Depression befindet, kann die Einwilligungsfähigkeit fehlen. Die Einwilligungsfähigkeit könnte auch dann fehlen, wenn der Patient den als Entscheidungsgrundlage erforderlichen Sachverhalt nicht verstehen, rational verarbeiten und bewerten kann. Sie kann aber auch dann fehlen, wenn der Patient nicht imstande ist, seinen Willen auf der Grundlage der verstandenen, verarbeiteten und bewerteten Informationen zu bestimmen und zu äußern.[519]

1. Krankheitseinsicht und Realitätsbezug

Diese Ebene betrifft die Fähigkeit des Patienten, die durch die Aufklärung vermittelten Informationen zu verstehen. Der Patient muss imstande sein, zu verstehen, was, wie und warum etwas mit ihm geschehen soll, welche Nebenwirkungen und Risiken auf ihn zukommen, welche Alternativen bestehen.[520] Es geht hier um die kognitiven Voraussetzungen der Problemfassung. Schon bei ausgeprägter Müdigkeit bis zur Somnolenz kann diese Fähigkeit fraglich sein.[521] Das wird bei Patienten, die einer starken Schmerzmedikation bedürfen bisweilen der Fall sein.

---

rung durch den Arzt zu verweigern oder das Recht, den Arzt zu beauftragen, dass dieser eine vom Patienten gewählten Person aufklärt, dazu *Koutselinis*, a.a.O., S. 322 f. [gr.]. Aus der deutschen Literatur: *Jonen-Thielemann*, in: Aulbert/Klaschik/Pichlmaier (Hrsg.), Palliativmedizin – Verpflichtung zur Interdisziplinarität, 2000, S. 278 (286).

[516] *Kröber*, Rechtsmedizin 1998, S. 41 (43).

[517] *Androulidaki-Dimitriadi*, I Ipochreosi enimerosis, 1993, S. 301; a.A.: *Fotakis*, in: *Deutsch/Schreiber* (Hrsg.), Medical Responsibility in Western Europe, 1985, S. 327, solange er von stillschweigendem Verzicht spricht.

[518] *Soutzoglou-Kottaridi*, EKE 1987, S. 189 (190 f.) [gr.].

[519] *Kröber*, Rechtsmedizin, 1998, S. 41 (42). *Amelung*, NStZ 1999, S. 458 (459) nennt solche Mängel Konstitutionsmängel.

[520] *Kröber*, Rechtsmedizin 1998, S. 41 (43).

[521] A.a.O.

Zu dieser Problematik gehört der vom Court of Appeals of Tennessee in den USA entschiedene Fall.[522] Es ging um eine 72 jährige Patientin, welche die ärztlich vital indizierte Amputation ihrer beiden von Gangrän befallenen Beine ablehnte. Sie äußerte hierbei keinen Sterbenswunsch, sie glaubte vielmehr fest, dass sich der Zustand ihrer Beine von sich aus verbessern würde. Die Entscheidung der Patientin mag auf den ersten Blick rational erscheinen, zumal die Patientin sonst vordergründig geistig gesund wirkte und gestellte Fragen deutlich und verständlich beantworten konnte. Sie lehnte nämlich eine vital indizierte Operation ab. Der entscheidende Punkt war aber hierbei die Tatsache, dass ihre Entscheidung auf völlig fehlgehender Wahrnehmung der eigenen Krankheit beruhte: Sie hatte nämlich die ärztliche Diagnose, wonach die Gangrän die Ursache des Zustands ihrer Beine war, negiert. In Anwesenheit zweier Richter am Krankenbett weigerte sie sich anzunehmen, dass das Fleisch ihrer Beine, schwarz, vertrocknet und verfault war, obwohl dies eine offensichtliche Tatsache war; sie war vielmehr überzeugt, dass die Ursache des Zustands ihrer Beine auf Ruß oder Staub zurückzuführen sei. Das Gericht hat die Patientin für urteilsunfähig erklärt, weil ihr Verstand bezüglich der Frage der Amputation in solchem Umfang blockiert, geblendet und gedämpft war, dass sie unfähig war, Tatsachen zu erkennen, welche für eine Person von normaler Wahrnehmung offensichtlich waren. Wenn die Patientin, führte das Gericht fort, imstande wäre zu zeigen, dass sie die Tatsachen ihres Zustands versteht, dann wäre ihre die Amputation ablehnende Entscheidung vom Gericht und von den Ärzten zu respektieren, auch wenn diese Entscheidung Dritten als unvernünftig erscheinen würde.[523] Wenn also die Patientin wahrgenommen hätte, dass ihre Beine von Gangrän befallen waren, und sie lehnte eine Amputation ab, weil sie lieber sterben möchte, dann hätte das Gericht sie bezüglich der Amputationsentscheidung für urteilsfähig erklärt.[524]

Dieser Fall wirft die heikle Frage des Verhältnisses der Krankheitsuneinsichtigkeit zu der Einwilligungsunfähigkeit auf. Die Krankheitsuneinsichtigkeit wird als fehlende oder völlig fehlgehende Wahrnehmung der eigenen Krankheit (hirnorganisch oder psychotisch bedingte Anosognosie) umschrieben.[525] Strafrechtlich fragt es sich, ob das Fehlen der Krankheitseinsichtigkeit zur Annahme der Einwilligungsunfähigkeit führen kann. Zivilrechtlich geht es um die Frage, ob die Krankheitsuneinsichtigkeit ausreicht, eine Einwilligungsunfähigkeit anzunehmen, welche die Bestellung eines Betreuers in Gesundheitsangelegenhei-

---

[522] Abgedruckt in: *Arras/Steinbock* (Hrsg.), Ethical Issues in Modern Medicine, 1995, S. 178 f.

[523] A.a.O., S. 178 (181).

[524] *Lo*, in: Arras/Steinbock(Hrsg.), Ethical Issues in Modern Medicine, 1995, S. 185 (189).

[525] *Kröber*, Rechtsmedizin 1998, S. 41 (43); Erman/H. *Holzhauer*, § 1896 Rn 30.

ten erforderlich macht. In der Rechtsprechung von Zivilgerichten wird diese Frage teilweise bejaht,[526] teilweise jedoch verneint.[527] Der BGH scheint eine mittlere Position zu vertreten: Es komme auf die natürliche Einsichts- und Steuerungsfähigkeit des Betroffenen an.[528] Der Staat könne zwar im Rahmen seiner Fürsorgepflicht auch einem Kranken, der seine Behandlungsbedürftigkeit nicht einsehen kann, nicht die medizinische Hilfe versagen. Zu berücksichtigen sei aber, dass das Selbstbestimmungsrecht auch dem einwilligungsunfähigen Patienten in gewissen Grenzen die „Freiheit zur Krankheit" einräumt. Diese Freiheit lasse auch bei einem einwilligungsunfähigen Patienten eine Zwangsbehandlung nicht in jedem Fall als verhältnismäßig erscheinen.[529] Daraus lässt sich ableiten, dass nicht jede Krankheitsuneinsichtigkeit zur Annahme der Einwilligungsunfähigkeit führen muss. Die Krankheitsuneinsichtigkeit begründe zunächst nur die bestehende Gefahr für die Gesundheit des Betroffenen, welche die Bestellung eines Betreuers für den Aufgabenkreis Gesundheitsfürsorge erforderlich macht im Sinne von § 1896 Abs. 2 BGB.[530] Zu folgen ist somit der Auffassung, nach welcher der Krankheitsuneinsichtigkeit eine indizielle Bedeutung für die Einwilligungsunfähigkeit beizumessen ist.

2. Rationale Verarbeitung, Kritikfähigkeit, Bestimmbarkeit des Willens

Auch wenn der Patient die gegebenen Informationen verstanden hat, so kann die Einwilligungsfähigkeit dann in Frage gestellt werden, wenn der Patient die gegebenen Informationen nicht rational verarbeiten, oder ihnen keine individuelle Bedeutung beimessen kann.[531] Wichtig erscheint für die Fälle der Sterbebegleitung auch die Fähigkeit, den eigenen Willen nach der eigenen bestehenden Einsicht zu bestimmen. Fehlt dem Patienten diese Fähigkeit, so ist jede beliebige Einwilligung zu erreichen. Patienten, die an hochgradiger Depression leiden, wird die Fähigkeit, eigene Intentionen gegen den Willen real anwesender Personen zu behaupten, oft fehlen.[532] Die Willensschwäche wird bei unheilbar kranken Patienten bisweilen insofern vorliegen, als bei diesen Patienten depressive Zustände zu den häufigsten Begleiterscheinungen des Bewusstseins ihrer Krankheit gehören.

---

[526] BayObLG, FamRZ 1996, S. 1370.
[527] BayObLG, FamRZ 1994, 1060 f.
[528] BGH, BtPrax 2001, S. 32 (35).
[529] BGH, BtPraxis 2001, S. 32 (35). Bezüglich eines psychischen Kranken: BVerfG, NJW 1998, S. 1774 (1775).
[530] BayObLG, FamRZ 1994, S. 1060 (1061); LG Regensburg, FamRZ 1993, S. 477 (478); *Dodegge*, NJW 2001, S. 2758 (2762).
[531] *Kröber*, Rechtsmedizin 1998, S. 41 (43 f.).
[532] *Kröber*, Rechtsmedizin 1998, S. 41 (45).

Der BGH hatte über einen Fall[533] zu entscheiden, in welchem eine entscheidungsfähige Patientin unter starken Kopfschmerzen litt, deren Ursache alle ärztlichen Bemühungen nicht hatten ergründen können. Die Patientin kam zu der Überzeugung, dass ihre plombierten Zähne die Kopfschmerzen hervorgerufen hätten und äußerte den Wunsch, sich diese Zähne ziehen zu lassen. Sowohl der untersuchende Arzt als auch der Zahnarzt wies sie auf die Haltlosigkeit ihrer Annahme hin und die mangelnde Ursächlichkeit des Zustands der Zähne bezüglich der Kopfschmerzen. Die Patientin beharrte auf dem Wunsch nach einer Extraktion, weil sie darin die einzige verbleibende Therapiemöglichkeit sah. Der Zahnarzt hat letztlich die Extraktion vorgenommen. Die Kopfschmerzen der Patientin besserten sich nicht. Der BGH hat die Einwilligung als unwirksam angesehen und den Zahnarzt wegen Körperverletzung verurteilt. Der Patientin fehle die zur Beurteilung der Zahnextraktionen erforderliche Urteilskraft. Obwohl die behandelnden Ärzte ihr mehrfach versichert haben, dass kein Zusammenhang zwischen dem Zustand der Zähne und dem Leiden bestehe, hielte sie in laienhaften Unverstand beharrlich an der von ihr selbst gestellten Diagnose fest. Ihre mangelnde Belehrbarkeit beruhe auf Unkenntnis und einer seelischen Verfassung, die ein verstandesmäßiges Abwägen der vorgebrachten medizinischen Argumente verhindere. Ihre Einwilligung sei ihrer Vorstellung nach für einen Heileingriff erteilt. Das Vorgehen des Zahnarztes stelle sich hingegen nicht als solcher dar. Da es dem Zahnarzt nicht gelungen sei, das Vorstellungsbild der Patientin in Übereinstimmung zu einer realistischen medizinischen Beurteilung zu bringen, habe er von der Extraktion absehen müssen.

Das Urteil des BGH ist im Schrifttum auf Kritik gestoßen. So führt *Roxin* an: Da für eine geistige oder seelische Verwirrung der Patientin nichts ersichtlich sei, laufe die Entscheidung darauf hinaus, ‚unvernünftige' Einwilligungen durch Ausschluss der Einsichtsfähigkeit für unwirksam zu erklären.[534] Dies sei falsch, denn die allgemeine Handlungsfreiheit, auf der die Einwilligung beruhe, sichere in den Grenzen des Artikels 2 Abs. 1 GG die Freiheit zu vernünftigen und unvernünftigen Handlungen gleichermaßen.[535] Dieser Kritik ist nicht zu folgen. Es trifft zwar zu, dass Entscheidungen über ärztliche Behandlungen, die aus der Sicht Dritter als unvernünftig angesehen werden mögen, nicht schon deshalb nicht zu beachten sind.[536] Vorausgesetzt wird es aber immer dabei, dass der Entscheidungsträger einwilligungsfähig ist. In dem vorliegenden Fall wird die Einsichts- und Urteilsfähigkeit der Patienten hinsichtlich der konkreten Sachlage vom BGH verneint. *Roxin* geht dagegen davon aus, dass die Patientin als einwilligungsfähig anzusehen ist. Gerade dieser Punkt bedarf aber erst der Prüfung.

---

[533] BGH, NJW 1978, S. 1206=JR 1978, S. 518 f.

[534] *Roxin*, AT I, § 13 Rn 58.

[535] A.a.O.

[536] *Hruschka*, JR 1978, S. 519.

Die Patientin war zwar nicht permanent einwilligungsunfähig, sie litt auch nicht an einer geistigen oder seelischen Krankheit. Das sind aber nicht die einzigen Fälle, in welchen von einer Einwilligungsunfähigkeit besonders im ärztlichen Bereich ausgegangen werden darf. Es ist hinsichtlich der konkreten Sachlage die Einwirkung einer Fehlvorstellung – im Sinne eines inneren Irrtums – die konkrete Entscheidungsfähigkeit der Patientin zu prüfen. Maßgeblich ist nach herrschender Auffassung der Bezugspunkt des Irrtums. Maßgeblich sollen danach rechtsgutsbezogene Fehlvorstellungen sein, aufgrund derer der Einwilligende Art, Umfang und Folge der fraglichen Rechtsgutsverletzung verkenne und sich aus diesem Blickwinkel über die Bedeutung und Tragweite der Einwilligung nicht im klaren sei.[537] Nach der Vorstellung der Patientin handelte es sich bei der Zahnextraktion um einen therapeutischen Eingriff. Diese Vorstellung beruhte auf einer „Selbstdiagnose" und war auch nach ärztlichem Bemühen nicht zu erschüttern. Diese mangelnde Belehrbarkeit beruhte auf Unkenntnis und einer seelischen Verfassung, die ein verstandesmäßiges Abwägen der vorgebrachten medizinischen Argumente verhinderte. Es liegt nahe hier anzunehmen, dass die Fähigkeit zu einer rationalen Verarbeitung der Informationen fehlte. Nicht der Inhalt der Einwilligung selbst muss hier[538] rational sein, sondern die Einwilligung muss auf einer rationalen Grundlage beruhen. Die Patientin hat sich infolgedessen über die Bedeutung der durchgeführten Extraktion, also über die Bedeutung und Tragweite der Folgen der eigenen Entscheidung, geirrt. War der Irrtum nicht aufzuheben, so liegt es nahe anzunehmen, dass der Patientin die Entscheidungsfähigkeit hinsichtlich der konkreten Sachlage fehlte.[539]

Festzustellen ist, dass rechtsgutsbezogene Irrtümer auch die Ernstlichkeit der Entscheidung in Frage stellen können. Das Erfordernis der Ernstlichkeit wird im übrigen im Schrifttum besonders bei schwerwiegenden Entscheidungen, die irreversible Fakten schaffen, erwähnt: So etwa bei Kastration, Behandlungsverweigerung mit Todesfolge, Sterilisation.[540] Auch bei der Tötung auf Verlangen

---

537 *Taupitz*, Gutachten für den 63. DJT, 2000, S. A3 (A35); Schönke/Schröder/*Lenckner*, Vor §§ 32 ff. Rn. 46.

538 Eine Entscheidung kann selbst dann als rational erscheinen, wenn sie aufgrund von Illusionen, wahnhafter Verarbeitung der gegebenen Informationen getroffen wurde. Auch ein sich in akutem Wahnsyndrom Befindender könnte eine rationale Einwilligung kundtun. Beim bloßen Abstellen auf die kundgegebene Einwilligung können daher nicht immer Schlüsse für die Einwilligungsfähigkeit des Einwilligenden gezogen werden. Die Rationalität der Einwilligung erlangt vielmehr unter Umständen Bedeutung im Rahmen der Prüfung der Verbindlichkeitsvoraussetzungen der Einwilligung.

539 Nach anderer Auffassung wäre hier die Verbindlichkeit der Einwilligung wegen Verstoßes der Tat gegen die guten Sitten zu verneinen. Da die guten Sitten nicht die Thematik der Einwilligungsfähigkeit betreffen, wird diese Auffassung bei der Erörterung der Verbindlichkeitsvoraussetzungen der Einwilligung dargelegt.

540 *Rickmann*, Zur Wirksamkeit von Patiententestamenten, 1987, S. 141; *Eisenbart*, Patienten-Testament, 2000, S. 122.

wird ausdrücklich auf die Ernstlichkeit des Verlangens abgestellt. Damit wird nicht auf den Inhalt des Verlangens selbst abgestellt, sondern auf die Frage, ob derjenige, der seine Tötung verlangt, es freiverantwortlich tut. Bezugspunkt der Prüfung ist daher der Entscheidungsträger. Es wird angenommen, dass die Ernstlichkeit sowohl bei wesentlichen Motivirrtümern als auch bei Handeln aufgrund einer Augenblickstimmung oder vorübergehender Depression zu verneinen sei.[541] Im Grunde geht es hier daher um die Frage der Entscheidungsfähigkeit hinsichtlich einer konkreten Sachlage.[542]

Ein anderes Beispiel hierfür bietet die „Beachtlichkeit" des Selbsttötungswillens. Beachtlich soll nach herrschender Auffassung die freiverantwortliche Suizidentscheidung sein. Die Suizidentscheidung sei solange als freiverantwortlich anzusehen, als keinerlei Anzeichen für psychische Störungen erkennbar seien, aufgrund deren die natürliche Einsichts- oder Urteilsfähigkeit hinsichtlich der Tragweite oder Unwiderruflichkeit dieses Schrittes ausgeschlossen oder wesentlich beeinträchtigt sein könnte.[543] Auch hierdurch wird deutlich, dass maßgeblich die Frage ist, ob in concreto der Suizident imstande ist, eine Entscheidung frei von wesentlichen rechtsgutsbezogenen Irrtümern zu treffen. So ist auch die vielverwendete Formel der „Freiverantwortlichkeit" zu verstehen.[544] Daher sind Vorschlägen, welche hinsichtlich der Maßstäbe der Freiverantwortlichkeit auf den § 20 StGB abstellen, nicht zu folgen. Die der Schuldunfähigkeit zugrunde liegenden krankhaften seelischen Störungen und die sonstigen dort erwähnten Zustände haben keine eigenständige Bedeutung bei der Frage, ob jemand als entscheidungsfähig anzusehen ist, ob sein Verhalten als freiverantwortlich zu bewerten ist. Sie dienen lediglich als Indiz. Denn anders als bei der Schuldfähigkeit geht es bei der Entscheidungsfähigkeit nicht um eine an generalisierten Maßstäben oder am durchschnittlichen Können gemessene Fähigkeit.[545] Bei der Frage der Entscheidungsfähigkeit dürften im Gegensatz zu der Frage des Schuldurteils kriminalpolitische Gründe keine Rolle spielen. Kriminalpolitische Gründe können allerdings auf der Ebene der Verbindlichkeit der Entscheidung bzw. Einwilligung von Bedeutung sein.

Aus dieser Darstellung ergibt sich, dass die Einwilligungsfähigkeit in jedem Einzellfall aufgrund materieller Gesichtspunkte geprüft werden muss. Ob Inhalt der Entscheidung eine Behandlungsbeschränkung, eine Therapieverweigerung,

---

541 Schönke/Schröder/*Eser*, § 216 Rn. 8; *Dölling*, MedR 1987, S. 6 (8 f.); SK-*Horn*, § 216 Rn. 8.

542 In diesem Sinne auch *Küper*, BT-Definitionen, S. 328, nach dem die „Ernstlichkeit" voraussetzt, dass der Verlangende imstande ist, die Tragweite seiner Entscheidung zu erfassen, und dass er sie frei von *Zwang* und anderen *wesentlichen Willensmängeln* trifft.

543 Schönke/Schröder/*Eser*, Vor §§ 211 Rn. 36.

544 SK-*Horn*, § 216 Rn. 10.

545 *Jescheck*/*Weigend*, AT S. 427; *Stratenwerth*, AT § 10 Rn. 4.

ein Suizid oder eine Tötung ist, spielt bei der Frage der Entscheidungsfähigkeit keine eigenständige Rolle. Maßgebend ist, wie es zu dieser Entscheidung kommt, ob der Entscheidungsträger imstande ist, die Bedeutung und die Tragweite der Durchsetzung dieser Entscheidung hinsichtlich einer konkreten Sachlage einzusehen. Es geht daher bei der Entscheidungsfähigkeit nicht um eine abstrakte Fähigkeit.[546] Wird die Einwilligungsfähigkeit verneint, so ist die erteilte Einwilligung unwirksam. Wird die Einwilligungsfähigkeit bejaht, so muss es als nächster Schritt geprüft werden, ob die Verbindlichkeitsvoraussetzungen der Einwilligung erfüllt sind. Nur dann kann die Einwilligung verbindlich und die auf ihr beruhende Tat legitimiert sein.

C. Rechtliche Grenzen der Verbindlichkeit der Einwilligung

I. Allgemeine Voraussetzungen der Verbindlichkeit

Um Verbindlichkeit entfalten zu können, muss die Einwilligung nach außen kundgegeben werden.[547] Nur dann kann von einer erklärten Einwilligung die Rede sein. Die bloße innere Zustimmung genügt somit nicht.[548] Ebenso wenig genügt das bloß passive Dulden eines gefährdenden bzw. verletzenden Verhaltens.[549] Nicht erforderlich ist aber eine expressis verbis erklärte Einwilligung, weil eine Einwilligung auch konkludent kundgegeben werden kann.[550]

Die Einwilligung muss vor der Tat erklärt worden sein.[551] Der zeitliche Abstand zwischen Erklärung und Empfang der Einwilligung wird zwar rechtlich prima facie nicht bestimmt. Problematisch ist dabei jedoch, ob und in welchem Umfang die länger zurückliegende Einwilligung bis zu ihrem erklärten Widerruf ihre Verbindlichkeit entfaltet.[552] Als Verbindlichkeitsvoraussetzung besonders problematisch ist die Verfügbarkeit des in Betracht kommenden Rechtsguts. Gefragt wird, in welchem Umfang die Einwilligung ihre rechtfertigende Kraft entfalten kann, wenn das betroffene Rechtsgut zu der Kategorie der sogenannten „existentiellen" Rechtsgüter gehört.

---

[546] So aber: *Eisenbart*, Patienten-Testament, 2000, S. 115 („abstrakte intellektuelle und sittliche Reife und Fähigkeit des einzelnen").
[547] Schönke/Schröder/*Lenckner*, Vor §§ 32 ff. Rn. 43; *Jescheck/Weigend*, AT S. 382.
[548] Schönke/Schröder/*Lenckner*, Vor §§ 32 ff. Rn. 43.
[549] Schönke/Schröder/*Lenckner*, a.a.O.
[550] *Tröndle/Fischer*, Vor § 32, Rn. 3b.
[551] Schönke/Schröder/*Lenckner*, Vor §§ 32 ff. Rn. 44; BGH St 17, 359 (360).
[552] Die Frage wird dann praktisch, wenn in einem späteren Zeitpunkt der Betroffene die Einwilligungs- und somit die Widerrufsfähigkeit verliert. Diese Frage ist bei der rechtlichen Problematik der antizipierten Einwilligung insbesondere in der Form einer Patientenverfügung relevant und wird an der entsprechenden Stelle (u.: D I) erörtert.

II. Rechtliche Grenzen der Verbindlichkeit der Einwilligung bei existentiellen Rechtsgütern

1. Die Frage der Unverfügbarkeit von existentiellen Rechtsgütern

Auf die Verfügbarkeit des Rechtsguts als Verbindlichkeitsvoraussetzung der Einwilligung wird nach einhelliger Ansicht sowohl in Griechenland als auch in Deutschland abgestellt.[553] Danach muss sich die Einwilligung auf die Gefährdung oder Verletzung eines Rechtsguts beziehen, über welches der Einwilligende verfügen darf. Solche Rechtsgüter können nur diejenigen sein, welche ausschließlich im Individualinteresse geschützt werden.[554] Während für das Rechtsgut der körperlichen Unversehrtheit weitgehend Übereinstimmung über seinen Individualcharakter besteht – Argument: § 228 StGB –, wird dem Rechtsgut Leben der Individualcharakter oft abgesprochen – Argument: § 216 StGB.[555] Im Rechtsgut Leben sollen auch öffentliche Interessen geschützt werden, so dass es hierbei nicht um ein ausschließlich individuelles Rechtsgut gehe.[556] An der Erhaltung von elementaren Rechtsgütern bestehen Gemeinschaftsinteressen.[557] Dass im strafrechtlichen Schutz von elementaren Rechtsgütern auch öffentliche Interessen bestehen, hängt damit zusammen, dass die strafrechtliche Schutzwürdigkeit dieser Rechtsgüter den staatlichen Aufgaben des Strafrechts und daher auch öffentlichen Interessen dient. Das bedeutet aber nur, dass die Verfügungsfreiheit über diese Rechtsgüter als Ausdruck des Selbstbestimmungsrechts keine uneingeschränkte ist, was in den anerkannten rechtlichen Grenzen der Verbindlichkeit der Einwilligung zum Ausdruck kommt. Aus den Schranken der Verfügungsfreiheit lässt sich aber nicht ableiten, dass es bei den elementaren Rechtsgütern Leben und körperliche Unversehrtheit nicht um den Schutz von Individualinteressen geht.[558] Es gilt im folgenden, den Inhalt und den Grund dieser Schranken der Verfügungsfreiheit soweit möglich zu bestimmen, insbesondere mit Blick auf die Fallkonstellationen der Sterbebegleitung.

2. Rechtliche Grenzen der Verfügbarkeit der körperlichen Unversehrtheit und der Gesundheit

a. Die rechtlichen Schranken in Deutschland und in Griechenland

Sowohl in Deutschland als auch in Griechenland wird im Gesetz eine Rechtfertigung der Körperverletzung vorgesehen, wenn der Rechtsgutsinhaber zuvor seine Einwilligung erteilt hat. Dem § 228 StGB entspricht Artikel 308 § 2 Poini-

[553] *Tröndle/Fischer*, Vor § 32, Rn. 3b.
[554] *Stratenwerth*, AT § 9 Rn. 14.
[555] *Roxin*, Höchstrichterliche Rechtsprechung, 1998, S. 171.
[556] *Welzel*, Das deutsche Strafrecht, S. 96; *Manoledakis*, Poiniko Dikaio, 1999, Rn. 813 [gr.].
[557] Vgl. *Jescheck/Weigend*, AT S. 378.
[558] Im Ergebnis so: *Stratenwerth*, AT § 9 Rn. 16; *Weigend*, ZStW 1986, S. 44 (59); *Möllering*, Schutz des Lebens, 1977, S. 25.

kos Kodikas Es besteht aber ein Unterschied zwischen beiden Vorschriften: Während § 228 StGB auf alle Typen der Körperverletzung Anwendung findet, bezieht sich Artikel 308 § 2 Poinikos Kodikas explizit nur auf den Grundtypus der Körperverletzung, also auf die einfache Körperverletzung. Die rechtfertigende Kraft der Einwilligung kann sich daher nach überwiegender Auffassung in Griechenland nicht auf eine schwere oder gefährliche Körperverletzung erstrecken.[559] Teilweise wird allerdings eine analoge Anwendung der Einwilligung in eine gefährliche Körperverletzung vertreten.[560] Die Grenzen der rechtfertigenden Kraft der Einwilligung in Artikel 308 § 2 Poinikos Kodikas seien mit der Reichweite der eingetretenen Verletzung zu erklären. Da die gefährliche Körperverletzung im Ergebnis die Reichweite einer einfachen Körperverletzung nicht überschreite und die Gefährlichkeit der Tat in der Handlung zu sehen sei, könne analog Artikel 308 § 2 Poinikos Kodikas angewendet werden.[561]

Sowohl § 228 StGB als auch Artikel 308 § 2 Poinikos Kodikas zieht eine klare Grenze der rechtfertigenden Kraft der Einwilligung darin, dass die Tat nicht gegen die guten Sitten verstößt. Der Verweis auf die guten Sitten ist wegen seiner Unbestimmtheit eng auszulegen.[562] Liegt ein Verstoß der Körperverletzung gegen die guten Sitten vor, bleibt die Tat trotz Einwilligung rechtswidrig. Es wird hierbei nicht die Sitten*gemäßheit* der Tat vorausgesetzt, sondern es wird auf Sitten*widrigkeit* der Tat abgehoben, so dass die erteilte Einwilligung nur dann unbeachtlich ist, wenn ein eindeutiger Sittenverstoß bejaht werden kann.[563] Ist die Bewertung zweifelhaft, darf das Gericht nicht unter Bevorzugung einer der kontroversen sozialethischen Positionen einen Sittenverstoß annehmen, es muss vielmehr wegen rechtfertigender Einwilligung freisprechen.[564]

b. Bestimmung der „guten Sitten“

Angesichts der entscheidenden Bedeutung der guten Sitten für die Frage der Rechtswidrigkeit einer Körperverletzung mit Einwilligung, erscheint die inhaltliche Bestimmung dieser Schranke unentbehrlich. Der Maßstab des „Anstandsgefühls aller billig und gerecht Denkender“[565] kann wegen seiner Unbestimmtheit zu sachwidrigen Ergebnissen führen. Er sollte daher konkretisiert werden.

---

[559] SystErmPK-*Spinellis*, Eis Arthr 20-25 kai 32 PK, Rn. 25 [gr.]; *Gafos*, Poinika Chronika 1969, S. 449 (453) [gr.]; *Tsarpalas*, Poinika Chronika 1972, S. 177 (180 ff.) [gr.].

[560] *Margaritis*, Somatikes Vlaves, 1991, S. 358 [gr.] *ders.*, Meletes Poinikou Dikaiou 1996, S. 239 [gr.].

[561] *Margaritis*, Somatikes Vlaves, 1991, S. 359 [gr.]. A.A.: *Androulakis*, Poiniko Dikaio-Geniko Meros, 2000, S. 345 Fß. 32.

[562] BGH St 4, 24 (32).

[563] LK-*Hirsch*, § 228 Rn. 2; *Roxin*, JuS 1964, S. 373 (379); *Tsarpalas*, Poinika Chronika 1972, S. 269 (272 f.) [gr.].

[564] LK-*Hirsch*, a.a.O.

[565] BGH St 4, 88 (91).

Nach einer verbreiteten Auffassung soll bei der Sittenwidrigkeitsprüfung auf die Schwere des Eingriffs abgestellt werden.[566] Bei geringfügigen Verletzungen sei eine Sittenwidrigkeit ausgeschlossen.[567] Im Allgemeinen werden als sittenwidrig irreparable und schwere Verstümmelungen angesehen, für die kein vernünftiger Grund bestehe.[568] Ein derart tiefgreifender und unwiderruflicher Eingriff werde nur dann als zulässig angesehen werden können, wenn er auf Gründe beruhe, die ihn als sachlich zumindest vertretbar erscheinen lassen.[569] Was aber unter Vernünftigkeit bzw. sachliche Vertretbarkeit der Gründe zu verstehen ist, lässt sich ohne einen konkreten Bezugspunkt nicht ermitteln. Vielmehr zeigt die Berufung auf diese sachlichen Gründe, dass der Maßstab nicht allein die Schwere des Eingriffs sein kann. Ob die Gründe als vernünftig oder vertretbar anzusehen sind, kann vielmehr ohne Rückgriff auf die rechtliche Qualität der Handlungszwecke nicht ermittelt werden.

Nach überwiegender Auffassung müsste daher auch dem Tatzweck Bedeutung zukommen.[570] Im medizinischen Bereich wird daher auf den Zweck des ärztlichen Eingriffs – also auf die medizinische Indikation – abgestellt. Bei dem Fall der Extraktion sämtlicher Zähne wird danach nach einer Auffassung die Sittenwidrigkeit durch die mangelnde Indikation zu begründen sein.[571] Dagegen will *Hirsch* der mangelnden medizinischen Indikation nur standesrechtliche Bedeutung beimessen.[572] Dem kann aber zumindest in den Fällen von schweren Eingriffen nicht gefolgt werden. Wäre die Indikation strafrechtlich unerheblich, so ließe sich die strafrechtliche Relevanz der Indikationen bei der Abtreibung, der Sterilisation oder der Kastration nicht plausibel machen. Gegen die Auffassung der Berücksichtigung des Tatzwecks wird teilweise der Einwand erhoben, die herrschende Auffassung verleite bei der Beurteilung der von den Beteiligten verfolgten Zwecke zum Moralisieren oder zur Einbeziehung der Sittenwidrigkeit der Einwilligung.[573] Diesem Einwand ist zu widersprechen. Es kommt nicht auf den Zweck der Einwilligung, sondern auf den mit der Tat verfolgten Zweck angesichts der Schwere und des Umfangs des Eingriffs an.[574] Je schwerer und um-

---

566 LK-*Hirsch*, § 228 Rn. 9.

567 BGH St 38, 83 (87).

568 *Baumann/Weber/Mitsch*, AT § 17 Rn. 112; *Jescheck/Weigend*, AT S. 379: „Dauerschäden".

569 *Stratenwerth*, AT § 9 Rn. 20; *Otto*, in: FS-Tröndle, 1989, S. 157 (168). *Hirsch*, in: FS-Welzel, 1974, S. 775 (798).

570 Schönke/Schröder/*Stree*, § 228 Rn. 7; *Tröndle/Fischer*, § 228 Rn. 9; *Ulsenheimer*, Arztstrafrecht in der Praxis, 1998, Rn. 234 a; OLG Düsseldorf, MDR 1997, S. 933 (934); *Tsarpalas*, a.a.O., S. 269 (271) [gr.].

571 *Horn*, JuS 1979, S. 29 (30 f.); *Ulsenheimer*, Arztstrafrecht in der Praxis, 1998, Rn. 57.

572 LK-*Hirsch*, § 228 Rn. 32.

573 *Weigend*, ZStW 1986, S. 44 (64); LK-*Hirsch*, § 226 a, Rn. 9.

574 Vgl. Schönke/Schröder/*Stree*, § 228, Rn. 7, 8.

fangreicher der Eingriff ist, desto eher ist auf die Zwecke der Tat abzustellen, um zu erforschen, ob ein Verstoß gegen die guten Sitten vorliegt.[575] Nur so wird durch eine Gesamtbetrachtung die Frage beantwortet werden können, ob die Tat sozialethischen Wertvorstellungen zuwiderläuft.[576]

3. Rechtliche Grenzen der Verfügbarkeit des Lebens

Die Einwilligung einer Person in ihre Tötung kann unterschiedliche Erscheinungsformen haben. In Betracht kommen insbesondere die Verweigerung einer lebensnotwendigen Behandlung, die Einwilligung in eine aktive Tötung und die Einwilligung in eine lebensgefährdende Schmerzbehandlung. Gefragt wird hier, ob und in welchem Umfang die Patientenentscheidung Rechtsverbindlichkeit entfaltet.

a. Grenzen der Verweigerung einer vitalen Therapie

Verweigert der einwilligungsfähige Patient die Einwilligung in die Vornahme dringend gebotener ärztlicher Eingriffe, so entfällt das aus dem Arzt-Patienten-Verhältnis abgeleitete Behandlungsrecht und die auf den Lebensschutz zielende Behandlungspflicht des Arztes, er wird zum Begleiter im Sterben und bleibt nur noch Garant für die Basisversorgung des Patienten.[577] Allerdings muss hier der Arzt den Patienten auf die Gefahren, die sich bei Respektierung seiner Entscheidung ergeben, hinweisen.[578]

Während in Deutschland die rechtliche Verbindlichkeit der Verweigerung einer vitalen Therapie schon lange Zeit im wesentlichen unbestritten ist, so finden sich oft im griechischem Schrifttum Widerstände gegen die Verbindlichkeit einer solcher Patientenentscheidung. So wird teilweise die Ansicht vertreten, der strafrechtliche Lebensschutz habe auch im medizinischen Bereich als absolut zu gelten, so dass er bei einer Kollision mit dem Selbstbestimmungsschutz immer überwiegt. Die Therapieverweigerung des entscheidungsfähigen Patienten, deren Respektierung seinen Tod bedeuten würde, soll danach nicht beachtlich sein.[579] Die Therapieverweigerung wird zudem als „Suizidakt“ bewertet und daraus ihre

---

[575] *Tröndle/Fischer*, § 228 Rn. 9: Für die Bestimmung der Sittenwidrigkeit kommt es auf den Zweck der Beeinträchtigung, die Beweggründe und Ziele der Beteiligten sowie auf die Mittel und die Art der Verletzung an.

[576] BayObLG, JR 1999, S. 122 (123); *Otto*, JR 1999, S. 124 (125).

[577] OLG München, NJW 1987, S. 2940 (2943); *Lipp*, DRiZ 2000, S. 231 (233); *Dölling*, MedR 1987, S. 6 (8).

[578] *Taupitz*, Gutachten für den 63. DJT, 2000, S. A3 (A33); *Ulsenheimer*, Anästhesiologie und Intensivmedizin 2001, S. 157; *Dölling*, a.a.O.; Punkt IV der *Grundsätze der BÄK zur ärztlichen Sterbebegleitung* - 2004, abrufbar unter: http://www.bundesaerztekammer.de/30/Richtlinien/Empfidx/Sterbebegl2004.pdf [Stand: 31.05.2004].

[579] *Manoledakis*, Paratiriseis, Armenopoulos 1972, S. 468 (469) [gr.]; a. A.: *Katsantonis*, Poinika Chronika 1970, S. 65 (68) [gr.]; *Karambelas*, Poinika Chronika 1988, S. 337 (341) [gr.].

Unbeachtlichkeit abgeleitet.[580] In solchen Fällen soll sogar auch durch Gewalt die rettende Handlung unternommen werden dürfen.[581] Der Schutz der Selbstbestimmung finde seine Grenze in dem Lebensschutz. In drei Gutachten der griechischen Staatsanwaltschaft[582] wird diesen Ansichten gefolgt. Danach dürfe der Arzt eine vital indizierte Maßnahme nicht nur ohne, sondern auch gegen den Willen des Patienten durchführen.[583] Wenn der Patient unter medizinischer Behandlung steht und die Durchführung einer vital indizierten Bluttransfusion verweigert, sei der Arzt aufgrund seiner Garantenpflicht zur Durchführung der Maßnahme sogar verpflichtet.[584] In einem weiteren staatsanwaltschaftlichen Gutachten wird die selbe Ansicht vertreten, wobei als Begründung für die Unbeachtlichkeit der Patientenentscheidung die Möglichkeit erwähnt wird, dass eine solche Entscheidung Ausdruck von Unwissenheit, Fanatismus oder Missverständnisses ist.[585]

Diesen Ansichten ist nicht zu folgen. Es wird dabei von einer „rechtlichen Weiterlebenspflicht“[586] ausgegangen, so dass dadurch dem Patienten das Recht, eine lebensnotwendige Therapie abzulehnen, verwehrt wird. Im medizinischen Bereich führt diese „rechtliche Pflicht zu leben“ zu Zwangsbehandlungen, die nicht nur gegen das Selbstbestimmungsrecht, sondern gegebenenfalls – etwa bei Gewaltausübung - gegen die Menschenwürde verstoßen. Eine solche „rechtliche Pflicht zu leben“ stützt sich nicht auf das Gesetz.[587] Spätestens seit 1992 ist die in Griechenland stark vertretene Auffassung von der Unbeachtlichkeit der Therapieverweigerung eines vital indizierten Eingriffes mit geltendem Recht nicht konform. Denn der Gesetzgeber hat mit dem Gesetz 2071/1992 eindeutig zu der Frage der Therapieverweigerung Stellung genommen. Nach Artikel 47 § 3 die-

---

580 So *Androulakis*, Poiniko Dikaio, 2000, S. 437 Fß. 131 [gr.]. Dass eine Patientenentscheidung nicht schon deshalb dem Suizidwillen gleichzusetzen ist, weil ihre Beachtung ein frühzeitiges Sterben des Patienten ermöglicht, wurde schon im Ersten Teil dieser Arbeit unter C IV 3 gezeigt.

581 A.a.O.

582 *Papaioannou*, Poinika Chronika 1970, S. 57 (58) [gr.]; *Kaninias*, Gnomodotisi 17/1976, Poinika Chronika 1976, S. 507 f. [gr.]; *Peponis*, Gnomodotisi, Poinika Chronika 1989, S. 922 ff. [gr.].

583 Unrichtigerweise wird aus Artikel 8 des Deontologiekodexes durch argumentum a contrario der Schluss gezogen, eine indizierte ärztliche Maßnahme dürfe gegen den freien Willen des Patienten durchgeführt werden. Gegen diese Auslegung des Artikel 8 des Deontologiekodexes *Karageorgos*, Poiniki ektimisi, 1996, S. 54 f [gr.] und *Kaiafa-Gbandi*, Nomiko Vima 1989, S. 872 (881 Fß. 54) m.w.N. [gr.].

584 *Peponis*, a.a.O., S. 922 (924) [gr.].

585 *Tsichlas*, Gnomodotisi 2692/1991, Poinika Chronika 1991, S. 601 (602) [gr.]; *Sideris*, Poinika Chronika 1991, S. 945 (953) [gr.].

586 *Androulakis*, Eidikon Meros, 1974, S. 28 [gr.]; *Manoledakis*, Yperaspisi 1994, S. 523 (526) [gr.]. In Deutschland: *Schmidhäuser*, in: FS-Welzel, 1974, S. 801 (819).

587 *Bitzilekis*, I symmetochiki praxi, 1990, S. 215 [gr.].

ses Gesetzes hat der urteilsfähige Patient das Recht, *jede*[588] diagnostische oder therapeutische Maßnahme abzulehnen. Nach Artikel 95 § 3 desselben Gesetzes stellt die Weigerung oder Unmöglichkeit einer Person, sich den herrschenden sozialethischen Wertmaßstäben anzupassen, keine psychische Störung dar. Aus der Therapieverweigerung eines Patienten, die von anderen als unvernünftig bewertet wird, darf daher nicht der Schluss gezogen werden, der Patient sei schon deshalb psychisch krank oder urteilsunfähig. Die Weigerung eines Patienten, in eine lebensnotwendige Therapie einzuwilligen, ist daher zu beachten, solange der Patient einwilligungsfähig ist und über die Folgen seiner Entscheidung aufgeklärt worden ist.[589]

Somit erweist sich die Einwilligung des einwilligungsfähigen Patienten in die Unterlassung bzw. in den Abbruch einer lebensnotwendigen Behandlung sowohl in Deutschland als auch in Griechenland als verbindlich.

b. Grenzen der Einwilligung in aktive Lebensverletzung und -gefährdung

Die Rechtsverbindlichkeit der Patienteneinwilligung findet nach geltendem Recht in Deutschland und in Griechenland ihre Grenze, wenn Inhalt der Patientenentscheidung eine aktive Tötung ist. Auch die verstärkte rechtlich anerkannte Form der Einwilligung, das Verlangen, reicht nicht aus, eine Tötung zu rechtfertigen, wie dem § 216 StGB bzw. Artikel 300 Poinikos Kodikas zu entnehmen ist. Zwar ist in den Strafgesetzbüchern beider Länder die Tötung auf Verlangen strafbar, doch sie weist einen geringeren Unrechtsgehalt als die Tötung ohne Verlangen auf. Das Verlangen ist zumindest ein Grund für die Strafmilderung bei der Tötung auf Verlangen.[590] Ob das Verlangen des Opfers [591] oder aber die besondere schuldmildernde Motivation des Täters als Grund der Privilegierung anzusehen ist,[592] kann dahingestellt bleiben. Die hier maßgebende Frage ist, aus

---

588 Hervorhebung nicht im Gesetzestext.

589 *Giannidis/Mbitsaksis*, Poinika Chronika 1991, S. 604 (610) [gr.]; *Symeonidou-Kastanidou*, in: Mnimi II, 1996, S. 401 (420 f.)[gr.]; *Politis*, Iatriko Vima 1989, S. 27 (31) [gr.]; *Varka-Adami*, Elliniki Dikaiosyni 1997, S. 1976 (1977) [gr.]; *Androulidaki-Dimitriadi*, I Ypochreosi enimerosis, 1993, S. 319 [gr.]; *Katrougalos*, To dikaioma sti zoi kai sto thanato, 1993, S. 93 f. [gr.]. Aus ärztlicher Sicht: *Dontas*, Materia Medica Greca 1989, S. 371 (375) [gr.].

590 *Stratenwerth*, ZStW 1956, S. 41 (43); Die Konfliktsituation des Täters sehen, LK-*Jähnke*, § 216, Rn. 1; *Tröndle/Fischer*, § 216, Rn. 1, als Grund der Privilegierung.

591 *Baumann/Weber/Mitsch*, AT § 17 Rn. 100; a.A: *Androulakis*, Eidikon Meros, S. 18 [gr.], der anführt, die Einwilligung in eine Tötung könne keine rechtfertigende Wirkung aufweisen, weil das Rechtsgut Leben strafrechtlich absolut geschützt werde. Er anerkennt aber später, a.a.O., S. 59, dass die auf eine Tötung gerichtete Gesinnung des Täters dadurch gemildert wird, dass sein Tötungsentschluss aufgrund des Verlangens des Opfers gefasst wird. Wenn aber das Verlangen des Opfers als legitime Basis für die Milderung der Schuld des Täters angesehen wird, ist es nicht ersichtlich, wie dieses Verlangen ohne Wirkung auf die Privilegierung des Artikels 300 PK bleiben soll.

592 *Möllering*, Schutz des Lebens, 1977, S. 26.

welchem Grund und in welchem Umfang die Einwilligung in eine Tötung keine rechtfertigende Wirkung entfaltet. Geht es dabei wirklich um eine unüberwindbare Grenze der rechtfertigenden Kraft der Einwilligung?

Wenn hinsichtlich des § 216 StGB von unüberwindbarer Grenze der rechtfertigenden Kraft der Einwilligung in eine Tötung die Rede ist, dann ist damit die herkömmliche Auffassung, wonach das Leben ein unveräußerliches Gut ist, gemeint. Dennoch beweist die Problematik der Sterbebegleitung, in welcher es eben um die Möglichkeit der Veräußerung geht, dass unter Unveräußerlichkeit jedenfalls nicht eine Lebenspflicht zu leben um jeden Preis zu verstehen ist. Es wird nämlich anerkannt, dass das Verbot der Tötung auf Verlangen der Respektierung des Patientenwillens nicht entgegensteht, wenn der Wille des Patienten dahin geht, seiner tödlichen Krankheit nicht mehr mit lebenserhaltenden Maßnahmen entgegenzutreten.[593] Selbst wenn man die Straflosigkeit hier des Untätigbleibens des Arztes auf die – umstrittene – Unanwendbarkeit des § 216 StGB beim Unterlassen stützen will,[594] so kann nicht angezweifelt werden, dass hier de jure die Grenzen der rechtfertigenden Kraft der Einwilligung erweitert werden. Ein weiteres Beispiel bietet die Einwilligung in eine Schmerzbehandlung mit tödlicher Nebenfolge. Die Einwilligung in diese Form von Sterbebegleitung sollte keine Verbindlichkeit erweisen, als die Schmerzlinderung mit tödlicher Nebenfolge den Tatbestand des Totschlags erfüllt. Doch wird von den Vertretern der Notstandslösung und vom BGH die Einwilligung des Patienten in diese lebensgefährdende Scherztherapie als eine Voraussetzung der Rechtfertigung des hiesigen ärztlichen Handelns angesehen. *Merkel* will durch eine Dichotomie der Wirkungen der Schmerztherapie zur Unverbindlichkeit der Einwilligung gelangen: Die eine Wirkung sei die Schmerzlinderung, für welche die Einwilligung unentbehrlich sei, und die andere Wirkung sei die Tötung, für welche die Einwilligung ohne Belang sei.[595] Der Todeserfolg sei per Einwilligung nicht rechtfertigungsfähig, was aus § 216 StGB abzuleiten sei.[596] Dieser Auffassung ist nicht zu folgen. Bei Vorsatztaten umfasst die Einwilligung nach herrschender Auffassung sowohl die Handlung als auch den Erfolg.[597] Maßgeblicher Zeitpunkt ist der Zeitpunkt vor der Tat. Im Zeitpunkt der Erteilung der Einwilligung willigt der Patient in eine indizierte, wenngleich lebensgefährliche Schmerztherapie ein. Dass aus der Sicht des Arztes eine lebensverkürzende Nebenwirkung möglicherweise oder sogar notwendigerweise mit der Medikation verbunden ist,

---

593 *Kutzer*, ZRP 1997, S. 117; Schönke/Schröder/*Eser*, Vor §§ 211 ff. Rn. 28; *Vogel*, MDR 1995, 337 (338 Fß. 15); *Fröschle*, JZ 2000, S. 72 (73).

594 Dazu s.u. 4. Teil, B II 2.

595 *Merkel*, Früheuthanasie, 2001, S. 158.

596 *Merkel*, a.a.O.

597 Schönke/Schröder/*Lenckner*, Vor §§ 32 ff. Rn. 34; *Roxin* AT, § 13 Rn. 49; . Nach *Hirsch*, in: FS-Welzel, 1974, S. 775 (797, Fß. 69) berührt das „Verlangen“ im § 216 StGB den Handlungs-, nicht den Erfolgsunwert der Tat.

ist für seine Aufklärungspflicht von Bedeutung. Ist der Patient über dieses Risiko aufgeklärt, dann willigt er in solchen Fällen in eine lebensgefährdende Schmerzbehandlung und nicht in seine Tötung ein. Der Fall ist vergleichbar mit einer Operation zu Leidenslinderungszwecken, bei welcher die Prognose von sehr geringen Überlebenschancen des Patienten besteht.[598]

Im Schrifttum ist allerdings umstritten, ob in eine Lebensgefährdung verbindlich eingewilligt werden kann. Nach einer Auffassung steht dem die Unverfügbarkeit des Rechtsguts Leben entgegen.[599] Danach dürfte ein Patient in eine Schmerzlinderung mit tödlicher Nebenfolge nicht einwilligen, mit der Folge, dass die erforderliche Schmerztherapie zu unterbleiben hätte. Die praktische Konsequenz dieser Ansicht wäre eine de facto Pflicht des Patienten zum Ertragen der Schmerzen. Eine solche Pflicht kennt aber das Recht nicht. Nach anderer Auffassung ist auf das Vorliegen einer qualifizierten Einwilligung abzustellen: Diese sei gegeben, wenn der Wert der durch die Einwilligung betätigten Opferautonomie und der Wert der mit der Tat verfolgten Zwecke den in der Lebensgefährdung liegenden Unwert überwiegen.[600] In der Sache geht es hier um eine Abwägung von widerstreitenden Rechtsgütern und Interessen, im Ergebnis werden aber hier die Grenzen der Reichweite der Einwilligung in die Lebensgefährdung erweitert. In der Tat ist der Schmerzlinderung mit tödlicher Nebenfolge eine solche Abwägung immanent: Das Ergebnis dieser Abwägung impliziert die Indizierbarkeit der lebensgefährlichen Schmerzbehandlung. Das Ergebnis dieser Abwägung ist auch der Grund, weshalb hier die Einwilligung in eine solche lebensgefährliche Schmerztherapie Verbindlichkeit entfalten kann.[601] Das Problem wird aber in der Praxis oft darin liegen, dass der Patient angesichts seines körperlichen bzw. psychischen Zustandes vom Arzt nicht über die lebensverkürzende Nebenwirkung der Medikation aufgeklärt werden kann. Dies wird aus therapeutischen Gründen – wie bereits erwähnt – bisweilen der Fall sein.[602] Infolgedessen würde dem Patienten die notwendige Informationsgrundlage fehlen, um entscheiden zu können, ob er das Lebensverkürzungsrisiko eingehen will. Die Erkenntnis des eingegangenen Risikos ist aber bei Einwilligung in lebensgefährliche Handlungen Wirksamkeitsvoraussetzung.[603] Dies führt dazu, dass der nicht aufgeklärte Patient zwar in eine Schmerzlinderung, nicht aber in eine solche mit möglicher Todesfolge wirksam einwilligen kann. In einem solchen Fall wäre dann die Schmerzlinderung mit möglicher Todesfolge nur unter Notstand-

---

[598] Vgl. *Verrel*, JZ 1996, S. 224 (227).
[599] *Jescheck/Weigend*, AT S. 378.
[600] *Dölling*, GA 1984, S. 71 (90 ff.); *Spinellis*, Nomiko Vima 1989, S. 1173 (1190) [gr.].
[601] Deshalb spricht die überwiegende Auffassung von einer Kombination von Elementen der Einwilligung und des rechtfertigenden Notstandes: *Dölling*, MedR 1987, S. 6 (7). Vgl. auch *Otto*, Jura 1984, S. 536 (540).
[602] Dazu s. o.: B II 2 c.
[603] *Helgerth*, NStZ 1988, S. 261 (263); *Tröndle/Fischer*, Vor § 13 Rn. 19.

gesichtspunkten durchzuführen, wobei der mutmaßliche Wille des Patienten zu beachten wäre. Im Prinzip gilt es, dass sich die rechtfertigende Kraft der Einwilligung auf vorsätzliche Lebensgefährdungen im Rahmen einer gefährlichen Schmerzlinderung erstreckt, wenn sich der Einwilligende der Gefährdung bewusst ist.[604] Vorausgesetzt wird allerdings dabei, dass die ärztliche Schmerzlinderung medizinisch indiziert und lege artis durchgeführt wird.

Des weiteren ist zu fragen, aus welchem Grund die Einwilligung in eine aktive Tötung im Sinne einer aktiven Sterbehilfe keine Verbindlichkeit entfaltet. Ein Vergleich der Tötungs- mit den Körperverletzungstatbeständen könnte hierbei behilflich sein. Bei der lebensgefährlichen Körperverletzung findet die rechtfertigende Kraft der Einwilligung nach § 228 StGB erst in den Verstoß gegen die guten Sitten ihre Grenze. Es kann daher angenommen werden, dass eine Tötung auf Verlangen typischerweise erst recht gegen die guten Sitten verstößt. Die Einwilligung in die eigene Tötung erweist keine rechtfertigende Kraft, weil eine solche Tötung typischerweise gegen die guten Sitten verstößt. Trifft das zu,[605] dann müsste das Verlangen bei einer Tötung auf Verlangen, die ausnahmsweise nicht gegen die guten Sitten verstößt, rechtfertigende Kraft entfalten. Werden die guten Sitten – wie oben angeführt – nach Art, Schwere und Zweck der Tat aufgrund eines sozialethischen Urteils konkretisiert, so lässt sich erklären, warum im Bereich der erlaubten Sterbebegleitung die Durchsetzung einer Patientenentscheidung für den (frühzeitigen) Tod unter gewissen Voraussetzungen als nicht sittenwidrig angesehen wird. Die Verweigerung der Einwilligung in eine lebenserhaltende Maßnahme bzw. der Widerruf der Einwilligung in eine solche sowie die Einwilligung in eine Schmerzlinderung mit dem Risiko einer Lebensverkürzung als Nebenfolge sind verbindlich, weil sie auf der sozialethischen Ablehnung einer Zwangsbehandlung einerseits, und der sozialethischen Vertretbarkeit der Leidenslinderung unter Inkaufnahme von erheblichen Risiken in Notstandslangen andererseits basieren. Dies stellt allerdings nur die materielle Erklärung der Erlaubtheit solcher Tötungen aufgrund ihrer fehlenden Sittenwidrigkeit und nicht ihre strafrechtliche Beurteilung dar. Aus diesem Grund ist dem Vorschlag, die Strafbarkeit der Tötung auf Verlangen von dem Fehlen ihrer Sittenwidrigkeit abhängig zu machen,[606] nicht zu folgen. Die sozialethischen Maßstäbe der Beurteilung der Sittenwidrigkeit müssen vielmehr rechtlich positiviert sein, so dass auf sie allgemein zurückgegriffen werden kann.[607]

---

[604] *Eser*, Strafrecht III, 1981, S. 45. A.A: SK-*Horn*, § 212 Rn. 25.

[605] Vgl. *Otto*, JR 1999, S. 124 (125): „Die sozialethischen Wertvorstellungen, auf denen § 216 StGB und § 226 StGB a. F., § 228 n. F. basieren, entsprechen einander insoweit".

[606] *Kaufmann*, MedR 1983, S. 121 (124).

[607] *Otto*, JR 1999, S. 124.

Es wurde hier versucht zu zeigen, dass die rechtlichen Grenzen der Verbindlichkeit der Einwilligung im Bereich des Sterbens mehr durch sozialethische Maßstäbe als durch den Verweis auf angeblich absolute rechtliche Grenzen zu erklären sind. Damit ist aber nicht gesagt, dass die rechtlichen Grenzen der rechtfertigenden Kraft der Einwilligung durch standesethischen Maßstäben zu *bestimmen* sind. Eine Tendenz zur Dominierung der Standesethik zuungunsten der Sozialethik zeichnet sich allerdings im Bereich der Sterbebegleitung ab. So lässt sich die Verbindlichkeit der Einwilligung in eine aktive Sterbehilfe nach dem niederländischen Gesetz ohne den wesentlichen Einfluss der niederländischen Standesethik nicht erklären, auf welchen sich die niederländischen Gerichte explizit berufen haben. Dadurch wurde der sozialethische und damit letztlich auch der gesetzliche Wandel gefördert. Es ist in diesem Rahmen fraglich, ob wirklich auf das Tötungsverlangen bzw. auf die Autonomie abgestellt wird, wenn von der Erlaubtheit der aktiven Sterbehilfe die Rede ist. Denn im Grunde kann die aktive Sterbehilfe schon dadurch materiell gerechtfertigt sein, dass sie nicht gegen die Standesethik verstößt. Dass die Standesethik ein Verhalten als ethisch vertretbar bewertet, heißt aber noch nicht, dass dieses Verhalten rechtlich erlaubt sein soll.[608] Das Recht muss vielmehr nicht nur zum Schutz des Lebens, sondern auch zur Wahrung der Selbstbestimmung des Einwilligenden Grenzen der verbindlichen Einwilligung setzen. Es ist nämlich Eigenschaft des Rechts, durch Grenzziehung von Rechten und Pflichten *kontrollierten Freiraum* zu verschaffen, in welchem die Missbrauchgefahr der Freiheit minimiert wird. Besonders im Bereich der Medizin tendiert das Recht durch Kontrolle zur Minimierung der Risiken.[609] Dass im Bereich der Sterbebegleitung das Verbot der aktiven Sterbehilfe besteht, entspricht diesem rechtlichen Konzept. Den Schutz vor der Missbrauchsgefahr kann die Standesethik nur in begrenztem Rahmen gewährleisten. Die Funktion des Rechts, durch Grenzziehung der Selbstbestimmung Gefahren ihres Missbrauchs vorzubeugen, wird daher durch die begrenzte Verbindlichkeit der Einwilligung im § 216 StGB bzw. Artikel 300 Poinikos Kodikas zum Ausdruck gebracht.

c. Keine Erweiterung der Verbindlichkeitsgrenzen der Einwilligung um jeden Preis

Dass sich die sozialethischen Maßstäbe wandeln, ist ein Grund, warum der Ruf nach Legalisierung der aktiven Sterbehilfe immer lauter wird. Umfragen und Befragungen werden dabei in Anspruch genommen und unterschiedlich interpretiert.[610] Ein Problem in der Interpretation von Befragungen zur aktiven Sterbehilfe besteht in der oft fehlenden Abgrenzung zwischen Einstellung, Hand-

---

608 *Eser*, JZ 1986, S. 786 (789).

609 *Schreiber*, Notwendigkeit und Grenzen rechtlicher Kontrolle der Medizin, 1984, S. 33.

610 So etwa bei *Oehmichen*, Z Gerontol Geriat 1995, S. 273 (276 f.) und neuerdings bei *Hoerster*, Beiträge zur Thanatologie, 2000, S. 8 f.

lungsbereitschaft und Handlungsvollzug der Befragten.[611] Auch sollten die Perspektive, der Gesundheitszustand und der psycho-sozio-ökonomische Status der befragten Person präzisiert werden.[612] Bei geringer Validität können solche Befragungen nicht als Nachweis für einen sozialethischen Wandel verwendet werden. Ein tatsächlich eingetretener Wandel könnte allerdings – wie es in den Niederlanden schon geschehen ist – die aktive Sterbehilfe zu einer sozial akzeptierten Alternative ärztlichen Handelns machen. Nach dem hier vertretenen Standpunkt kann jedoch ein solcher Wandel an sich einen rechtlichen Wandel nicht rechtfertigen. Das Recht muss vor Änderung der bestehenden Rechtslage die Besonderheiten des Falles und die Vereinbarkeit der Positivierung des Wandels mit dem bestehenden Rechtssystem berücksichtigen.

Sowohl der betagte wie auch der schwerkranke Mensch ist physisch und psychisch geschwächt und kann infolge seiner Abhängigkeit in hohem Maße gegenüber Eingriffen wehrlos sein. Wenn alte Menschen Ziel krimineller Handlungen in der häuslichen Pflege werden, kommt es selten zur Anzeige.[613] Was bei kriminellen Handlungen gilt, sollte erst recht bei einer Legalisierung der aktiven Sterbehilfe gelten: Terminale Kranke machen sich angesichts des Todes eher darüber Gedanken, in welchem Maß ihre Existenz die Familie oder andere Menschen emotional, physisch und finanziell belastet.[614] Der Patient würde sich der Ermunterung bzw. dem direkten oder indirekten Druck von ihn pflegenden Angehörigen oder Freunden, sich für die Alternative der aktiven Sterbehilfe zu entscheiden, oft nicht widersetzen können.[615] Angesprochen wird damit die Wahrscheinlichkeit von künstlich provozierten Todeswünschen und sachfremden Motivationen. Diese Gruppe von Patienten passt jedenfalls nicht gut in das Bild des selbständigen und autonomen Vertragspartners.[616] Solche Argumente haben für die Verfechter der Idealisierung der Selbstbestimmung allerdings nur geringe Überzeugungskraft. Jedoch zu Unrecht. Denn im Grunde geht es hier um Probleme der Einwilligungsfähigkeit, also der maßgebenden Ausprägung der Selbstbestimmung in der Sterbebegleitung im Zeitpunkt der Erteilung des Todeswunsches.[617] Wenn schon bei der Behandlungsbeschränkung und der Schmerzlinderung mit Todesrisiko die Frage der Einwilligungsfähigkeit in der Praxis nicht leicht zu bewältigen ist, dann dürfte es nicht anders bei der Einwilligung in eine aktive Sterbehilfe sein. Es ist daher bemerkenswert, dass diejeni-

---

[611] *Helou* et al., DMW 2000, S. 308 (314).
[612] *Helou* et al., a.a.O.
[613] Lothar Hans *Schreiber*/Christiane *Schreiber*, ZRP 1993, S. 146 f.
[614] *Lynn*, in: Arras/Steinbock (Hrsg.), Ethical Issues in Modern Medicine, 1995, S. 217 (219).
[615] *Dölling*, MedR 1987, S. 6 (8); *Kutzer*, MedR 2001, S. 77 (78); *Euaggelou*, To problima tis euthanasias, 1999, S. 24. [gr.].
[616] *Meran*, Z Gerontol Geriat 2001, S. 280 (286).
[617] Insofern sind diese Argumente nicht paternalistisch, sondern liberalistisch, worauf auch *Van der Burg*, Bioethics 1997, S. 91 (104 Fß. 34) hinweist.

gen, die für die Erweiterung der Verbindlichkeitsgrenzen der Einwilligung plädieren, die Frage der Konkretisierung der Einwilligungsfähigkeit und ihrer Mängel bei einer aktiven Sterbehilfe nicht in Betracht ziehen.[618]

Andererseits liegt das Problem der Erweiterung der Grenzen der Einwilligung darin, dass der sachliche Grund der Erweiterung, die Akzeptanz der Alternativen der aktiven Sterbehilfe bei schwerem, anders nicht behebbarem Leiden, nicht nur bei somatischem Leiden, sondern auch bei nicht somatischem Leiden Geltung beanspruchen würde. Der Grund liegt darin, dass bei unheilbaren Patienten dem Gesichtspunkt der individuellen Lebensqualität eine zentrale Bedeutung beigemessen wird. Sieht ein unheilbarer Patient das Fortsetzen seines Lebens als ein ihm psychisch nicht mehr zumutbares Leiden an, so müsste seine Verweigerung, bestehende Behandlungsalternativen in Anspruch zu nehmen, konsequenterweise respektiert werden.[619] Eine Zwangsbehandlung wäre nicht zu rechtfertigen. Daraus zeigt sich, dass es hier nicht um eine „konservativ-paternalistische Lebensschutzfraktion"[620] geht, sondern um die Frage, ob die Erweiterung der Einwilligungsgrenzen in Richtung aktive Sterbehilfe zu rechtlich vertretbaren Ergebnissen in der Praxis führen kann. Nach dem aktuellen Stand der Entwicklung lässt sich dies bezweifeln.

4. Erweiterung der Verbindlichkeitsgrenzen der Einwilligung durch das Menschenwürdeprinzip?

In der einschlägigen Diskussion wird oft das Menschenwürdeprinzip mit der Selbstbestimmung des Betroffenen verbunden.[621] Zum menschenwürdigen Sterben soll auch eine menschenwürdige Verantwortung für das Sterben gehören.[622] Da rechtlicher Ausdruck der Selbstbestimmung – soweit es um Fremdgefährdungen und Fremdverletzungen geht – die Einwilligung ist, wird dadurch die Menschenwürde zum Argument für die Erweiterung der vom geltenden Recht gesetzten Grenzen der Verbindlichkeit der Einwilligung in die eigene Tötung gemacht.

---

[618] Etwa *Hoerster*, ZRP 1988, S. 1 (3).

[619] Kay *Wheat*, Med.L.Rev. 2000, S. 182 (205); *Fuchs/Lauter*, Deutsches Ärzteblatt 1997, S. B-186 (B-187). Nach dem Gesetzgebungsvorschlag *Hoersters*, a.a.O., S. 1 (4) wäre etwa die Tötung eines HIV Patienten auf dessen Einwilligung gerechtfertigt, wenn die unheilbare Krankheit das weitere Leben für ihn wertlos macht.

[620] So aber *Saliger*, KritV 2001, S. 382 (387), der für eine Liberalisierung plädiert.

[621] Eindeutig findet sich die Verbindung der Menschenwürde mit der Selbstbestimmung schon im Titel des Buches von *Jens/Küng*: „Menschenwürdig sterben – ein Plädoyer für Selbstverantwortung", 1996.

[622] *Küng*, in: Jens/Küng, Menschenwürdig sterben, 1996, S. 13 (74).

Die Menschenwürde wird als Konstitutionsprinzip angesehen, als ein Fundament sowohl der deutschen als auch der griechischen Verfassungsordnung,[623] das alle Bestimmungen des Grundgesetzes[624] bzw. der griechischen Verfassung[625] beherrscht. Die Schwierigkeit bei der Berufung auf die Menschenwürde liegt im wesentlichen in der Unbestimmtheit ihres Schutzbereichs. Diese Unbestimmtheit könnte sich teilweise daraus erklären, dass in den geistesgeschichtlichen Wurzeln des Menschenwürdebegriffs eine Spannung zwischen religiösen und säkularen Momenten besteht.[626] Dass der Schutzbereich der Menschenwürde schwer zu bestimmen ist,[627] hat auch mit einem der Menschenwürde immanenten Abstraktum zu tun: Die „Würde" als dem Menschen zukommender Wert ist kein empirisch nachgewiesenes Faktum.[628] Aus diesem Grund stößt eine positive Begriffsbildung eher auf Ablehnung. Doch muss der Schutzbereich der Menschenwürde konkretisiert werden, weil sonst die Gefahr besteht, dass der konkrete Mensch um eines abstrakten Würderespekts willen ignoriert wird.[629] Das Konstitutionsprinzip der Menschenwürde muss zusammen mit den in den Artikeln 2 ff. GG festgehaltenen Menschenrechten gesehen werden, was auch die Praxis des Bundesverfassungsgerichts zeigt.[630] Überwiegend vertreten wird eine vom Verletzungsvorgang her gesehene negative Auslegung der Menschenwürde.[631] Beispiel aus dem griechischem Strafgesetzbuch: In Artikeln 137 A ff. Poinikos Kodikas geht es um speziell umschriebene Ausprägungen von Menschenwürdeverletzungen, die pönalisiert wurden. Die Beschreibung erfolgt negativ; beschrieben wird, wann eine Verletzung der Menschenwürde durch staatliche Organe insbesondere vorliegt.[632] Aus den Artikeln 137 A ff. i.V.m. Artikel

---

[623] *Stern*, Das Staatsrecht der Bundesrepublik Deutschland, Band III/1, S. 20; Artikel 2 Abs. 1 griechische Verfassung: Grundverpflichtung des Staates ist es, die Würde des Menschen zu achten und zu schützen; *Dagtoglou*, Atomika Dikaiomata, B', 1991, Rn. 1445 [gr.]; *Konstantinidis*, Poiniko Dikaio kai anthropini axioprepeia, 1987, S. 47 [gr.]; *Häberle*, Rechtstheorie 1980, S. 389 ff.

[624] BVerfG E 87, 209 ff.;

[625] Areios Pagos 40/1998, Nomiko Vima 1999, S. 705 ff. [gr.].

[626] *Schreiber*, MedR 2003, S. 367 (368); *Hilgendorf*, NJW 1997, S. 3074; *Fechner*, JZ 1986, S. 653 ff.

[627] *Elzer*, MedR 1998, S. 122 (123); *Neumann*, in: Manoledakis/Prittwitz (Hrsg.), I poiniki prostasia tis anthropinis axioprepeias, 1997, S. 59 (63)[gr.].

[628] *Schlehofer*, GA 1999, S. 357 (360); *Wertenbruch*, Grundgesetz und Menschenwürde, 1958, S. 24: Unter „Würde" sei kein Seinsverhalt, sondern ein Sonderwert zu verstehen.

[629] *Mangakis*, Poiniko Dikaio, 1984, S. 217 [gr.]

[630] *Schreiber*, MedR 2003, S. 367 f.; *Stern*, Staatsrecht, Band III/1, § 58 S. 23.

[631] *Stern*, Staatsrecht, Band III/1, § 58 S. 24 m.w.N.; *Pieroth/Schlink*, Staatsrecht II, § 7 Rn. 358; *Höfling*, JuS 1995, S. 857 (859); *Riedel*, EuGRZ 1986, S. 469 (473); *Manoledakis*, To ennomo agatho, 1998, Rn. 391 [gr.].

[632] Artikel 137A § 3 S. 2 PK: Als Verletzungen der Menschenwürde werden insbesondere angesehen: a) die Verwendung vom Wahrheitsdetektor b) die Isolierung über längere Zeitraum hinaus c) die ernstliche Verletzung der sexuellen Selbstbestimmung.

137 D Poinikos Kodikas lässt sich ableiten, dass die Verletzung der Menschenwürde durch keinen allgemeinen oder speziellen Rechtfertigungsgrund gerechtfertigt werden kann. Dies ist auch konsequent. So wie im deutschen[633] entzieht sich die Menschenwürde auch im griechischem Recht jeder Beschränkung und Abwägung.[634] Beurteilt die Rechtsordnung ein spezielles Verhalten als Eingriff in die Menschenwürde, dann liegt ein Verstoß gegen sie vor, der sich nicht rechtfertigen lässt. Werden bestimmte Umstände des Sterbens als die Menschenwürde verletzende Umstände beurteilt, so lassen sie sich durch keinen Rechtfertigungsgrund rechtfertigen. Das Argument der Menschenwürde in der Sterbehilfediskussion kann daher zur Verabsolutierung sowohl des Lebensschutzes als auch des Selbstbestimmungsschutzes führen. Wird die künstliche Ernährung bei einem sich in irreversiblem Koma befindenden Patienten als „menschenunwürdige" Maßnahme bewertet, dann ist konsequenterweise das Fortsetzen dieser Maßnahme nicht zu rechtfertigen. Die Lebenserhaltung werde hier „inhuman".[635] Unter solchen „menschenunwürdigen" Umständen soll der Behandlungsabbruch nicht nur berechtigt, sondern auch geboten sein. Wird dagegen die künstliche Ernährung beim selben Patienten als eine Maßnahme angesehen, die seine Menschenwürde via Befriedigung der elementarsten Bedürfnisse des Lebens bewahrt, dann ist ihre Durchführung unverzichtbar. Der Abbruch der künstlichen Ernährung, ja „das Verhungern" des Patienten, stelle hier ein Verhalten dar, dass seine Menschenwürde verletzt.[636]

Es zeigt sich, dass durch die inflationäre Berufung auf die Menschenwürde erwünschte Abwägungsergebnisse erreicht werden können.[637] So haben griechische Staatsanwälte in Stellungnahmen ausgeführt, der Arzt habe die vital indizierte Operation durchzuführen, selbst wenn der entscheidungsfähige Patient sich weigere, in diese einzuwilligen.[638] Es entspreche der Achtung der Men-

---

633 *Ipsen*, Staatsrecht II, 2001, § 4 Rn. 228; *Höfling*, KritV 1998, S. 99 (102); *ders.*, JuS 1995, S. 857 (858); *Pieroth/Schlink*, Staatsrecht II, § 7 Rn. 365.

634 *Bekas*, Poinikos Logos 2001, S. 734 (735) [gr.].

635 Auf den Begriffspaar „human – inhuman" und durch Berufung auf die Menschenwürde will *Saliger*, KritV 2001, S. 382 (436) die Entscheidung über die Erlaubtheit der Sterbehilfe stützen. Auch im griechischen Schrifttum wird neuerdings für die Erweiterung der Grenzen der Selbstbestimmung auf das Prinzip der Menschenwürde abgestellt, so *Bekas*, Poinikos Logos 2001, S. 734 (735) [gr.].

636 In diese Richtung: *Eibach*, MedR 2000, S. 10 (15).

637 *Schreiber*, MedR 2003, S. 367 (368): Mit dem Griff nach der Würde könne der Diskussionsgegner ins prinzipielle Abseits gedrängt werden; nach *Hoerster*, JuS 1983, S. 93 (96), ist das Menschenwürdeprinzip nicht mehr und nicht weniger als das Vehikel einer moralischen Entscheidung über die Zulässigkeit oder Unzulässigkeit möglicher Formen der Einschränkung individueller Selbstbestimmung.

638 *Kaninias*, Gnomodotisi 17/1976, Poin Chr 1976, S. 507 [gr.]. Vgl. auch *Peponis*, Gnomodotisi, Poinika Chronika 1989, S. 922 ff.,[gr.], der zum selben Ergebnis gelangt, allerdings ohne Berufung auf die Menschenwürde.

schenwürde, dass hier der Konflikt zwischen Lebensschutz und Selbstbestimmungsschutz zu Lasten des Selbstbestimmungsschutzes gelöst werde.[639] Konsequenterweise konstatiert hier die Staatsanwaltschaft eine Pflicht des Arztes zu Vornahme der vitalen Operation trotz fehlender Einwilligung des Patienten. Durch Anwendung des Menschenwürdeprinzips kann aber auch eine Erweiterung der rechtlichen Grenzen der Selbstbestimmung erreicht werden. Das zeigt ein gerichtliches Urteil aus dem Jahr 1991. In diesem Urteil hatte das LG Karlsruhe über die Frage zu entscheiden, ob ein bereits im Sterben liegender Patient vom Krankenhausträger und den behandelnden Ärzten die Anschließung an eine Beatmungsmaschine verlangen konnte. Das Gericht hat die Frage verneint und sich mit dem Prinzip der Menschenwürde auseinandergesetzt. Der Patient habe einen Anspruch auf Leidenslinderung, also auf eine Behandlung, die dem Gebot der Menschenwürde nach Artikel 1 GG entspricht. Daraus folge jedoch nicht, dass dem Patienten unter allen Umständen die Wahl der Behandlungsmethode abschließend vorbehalten wäre und der Arzt sich hiernach zu richten hätte. Unvereinbar mit der Menschenwürde des Patienten wäre vielmehr ein Behandlungsverweigerungsrecht abzulehnen. Denn aus dem Gebot der Menschenwürde folge, dass der Patient nicht zum Objekt ärztlicher Fremdbestimmung bei der Heilbehandlung werden dürfe.[640] Auch *Uhlenbruck* stützt das Recht auf Behandlungsverweigerung auf das Prinzip der Menschenwürde: „Vor allem im Sterbebereich hat der Patient unter dem Gesichtspunkt der Achtung der Menschenwürde (Artikel 1 Abs. 1 GG) das Recht, auf lebensverlängernde Maßnahmen zu verzichten, wenn für ihn das Weiterleben menschenunwürdig ist".[641] Allerdings scheint bei *Uhlenbruck* die Berufung auf die Menschenwürde davon abhängig gemacht zu werden, dass der Betroffene bestimmt, wann das Weiterleben für ihn menschenunwürdig wird. Diese Bedingung leuchtet nur dann ein, wenn man die Menschenwürde als Leistung der Identitätsbildung versteht. Danach bestimmt der Einzelne, was seine Würde ausmacht.[642] Diese Ansicht wird aber Menschen, die entscheidungsunfähig sind, nicht gerecht.[643] Das widerspräche der einhelligen Ansicht, wonach jeder Mensch Träger der Menschenwürde ist.[644] Das LG Karlsruhe hat deshalb konsequenterweise die Objekt-Formel verwendet. Danach wird die Menschenwürde dann verletzt, wenn der Mensch zum Objekt, zum bloßen Mittel, zur vertretbaren Größe funktionalisiert wird, ohne dass sein Ei-

---

[639] *Kaninias*, a.a.O., S. 507 f.

[640] LG Karlsruhe, NJW 1992, S. 756; *Taupitz*, Gutachten A für den 63. DJT, 2000, S. A13 Fß. 14.

[641] *Uhlenbruck*, MedR 1992, S. 134 (135).

[642] *Pieroth/Schlink*, Staatsrecht II, § 7 Rn. 355; *Neumann*, a.a.O., S. 59 (73).

[643] *Pieroth/Schlink*, a.a.O., Rn. 356.

[644] *Ipsen*, Staatsrecht II, 2001, § 4 Rn. 211 m.w.N., der darauf hinweist, dass jegliche Differenzierung zwischen Menschen im Hinblick auf die Menschenwürde diese sogleich „antasten" würde.

genwert respektiert wird.[645] Eine Ablehnung des Behandlungsverweigerungsrechts würde den Patienten zum Objekt einer Zwangsbehandlung degradieren.

Abgesehen aber von den Fällen der unzweifelhaften Zwangsbehandlung, also wenn der entscheidungsfähige Patient eine bestimmte Behandlung verweigert, hilft die Objekt-Formel in den problematischen Fällen der Sterbebegleitung bei zweifelhafter Zwangsbehandlung, wenn der Patient entscheidungsunfähig ist, nicht weiter. In diesem Rahmen fordert Artikel 1 I GG nicht unbedingt eine künstliche Ernährung.[646] Die Gefahr von zweifelhaften Ergebnissen via Menschenwürde in solchen Fällen erkennt auch der BGH. Er weist auf den grundsätzlichen Vorrang des Lebensschutzes hin, wenn in eine Abwägung ein auch in Artikel 1 Abs. 1 GG angelegtes Recht des Einzelnen auf ein Sterben unter „menschenwürdigen" Bedingungen einzustellen sei.[647] Diese Auffassung des BGH bringt das Paradoxon mit sich, dass hier das Recht auf ein Sterben unter menschenwürdigen Umständen, welches auch in Artikel 1 Abs. 1 GG angelegt ist, trotz der Berufung auf die Menschenwürde grundsätzlich dem Lebensschutz nachrangig sein soll. Der Grund für dieses Paradoxon liegt meines Erachtens darin, dass hier der BGH von einem Recht auf Sterben unter „menschenwürdigen" Bedingungen spricht, welche er aber nicht zu konkretisieren vermag. Wären diese Umstände konkretisiert, dann hätte das Recht auf Sterben unter menschenwürdigen Bedingungen den grundsätzlichen – wenn nicht den absoluten – Vorrang. Unter welchen Umständen eine ärztliche Behandlung zur Zwangsbehandlung und eine Lebenserhaltung menschenunwürdig wird, ist die Frage, die sich hierbei stellt. Jedenfalls dürften diese Umstände in den problematischen Fällen der Sterbebegleitung bei Entscheidungsunfähigkeit und nicht eingesetztem Sterbevorgang nicht positiv definiert werden. Dies führte zu der Schaffung eines bestimmten Modells „menschenwürdigen Sterbens". Ein solches Modell würde zu einer Tabuisierung des Schmerzes, der Behinderung sowie der Begleiterscheinungen vieler unheilbarer Krankheiten führen. Wie ließe sich dann das Sterben – und damit auch das Leben - von Menschen bezeichnen, welche Schmerz und Behinderung ertragen?[648]

Die Menschenwürde kann letztlich an sich auf die Frage der Erweiterung der Verbindlichkeitsgrenzen der Einwilligung in eine aktive Sterbehilfe keine Antwort geben. Für eine solche Erweiterung ist die Entscheidung des Gesetzgebers erforderlich. Sie setzte die Annahme voraus, dass eine aktive Tötung mit Einwilligung des Opfers nicht gegen die guten Sitten verstößt und der Missbrauchgefahr der eingeräumten Freiheiten Rechnung getragen wird. Der Missbrauchsge-

[645] *Maunz/Dürig*, Artikel 1 I Rn. 28, 34.
[646] *Schreiber*, MedR 2003, S. 367 (368).
[647] BGH, NStZ 2001, S. 324 (326, Punkt c).
[648] *Damigos/Siafaka*, Iatriki 1999, S. 201 (207) [gr.].

fahr würde nur dann begegnet, wenn die entscheidenden rechtlichen Aspekten der Erweiterung geklärt würden und im Einklang mit dem Rechtssystem stünden. All diese Voraussetzungen werden durch den Verweis auf die Menschenwürde entbehrlich.

D. Selbstbestimmungsschutz und Lebensschutz des entscheidungsunfähigen Patienten

Wird der Patient im Verlauf seiner Krankheit entscheidungsunfähig, so enthält das Spannungsverhältnis zwischen Selbstbestimmungsschutz und Lebensschutz einen zusätzlichen Belastungsfaktor: Es fehlt an der Möglichkeit der direkten Intervention des Patienten im Gesamtgeschehen. Dies bedeutet aber nicht, dass der entscheidungsunfähige Patient willkürlichen Entscheidungen Dritter ausgeliefert ist. Vielmehr bestehen rechtliche Interventionsmöglichkeiten, die der Patient im Vorfeld seiner Entscheidungsunfähigkeit in Anspruch nehmen kann. Durch diese sogenannten Vorsorgemaßnahmen soll sowohl die Selbstbestimmung als auch das Leben des Patienten geschützt werden. Darunter fallen antizipierte Entscheidungen des Patienten, insbesondere die Patientenverfügung, die Vorsorgevollmacht und die Betreuungsverfügung. Subsidiär, also wenn der Patient keine Vorsorgemaßnahme getroffen hat oder wenn durch diese Maßnahme seine Angelegenheiten nicht gut besorgt werden können, kommt die gesetzliche Betreuung in Betracht. Von einem geschlossenen System des Selbstbestimmungsschutzes des entscheidungsunfähigen Patienten kann allerdings nicht die Rede sein. Viele Fragen sind noch offen. Dies hat auch der BGH mit seinem Beschluss vom 17.3.2003 insofern bestätigt, als er im Wege der Rechtsfortbildung rechtlich verantwortbare Antworten „auf Fragen im Grenzbereich menschlichen Lebens und Sterbens“[649] zu finden versucht. Er sprach sich explizit für eine gesetzliche Regelung aus. Am 18. Februar 2003 wurde die Enquete-Kommission Ethik und Recht der modernen Medizin durch Beschluss des Deutschen Bundestags eingesetzt. Diese Kommission hat angesichts der Rechtsunsicherheit auf dem Gebiet der Patientenverfügungen einen großen gesellschaftlichen Bedarf nach Klarstellung festgestellt, sodass sie sich entschlossen hat „im Rahmen ihres Schwerpunktes ‚Menschenwürdig leben bis zuletzt‘ das Thema Patientenverfügung vorab zu behandeln und einen Zwischenbericht vorzulegen, damit das Parlament mit diesem Votum nach Möglichkeit noch in der laufenden Legislaturperiode die notwendigen Entscheidungen treffen kann.“[650]

---

[649] BGH, NJW 2003, S. 1588 (1592).

[650] *Enquete-Kommission Ethik und Recht der modernen Medizin*, Zwischenbericht, Einleitung, Deutscher Bundestag-Drucksache 15/3700 v. 13.09.2004, S. 5.

I. Antizipierte Entscheidung als Vorsorgemöglichkeit: Die Patientenverfügung

Eine antizipierte Entscheidung ist eine Einwilligung bzw. Einwilligungsverweigerung, die sich im Zeitpunkt ihrer Erteilung bzw. Verfassung auf einen noch nicht existierenden Sachverhalt bezieht. Sie soll dann relevant sein, wenn dieser Sachverhalt vorliegt, etwa wenn Entscheidungsunfähigkeit oder Bewusstlosigkeit eintritt. Zwischen ihrer Erklärung und ihrem Empfang besteht insoweit eine relevante Zeitspanne.[651] Speziell im medizinischen Bereich geht es hierbei um den Versuch, für den Fall der zukünftigen Einwilligungsunfähigkeit Vorsorge zu treffen. Der Standort von antizipierten Entscheidungen ist nicht nur der Bereich der Sterbebegleitung. Vielmehr sind antizipierte Entscheidungen auch in den Bereichen der Organspendeerklärung, der voraussehbaren Operationserweiterung und des sogenannten therapeutischen Privilegs bei der Aufklärung von Bedeutung.[652] Allerdings ist in den letztgenannten Fällen nach der Rechtsprechung auf die mutmaßliche Einwilligung abzustellen, wenn die antizipierte Einwilligung ihrer Reichweite nach die Operationserweiterung bzw. die eingeschränkte Aufklärung nicht deckt.[653] Daran lässt sich erkennen, dass bei der antizipierten in größerem Umfang als bei einer aktuellen Entscheidung Auslegungsspielräume eröffnet werden, was einen Rekurs auf die mutmaßliche Einwilligung in manchen Fällen unabwendbar machen wird.[654]

1. Inhalt und Bedeutung der Patientenverfügung in der Sterbebegleitung

Im Bereich der palliativmedizinischen Sterbebegleitung kann die antizipierte Entscheidung eine Vorsorgemaßnahme darstellen. Es wird hierbei in Deutschland – noch nicht in Griechenland – vom Vorsorgeinstrument der Patientenverfügung[655] Gebrauch gemacht, welches eine Form der antizipierten Entscheidung

---

[651] *Uhlenbruck*, MedR 1992, S. 134 und *Elzer*, MedR 1998, S. 122 (123) sprechen von „Vorabeinwilligung".

[652] *Deutsch*, NJW 1979, S. 1905 (1908 f.).

[653] BGH St 35, 246 (249).

[654] *Roxin*, in: FS-Welzel, 1974, S. 447 (462) weist zutreffend darauf hin, dass der Rekurs auf die mutmaßliche Einwilligung ausscheidet, wenn es im konkreten Fall in Wirklichkeit um die Auslegung einer Einwilligung geht. Wann die äußersten Grenzen der Auslegung erreicht werden, bleibt aber in vielen Fällen fraglich.

[655] Der Terminus „living will", worauf auch der deutsche Begriff „Patientenverfügung" zurückzuführen ist, ist 1969 von Luis Kutner geprägt worden. Darunter wurde ein Dokument verstanden, in welchem eine entscheidungsfähige Person Anordnungen bezüglich einer medizinischen Behandlung für den Fall ihrer Entscheidungsunfähigkeit festlegt. Im Jahr 1976 ist in den Brennpunkt der Öffentlichkeit in den USA der Fall einer jungen Frau gerückt, die sich im „persistent vegetative state" (scil. irreversibler Bewusstseinsverlust) befand, deren Eltern vor Gericht einen Antrag mit dem Inhalt gestellt haben, das Beatmungsgerät abzuschalten, so dass ihre Tochter einen natürlichen Tod finden könnte. Die junge Frau hieß Karen Ann Quinlan. Das eingeschaltete Gericht hat den Antrag der Eltern stattgegeben und wies auf ein Ethikkomitee hin, welche allen Beteiligten rechtliche Sicherheit zusprechen könne. Der Fall Quinlan

darstellt. Zu eng erscheint die Auffassung, wonach eine Patientenverfügung auf die Ausübung der Sterbehilfe,[656] oder auf die Verweigerung bzw. die Beendigung medizinischer Behandlung und Pflege[657] zielt. Vielmehr können zum Inhalt einer Patientenverfügung auch Anweisungen gehören, welche nicht mit einer Entscheidung gegen eine Lebenserhaltung gekoppelt sind. So kann in der Patientenverfügung einer Zeugin Jehovas die Anordnung stehen, sie lehne wegen ihres Glaubens die Transfusion von Blut oder Blutprodukten unter allen Umständen ab, sie habe aber keinen (religiösen) Einwand gegen die Anwendung anderer lebenserhaltenden Alternativen.[658] Inhalt einer Patientenverfügung können daher Anweisungen an den Arzt sein, welche die Durchführung oder Unterlassung bestimmter ärztlichen Maßnahmen zum Gegenstand haben. Insofern handelt es sich bei einer Patientenverfügung um das Zusammentreffen von antizipierten Einwilligungen und Verweigerungen. Solche Handlungsanweisungen können allgemein oder speziell verfasst sein. Eine spezielle Anweisung wäre die schon oben angeführte der Zeugin Jehovas oder die Anweisung einer Intubation und Beatmung bzw. einer Tracheotomie angesichts einer noch einzutretenden Atemnotsituation.[659] Eine allgemeine Anordnung würde demgegenüber auf die Benennung spezieller ärztlichen Maßnahmen verzichten und stattdessen sich Begriffen mit weitem Umfang zunutze machen. Solche Begriffe sind etwa folgende: „lebensverlängernde Maßnahmen", „wirksame Schmerztherapie", „Koma", „künstliche Ernährung". Die allgemein formulierten Patientenverfügungen haben den Nachteil, dass sie breiten Interpretationsspielraum lassen, was in concreto zur Unbrauchbarkeit der Verfügung führen kann.[660]

---

war der Anlass, dass im selben Jahr das erste nationale living-will Gesetz erlassen worden ist, das sogenannte California´s Natural Death Act. Das Kalifornische Gesetz setzte allerdings sehr enge Bestimmungen. Ein Antrag auf Einstellung lebenserhaltender Maßnahmen habe danach nur dann Erfolg, wenn das terminale Stadium einer tödlich verlaufenden Krankheit diagnostiziert werde, wobei als terminale Stadium dasjenige anzusehen sei, bei welchem der Tod mit oder ohne die lebenserhaltende Maßnahmen „imminently" (scil. im Sinne vom nah Bevorstehen) eintreten werde. Bemerkenswert ist folgendes: Obwohl das Gesetz eine Reaktion auf die Problematik, die der Fall Quinlan tangiert hat, darstellte, würden seine Bestimmungen nicht auf diesen Fall anwendbar sein, weil Quinlan nicht terminal krank war. Bis ins Jahr 1991 wurden in mehr als 40 Bundesstaaten in den USA living-will Gesetze verabschiedet. Zum Ganzen s. *Annas*, in: Arras/Steinbock (Hrsg.) Ethical Issues in Modern Medicine, 1995, S. 212. Seit dem 01.12.1992 besteht ein Bundesgesetz, welches die Fragen der Vorsorgemaßnahmen angesichts Entscheidungsunfähigkeit in generellen Weise regelt. Zum Patient Self-Determination Act s. *Eisenbart*, Patienten-Testament, 2000, S. 36 f.

[656] So aber: *Memmer*, WMW 1997, S. 135.

[657] *Coeppicus*, ZRP 2003, S. 175.

[658] Diesen Inhalt hatte die Patientenverfügung der Klägerin in einer Entscheidung des kanadischen Berufungsgerichts aus dem Jahr 1990, berichtet von: *Bernat*, in: FS-Deutsch, 1999, S. 443 (450).

[659] *Roller*, ZaeFQ 2000, S. 579 (580).

[660] *Sternberg-Lieben*, NJW 1985, S. 2734 (2736).

Der Grund der rechtlichen Anerkennung von Patientenverfügungen liegt im Versuch, die Rechte des späteren entscheidungsunfähigen Patienten zu schützen. Der Patient will durch eine Patientenverfügung verhindern, dass der Arzt bei Eintritt der Entscheidungsfähigkeit auf die Erforschung des mutmaßlichen Willens angewiesen ist und diesen unter Umständen falsch auslegt.[661] Im Unterschied zu einer Betreuungsverfügung oder einer Vorsorgevollmacht will der Patient durch eine Patientenverfügung keine andere Person als Vertreter im Entscheidungsprozess zulassen.[662]

Ob diese Erwartungen in der Tat erfüllt werden, zeigt sich aber dann, wenn die Patientenverfügungen für verbindlich erklärt werden. Die Frage, ob und in welchem Umfang eine antizipierte Entscheidung insbesondere in der Form einer Patientenverfügung verbindlich sein kann, stellt daher die Kernfrage der Problematik dar.

2. Patientenverfügung und Organspendeerklärung

Eine antizipierte Entscheidung sieht auch § 2 Abs. 2 TPG vor. Danach kann jeder eine Erklärung zur postmortalen Organspende abgeben, mit welcher in eine Organspende eingewilligt, diese Einwilligung auf bestimmte Organe beschränkt, ihr widersprochen oder die Entscheidung einer namentlich genannten anderen Person übertragen wird. Dies zeigt, dass es im medizinischen Bereich nicht nur um antizipierte Entscheidungen für die Vornahme einer medizinischen Intervention, sondern auch um antizipierte Entscheidungen gegen die Vornahme einer solchen Intervention gehen kann.[663]

Gefragt wird, ob dies gegebenenfalls zu Konflikten führen kann, wenn etwa eine antizipierte Entscheidung mit dem Inhalt des Verzichts auf intensivmedizinische Maßnahmen mit einer antizipierten Erklärung mit dem Inhalt einer postmortalen Organentnahme kollidiert. Denn, wenn eine Organentnahme infrage komme, müsse bis zu der Feststellung des Hirntodes eine intensivmedizinische Behandlung entgegen dem Inhalt der Patientenverfügung aufgenommen werden, um den Kreislauf aufrechtzuerhalten und die Organspende im Todesfall zu ermögli-

---

[661] *Eisenbart*, Patienten-Testament, 2000, S. 15.

[662] Vgl. *Eisenbart*, a.a.O., S. 17. Die Patientenverfügung dürfte allerdings nicht als zwingendes Vorsorgeinstrument angesehen werden. Von ärztlicher Seite wird eingewendet, dass es auch Patienten gibt, welche für den Fall ihrer Entscheidungsunfähigkeit die relevante Entscheidungsbefugnis ihren Angehörigen oder den behandelnden Ärzten überlassen möchten. Von dieser Kategorie von Patienten wird die Problematik der antizipierten Entscheidung eher als Zeichen von Misstrauen gegenüber den handelnden Agenten und als vertrauensstörendes Element angesehen. Dazu: *Lynn*, in: Arras/Steinbock (Hrsg.), Ethical Issues in Modern Medicine, 1995, S. 217 (220).

[663] Deswegen sollte auf den Begriff antizipierte Entscheidung abgestellt werden, wenn nicht speziell von Einwilligung oder Verweigerung bzw. Widerruf einer Einwilligung die Rede ist.

chen.[664] Zur Lösung dieses Konflikts wird empfohlen, in der Patientenverfügung zu klären, welche Erklärung für den Fall, dass eine postmortale Organspende in Betracht komme, Vorrang haben solle.[665] Dieser Empfehlung ist nicht zu folgen. Es geht hier meines Erachtens nur um einen scheinbaren Konflikt. Die Organspendeerklärung wird dann wirksam, wenn eine Organentnahme beim konkreten Patienten in Frage kommt, ohne Rücksicht darauf, ob und welche ärztliche Maßnahmen eingesetzt werden sollen. Das Ziel einer Organsendeerklärung ist mit ihrem Inhalt identisch: Es ist die Durchführung der Organentnahme, wenn eine Organspende in Frage kommt. Eine existierende Patientenverfügung derselben Person mit dem Inhalt des Verzichts auf intensivmedizinische Maßnahmen folgt dagegen dem Ziel der Vermeidung einer aussichtslosen Lebenserhaltung. Es kann aber nicht von aussichtsloser Lebenserhaltung die Rede sein, wenn der kurzfristige Einsatz von lebenserhaltenden Maßnahmen der Durchführung der Organentnahme dient. Eine Patientenverfügung mit diesem Inhalt Inhalts betrifft mithin nicht den Fall, in welchem eine Organspende in Frage kommt. Ein Konflikt zwischen beiden Erklärungen liegt nicht vor.

3. Die Frage der Verbindlichkeit der Patientenverfügung in Deutschland und in Griechenland

Die grundsätzliche rechtliche Verbindlichkeit der Patientenverfügung ist in Deutschland zunächst durch die Rechtsprechung bestätigt worden.[666] Es lässt sich erwarten, dass der Gesetzgeber noch in dieser Legislaturperiode zu diesem Problemfeld Stellung nehmen wird.[667] Die Verbindlichkeit der Patientenverfügung wird nicht eo ipso anerkannt, sondern von verschiedenen Voraussetzungen

[664] *Enquete-Kommission Ethik und Recht der modernen Medizin*, Zwischenbericht, Deutscher Bundestag-Drucksache 15/3700 v. 13.09.2004, S. 22.

[665] *Enquete-Kommission Ethik und Recht der modernen Medizin*, Zwischenbericht, Deutscher Bundestag-Drucksache 15/3700 v. 13.09.2004, S. 46.

[666] BGH St 40, 257 (263); ausdrücklicher: BGH, NJW 2003, S. 1588 (1591).

[667] Nach dem Beschluss des XII. Zivilsenats des BGH vom 17. März 2003 hat die Bundesministerin der Justiz Brigitte Zypries am 8. September 2003 eine interdisziplinäre Arbeitsgruppe „Patientenautonomie am Lebensende" eingesetzt. Ziel der Beratungen der Arbeitsgruppe war es, Fragen der Verbindlichkeit von Patientenverfügungen zu diskutieren und Eckpunkte für die Abfassung einer Patientenverfügung zu erarbeiten sowie zu prüfen, ob Gesetzesänderungen in diesem Bereich erforderlich erscheinen, und hierfür gegebenenfalls Vorschläge zu unterbreiten. Am 10. Juni 2004 hat Bundesministerin Zypries den Abschlussbericht der Arbeitsgruppe entgegengenommen. Der Bericht enthält neben Thesen und Empfehlungen an den Gesetzgeber auch Formulierungshilfen, die Betroffenen das Abfassen einer individuellen schriftlichen Patientenverfügung erleichtern. Laut Bundesministerin Zypries soll die Bundesregierung die Vorschläge der Arbeitsgruppe zu den Gesetzesänderungen im Betreuungsrecht sorgfältig prüfen und einen Regierungsentwurf erarbeiten. Dazu: http://www.bmj.bund.de/enid/0,0/n6.html [Stand: 10/2004]. Der Abschlussbericht der Arbeitsgruppe findet sich unter: http://www.bmj.bund.de/media/archive/695.pdf [Stand: 10/2004].

abhängig gemacht.[668] Eine gewisse Skepsis bei der Bejahung der Verbindlichkeit einer Patientenverfügung ist der Konvention des Europarates über Menschenrechte und Biomedizin zu entnehmen.[669] Artikel 9 der Konvention lautet: „Kann ein Patient im Zeitpunkt der medizinischen Intervention seinen Willen nicht äußern, so sind die Wünsche zu berücksichtigen, die er früher im Hinblick auf eine solche Intervention geäußert hat". Die Formulierung weist auf eine grundsätzliche Anerkennung der Beachtlichkeit der antizipierten Einwilligung bzw. Verweigerung hin. Von deren Verbindlichkeit kann aber nicht die Rede sein. Nach dem Erläuternden Bericht der Konvention bedeutet der Ausdruck „berücksichtigt werden" nicht, dass der antizipierten Entscheidung unbedingt gefolgt werden muss.[670] Diese vorsichtige Haltung der Konvention reflektiert das Fehlen des Konsenses vieler europäischer Länder in Bezug auf die Verbindlichkeit von antizipierten Entscheidungen.[671]

So wird in Griechenland nach ganz überwiegender Auffassung die Verbindlichkeit solcher antizipierten Verfügungen abgelehnt.[672] Auch § 4 des Artikels 22 des Entwurfs des Deontologiekodexes der Ärzte spricht einer Patientenverfügung jede Verbindlichkeit ausdrücklich ab.[673] Doch hat Griechenland die Konvention des Europarates über Menschenrechte und Biomedizin unterzeichnet und ratifiziert. Nach der Ratifizierung der Konvention durch das Ratifizierungsgesetz 2619/1998[674] gehen die Normen der Konvention jeder entgegenstehenden

---

[668] BGH, NJW 2003, S. 1588 (1589). Nach Punkt IV der *Grundsätze der BÄK zur ärztlichen Sterbebegleitung* - 2004, abrufbar unter: http://www.bundesaerztekammer.de/30/Richtlinien/Empfidx/Sterbebegl2004.pdf [Stand: 31.05.2004] ist die Patientenverfügung „für den Arzt bindend, sofern die konkrete Situation derjenigen entspricht, die der Patient in der Verfügung beschrieben hat, und keine Anhaltspunkte für eine nachträgliche Willensänderung erkennbar sind".

[669] Deutsche Übersetzung abgedruckt in: *Eser* (Hrsg.), Biomedizin und Menschenrechte, 1999, S. 12 ff.

[670] Wenn etwa die Wünsche in einem früheren Zeitpunkt als im Zeitpunkt der medizinischen Intervention geäußert wurden und die Wissenschaft seitdem großen Fortschritt gemacht hat, können sich Gründe ergeben, dass an den früheren Wünschen nicht festgehalten werden muss. Dazu *Nys*, Med.L.Rew. 1999, S. 208 (211 f.).

[671] *Nys*, Med.L.Rew. 1999, S. 208 (212).

[672] *Symeonidou-Kastanidou*, Eglimata kata tis zois, 1995, S. 208 f. [gr.]; *dies.*, in: Mnimi II Daskalopoulou/Stamati/Mbaka, 1996, S. 401 (424) [gr.] *Papacharalambous*, in: Mnimi II Daskalopoulou/Stamati/Mbaka, 1996, S. 329 (355 f.) [gr.]; *Karageorgos*, Poiniki ektimisi, 1996, S. 131 [gr.]. *Androulidaki-Dimitriadi*, I Ypochreosi enimerosis, 1993, S. 327 ff. [gr.] nimmt die Verbindlichkeit einer Patientenverfügung nur dann an, wenn ihr Inhalt der Abbruch lebenserhaltender Maßnahmen bei einem Sterbenden ist. Vgl. aber *Kandylis*, Hellenic Oncology 1993, S. 66 (72) [gr.], der schon im Jahr 1993 auf die Beachtung der früheren Wünsche des aktuell entscheidungsunfähigen Patienten hingewiesen hat.

[673] Abgedrückt in: *Koutselinis*, Basikes Arches Bioethikis, 1999, S. 327 [gr.].

[674] FEK A 132 – 19/6/1998 [gr.].

Gesetzesbestimmung vor.[675] Gesetzt den Fall, der Entwurf des Deontologiekodex wird durch die Griechische Ärztekammer verabschiedet und gemäß Artikel 62[676] des Gesetzes 2071/1992 durch eine Rechtsverordnung in Kraft gesetzt. Die Bestimmung des Artikels 22 § 4 des Deontologiekodexes, wonach eine Patientenverfügung keine Gültigkeit hat, wird dann den Rang einer Gesetzesbestimmung erhalten, die aber dem Artikel 9 der Konvention des Europarates, wonach eine solche Verfügung grundsätzlich zu berücksichtigen sei, widersprechen würde. Folglich müsste die Bestimmung des Deontologiekodexes zurücktreten. Allerdings beinhaltet die Konvention im Artikel 27 die Klausel des weiterreichenden Schutzes durch die nationale Rechtsordnung: Jedem Staat ist es überlassen, strengere Maßstäbe, die über die Mindestanforderungen der Konvention hinausgehen, anzulegen. Strengere Maßstäbe im nationalen Recht bleiben daher bestehen.[677] Zu fragen ist demnach, ob die Verneinung jeder Verbindlichkeit einer Patientenverfügung nach dem griechischen Entwurf des Deontologiekodexes einen strengeren Maßstab des Schutzes vor medizinischen Interventionen als die Berücksichtigung einer Patientenverfügung gemäß Artikel 9 der Konvention darstellt. Bei Bejahung dieser Frage wäre eine griechische Regelung, wonach eine Patientenverfügung keine Gültigkeit erlangen darf, mit der Konvention vereinbar. Die Frage ist meines Erachtens zu verneinen. Die Absage jeder Gültigkeit einer antizipierten Entscheidung gemäß Artikel 22 § 4 des Entwurfs des Deontologiekodexes stellt keinen bloßen strengeren Maßstab dar. Ein solcher würde Voraussetzungen der Verbindlichkeit des Schutzinstruments betreffen. Lehnt man *jede* Verbindlichkeit eines Schutzinstruments ab, so lehnt man gleichzeitig das Schutzinstrument selbst ab. Lehnt Griechenland die Patientenverfügung als Schutzinstrument im Ganzen ab, dann sollte Griechenland der Konvention unter Vorbehalt[678] bezüglich Artikels 9 der Konvention beitreten. Griechenland hat aber keinen Vorbehalt formuliert. Somit ist nach der Ratifizierung der Konvention durch das Gesetz 2619/1998 eine antizipierte Entscheidung des Patienten bzw. eine Patientenverfügung auch in Griechenland entgegen der herrschenden Auffassung zu berücksichtigen.[679]

---

675 Das ergibt sich aus Artikel 28 § 1 der griechischen Verfassung. Artikel 28 § 1 griechische Verfassung lautet: Die allgemein anerkannten Regeln des Völkerrechts sowie die internationalen Verträge nach ihrer Ratifizierung und ihrer in ihnen geregelten Inkraftsetzung sind Bestandteil des inneren griechischen Rechtes und gehen jeder entgegenstehenden Gesetzesbestimmung vor.

676 Artikel 62 des Ratifizierungsgesetzes ermächtigt Verwaltungsorgane zum Erlass einer Rechtsverordnung, welche die medizinische Deontologie zum Regelungsgegenstand haben soll.

677 *Köhler*, ZRP 2000, S. 8; *Degener*, KritV 1998, S. 7 (17).

678 Gemäß Artikel 36 Abs. 1 der Konvention.

679 Will der griechische Gesetzgeber strengere Anforderungen an den Schutz des Patienten setzen, so muss er im Wege seiner Gesetzgebungskompetenz die Voraussetzungen der Verbindlichkeit einer antizipierten Entscheidung näher regeln.

4. Allgemeine Voraussetzungen der Verbindlichkeit einer Patientenverfügung

Die Frage der Verbindlichkeit einer antizipierten Entscheidung bzw. einer Patientenverfügung lässt sich nicht generell beantworten. Vielmehr muss hier - ebenso wie bei der Prüfung der Wirksamkeit bzw. Verbindlichkeit der Einwilligung - im Einzelfall geprüft werden, inwieweit die konkrete antizipierte Entscheidung wirksam und verbindlich ist.

Die in einer Patientenverfügung zum Ausdruck gebrachten Vorabeinwilligungen bzw. Vorabverweigerungen müssen zunächst den Anforderungen der Wirksamkeit und der Verbindlichkeit einer Einwilligung genügen. So muss derjenige, der eine antizipierte Entscheidung erteilt bzw. niederlegt, einwilligungsfähig sein.[680]

Der Inhalt der Patientenverfügung, um deren Umsetzung es in cocncreto geht, muss mit dem geltenden Recht konform sein. Angesprochen wird hier die Reichweite der Patientenverfügung. Eine Anweisung mit dem Inhalt einer aktiven Tötung im Sinne einer aktiven Sterbehilfe wäre nach geltendem Recht unverbindlich. Anordnungen, die eine Verweigerung, eine Begrenzung oder einen Abbruch bestimmter ärztlicher Maßnahmen, sowie eine Schmerzlinderung mit tödlicher Nebenwirkung zum Inhalt haben, sind dagegen nach geltendem Recht grundsätzlich verbindlich. Dabei ist mit dem BGH auf den strafrechtlichen Rahmen der erlaubten Formen der Sterbebegleitung abzustellen.[681]

Die Patientenverfügung unterliegt keiner Formvorschrift.[682] Sie kann also mündlich kundgegeben und vom Arzt in den Krankendokumenten festgehalten werden. Sie kann aber auch unter Verwendung eines Formulars oder eigenhändig errichtet werden.[683] Eine mündliche[684] Patientenverfügung würde aber im Fall der Entscheidungsunfähigkeit bzw. Unansprechbarkeit des Betroffenen dem Nachteil ausgesetzt sein, dass ihr Inhalt nicht durch den Betroffenen selbst, son-

---

680 http://www.djt.de/lib/documents/63_jur/zivilrecht.doc, Punkt III 2.1 [Stand: 15.05.2003]; *Spickhoff*, NJW 2000, S. 2297 (2302); Punkt V der *Grundsätze der BÄK zur ärztlichen Sterbebegleitung* - 2004, abrufbar unter: http://www.bundesaerztekammer.de/30/Richtlinien/Empfidx/Sterbebegl2004.pdf [Stand: 31.05.2004].

681 Der BGH, NJW 2003, S. 1588 (1590, sub. aa.) spricht von der objektiven Eingrenzung zulässiger Sterbehilfe, die auch für das Zivilrecht verbindlich sei.

682 *Memmer*, WMW 1997, S. 135; Punkt V der *Grundsätze der BÄK zur ärztlichen Sterbebegleitung* - 2004, abrufbar unter: http://www.bundesaerztekammer.de/30/Richtlinien/Empfidx/Sterbebegl2004.pdf [Stand: 31.05.2004]; *Kutzer*, ZRP 2004, S. 213.

683 *Memmer*, WMW 1997, S. 135 (136).

684 Denkbar wäre auch die Aufnahme von Behandlungswünschen auf Tonband bei Patienten, die des Schreibens und des Lesens unkundig oder aus anderen Gründen zu der Verfassung einer schriftlichen Verfügung unfähig sind.

dern nur durch einen Verwandten oder Freund des Patienten dem Arzt kundgegeben würde. Dies würde Unsicherheit beim Arzt in Bezug auf die Glaubwürdigkeit der weitergegebenen Wünsche des nunmehr entscheidungsunfähigen Patienten erwecken. Etwas anderes könnte nur dann gelten, wenn der Dritte der Bevollmächtigte des Betroffenen ist. Denn gegenüber einem Bevollmächtigten muss der Arzt von seiner Glaubwürdigkeit ausgehen. Die schriftliche Form ist somit keine de jure Voraussetzung der Verbindlichkeit, sie erhöht aber die Wirkung der Patientenverfügung de facto. Die schriftliche Form der Patientenverfügung wird aus diesen Gründen in der Praxis vorgezogen.

5. Problematische Verbindlichkeitsvoraussetzungen einer Patientenverfügung

a. Die Aktualität der Patientenverfügung

Im Schrifttum wird teilweise der Zeitfaktor als Verbindlichkeitselement einer antizipierten Einwilligung bzw. einer Patientenverfügung angesehen. So soll nach *Stackmann* bedacht werden, dass der steigende zeitliche Abstand zwischen Unterzeichnung einer Patientenverfügung und Eintritt der Entscheidungsunfähigkeit immer weniger Rückschlüsse auf den Patientenwillen kurz vor Verlust der Entscheidungsfähigkeit zulässt.[685] *Mitsch* führt aus: „Je länger eine Einwilligungserklärung zurückliegt, desto wahrscheinlicher wird es, dass die Einwilligung inzwischen ihre Grundlage verloren hat und nicht mehr dem wahren Willen des Rechtsgutsinhabers entspricht".[686] Nach längerem Zeitablauf müsse der Einwilligungsempfänger sorgfältig prüfen, ob die ursprünglich gebilligte Tat unter den gegenwärtigen Umständen noch dem Willen des Rechtsgutsinhabers entspreche.[687] Es sei hier die Möglichkeit eines mutmaßlichen Widerrufs anzuerkennen, durch welchen die zuvor erklärte Einwilligung ihre Wirkung verliere.[688] Die Folgerung bezüglich der Patientenverfügung lautet: „Wer sicher gehen will, tut gut daran, durch Erneuerung seiner Unterschrift, etwa im Jahresabstand, zu dokumentieren, dass er an der getroffenen Anordnung – gegebenenfalls modifiziert – festhält"[689]. Die Verbindlichkeit einer Patientenverfügung wird nach dieser Auffassung für den Arzt von ihrem Alter bzw. von ihrer Aktualität[690] abhängig gemacht.

Diese Auffassung bedarf der Kritik. Es kann zwar nicht bestritten werden, dass der Zeitablauf das Risiko mit sich bringt, dass der Einwilligende inzwischen sei-

---

[685] *Stackmann*, NJW 2003, S. 1568.
[686] *Baumann/Weber/Mitsch*, AT § 17 Rn. 106; Vgl. auch *Deutsch*, NJW 1979, S. 1905 (1909).
[687] *Baumann/Weber/Mitsch*, a.a.O.
[688] Schönke/Schröder /*Lenckner*, Vor §§ 32 ff. Rn. 44.
[689] *Stackmann*, NJW 2003, S. 1568.
[690] So etwa *Eisenbart*, Patienten-Testament, 2000, S. 173; *Elzer*, MedR 1998, S. 122 (124); *Hartmann*, NStZ 2000, S. 113 (116); *Deutsch*, NJW 2003, S. 1567.

ne Meinung geändert und nicht kundgegeben hat. Angesichts dessen wäre eine Aktualisierung der Patientenverfügung sinnvoll und wünschenswert.[691] Kann aber allein aus dem Zeitablauf der Schluss auf einen mutmaßlichen Widerruf gezogen werden? Der BGH hat in seiner Entscheidung aus dem Jahre 1994 über einen Behandlungsabbruch nicht allein auf den Zeitfaktor abgestellt.[692] Die acht oder zehn Jahre vor dem maßgeblichen Zeitpunkt, unter dem unmittelbaren Eindruck einer Fernsehsendung erfolgte Äußerung der Frau S., „so wolle sie nicht enden" hielt der BGH aus zusätzlichen als bloß aus Gründen fehlender Aktualität für nicht maßgebend. Auch hat der BGH in seinem Beschluss vom 17.3.2003 den Zeitfaktor nicht als Verbindlichkeitsvoraussetzung einer antizipierten Willensbekundung angesehen.[693] Dem ist zuzustimmen. Es ist nämlich durchaus möglich, dass eine längere Zeit zurückliegende erklärte Einwilligung dem gegenwärtigen Willen eines Patienten entspricht. In diesem Fall würde die Annahme eines mutmaßlichen Widerrufs dazu führen, dass der wirkliche, ausgedrückte Wille des Einwilligenden in den Hintergrund gerückt wird. Zu beachten ist dazu, dass eine Meinungsänderung des Patienten auch dann stattfinden kann, wenn er erst vor kurzer Zeit seine Vorabeinwilligung kundgetan bzw. seine Patientenverfügung unterzeichnet hat. Das Abstellen auf den Zeitablauf würde somit auch solchen Fällen nicht gerecht werden. Dies zeigt, dass nicht der Zeitverlauf den entscheidenden Faktor der Verbindlichkeit einer antizipierten Einwilligung bzw. einer Patientenverfügung darstellen sollte.[694]

b. Die Entscheidungsfähigkeit des Verfassers der Patientenverfügung

Die rechtliche Wirksamkeit der Patientenverfügung wird teilweise mit dem Argument verneint, es fehle bei der antizipierten Einwilligung an der Kenntnis der Sachlage, so dass der Einwilligende nicht wisse, worin er einwillige.[695] Er ist also hinsichtlich der Bedeutung seiner Entscheidung nicht entscheidungsfähig.

---

691 *Enquete-Kommission Ethik und Recht der modernen Medizin*, Zwischenbericht, Deutscher Bundestag-Drucksache 15/3700 v. 13.09.2004, S. 42.

692 BGH St 40, 257 (261).

693 BGH, NJW 2003, S. 1588 (1589): "die inzwischen eingetretene Einwilligungsunfähigkeit ändert nach dem Rechtsgedanken des § 130 II BGB an der fortdauernden Maßgeblichkeit des früher erklärten Willens nichts."

694 *Enquete-Kommission Ethik und Recht der modernen Medizin*, Zwischenbericht, Deutscher Bundestag-Drucksache 15/3700 v. 13.09.2004, S. 18; so auch in den Empfehlungen zum Arzt-Patienten-Verhältnis des *Präsidiums* der *DGMR*, in: Wienke/Lippert (Hrsg.), Der Wille des Menschen zwischen Leben und Sterben, 2001, S. 151 (152); *Uhlenbruck*, MedR 1992, S. 134 (137); *Milzer*, NJW 2004, S. 2277 f.; *Zöller*, ZRP 1999, S. 317 (319), hält die Aktualisierung der Patientenverfügung für überflüssig. Aus zivilrechtlicher Sicht zustimmend Erman/*Holzhauer*, § 1901 Rn. 23a, der zu diesem Ergebnis durch Analogie zur Vollmacht (§§ 168 S. 1, 672 S. 1 BGB) gelangt.

695 Vgl. *Spann*, MedR 1983, S. 13 (14); *Arzt*, JR 1986, S. 309 (313).

In dieser Allgemeinheit ist dem Argument nicht zuzustimmen. Es ist kein Selbstverständnis, dass die Kenntnis der Sachlage deswegen fehlt, weil die Einwilligung in einem früheren Zeitpunkt erteilt wurde. Es ist vielmehr möglich, dass der Einwilligende die Sachlage – aufgrund ärztlicher Aufklärung oder eigenen Wissens – richtig vorab erfasst hat. Dass der Einwilligende im Zeitpunkt der Verfassung einer antizipierten Einwilligung eine konkrete Sachlage nicht erlebt, schließt seine Kenntnis von der Sachlage nicht unbedingt aus.[696] Sicher kann niemand künftige Situationen mit Gewissheit vorhersagen. Er kann aber bestimmte, häufig zu erwartende Situationen doch so konkret beschreiben, dass die Patientenverfügung einen wichtigen, im Regelfall bindenden Hinweis auf den Willen des Betroffenen darstellt.[697] Das fehlende Erlebniselement ist natürlicher Bestandteil aller Vorsorgemaßnahmen; niemand würde aber deshalb einer Vorsorgemaßnahme jede Rechtsverbindlichkeit von vornherein absprechen. Nicht wegzuleugnen ist aber, dass nach jetziger Lage für den Adressaten einer antizipierten Einwilligung nicht ersichtlich sein wird, ob der Einwilligende sich der Bedeutung und der Tragweite der Folgen seiner Entscheidung bewusst war.[698] Die Tatsache, dass der Betroffene eine Patientenverfügung unterschreibt, in welcher medizinische Fachausdrücke verwendet werden, heißt nicht zwingend, dass er eine notwendig vorauszusetzende Grundaufklärung bereits zu einem vorgezogenen Zeitpunkt erfahren hat. Wenn der Arzt den konkreten Patienten nicht kennt, und somit nicht weiß, aufgrund welcher Informationen der Patient seinen Willen niedergelegt hat, kann er schwerlich von der unbedingten Verbindlichkeit ausgehen.[699] Man könnte allerdings dahin argumentieren, dass bei Unterschreibung einer Patientenverfügung der Patient auf eine gründliche Aufklärung verzichtet. Doch ist in einer Patientenverfügung ein solcher Aufklärungsverzicht nicht erkennbar.[700] *Taupitz* schlägt daher vor, die antizipierte behandlungsablehnende Patientenverfügung nur unter der Voraussetzung als verbindlich anzusehen, dass ein Arzt in der Verfügung bestätigt hat, den Betroffenen über Bedeutung und Tragweite seiner Entscheidung aufgeklärt zu haben.[701] Denkbar wäre die Aufklärung durch den Hausarzt[702] oder durch einen anderen

---

[696] *Schreiber*, in: FS-Deutsch, 1999, S. 773 (781): „Dass er (scil: der betreffende Patient) selbst sich schon in der kritischen Situation befunden haben müsse, kann nicht verlangt werden."

[697] *Schreiber*, in: FS-Hanack 1999, S. 735 (742); *Sternberg-Lieben*, NJW 1985, S. 2734 (2735); *Coeppicus*, NJW 1998, S. 3381 (3384) nennt als Beispiel den Fall irreversibler Bewusstlosigkeit.

[698] *Rehborn*, MDR 1998, S. 1464 (1467).

[699] Vgl. *Taupitz*, Gutachten für den 63. DJT, 2000, S. A3 (A111).

[700] *Taupitz*, a.a.O., S. 112.

[701] *Taupitz*, Gutachten für den 63. DJT, 2000, S. A3 (A113); Zustimmend: *Spickhoff*, NJW 2000, S. 2297 (2302); *Tröndle/Fischer*, Vor § 211 Rn. 18.

[702] Vgl. *Braunack-Mayer*, Journal of Medical Ethics 2001, S. 98 (101), mit Hervorhebung des Wertes der Langzeitbeziehungen. Auf die große Rolle, die Hausärzte bei Fragen der pallia-

Vertrauensarzt des Patienten. Diese Vorschläge haben aber nicht die Bedeutung, dass nach jetziger Lage der Dinge die Entscheidungsfähigkeit des Verfassers einer Patientenverfügung generell zu bezweifeln ist. Soweit ein Patient im Zeitpunkt der Verfassung entscheidungsfähig war, ist von seiner Entscheidungsfähigkeit auch bezüglich des Inhalts seiner Verfügung auszugehen.

Kann die Verbindlichkeit einer antizipierten Entscheidung nicht generell am Gesichtspunkt der Entscheidungsfähigkeit scheitern, so können im konkreten Fall Zweifel daran entstehen. Es könnte nämlich eine Fehleinschätzung des Verfassers hinsichtlich der Entscheidungsgrundlage vorliegen. Der Tod werde von der gesunden Person als eine ferne Möglichkeit angesehen, die psychologisch anders wirke als bei einer Person, die das terminale Stadium ihrer Krankheit erlebe.[703] Unter dem Stichwort „Unterschätzung der eigenen Anpassungsfähigkeit"[704] wird auf die folgende Fallkonstellation abgestellt: Macher Gesunde möge den Gedanken an ein Dasein mit Infusionsschläuchen oder im Rollstuhl, ohne Stimme oder ohne Augenlicht mit Ekel von sich weisen und in seiner Patientenverfügung anordnen, auf jede Reanimation sei zu verzichten, wenn ein solcher Zustand drohe. Befinde sich der gleiche Mensch später in einem solchen Zustand, so identifiziere er sich damit und entwickele Lebenswille und Lebensfreude, die denjenigen des ehemaligen Gesunden kaum nachzustehen brauchen.[705] Untersuchungen aber auch Umfragen zu Sterbehilfefragen weisen darauf hin, dass eine Entscheidung gegen lebenserhaltende Intervention zumindest leichter gefällt und dokumentiert wird, wenn der Gefragte noch nicht betroffen von der Situation ist.[706] Liegt ein solcher Fall vor, dann gehe es um einen Irrtum des Verfassers über die eigene Reaktion in der konkreten Situation: Dieser Irrtum beruhe auf einer Fehleinschätzung von entscheidungserheblichen Faktoren, insbesondere auf einer Unterbewertung des Abwägungskriteriums Lebenswille.[707] Dieser erst in der Zukunft aktivierter Irrtum spricht aber nicht gegen die Entscheidungsfähigkeit des Verfassers, sondern ist eventuell bei der Frage von Bedeutung, ob ein Widerruf der antizipierten Entscheidung vorliegt bzw. anzu-

---

tivmedizinischen Sterbebegleitung in der Zukunft spielen werden, weist der 106. Deutsche Ärztetag hin, s. unter: http://www.bundesaerztekammer.de/30/Aerztetag /106_DAET/ 03Beschluss/Top03/06.html [Stand: 27.05.2003].

703 *Koutselinis*, Basikes Arches Bioethikis, 1999, S. 193 [gr.]; *Avramidis*, Euthanasia, 1995, S. 51 [gr.]; *Coeppicus*, NJW 1998, S. 3381 (3384).

704 *Brückner*, in: Wienke/Lippert (Hrsg.), Der Wille des Menschen zwischen Leben und Sterben, 2001, S. 139 (144).

705 *Arzt*, JR 1986, S. 309 (313); Günter *Hirsch*, ZRP 1986, S. 239 (241); *Detering*, JuS 1983, S. 418 (421); *Fritsche*, MedR 1993, S. 126 (130); ähnlich *Kutzer*, ZRP 1997, S. 117 (118).

706 Dazu: *Rickmann*, Zur Wirksamkeit von Patiententestamenten, 1987, S. 168 ff. m.w.N.; *Enquete-Kommission Ethik und Recht der modernen Medizin*, Zwischenbericht, Deutscher Bundestag-Drucksache 15/3700 v. 13.09.2004, S.12.

707 *Rickmann*, Zur Wirksamkeit von Patiententestamenten, 1987, S. 186.

nehmen ist. Die Problematik des Widerrufs ist also der entscheidende Punkt bei der Prüfung der Verbindlichkeit einer Patientenverfügung und bedarf der gesonderten Untersuchung.

6. Die Problematik des Widerrufs einer Patientenverfügung

a. Die Widerrufsmöglichkeit

Es wird teilweise eingewendet, dass eine Patientenverfügung deswegen nicht verbindlich sein kann, weil sie zu jeder Zeit rückgängig gemacht werden kann.[708] Träfe dies zu, dann müsste auch eine Einwilligung als nicht verbindlich angesehen werden, weil sie auch zu jeder Zeit widerrufen werden kann. Die Tatsache, dass eine früher schriftlich abgefasste Einwilligung bis zum Zeitpunkt der ärztlichen Behandlung bzw. bis zum Eintritt der Entscheidungsunfähigkeit nicht widerrufen worden ist, sollte vielmehr eher auf die Verbindlichkeit der Vorabeinwilligung hinweisen.[709] Denn für den Widerruf reicht die rein innere Willensänderung nicht aus. Vielmehr muss auf deren Kundgabe nach außen abgestellt werden.[710] So wenig das bloße Dulden als eine Einwilligung interpretiert werden darf, ebenso wenig darf auch das bloße Nichtbestätigen der früher geäußerten Entscheidung als ein Widerruf interpretiert werden.

b. Konkludenter und mutmaßlicher Widerruf

Maßgebend scheint die Frage zu sein, ob die antizipierte Entscheidung des Patienten im Zeitpunkt des Treffens der ärztlichen Entscheidung noch dem gegenwärtigen Willen des entscheidungsunfähigen Betroffenen entspricht.

Teilweise wird aus § 1897 Abs. 4 Satz 3 BGB, in welchem der Fall eines vorsorglichen Betreuervorschlags geregelt wird, ein erster Ansatz abgeleitet: Eine antizipierte Einwilligung verliere ihre Wirksamkeit, wenn der Betroffene an ihr *erkennbar* nicht mehr festhalten wolle.[711] Dieser Ansicht hat sich nur der BGH angeschlossen.[712] Auch in den Grundsätzen der Bundesärztekammer wird die Verbindlichkeit der Patientenverfügung unter anderem davon abhängig gemacht, dass keine Anhaltspunkte für eine nachträgliche Willensänderung erkennbar

---

708 Dieser Einwand war in den Richtlinien der BÄK von 1979 schon herrschende Auffassung der Ärzteschaft, s. Deutsches Ärzteblatt 1979, S. 957 (960); Der Einwand findet sich auch u.a. bei *Detering*, JuS 1983, S. 418 (422) und *Spann*, MedR 1983, S. 13 (14).

709 Vgl. *Harder*, Arztrecht 1991, S. 11 (15).

710 *Roxin*, AT § 13 Rn. 50; der BGH, NJW 2003, S. 1588 (1591) drück dies jetzt wie folgt aus: „mit erkennbarem Widerrufswillen".

711 *Eisenbart*, Patienten-Testament, 2000, S. 189; Erman/*Holzhauer*, § 1901 Rn. 23a; *Taupitz*, Gutachten für den 63. DJT, 2000, S. A41; BGH, a.a.O.

712 BGH, NJW 2003, S. 1588 (1591 sub bb.).

sind.[713] Entscheidender Punkt ist daher die Problematik des nicht ausdrücklich erklärten Widerrufs einer früheren Entscheidung.

Ein nicht ausdrücklicher Widerruf kann sowohl konkludent erklärt wie auch mutmaßlich ermittelt werden. Beide Fallgruppen sind zu unterscheiden. Bei dem konkludenten Widerruf ergibt sich der Inhalt des Widerrufs aus schlüssigem Verhalten des Betroffenen. Ergibt sich im konkreten Fall aus dem Verhalten des Betroffenen ein der früheren Entscheidung entgegensetzender Inhalt, so ist dadurch ein Widerruf, wenn auch nicht ausdrücklich, wohl aber konkludent erklärt. Bei dem mutmaßlichen Widerruf demgegenüber, wird nicht nur interpretiert, sondern auch ermittelt. Anders als beim konkludenten Widerruf, kann man sich bei der Ermittlung des mutmaßlichen Widerrufs nicht am Verhalten des Betroffenen orientieren. Man ermittelt und interpretiert Indizien bzw. Anhaltspunkte, die zur Annahme eines mutmaßlichen Widerrufs führen könnten. Hier ist nicht nur der Interpretationsspielraum breiter als bei den beiden Formen des erklärten Widerrufs – beim ausdrücklichen und konkludenten – sondern auch ein Feststellbarkeits- und Bewertungsproblem der relevanten Indizien ist oft nicht zu überwinden. Dies deshalb, weil bei der Ermittlung eines mutmaßlichen Widerrufs neben den zu ermittelnden Indizien eine früher ausgedrückte Entscheidung des Betroffenen steht, um deren Widerruf es geht. Nicht bloß die Feststellung relevanter Indizien reicht hierbei aus, um einen mutmaßlichen Widerruf anzunehmen. Vielmehr können die vorliegenden Indizien nur dann zur Annahme eines mutmaßlichen Widerrufs der früheren Entscheidung führen, wenn ihre Bewertung ergibt, dass die konkreten Indizien ihrer Indizienkraft nach die früher ausgedrückte Entscheidung als widerrufen erscheinen lassen. Eine Äußerung von Bezugspersonen, die im übrigen bei der Ermittlung der mutmaßlichen Einwilligung von Bedeutung wäre, kann für die Annahme eines mutmaßlichen Widerrufs einer konkreten Anweisung einer Patientenverfügung nicht entscheidend sein. Aus diesem Grund ist der Ansicht, wonach sich aus Gesprächen mit Angehörigen oder anderen Ärzten ein mutmaßlicher Widerruf des früher geäußerten Willens feststellen lassen kann,[714] nicht zu folgen.[715] Solche Gespräche dürften vielmehr nur im Rahmen der Prüfung des Vorliegens eines konkludenten Widerrufs Bedeutung gewinnen. Der BGH vertritt in seiner jüngsten Entscheidung die hier vertretene Ansicht, nach welcher konkludenter und mutmaßlicher Widerruf einer antizipierten Entscheidung zu unterscheiden sind und dass ein Widerruf in der Regel nur dann angenommen werden sollte, wenn er konkludent erfolgt. 'So

[713] Punkt IV der *Grundsätze der BÄK zur ärztlichen Sterbebegleitung* - 2004, abrufbar unter: http://www.bundesaerztekammer.de/30/Richtlinien/Empfidx/Sterbebegl2004.pdf [Stand: 31.05.2004].
[714] *Präsidium der DGMR*, in: Wienke/Lippert (Hrsg.), Der Wille des Menschen zwischen Leben und Sterben, 2001, S. 151 (152); *Schöch*, FS Hirsch, 1999, S. 693 (707).
[715] Vgl. *Taupitz*, Gutachten für den 63. DJT, 2000, S. A3 (A41).

dürfe der Betreuer die antizipative Willensbekundung des Betroffenen nicht durch einen Rückgriff auf seinen mutmaßlichen Willen „korrigieren".[716] Damit lehnt aber der BGH die Annahme eines mutmaßlichen Widerrufs ab. Auch die Formulierung der Grundsätze der Bundesärztekammer von „erkennbaren Anhaltspunkten"[717] weist meines Erachtens eher auf die Möglichkeit der Annahme eines konkludenten Widerrufs und die Ablehnung eines mutmaßlichen Widerrufs hin.

c. Die Interessenlehre und die Lehre der personalen Identität

In diesem Rahmen wird in der letzten Zeit der Versuch unternommen, die Frage des Widerrufs bei Entscheidungsunfähigkeit unter dem Gesichtspunkt der Interessen des Betroffenen zu beantworten. Es wird dabei zwischen werte- und erlebnisbezogenen Interessen unterschieden.[718] Die ersteren seien als kritische Urteile eines konkreten Menschen zu verstehen. Die erlebnisbezogenen Interessen seien demgegenüber nur auf den punktuellen Genuss des konkreten Erlebens gerichtet. Gesetzt den Fall,[719] eine entscheidungsunfähige an morbus Alzheimer erkrankte Person hat in früherer Zeit – als sie noch entscheidungsfähig war – eine Patientenverfügung mit folgendem Inhalt errichtet: „Jede ärztliche Intervention hat zu unterbleiben, sollte eine Krankheit zum Verlust meiner Einwilligungsfähigkeit führen". Angenommen, diese Person wusste im Zeitpunkt der Abfassung der Patientenverfügung, dass sie an morbus Alzheimer erkranken würde. Dürfen dann die Ärzte in Übereinstimmung mit dieser Anordnung eine auftretende Lungenentzündung mit Antibiotika nicht behandeln und diese Person dadurch sterben lassen, wenn sie völlig dement wird, aber ein absolut sorgenfreies Leben führt, das glücklich zu sein scheint?

Dworkin stellt auf die Nachrangigkeit der erlebnisbezogenen gegenüber den wertebezogenen Interessen ab, so dass im Fall der dementen Person ihre Anordnung als wertebezogenes Interesse von den Ärzten respektiert werden müsste. *Bernat* fragt, ob unter psychologischen Gesichtspunkten die gesunde, entscheidungsfähige Person dieselbe Person war, die sie im dementen Zustand ist, was er verneint. Daraufhin stellt er die Frage, ob es legitim sei, dass die gesunde Person – welche die Anordnung verfasst hatte – das Sterben der dementen Person bestimme. Er verneint diese Frage mit der Begründung: „Es kann nicht richtig sein einen Menschen sterben zu lassen, der glücklich zu leben scheint und den die seinerzeitigen wertebezogenen Interessen gar nicht mehr berühren, weil sie

---

[716] BGH, NJW 2003, S. 1588 (1591, sub bb).

[717] Punkt IV der *Grundsätze der BÄK zur ärztlichen Sterbebegleitung* - 2004, abrufbar unter: http://www.bundesaerztekammer.de/30/Richtlinien/Empfidx/Sterbebegl2004.pdf [Stand: 31.05.2004].

[718] *Dworkin*, Life's Dominion, 1995, S. 228 f.

[719] *Bernat*, in: FS-Deutsch, 1999, S. 443 (452 f.).

nicht mehr Bestandteil seiner Persönlichkeit sind".[720] Die wertebezogenen Interessen, die von der gesunden Person in der Patientenverfügung zum Ausdruck gebracht worden seien, seien für die demente Person unbeachtlich, weil diese Person kein Bezugssubjekt dieser Interessen sein könne. Die erlebnisbezogenen Interessen von der dementen Person gestatten es nicht, von den wertebezogenen Interessen der einstmals gesunden Person überlagert zu werden, weil die demente Person niemals mehr zur Person ohne Demenz werden könne.[721] Die von der gesunden Person abgefasste Patientenverfügung sei danach nicht beachtlich, weil die in ihr enthaltenen wertebezogenen Interessen von den erlebnisbezogenen Interessen der – als eine andere anzusehenden – dementen Person überlagert werden. „Der Verfasser der Verfügung wollte einen Zustand vermeiden, den er auf dem Hintergrund seiner Biographie, seines Charakters, seiner intellektuell entwickelten Präferenzen als unwürdig ansah. Für den jetzigen Patienten spielen alle diese Dingen keine Rolle. Er hat eine einzige Präferenz: zu leben". Die Kollision von werte- oder erlebnisbezogenen Interessen betreffe hier verschiedene Inhaber. Auch *Merkel* verneint im Fall der Alzheimer Patientin die „personale Identität": Im Körper der früheren Person existiere nun eine radikal andere Subjektivität, ein anderes Ich.[722] Auch die Enquete-Kommission des Deutschen Bundestags stellt auf die Diskontinuität in der Persönlichkeit ab, die geeignet sein soll, die Verbindlichkeit einer Patientenverfügung aufzuheben.[723] Dadurch gelangt die Kommission zu der Empfehlung, die Reichweite von Patientenverfügungen auf Fallkonstellationen zu beschränken, „in denen das Grundleiden irreversibel ist und trotz medizinischer Behandlung nach ärztlicher Erkenntnis zum Tode führen wird".[724]

Diesen Auffassungen ist nicht zu folgen. Wenn eine Person eine antizipierte Entscheidung trifft, sieht sie sich selbst als ein einheitliches Subjekt menschlichen Lebens und unterscheidet nicht zwischen werte- und erlebnisbezogenen Interessen.[725] Wären die erlebnisbezogenen Interessen allein maßgebend, so dürfte eine Person keine Entscheidung über eine zukünftige Situation, die sie noch nicht erlebt, treffen können. Außerdem werden von den Verfechtern der Interessenlehre die erlebnisbezogenen Interessen bei Patienten, die sich in einem Demenzzustand bzw. im apallischen Syndrom befinden, mit dem gleichgesetzt, was ein Betrachter diesen Menschen unterstellt: Vom Lachen eines an Alzheimer erkrankten Patienten wird der Schluss gezogen, dass er weiter so leben

---

[720] *Bernat*, in: FS-Deutsch, 1999, .S. 443 (454).
[721] *Bernat*, in: FS-Deutsch, 1999, S. 443 (461).
[722] *Merkel*, JZ 1999, S. 502 (508).
[723] *Enquete-Kommission Ethik und Recht der modernen Medizin*, Zwischenbericht, Deutscher Bundestag-Drucksache 15/3700 v. 13.09.2004, S. 38.
[724] *Enquete-Kommission Ethik und Recht der modernen Medizin*, Zwischenbericht, Deutscher Bundestag-Drucksache 15/3700 v. 13.09.2004, a.a.O.
[725] *Schöne-Seifert*, Referat für den 63. DJT, 2000, S. K 45.

möchte. Dies ist kein zwingender Schluss, wenn nicht ein naturalistischer Fehlschluss.[726] Der Vorrang der erlebnisbezogenen Interessen führt in der Praxis zur grundsätzlichen Annahme eines mutmaßlichen Widerrufs einer antizipierten Entscheidung. Wären andererseits die wertebezogenen Interessen, wie *Dworkin* meint, allein maßgebend, dann müsste die Frage des Widerrufs nicht mehr gestellt werden, wenn ein Patient entscheidungsunfähig wird. Die Trennung der Interessen in wert- und erlebnisbezogenen Interessen ist eine auf Mutmaßung beruhende Trennung, aus welcher keine zwingenden Antworten auf die Frage der Wirksamkeit einer antizipierten Entscheidung herzuleiten sind. Das zeigt sich auch dadurch, dass die Autoren, die diese Trennung annehmen, zu ganz verschiedenen Ergebnissen gelangen. Auch die Annahme des Fehlens einer „personalen Identität" kann rechtlich nicht akzeptiert werden. Wichtige Fragen bleiben unbeantwortet: Ab welchem Stadium einer persönlichkeitsverändernden Krankheit geht die Subjektsidentität verloren? Wie ist es mit geistig Behinderten zu verfahren? Dass Alzheimer Patienten vor dem Ausbruch ihrer Krankheit andere Charaktermerkmale aufwiesen, als es nach dem Ausbruch ihrer Krankheit der Fall ist, ist in verschiedenen medizinischen Studien gezeigt worden.[727] Man spricht von einer Veränderung der Persönlichkeitsmerkmale. Daraus kann aber eine Trennung der „personalen Identität" oder der Subjektsqualität nicht abgeleitet werden.[728] Rechtlich besteht die Persönlichkeitsidentität nämlich sogar nach dem Tode fort. Erst recht besteht sie nach Ausbruch einer persönlichkeitsverändernden Krankheit fort. Die Achtung der Menschenwürde gebietet den Schutz der seelischen und körperlichen Identität und Integrität.[729]

7. Verbindlichkeit der Patientenverfügung und strafrechtliche Konsequenzen

a. Verbindlichkeit der Patientenverfügung und mutmaßliche Einwilligung

Es wurde gezeigt, dass gegen eine grundsätzliche Verbindlichkeit der Patientenverfügung keine rechtlichen Einwände bestehen. Liegt eine verbindliche Patien-

---

726 S. Fß. 729.

727 *Diamantidou* et al., Engefalos 2001, S. 86 (89) [gr.].

728 *Hughes*, Journal of Medical Ethics 2001, S. 86 (89).

729 *Hofmann*, AÖR 1993, S. 353 (363). Unter philosophischen Aspekten ist gegen eine solche Trennung nichts zu beanstanden. Doch noch ein Gedanke sei an dieser Stelle hinzuzufügen: Die Lehre der Trennung der personalen Identität beruht auf einem sogenannten naturalistischen Fehlschluss: Aus der Seinsqualität wird eine Wertung bzw. eine Norm abgeleitet. In der Abtreibungsdiskussion wird dieser Schluss oft als Kontinuitätsargument verwendet. In der Sterbehilfediskussion wird dieser Schluss als Trennungsargument verwendet. Beide Ausformungen sind aber abzulehnen. Die Seinsqualität erzwingt, für sich genommen, keineswegs die daran anknüpfenden Entscheidung über die Seinsberechtigung. Dazu: *Picker*, in: FS-Flume, 1998, S. 155 (203); *Hilgendorf*, NJW 1997, S. 3074 (3075). Ferner zum Kontinuitätsargument *Hilgendorf*, NJW 1996, S. 758 (761).

tenverfügung vor, so kommt es auf den mutmaßlichen Willen nicht an.[730] Doch hat die Patientenverfügung nach einer Auffassung die Bedeutung eines wesentlichen Anhaltspunktes bei der Ermittlung der mutmaßlichen Einwilligung.[731] Zu beachten ist dabei, dass auch diejenigen, die einen mutmaßlichen Widderruf einer Patientenverfügung für möglich halten, im Grunde mit denen übereinstimmen, die einer Patientenverfügung bloß indizielle Bedeutung beimessen.

Ein Grund, aus welchem eine erklärte Einwilligung als Anhaltspunkt im Rahmen der Ermittlung der mutmaßlichen Einwilligung angesehen wird, liegt meines Erachtens darin, dass die in Form einer Patientenverfügung antizipierten Einwilligungen bzw. Verweigerungen meistens sehr allgemein formuliert sind, so dass sie einen breiten Auslegungsspielraum für ihren Adressaten eröffnen. Wenn aber der Auslegungsspielraum sehr breit ist, dann lässt sich daraus ein zwingendes, Geltung beanspruchendes Auslegungsergebnis nicht entnehmen. Daher wird die Patientenverfügung für die konkrete Situation oft nicht als der artikulierte Wille des Betroffenen angesehen, weil sich durch ihre Auslegung der Wille des Betroffenen bezüglich der konkreten Sachlage nicht unzweifelhaft ergeben kann. Dann eröffnet sich der Weg für ein Rekurs auf die mutmaßliche Einwilligung, als ultimum Refugium. Bei ihrer Ermittlung wird letztlich die Patientenverfügung zum bloßen Indiz erklärt. In Wirklichkeit wird jedoch auf dieser Weise die Patientenverfügung degradiert.

Teilweise wird die Errichtung von sogenannten „perfekten Mustern" von Patientenverfügungen vorgeschlagen, um die bestehenden Unzulänglichkeiten zu vermindern und dementsprechend die rechtliche Verbindlichkeit der Patientenverfügung zu stärken. *Coeppicus* hält die Errichtung solcher Muster für möglich und notwendig. Ein solches Muster soll „vorformuliert die passive Sterbehilfe, die indirekte Sterbehilfe, den Behandlungs- und Ernährungsabbruch, den Behandlungsverzicht bei Demenz und das Dauerkoma" enthalten; alle Anordnungen sollen „nur für den Fall der unumkehrbaren Bewusstlosigkeit, Äußerungsunfähigkeit oder schwerster Altersdemenz" gelten.[732] Das sind aber allgemeine Krankheitssituationen und berücksichtigen die Besonderheiten des Falles nicht. Es kann meines Erachtens kein perfektes Muster geben, weil die Varianz der Sachverhalte nicht berücksichtigt werden kann.

Den Gegenpol zu standardisierten Patientenverfügungen stellt die Individualisierung der Patientenverfügungen dar. Im Gegensatz zu den standardisierten würde eine individualisierte Patientenverfügung vom Patienten mit Hilfe seines Ver-

---

[730] BGH, NJW 2003, S. 1588 (1591, sub bb.).
[731] *Laufs*, NJW 1998, S. 3399 (3400); *Verrel*, MedR 1999, S. 547 (548); *Dölling*, MedR 1987, S. 6 (9).
[732] *Coeppicus*, ZRP 2003, S. 175 (177).

trauensarztes abgefasst und ihr Inhalt wäre an die bestehenden und zu erwartenden Krankheitszustände des konkreten Patienten orientiert. Dadurch kann sichergestellt werden, dass eine Aufklärung durch den Arzt stattfindet und der Patient im wesentlichen weiß, worin er einwilligt. Dem Einwand der möglichen Sinnesänderung würde dadurch Rechnung getragen, dass der Patient hier angesichts einer konkretisierbaren Sachlage seine Entscheidung trifft. Dies ist zumindest für bestimmte Krankheitsbilder, deren Verlauf im wesentlichen prognostizierbar der Fall.[733] In einer individualisierten Patientenverfügung sollte der Patient auch Fragen der Lebensgestaltung nach Eintritt des Zustandes der Einwilligungsunfähigkeit ansprechen. Es kann vermutet werden, dass die Individualisierung der Patientenverfügungen die bestehenden Unsicherheitsfaktoren mindern würde.[734]

b. Strafrechtliche Konsequenzen bei Nichtbeachtung einer Patientenverfügung

Die Frage der Strafbarkeit des Arztes bei Nichtbeachtung einer Patientenverfügung wird von verschiedenen Autoren als existierende Möglichkeit bejaht. Danach macht sich der Arzt, der sich bewusst und gewollt über die konkreten Anweisungen einer Patientenverfügung hinwegsetze und den Patienten damit gegen seinen Willen behandele, wegen Körperverletzung strafbar.[735] Das lässt sich jedoch bezweifeln.[736]

Angesichts der bestehenden Unklarheiten und der noch bestehenden Lücken in den rechtlichen und faktischen Anforderungen einer verbindlichen Patientenverfügung ist die Frage der strafrechtlichen Konsequenzen für den Arzt, der sich über die Anweisungen einer Patientenverfügung hinwegsetzt, nur bedingt zu beantworten. Diese Bedingung wurde schon erörtert und betrifft insbesondere die inhaltliche Bestimmtheit einer Patientenverfügung. Solange die Patientenverfügungen nicht nach individuellem Maß verfasst werden, könnte die Nichtbeachtung einer Patientenverfügung nur in wenigen Fällen – die einer konkreten Anweisung angesichts einer von ihr gedeckten Krankheitssituation – den Tatbestand der Körperverletzung erfüllen. Bei allgemein verfassten Patientenverfügungen wird sich der Arzt oft auf einen Erlaubnistatbestandsirrtum berufen können.[737] Auch die Bestrafung wegen fahrlässiger Körperverletzung würde oft am

[733] *Elzer*, MedR 1998, S. 122 (124) m.w.N.

[734] Vgl. *Verrel*, NStZ 2003, S. 449 (451).

[735] *Sternberg-Lieben*, NJW 1985, S. 2734 (2738); *Hartmann*, NStZ 2000, S. 113 (116); *Eisenbart*, Patienten-Testament, 2000, S. 181. Nach *Coeppicus*, ZRP 2003, S. 175 (177) könnten sich Ärzte und Pflegende wegen eines Tötungsdelikts oder wegen Körperverletzung strafbar machen.

[736] *Schöch*, in: FS-Hirsch, 1999, S. 693 (706); *Koch*, in: Holderegger (Hrsg.), Das medizinisch assistierte Sterben, 1998, S. 297 (319).

[737] Darauf weist zutreffend *Eisenbart*, a.a.O., S. 182 hin.

Fehlen der objektiven Sorgfaltswidrigkeit scheitern, solange der Arzt aus der Patientenverfügung keine konkrete Anweisung entnehmen konnte.

Die von vielen Autoren vertretene Strafbarkeit des Arztes bei Nichtbeachtung einer Patientenverfügung sollte allerdings nicht dazu führen, dass Ärzte die Verwendung einer standardformulierten Patientenverfügung nur als rechtliche Absicherung verstehen. Das wäre keine erwünschte Entwicklung, denn eine Patientenverfügung sollte auf mehr als nur auf eine rechtliche Absicherung des Arztes abzielen. Wichtiger noch: Eine defensive Verwendung von Patientenverfügungen würde den Interessen des Patienten nicht gerecht. Es läge im Interesse des Patienten bei Unbestimmtheit seiner Verfügung, dass der Arzt auf andere Anhaltspunkte zurückgreift, um die mutmaßliche Einwilligung des Patienten zu ermitteln. Eine unbedingte, defensive Verwendung einer Patientenverfügung würde dem nicht gerecht.

II. Stellvertretung in der Sterbebegleitung

Bei der Stellvertretung in Gesundheitsfragen geht es um die Frage, ob eine Person das Recht hat, nicht nur im voraus festzulegen, wie im Falle ihrer Entscheidungsunfähigkeit verfahren werden soll, sondern auch, wer ihre Entscheidung in diesem Fall durchsetzen soll.[738] Ziel der gewillkürten Stellvertretung in Gesundheitsfragen ist es, das Entscheidungsprozess zu vereinfachen und dabei den Wünschen des entscheidungsunfähigen Patienten am besten zu entsprechen.[739] Im Gegensatz zur Entscheidung eines nicht vom Patienten selbst autorisierten Dritten, wie etwa des Arztes oder eines Betreuers, wäre hier die Entscheidung der vom Patienten gewählten Person direkt auf den Patienten zurückzuführen.[740]

Der deutsche Gesetzgeber hat mit der Einführung des § 1904 Abs. 2 BGB die Frage bejaht, ob es rechtlich zulässig ist, eine Vertrauensperson zu bevollmächtigen, den Vollmachtgeber bei Entscheidungen, welche den Bereich der Gesundheitsfürsorge betreffen, zu vertreten. Nach der deutschen Regelung ist die Entscheidung des Vorsorgebevollmächtigten über die in § 1904 BGB enthaltenen ärztlichen Maßnahmen rechtlich verbindlich, wenn bestimmte Voraussetzungen erfüllt sind.[741] Außerdem besteht die Möglichkeit, aufgrund einer Betreuungsverfügung gemäß § 1901 a BGB Vorschläge zu der Person des gesetzlichen Vertreters – also des Betreuers – und zu Wahrnehmung seiner Tätig-

---

[738] *Füllmich*, NJW 1990, S. 2301 (2303); *Eisenbart*, Patienten-Testament, 2000, S. 208.

[739] *Annas*, in: Arras/Steinbock (Hrsg.), Ethical Issues in Modern Medicine, 1995, S. 212 (214); *Elzer*, MedR 1998, S. 122 (126): „wichtiges Element des Selbstbestimmungsrechts".

[740] *Füllmich*, NJW 1990, S. 2301 (2302).

[741] Voraussetzungen der Verbindlichkeit: Die Vorsorgevollmacht muss in schriftlicher Form abgefasst sein und sich ausdrücklich auf bestimmte ärztliche Maßnahmen beziehen, welche Inhalt der Entscheidung des Vorsorgebevollmächtigten sind. Des weiteren bedarf die Entscheidung des Vorsorgebevollmächtigten der Genehmigung des Vormundschaftsgerichts.

keit schriftlich zu niederlegen. Obwohl der Betreuer nicht ein gewillkürter Stellvertreter des Patienten ist, stellt die Betreuungsverfügung eine Vorsorgemöglichkeit dar, nach welcher der Patient Person und Aufgaben der späteren gesetzlichen Vertretung in bestimmten Grenzen vorausbestimmen kann.

Im Gegensatz zu diesen Möglichkeiten ist in Griechenland mangels spezieller Regelung umstritten, inwiefern Stellvertretung in höchstpersönliche Angelegenheiten verbindlich ist.[742] Die Stellvertretung in Gesundheitsfragen erfolgt allerdings in der Praxis durch die nahen Angehörigen des Patienten. Für den Gesetzgeber besteht hier Handlungsbedarf.

1. Die Betreuungsverfügung als Vorsorgemöglichkeit

Für den Fall des Eintritts der Entscheidungsunfähigkeit zu einem späteren Zeitpunkt, hat ein Betroffener die Möglichkeit, Vorschläge zur Person eines Betreuers sowie Vorschläge zur Wahrnehmung der Aufgaben kund zu tun.[743] Dies soll den Interessen an eine möglichst persönliche und im Sinne des Betreuten erfolgte Betreuung entsprechen. Ohne eine Betreuungsverfügung würde nämlich das Vormundschaftsgericht gemäß § 1897 Abs. 1 BGB eine natürliche Person bestellen, die geeignet ist, in dem gerichtlich bestimmten Aufgabenkreis die Angelegenheit des Betreuten rechtlich zu besorgen und ihn in dem hierfür erforderlichem Umfang persönlich zu betreuen.[744]

Gesetzliche Grundlage der Betreuungsverfügung sind § 1897 Abs. 4 Satz 3, § 1901 Abs. 3 Satz 2 und § 1901 a BGB.[745] Die Betreuungsverfügung kann grundsätzlich formlos abgegeben werden.[746] Sowohl die Abgabe als auch der Widerruf einer Betreuungsverfügung setzt keine Geschäftsfähigkeit voraus.[747] Ein Argument dafür bieten § 1896 Abs. 1 Satz 2 und § 1908 d Abs. 2 Satz 2, wonach auch ein Geschäftsunfähiger den Antrag auf Bestellung eines Betreuers bzw. auf Aufhebung einer Betreuung stellen kann.

Den Vorschlägen des Betroffenen hat jedoch weder das Gericht noch der Betreuer zwingend zu folgen. Der Betreuer hat den Wünschen des Betreuten zur Durchführung der Betreuung nur zu entsprechen, soweit dies dem Wohl des Betroffenen nicht zuwiderläuft und dem Betreuer zuzumuten ist.[748] Entsprechendes

---

[742] *Varka-Adami*, Elliniki Dikaiosyni 1997, S. 1976 (1977) [gr.].

[743] *Eisenbart*, Patienten-Testament, 2000, S. 189.

[744] *Uhlenbruck*, NJW 1996, S. 1583 f.

[745] Nach § 1901 a BGB hat derjenige, dem eine Betreuungsverfügung anvertraut worden ist, diese unverzüglich an das Vormundschaftsgericht abzuliefern, nachdem er von der Einleitung eines Verfahrens über die Bestellung eines Betreuers Kenntnis erlangt hat.

[746] *Eisenbart*, Patienten-Testament, 2000, S. 189; *Schwab*, FamRZ 1992, S. 493 (501).

[747] MünchKomm/*Schwab* § 1897 Rn. 19; *Eisenbart*, a.a.O., S. 190.

[748] § 1901 Abs. 3 S. 1 BGB

gilt für den Wunsch des Betroffenen bezüglich der Auswahl des Betreuers, dem das Gericht nur dann nachkommen muss, wenn feststeht, dass die Bestellung der konkreten Person zum Betreuer dem Wohl des Betreuten entspricht.[749]

Der Betreute muss daher damit rechnen, dass seinen Wünschen nicht nachgekommen wird, weil entweder das Gericht oder der Betreuer den Begriff des Wohles anders interpretiert als er selbst.[750] Gerade in Bezug auf Entscheidungen, welche die Leidenslinderung unter dem Gesichtspunkt der Lebensqualität betreffen, könnte eine unterschiedliche Interpretation des Wohles des Betreuten bisweilen vorkommen. Wenn Inhalt der Wünsche des Betreuten eine Unterbrechung einer lebenserhaltenden Maßnahme und somit eine Behandlungsbeschränkung ist, dann könnte die Deutung des Wohles als Lebenserhaltung[751] dazu führen, dass der Betreuer dem Wunsch des Betreuten nach Behandlungsbeschränkung nicht entspricht. Wie lässt sich das Wohl in solchen zweifelhaften Fällen konkretisieren?

Das Abstellen auf eine „objektive" Interpretation des Wohles würde sowohl der gesetzlichen Konkretisierung als auch dem Grundgedanken des Betreuungsrechts widersprechen. Nach dem früheren Recht der Gebrechlichkeitspflegschaft wurden Interessen der Betroffenen oftmals nicht hinreichend beachtet, einem objektiven Maßstab wurde zu großes Gewicht beigelegt.[752] Nach § 1901 Abs. 2 Satz 2 und Abs. 3 BGB wird nunmehr den Wünschen und Vorstellungen der Betreuten, die vor allem bei älteren Menschen in der Regel eine starke Ausprägung erfahren haben, soweit möglich und vertretbar Geltung verschafft.[753] Schon § 1901 Abs. 2 Satz 2 BGB enthält eine erste[754] Konkretisierung des Begriffes des Wohles: „Zum Wohl des Betreuten gehört auch die Möglichkeit, im Rahmen seiner Fähigkeiten sein Leben nach seinen eigenen Wünschen und Vorstellungen zu gestalten". Dadurch erweist sich das Wohl nicht als konkurrierender Begriff gegenüber der Selbstbestimmung. Es ist hier auch nicht von der geläufigen Unterscheidung zwischen subjektiver und objektiver Interpretation des Wohles die Rede. Vielmehr enthält der Begriff Wohl nach dem Gesetzestext notwendigerweise Elemente der Selbstbestimmung. Es muss also mindestens *auch* auf das aus der Sicht des Betreuers subjektiv verstandene Wohl abgestellt werden, wenn die Frage gestellt wird, ob der Betreuer den Wünschen des Betreuten zu entsprechen hat. Der BGH geht noch weiter, wenn er anführt, das

---

[749] § 1897 Abs. 4 BGB.

[750] *Eisenbart*, MedR 1997, S. 305 (308); *dieselbe*, Patienten-Testament, 2000, S. 203.

[751] So etwa *Seitz*, ZRP 1998, S. 417 (420): Es könne nicht dem Wohl des Betreuten entsprechen, ihn sterben zu lassen.

[752] BGB-RGRK-*Dickescheid*, § 1901 Rn. 3.

[753] BGB-RGRK-*Dickescheid*, § 1901 Rn. 3.

[754] Die Konkretisierung des Patientenwohls erfolgt im Gesetzestext nicht vollständig. Auf die Unvollständigkeit weist das Wort „auch" hin.

Wohl des Betreuten sei nicht nur objektiv, sondern – im Grundsatz sogar vorrangig – subjektiv zu verstehen.[755] Er relativiert aber diese Ansicht für den Fall, dass der wirkliche oder mutmaßliche Wille des Betreuten nicht nachgewiesen werden kann. In einem solchen Fall „böte sich als Richtschnur möglicherweise ein Verständnis des Wohls des Betroffenen an, das einerseits eine ärztlich für sinnvoll erachtete lebenserhaltende Behandlung gebietet, andererseits aber nicht jede medizinisch-technisch mögliche Maßnahme verlangt."[756]

Der Ansicht, in der finalen Phase werde das Spannungsverhältnis des subjektiven zum objektiven Wohl aufgehoben,[757] ist somit nicht zu folgen. Auch in der finalen Phase muss das Wohl nicht ohne die Einbeziehung der subjektiven Interpretation des Betroffenen definiert werden. Betreffen die Wünsche des Verfassers der Betreuungsverfügung Entscheidungen über Behandlungsbeschränkung, Therapieweigerung und lebensgefährliche Schmerzlinderung, so gelten entsprechend die noch zu erörternden Bestimmungen des Betreuungsrechts, wenn es zu der Durchsetzung dieser Wünsche kommt.

2. Die Vorsorgevollmacht

Mit der Vorsorgevollmacht[758] überlässt eine Person die Entscheidung über ärztliche Maßnahmen und Behandlung einem Dritten, dem sie vertraut. Es geht hier um die reinste Form der gewillkürten Stellvertretung in Gesundheitsfragen. Die Frage, ob eine Stellvertretung in höchstpersönlichen Gesundheitsangelegenheiten zulässig sein soll,[759] ist vom deutschen Gesetzgeber positiv beantwortet.

Gegenüber dem Institut der mutmaßlichen Einwilligung, aber auch gegenüber der Betreuerentscheidung verdiene die Vertreterentscheidung aufgrund einer Vorsorgevollmacht den Vorzug einer höheren Legitimation, weil eine Person entscheide, die der Patient selbst ausgewählt habe.[760] Diese Auffassung kommt in der Tat im § 1896 Abs. 2 Satz 2 BGB zum Ausdruck, wonach eine Betreuung nicht erforderlich ist, soweit Angelegenheiten eines Volljährigen durch einen Bevollmächtigten oder durch andere Hilfsmöglichkeiten ebenso gut wie durch einen Betreuer besorgt werden können. Die Rede ist von der Subsidiarität der

---

[755] BGH, NJW 2003, S. 1588 (1590).
[756] BGH, NJW 2003, S. 1588 (1591).
[757] Erman/H.*Holzhauer*, § 1901 Rn. 22.
[758] Es ist teilweise von Altersvorsorgevollmacht die Rede. Das Alterselement erweist sich aber als unwesentlich. Denn es sind nicht nur alte Menschen, die sich frühzeitig mit der Möglichkeit der Bevollmächtigung einer Vertrauensperson für den Fall der eigenen Einwilligungsunfähigkeit auseinander setzen. Darauf weist zurecht *Eisenbart*, a.a.O. S. 214 hin. Daher ist auf den Begriff Vorsorgevollmacht abzustellen, der alle relevanten Personengruppen umfasst.
[759] Verneinend: *Kayser*, FGPrax 1995, S. 173 (177).
[760] *Berger*, JZ 2000, S. 797 (803).

Betreuung. Die Erteilung einer Vollmacht, deren Umfang unmissverständlich und klar benannt wird, geht als Ausfluss des Selbstbestimmungsrechts der Bestellung des gesetzlichen Betreuers vor.[761]

Allerdings ist dieses Prinzip durch das Betreuungsrechtsänderungsgesetz[762] erheblich eingeschränkt worden, als die Anforderungen an eine verbindliche Vollmacht im Bereich der Gesundheitsfürsorge erhöht wurden. Auch der Bevollmächtigte ist nunmehr den gerichtlichen Genehmigungspflichten bei Erteilung der Einwilligung in bestimmte ärztliche Maßnahmen unterworfen. Die Einwilligung des Bevollmächtigten in diese ärztlichen Maßnahmen ist nach § 1904 Abs. 2 BGB nur wirksam, wenn die Vollmacht schriftlich erteilt ist und die in § 1904 Abs. 1 Satz 1 BGB genannten Maßnahmen ausdrücklich umfasst.[763] Die Einwilligung bedarf der Genehmigung des Vormundschaftsgerichts, wenn die begründete Gefahr besteht, dass der Vollmachtsgeber aufgrund der Maßnahme stirbt oder einen schweren und länger dauernden gesundheitlichen Schaden erleidet. Dadurch werde sichergestellt, dass Vorsorgevollmachten nicht voreilig erteilt und dass einschneidende Maßnahmen des Bevollmächtigten vom Vormundschaftsgericht kontrolliert werden.[764]

Uhlenbruck kritisiert scharf die neue Regelung und spricht von einer weitgehenden Entmündigung des Patienten durch den Gesetzgeber.[765] Mit den ab 1.1.1999 geltenden Ergänzungen der §§ 1904, 1906 BGB werde an die Stelle der autonomen Gestaltung eines höchst privaten Bereichs durch den Patienten die staatliche Bevormundung gesetzt.[766] Zu prüfen ist, ob diese Kritik berechtigt ist. Zwei gewichtige Argumente lassen die Kritik an der neuen Regelung als berechtigt erscheinen. Erstens wird der Missbrauchsgefahr, welche offenbar die Ratio der neuen Regelung darstellt, schon durch die bestehende Möglichkeit der Anregung und Bestellung eines Kontrollbetreuers im Sinne von § 1896 Abs. 3 BGB Genüge getan.[767] Dafür müssen Anzeichen für einen Fehlgebrauch der Vollmacht durch den Bevollmächtigten vorliegen.[768] Durch die neue Regelung wird aber diese Missbrauchsgefahr *generell* dem Bevollmächtigten unterstellt und somit wird präventiv das Vertrauen der Rechtsordnung auf ihn – und indirekt auf den Vollmachtgeber – eingeschränkt. *Spickhoff* erklärt dies wie folgend:

---

761 *Uhlenbruck*, ZRP 1998, S. 46 (47).
762 BtÄndG v. 25.6.1998, in Kraft getreten am 1.1.1999, BGBl I 1998, 1580 ff.
763 Kritisch dazu: *Dodegge*, NJW 2000, S. 2704 (2708).
764 BT-Drucks. 13/7158, S. 34.
765 *Uhlenbruck*, NJW 2001, S. 2770 (2772); *ders.*, in: FS-Deutsch, 1999, S. 849 (859); *ders.*, ZRP 1998, S. 46 (47 f.).
766 *Uhlenbruck*, in: FS-Deutsch, 1999, S. 849 (860).
767 LG Stuttgart, BtPrax 1994, S. 64 ff.; *Dauster*, in: Wienke/Lippert (Hrsg.), Der Wille des Menschen zwischen Leben und Sterben, 2001, S. 89 (107).
768 *Schwab*, FamRZ 1992, S. 493 (495).

„Die Bevollmächtigung bedarf erst recht einer gerichtlichen Kontrolle nach § 1904 BGB, da im Hinblick auf den Bevollmächtigten – anders als beim Betreuer – keine vorgelagerte abstrakte Kontrolle seitens des Gerichts durch die Auswahl und Bestellung erfolgt".[769] Hier kommt zum Ausdruck, dass die Rechtsordnung dem Patienten erheblichen Spielraum bei der Auswahl der Vertauensperson abnimmt. Zweitens führt die neue Regelung dazu, dass die rechtliche Stellung des Bevollmächtigten mit derjenigen eines Betreuers angesichts bestimmter Angelegenheiten – etwa bei der Entscheidung über eine Behandlungsbeschränkung – im Grunde gleichgesetzt wird.[770] Das widerspricht aber der Wertdifferenz zwischen Betreuung und Vollmacht: Der Betreuer wird in der Regel aus Not vom Gericht bestellt, der Bevollmächtigte wird für den Notfall vom Betroffenen im Rahmen eines Vertrauensverhältnisses ausgewählt. Durch die in Frage stehende Gleichsetzung wird außerdem der in § 1896 Abs. 2 Satz 2 BGB postulierte grundsätzliche Vorrang der Vollmacht de facto blockiert. Daher ist der Kritik von *Uhlenbruck* und von anderen Autoren[771] zuzustimmen.

3. Die Kombination einer Patientenverfügung mit einer Betreuungsverfügung bzw. mit einer Vorsorgevollmacht

Als weitere Alternative wird in Deutschland zunehmend die primäre Kombination einer Patientenverfügung mit einer Betreuungsverfügung oder Vorsorgevollmacht verwendet.[772] Diese Alternative hat sich aus dem Gedanken ergeben, die Unsicherheiten bezüglich der Verbindlichkeit der Patientenverfügung können durch ihre Kombination mit einer Betreuungsverfügung oder Vorsorgevollmacht beseitigt werden.[773] Dem in der Patientenverfügung niedergelegten Willen des Patienten werde durch den Bevollmächtigten Geltung verschafft: Der Arzt hätte einen Ansprechpartner, der rechtlich befugt sei, die Entscheidung über eine Behandlung bzw. einen Behandlungsabbruch zu treffen.[774] Der Bevollmächtigte wird auch auf der Basis der schriftlichen Informationen, die für ihn bindend sind, eine Entscheidung treffen müssen.[775]

---

769 *Spickhoff*, NJW 2000, S. 2297 (2303).

770 *Strätling* et al, MedR 2001, S. 385 (390).

771 *Schöne-Seifert*, Referat für den 63. DJT, 2000, S. K41 (K55); *Scheffen*, ZRP 2000, S. 313 (315), die von einem „Bruch im System" spricht. A.A: *Ruhl*, Referat für den 63. DJT, 2000, S. K29 (K37 f.)

772 *Strätling/Eisenbart/Scharf*, MedR 2000, S. 251 (252); *Opderbecke/Weißauer*, MedR 1998, S. 395 (396).

773 *Uhlenbruck*, in: FS-Deutsch, 1999, S. 849 (855).

774 *Uhlenbruck*, in: FS-Deutsch 1999, S. 849 (855).

775 *Sass/Kielstein*, WMW 1997, S. 121 (123).

III. Die gesetzliche Betreuung in der Sterbebegleitung

Ist der Patient einwilligungsunfähig bzw. kann er seine Gesundheitsangelegenheiten nicht selber besorgen und hat er keine private Vorsorgemöglichkeit in Anspruch genommen, dann kommt die staatliche Fürsorge in Betracht. Sie findet im Institut der gesetzlichen Betreuung ihren Ausdruck. Beim erwachsenen Patienten ist gemäß §§ 1896 ff. BGB bzw. in Griechenland gemäß Artikel 1666 ff. AstK ein Betreuer, der als gesetzlicher Vertreter in Betracht kommt. Obwohl sich die Regelung der Betreuung in beiden Ländern nicht wesentlich voneinander unterscheidet, hat das Betreuungsrecht in Griechenland bei der Problematik der Sterbebegleitung noch keine eigenständige Bedeutung erlangt. Im Gegensatz dazu hat die Problematik der Sterbebegleitung in Deutschland via Betreuung die Zivilgerichte erreicht. Folglich sind die für die Problematik der Sterbebegleitung relevanten betreuungsrechtlichen Fragen auf der Basis der deutschen Diskussion zu behandeln, deren Ergebnisse auch für die griechische Diskussion von Bedeutung sein werden.

1. Die gesetzliche Betreuung in Griechenland und in Deutschland

a. Die gesetzliche Betreuung in Griechenland

Dass in Griechenland betreuungsrechtliche Fragen noch nicht die Problematik der Sterbebegleitung erreicht haben, ist sowohl auf eine formlose Vertretungspraxis als auch auf das Fehlen einer expliziten Regelung der Betreuung in Gesundheitsangelegenheiten zurückzuführen.

In Gesundheitsangelegenheiten wird der einwilligungsunfähige Patient in der Praxis durch seine engsten Angehörigen vertreten.[776] Diese Vertretung erfolgt in den meisten Fällen formlos und leitet ihre Legitimation aus notstandsähnlichen Gesichtspunkten ab. Aus diesem Grund kann sie aber nur bei Entscheidungsnotstand und vollständiger Entscheidungsunfähigkeit des Patienten legitimiert sein. Wenn in den letztgenannten Fällen zurecht auf die mutmaßliche Einwilligung des Patienten abzustellen ist, dann stellen Angehörige und andere Bezugspersonen als legitime Informationsquelle ein unverzichtbares – jedoch nicht unwiderlegbares – Indiz bei der Ermittlung der mutmaßlichen Patientenentscheidung dar. Diese Praxis kann jedoch allen denjenigen Fällen nicht gerecht werden, in welchen kein Entscheidungsnotstand vorliegt bzw. der Patient nur beschränkt entscheidungsfähig ist. Diese Praxis entspricht daher nicht einem häufig vorkommenden Fall bei Patienten, die palliativmedizinisch betreut werden.

Artikel 47 § 3 des Gesetzes 2071/1992 hat diese Probleme nicht gelöst. Danach ist die Einwilligung bzw. die Verweigerung der Einwilligung bei Entscheidungsunfähigkeit oder bei beschränkter Entscheidungsfähigkeit des Patienten

---

[776] *Politis*, Iatriko Dikaio, 1999, S. 137 [gr.].

durch diejenige Person zu erteilen, welche nach dem Gesetz den Patienten zu vertreten hat. Die Vertretungsbefugnis eines Dritten bei beschränkter Entscheidungsfähigkeit ohne Subsidiaritätsvorbehalt führte aber eher zu Bestätigung der langjährigen Praxis, ohne dem Schutz der Selbstbestimmung des Patienten genügend Rechnung zu tragen. Das wollte der Gesetzgeber durch Änderung des Betreuungsrechts im Jahr 1996 ändern.

Bis zur Änderung des Betreuungsrechts durch das Gesetz 2447/1996 galten die alten Vorschriften über den gerichtlichen Vormund. Durch die neue Regelung im griechischen Bürgerlichen Gesetzbuch kann bei einem Volljährigen, der aufgrund geistiger oder psychischer Hindernisse oder körperlicher Behinderungen seine Angelegenheiten teilweise oder vollständig nicht selber regeln kann, ein Betreuer gerichtlich bestellt werden.[777] Die Bestellung erfolgt auf Antrag des Betroffenen oder des Ehegatten, der Eltern, der Kinder, des Staatsanwalts oder auch von Amts wegen. Wenn Grund des Antrags ausschließlich eine körperliche Behinderung ist, kann ein Betreuer nur auf Antrag des Betroffenen bestellt werden (Artikel 1667 § 2 AstK).[778] Nach Artikel 1684 AstK haben alle Maßnahmen des Betreuers dem Wohl des Betreuten zu dienen. Vor jeder Maßnahme muss versucht werden, persönlichen Kontakt mit dem Betreuten aufzunehmen; die Meinung des Betreuten muss dann mitberücksichtigt werden. Allerdings bereitet das Abstellen auf das Wohl hier dieselben interpretatorischen Probleme, die in der deutschen Regelung zu begegnen sind. Dem Wohl des Betreuten dient die Betreuung nur dann, wenn sie erforderlich und in dem Umfang erfolgt, in welchem sie erforderlich ist.[779] Danach bestimmt das Erforderlichkeitsprinzip nicht nur das „Ob“ der Betreuung, sondern auch den Umfang der Befugnisse des Betreuers.

In Bezug auf den Aufgabenkreis des Betreuers lässt sich aus Artikel 1680 AstK zwar ableiten, dass die Gesundheitsfürsorge dem Aufgabenkreis Personenfürsorge angehört. Jedoch enthält das griechische Betreuungsrecht – anders als das deutsche – keine explizite Regelung der Befugnisse des Betreuers in Gesundheitsangelegenheiten, von der Zwangsunterbringung des Betreuten in einer psychiatrischen Klinik nach Artikel 1687 AstK abgesehen. Für diesen letzten Fall bedarf es der Genehmigung des Gerichtes. Analog kann aber diese Bestimmung auf Fragen der Vertretungsmacht des Betreuers bezüglich einer Einwilligung

---

[777] Artikel 1666 AstK.

[778] Ähnlich in Deutschland: Bei einem Körperbehinderten ist eine Betreuung gemäß § 1896 Abs. 1 S. 3 BGB nur auf dessen Antrag möglich, es sei denn, dass dieser ausnahmsweise – wie bei einer Lähmung vom dritten Halswirbel an – seinen Willen nicht kundtun kann. Darüber hinaus wird die Betreuung eines Körperbehinderten in der Regel nicht erforderlich sein, weil und sofern vor allem soziale Dienste und das Institut der Vollmacht eine ausreichende Hilfe bieten. Dazu: *Neuner*, NJW 2000, S. 1822 (1827).

[779] Vgl. *Spyridakis*, I dikastiki symparastasi, 1998, S. 18 [gr.].

bzw. Widerruf einer Einwilligung in eine lebenserhaltende Maßnahme nicht angewandt werden, weil es an der Vergleichbarkeit der Fälle fehlt. Insofern ist die Frage der Befugnisse des Betreuers im Bereich der Sterbebegleitung nicht geregelt. Sie ist jedoch zu klären, nicht zuletzt für den Fall, in welchem die Entscheidung der Angehörigen von der Entscheidung des Betreuers bezüglich der Vornahme einer ärztlichen Maßnahmen beim Betreuten abweicht. Die Frage gewinnt erst recht an Bedeutung, weil in Fällen der Sterbebegleitung, nach langjähriger Praxis in Griechenland, die Vertretung der Interessen des einwilligungsunfähigen Patienten durch seine Angehörigen erfolgt. Es ist zu erwarten, dass diese Fragen in Griechenland zum Gegenstand der medizinrechtlichen Diskussion gemacht werden. Dabei wird die deutsche Diskussion wegweisend sein.

b. Die gesetzliche Betreuung in Deutschland

Anders als in Griechenland wird in Deutschland seit einer Entscheidung des BGH aus dem Jahre 1994[780] die Problematik der Sterbebegleitung auch durch Rechtsfragen des Betreuungsrechts gekennzeichnet. Wenn ein Volljähriger aufgrund einer psychischen Krankheit oder einer körperlichen, geistigen oder seelischen Behinderung seine Angelegenheiten ganz oder teilweise nicht besorgen kann, kann das Vormundschaftsgericht auf Antrag des Betroffenen oder von Amts wegen einen Betreuer bestellen (§ 1896 Abs. 1 Satz 1 BGB). Ein Betreuer darf nur für Aufgabenkreise bestellt werden, in welchen die Betreuung erforderlich ist (§ 1896 Abs. 2 Satz 1 BGB). Bei einem einwilligungsunfähigen Kranken wird die Erforderlichkeit der Betreuung in der Regel zu bejahen sein.[781]

Im Schrifttum wird teilweise die Erforderlichkeit der Betreuung in den einschlägigen Fällen der Sterbebegleitung verneint. So sei eine Betreuungsbestellung nicht erforderlich, wenn der mutmaßliche Wille des Patienten erkennbar sei.[782] In dieser Allgemeinheit ist aber dieser Ansicht nicht zu folgen. Das Abstellen auf den mutmaßlichen Willen mag bei akuten Notfallsituationen vonnöten sein;[783] in den übrigen Fällen, insbesondere bei langdauernden Krankheitsprozessen, ist aber die Bestellung eines Betreuers erforderlich.[784] Solche langzeitigen Krankheitsprozesse stellen in der Sterbebegleitung den typischen Fall dar. Nach anderer Auffassung scheidet die Erforderlichkeit einer Betreuung in den relevanten Fällen der Sterbebegleitung deshalb aus, weil der Betreuer hierbei keine eigene Entscheidung treffe, sondern an den mutmaßlichen Willen des Betreuten gebunden sei.[785] Der Betreuer ist in der Tat an den Betreutenwillen ge-

---

[780] BGH, NJW 1995, S. 204 ff.
[781] Erman/*Holzhauer*, § 1896, Rn. 24, 35.
[782] *Deichmann*, MDR 1995, S. 983 (985).
[783] *Strätling* et al., MedR 2001, S. 385 (387).
[784] *Lipp*, DRiZ 2000, S. 231 (239).
[785] Staudinger/*Bienwald*, § 1904, Rn. 45.

bunden und er setzt durch seine Einwilligung bzw. den Widerruf einer solchen den mutmaßlichen Willen des Patienten durch.[786] Dies betrifft aber nicht die Frage, ob die Bestellung eines Betreuers überhaupt erforderlich ist, sondern die Frage nach dem Umfang des Aufgabenkreises und des Ermessensspielraums des Betreuers bei Ausübung seiner Tätigkeit.

Gemäß § 1896 Abs. 2 S. 2 BGB ist die Betreuungsbestellung nicht erforderlich, wenn der Betroffene eine Vertrauensperson bevollmächtigt hat und dadurch die Angelegenheiten des Betroffenen ebenso gut wie durch einen Betreuer besorgt werden können. Allerdings wurden nach den Änderungen des Betreuungsrechts die Anforderungen an eine Vollmacht, die „ebenso gut" wie die Betreuung den Interessen des Betroffenen gerecht wird, erhöht.[787] Dadurch wird bisweilen im Bereich der Sterbebegleitung eine Betreuung trotz bestehender Vollmacht als erforderlich anzusehen sein. Erweist sich die Betreuungsbestellung in casu als erforderlich, so ergeben sich im Bereich der Sterbebegleitung Fragen, die den Aufgabenkreis und die Kontrollzuständigkeit des Vormundschaftsgerichts betreffen. Diesen gilt die folgende Untersuchung.

2. Problematische Fragen der gesetzlichen Betreuung in der Sterbebegleitung

a. Aufgabenkreis des Betreuers

Zu fragen ist, ob die Einwilligung in eine Maßnahme der Sterbebegleitung bzw. in einen Behandlungsabbruch zum Aufgabenkreis des Betreuers gehört. Dies wirft die Vorfrage auf, ob dem Betreuer die Vertretungsmacht über diese Angelegenheiten übertragen werden darf. Denn mit der Abgrenzung des Aufgabenkreises werden auch die Grenzen der gesetzlichen Vertretungsmacht gezogen – § 1902 BGB.[788] Gegen die Zulässigkeit der Vertretung in den einschlägigen Gesundheitsfragen wendet sich ein Teil der Literatur und der Rechtsprechung. Bei der Entscheidung, die das Sterben zum Gegenstand habe, handele es sich um eine der höchstpersönlichen Angelegenheiten, die einem Betreuer ohnehin nicht übertragen werden können; dies gebiete bereits die Menschenwürde.[789] Gegen diese Auffassung spricht vor allem das Gesetz: Der Gesetzgeber hat dem Be-

---

786 OLG Karlsruhe/Freiburg, NJW 2002, S. 685 (686); *Gründel*, NJW 1999, S. 3391; *Lipp*, DRiZ 2000, S. 231 (235).

787 S. o.: D II 2.

788 BGB-RGRK-*Dickescheid*, § 1896 Rn. 21.

789 *Albrecht*, in: FS-Schreiber, 2003, S. 551 (566 ff.); *Seitz*, ZRP 1998, S. 417 (420); LG München I, NJW 1999, S. 1788 (1789): Der Fall sei vergleichbar mit der Abgabe einer Organspendeerklärung, die ein Betreuer ebenfalls nicht für den noch lebenden Betreuten abgeben könne. Dieses Argument geht aber nach Ansicht des OLG Karlsruhe/Freiburg, NJW 2002, S. 685 (686) fehl, weil die Organspende ausschließlich auf das Wohl eines Dritten und nicht auf das des Betreuten gerichtet ist (§ 1901 I BGB). Der letzteren Ansicht ist auch zuzustimmen.

treuer die Vertretungsmacht in höchstpersönlichen Gesundheitsangelegenheiten erteilt. Das tauglichste Beispiel dafür bietet wegen der irreversiblen Folgen, die es schafft, die Befugnis des Betreuers, in eine Sterilisation des Betreuten einzuwilligen, wenn besondere Gründe dies gebieten. Abgesehen davon kann ein Argument für die Vertretungsmacht des Betreuers aus der amtlichen Begründung zu § 1904 BGB abgeleitet werden. Dort wird auf den grundsätzlichen Willensvorrang des Betreuten im Bereich der Heilbehandlung Bezug genommen und ausgeführt, dass „der Betreuer den Wunsch eines nicht einwilligungsfähigen Betreuten auch dann zu beachten hat, wenn dieser darauf gerichtet ist, in der letzten Lebensphase nicht sämtliche denkbare lebens- aber auch schmerzverlängernden medizinischen Möglichkeiten einzusetzen“.[790] Der Betreuer trifft daher keine eigene Entscheidung etwa über den Abbruch einer lebenserhaltenden Maßnahme, sondern er setzt eine im Voraus getroffene Entscheidung des Betroffenen um,[791] bzw. er setzt den mutmaßlichen Willen des Betreuten bezüglich dieser Frage durch.[792]

Eine andere Frage ist, inwieweit eine Sterbebegleitungsmaßnahme in den Aufgabenkreis „Gesundheitsfürsorge“ eingeordnet werden kann. Als Aufgabenkreis werden vom Gesetz diejenigen Angelegenheiten bezeichnet, für welche der Betroffene der Hilfe eines Betreuers bedarf.[793] Die Bezeichnung des Aufgabenkreises, die in der Entscheidung über die Bestellung eines Betreuers enthalten sein muss (§ 69 Abs. 1 FGG), hat sich auf den Umfang zu beschränken, für den die Betreuung erforderlich ist. Da der Aufgabenkreis des Betreuers nicht weiter gezogen werden darf als erforderlich, gewinnt die genaue und zutreffende Bezeichnung besondere Bedeutung. Sonst sieht man sich konfrontiert mit schwierigen Auslegungsfragen. Der BGH hatte im Jahr 1994 in einem obiter dictum[794] die Ansicht geäußert, die Einwilligung des Betreuers in den Abbruch einer lebenserhaltenden Maßnahme erfordere entsprechend § 1904 BGB die Genehmigung des Vormundschaftsgerichts.[795] Der BGH ist damit – wenn auch nicht explizit – davon ausgegangen, dass die Einwilligung in den Abbruch einer lebenserhaltenden Maßnahme in den Aufgabenbereich des Betreuers gehöre. In seinem jüngsten Beschluss lehnt der BGH im konkretren Fall eine einschränkende Auslegung des Aufgabenkreises „Sorge für die Gesundheit des Betroffenen“ ab, hält

---

790 BT-Drucks 11/4528, S. 142.

791 BGH, NJW 2003, S. 1588 (1590).

792 OLG Karlsruhe/Freiburg, NJW 2002, S. 685 (686); a.A. *Albrecht*, a.a.O., S. 551 (567 f.) unter Berufung auf das Wohl des Betreuten.

793 BGB-RGRK *Dickescheid*, § 1896 Rn. 20.

794 *Kutzer*, ZRP 2000, S. 402 (403).

795 Nach der Auffassung des OLG Karlsruhe/Freiburg, NJW 2002, S. 685 (687) geht es hier nicht um ein obiter dictum, sondern um tragende Erwägungen, da der BGH bei Vorliegen einer vormundschaftlichen Genehmigung von der Rechtfertigung des strafrechtlich relevanten Unterlassens ausgegangen wäre.

er aber eine solche für möglich.[796] Dem Einwand, das „Sterbenlassen" des Betreuten habe mit der Gesundheitsfürsorge nichts zu tun,[797] steht bereits entgegen, dass der Aufgabenkreis der Gesundheitsfürsorge alle Bereiche der medizinischen Behandlung und alle anstehenden Entscheidungen umfasst, die der Betreute selbst nicht mehr treffen kann.[798] Ebenso wie der Beginn und die Fortsetzung stellt auch der Abbruch etwa einer künstlichen Ernährung eine ärztliche Maßnahme dar, die der Arzt nur mit Einwilligung des Patienten vornehmen darf.[799] Folglich kann eine Entscheidung über eine Sterbebegleitungsmaßnahme zu dem Aufgabenkreis eines Betreuers gehören.

b. Vormundschaftsgerichtliche Zuständigkeit: Die Analogielösung

Es ist an dieser Stelle auf die Frage einzugehen, welche die Kontrollzuständigkeit des Vormundschaftsgerichts bei einer Betreuerentscheidung – Einwilligung, Widerruf der Einwilligung, Verweigerung der Einwilligung - über eine lebensgefährliche Schmerztherapie oder über den Abbruch bzw. die Verweigerung einer lebensnotwendigen ärztlichen Maßnahme anbelangt. Der BGH hat erstmals im Jahre 1994 die Möglichkeit der Einbeziehung eines Zivilgerichts (des Vormundschaftsgerichts) im Entscheidungsprozess der Handelnden anerkannt. Zwar entscheiden dabei die Richter nicht „über Leben und Tod".[800] Sie nehmen aber indirekt am Entscheidungsprozess über die konkrete ärztliche Maßnahme dadurch Teil, dass sie präventiv die Einwilligung des Betreuers oder des Bevollmächtigten unter rechtlicher Kontrolle stellen. Die Einbeziehung des Gerichts in den Entscheidungsprozess kann nicht verleugnet werden, sie erstreckt sich aber nicht darüber hinaus. Sowohl die Einbeziehung des Gerichts in den Entscheidungsprozess wie auch der Weg, durch welchen sie erreicht wird, ist im Schrifttum und in der Rechtsprechung umstritten. So hat der BGH mit seinem Beschluss vom 17.3.2003 im Wege der Rechtsfortbildung des Betreuungsrechts auf die Zuständigkeit des Vormundschaftsgerichts geschlossen, da es sich um ein unabwendbares Bedürfnis des Betreuungsrechts handelt. Damit hat er sich vom 1. Strafsenat[801], der § 1904 BGB analog angewendet hat, abgewichen. Jedenfalls

[796] BGH, NJW 2003, S. 1588 (1590); dazu: *Höfling/Rixen*, JZ 2003, S. 884 (889).

[797] LG München I, NJW 1999, S. 1788 (1789); *Lilie*, in: Wienke/Lippert (Hrsg.), Der Wille des Menschen zwischen Leben und Sterben, S. 75 (83); *Albrecht*, in: in: FS-Schreiber, 2003, S. 551 (567); vgl. auch *Bienwald*, FamRZ 1998, S. 1138, nach welchem eine Entscheidung über den Behandlungsabbruch nichts mit der Gesundheit zu tun hat, es sei denn, man würde die Befreiung von Leiden so verstehen.

[798] OLG Frankfurt a. M., NJW 2002, S. 689 (690); BayOLG, BtPrax 1995, S. 218 (219); BGB-RGRK-*Dickescheid*, § 1896, Rn. 22; *Dodegge*, NJW 2000, S. 2704 (2709).

[799] *Lipp*, DRiZ 2000, S. 231 (233).

[800] So aber *Albrecht*, in: FS-Schreiber, 2003, S. 551 (572); *Eberbach*, MedR 2000, S. 267 (269); *Deichmann*, MDR 1995, S. 983 (984). Dagegen mit Recht BGH, NJW 2003, S. 1588 (1592).

[801] BGH, NJW 1995, S. 204.

hat der BGH mit seinem Beschluss v. 17.03.2003 den Rahmen und die Voraussetzungen der zivilgerichtlichen Intervention teils modifiziert, teils konkretisiert.[802]

Gefragt wird im Rahmen der Analogielösung, ob das Ergebnis der Auslegung des § 1904 BGB[803] angesichts einer Gesetzeslücke im engeren Sinne[804] Raum für eine gesetzesimmanente Rechtsfortbildung bieten kann. Eine solche gesetzesimmanente Rechtsfortbildung liegt vor, wenn jenseits des Wortlauts einer Norm, jedoch diesseits der Regelungsabsicht, des Plans und der immanenten Teleologie des Gesetzes entschieden wird.[805] Der Wortlaut des § 1904 BGB umfasst die Einwilligung des Betreuers in ärztliche Maßnahmen wie Untersuchungen, Heilbehandlungen oder ärztliche Eingriffe, also in aktive Maßnahmen.[806] Unter dem Begriff Heilbehandlung könnte problemlos eine Schmerzlinderung mit voraussichtlicher Lebensverkürzung fallen. Die Genehmigungsbedürftigkeit wird hier mit der Gefahr der lebensverkürzenden Nebenwirkung begründet.[807] Dagegen wird die Einwilligung des Betreuers in den Abbruch oder das Unterlassen solcher Maßnahmen oder Eingriffe vom Wortlaut des § 1904 BGB nicht erfasst.[808] Somit erweist sich die Regelung im § 1904 BGB zumindest für die Fälle der Behandlungsbeschränkung im Rahmen der Sterbebegleitung als lückenhaft.

Für die Annahme des Analogieschlusses wird ferner vorausgesetzt, dass der Gesetzgeber die in Frage kommende Fallkonstellation planwidrig nicht im Gesetzestext berücksichtigt hat. Es muss eine planwidrige Lücke vorliegen. Außer dem Urteil des BGH aus dem Jahre 1994 hat auch das OLG Frankfurt a. M. in seiner Entscheidung aus dem Jahr 1998 das Vorliegen einer unbewussten Lücke angenommen.[809] Dem widersprach das LG München mit dem Argument, es spreche viel dafür, dass § 1904 BGB bewusst nicht geändert wurde: Dem Gesetzgeber sei die Entscheidung des 1. Senats des BGH und des OLG Frankfurt a. M. bei der Änderung des Betreuungsgesetzes bekannt. Die Rechtsprechung in-

---

802 BGH, NJW 2003, S. 1588 ff. = JZ 2003, S. 732 ff.

803 § 1904 Abs. 1 BGB: „Die Einwilligung des Betreuers in eine Untersuchung des Gesundheitszustandes, eine Heilbehandlung oder einen ärztlichen Eingriff bedarf der Genehmigung des Vormundschaftsgerichts, wenn die begründete Gefahr besteht, dass der Betreute auf Grund der Maßnahme stirbt oder einen schweren und länger dauernden gesundheitlichen Schaden erleidet. Ohne die Genehmigung darf die Maßnahme nur durchgeführt werden, wenn mit dem Aufschub Gefahr verbunden ist."

804 Dazu *Larenz/Canaris*, Methodenlehre der Rechtswissenschaft, S. 191 ff.

805 *Larenz/Canaris*, a.a.O., S. 191.

806 BGH St 40, 257 (261 f.).

807 Palandt/*Diederichsen*, § 1904 Rn. 9; Vgl. Hans Lothar *Schreiber*, FamRZ 1991, S. 1014 (1021 f.).

808 *Saliger*, KritV 1998, S. 118 (122).

809 OLG Frankfurt a. M., NJW 1998, S. 2747 (2748).

terpretiert diese „Kenntnisnahme“ des Gesetzgebers recht unterschiedlich, um jeweils zur Annahme oder Ablehnung einer planwidrigen Lücke zu gelangen. Auch im Schrifttum herrscht diesbezüglich Dissens.[810] Die Tatsache, dass der Gesetzgeber des Betreuungsrechtsänderungsgesetzes den § 1904 BGB in Kenntnis der ergangenen Rechtsprechung nicht geändert hat, soll nach einem Teil des Schrifttums die Annahme der planwidrigen Lücke begründen können,[811] während diese Tatsache nach einem anderen Teil des Schrifttums auf die Verneinung einer planwidrigen Lücke hinweisen soll.[812] Aus dem Schweigen des Gesetzgebers kann daher vorliegend kein zwingender Schluss in Bezug auf die Planmäßigkeit oder Planwidrigkeit der in Betracht kommenden Lücke gezogen werden. Ob eine planwidrige Lücke vorliegt, ist vielmehr vom Standpunkt des Gesetzes selbst, der ihm zugrunde liegenden Regelungsabsicht, der mit ihr verfolgten Zwecke, des gesetzgeberischen „Plans“ zu beurteilen.[813]

Es ist daher auf den Regelungszweck des § 1904 BGB abzustellen. § 1904 BGB füllt die im alten Vormund- und Pflegschaftsrecht bestehende Lücke einer Sonderregelung für die Heilbehandlung und ist insoweit Ausdruck des Reformziels, die Personensorge zu stärken und das körperliche Wohl des Betreuten vor unsachgemäßen und missbräuchlichen Eingriffen besser zu schützen.[814] Die Regelung des § 1904 BGB zielt aber insbesondere auf die rechtliche Kontrolle des Betreuers angesichts seiner Einwilligung in eine Reihe von erheblich risikoreichen ärztlichen Maßnahmen. Dadurch sollen die Rechte des Betreuten auf Gesundheit und Selbstbestimmung in Anlehnung an § 1901 BGB gestärkt werden.[815] Die Formulierung in § 1904 BGB entspricht der konventionellen Beschreibung der Gesundheitsfürsorge in der Form von ärztlicher Untersuchung, Heilbehandlung, Eingriff. Mit der Entwicklung der Palliativmedizin wurde aber die Sterbebegleitung zum Bestandteil der Gesundheitsfürsorge. Darunter wird nicht lediglich die Schmerzlinderung,[816] sondern auch die Änderung des Therapieziels, die eine Behandlungsbeschränkung und eine damit zusammenhängende Basisversorgung nach sich ziehen kann, verstanden. Für diejenigen Fallgruppen

---

[810] Eine planwidrige Lücke lehnen u.a. *Laufs*, NJW 1998, S. 3399 (3400), *Dodegge*, NJW 2000, S. 2704 (2710) und *Albrecht*, FS-Schreiber, 2003, S. 551 (571) ab. Dagegen bejahen eine planwidrige Lücke u.a. *Gründel*, NJW 1999, S. 3391, *Knieper*, NJW 1998, S. 2720 (2721), *Deutsch*, NJW 2003, S. 1567.

[811] *Ruhl*, Referat für den 63. DJT, 2000, S. K29 (K34); *Taupitz*, Gutachten für den 63. DJT, 2000, S. A3 (A92).

[812] *Laufs*, NJW 1998, S. 3399 (3400); *Bernsmann*, ZRP 1996, S. 87 (91); *Eberbach*, in: Wienke/Lippert (Hrsg.), Der Wille des Menschen zwischen Leben und Sterben, 2001, S. 11 (28).

[813] *Larenz/Canaris*, Methodenlehre der Rechtswissenschaft, 1995, S. 194.

[814] BT-Drucks. 11/4528, 1, 70.

[815] BT-Drucks. 11/4528, 72, 140.

[816] Die Schmerzlinderung mit unbeabsichtigter Todesfolge kann als Heilbehandlung gemäß § 1904 BGB aufgefasst werden, so: *Saliger*, KritV 1998, S. 118 (122/Fß. 21).

der Sterbebegleitung, welche im medizinischen Bereich als etabliert anzusehen sind, erweist sich dann § 1904 BGB als lückenhaft. Denn gemeinsames Element der Sterbebegleitungsmaßnahmen und der von § 1904 BGB erfassten Maßnahmen stellt die Leidensminderung bei gleichzeitiger Beachtung der antizipierten Wünsche des entscheidungsunfähigen Patienten dar. Auch bei Entscheidungen über Maßnahmen, die der Sterbebegleitung dienen, soll nach der gesetzesimmanenten Teleologie der Betreuer der gerichtlichen Kontrolle unterwerfen, der Betreute vor Missachtung seiner Rechte geschützt werden.[817] Es würde dem Prinzip der Gleichbehandlung des wesentlich Gleichartigen widersprechen, wenn in den ärztlich etablierten Sterbebegleitungsfällen der Betreute weniger in seiner Autonomie und Wohl geschützt würde als bei anderen gefährlichen ärztlichen Eingriffen. Es ist daher im Hinblich auf den Regelungsplan des § 1904 BGB zu entnehmen, dass eine Regel, wonach die Einwilligung des Betreuers in Sterbebegleitungsmaßnahmen genehmigungsbedürftig ist, im § 1904 BGB enthalten werden sollte. Sie ist aber nicht, so dass von einer planwidrigen Lücke die Rede sein kann.

Dagegen wird eingewendet, § 1904 BGB sei einer analogen Anwendung auf Fälle des Behandlungsabbruchs mit tödlichem Ausgang nicht zugänglich, weil § 1904 BGB den Schutz des Lebens bezwecke.[818] Es fehle die Gleichheit der Problemlage: „Der Schutz eines heilungsfähigen Patienten vor dem Einsatz riskanter medizinischer Mittel ist etwas völlig anderes als die medizinische Versorgung eines tödlich und unheilbar erkrankten Menschen“, so der BGH.[819] Dem ist entgegenzusetzen, dass durch die Regelung des § 1904 BGB primär eine präventive Kontrolle des Betreuers bei der Einwilligung zu gefährlichen ärztlichen Maßnahmen geschaffen werden sollte, was auch in den Fällen des Abbruchs lebenserhaltender Maßnahmen nach Änderung des Behandlungsziels erst recht erforderlich ist.[820]

Des weiteren wird gegen die analoge Anwendung des § 1904 BGB eingewendet, dass in § 1904 BGB Heileingriffe, ärztliche Untersuchungen erfasst werden, während der Tod immer nur das Risiko des Fehlschlagens dieser Maßnahmen sei; bei der Entscheidung über lebensbeendenden Maßnahmen gehe es dagegen darum, dass durch sie notwendigerweise der Tod herbeigeführt wird.[821] Gegen diesen Einwand wird ausgeführt, dass dem Gesamtzusammenhang der betreu-

[817] Die Frage, ob die verfolgten Zielen durch die Regelung des § 1904 BGB erreicht werden, spielt bei der hier behandelten Frage keine Rolle.
[818] LG München I, NJW 1999, S. 1788 (1789); *Albrecht*, in: FS-Schreiber, 2003, S. 551 (571); Vgl. auch *Laufs*, NJW 1998, S. 3399 (3400).
[819] BGH, NJW 2003, S. 1588 (1591).
[820] OLG Frankfurt a. M., NJW 2002, S. 689 (690 f.); *Schick*, GS-Zipf, 1999, S. 393 (416) spricht von einer „prozeduralen Absicherung vor Missbräuchen“.
[821] *Kutzer*, ZRP 2000, S. 402 (403); *Albrecht*, a.a.O., S. 551 (571 f.); BGH, a.a.O.

ungsrechtlichen Vorschriften zufolge entscheidend nicht die Zweckrichtung der ärztlichen Maßnahmen sei, sondern die Schwere des Eingriffs, mag es sich dabei um ein Tun oder Unterlassen handeln.[822] Wenn schon bestimmte Heileingriffe wegen ihrer Gefährlichkeit der unkontrollierten Entscheidungsbefugnis des Betreuers entzogen seien, so müsse dies erst recht für Maßnahmen gelten, die eine ärztliche Behandlungsmaßnahme beenden sollen und mit Sicherheit binnen kurzer Zeit zum Tod des Patienten führen.[823]

Weitere Einwände betreffen die Analogiefähigkeit der Entscheidungsform des Betreuers. Der Wortlaut des § 1904 BGB erfasse nur die „positiv-legitimierende“ Einwilligung des Betreuers.[824] Beim Abbruch oder Nicht-Aufnahme medizinischer oder pflegerischer Maßnahmen gehe es aber materiell um die Verweigerung bzw. den Widerruf der Einwilligung, weiter lebenserhaltende Maßnahmen vorzunehmen.[825] Deshalb stelle sich die Frage, ob § 1904 BGB analog auch auf die Verweigerung bzw. den Widerruf der Einwilligung durch den Betreuer anwendbar sei. Nach einer Auffassung bedarf der Betreuer, der von vornherein die Einwilligung in eine ärztliche Behandlung verweigert, nicht der Genehmigung des Vormundschaftsgerichts.[826] Das OLG Karlsruhe/Freiburg hat indessen den Versuch unternommen, zwischen Widerruf und Verweigerung der Einwilligung zu unterscheiden. Bei Verweigerung der Einwilligung bedürfe es nicht der Genehmigung, wohl aber bei Widerruf der Einwilligung: Denn, wenn der Betreuer die Einwilligung in die Fortsetzung einer lebenserhaltenden Maßnahme widerrufe, trage er aktiv zu deren Beendigung bei.[827] Diese Begründung überzeugt nicht. Diese fließende Abgrenzung rechtfertigt keine rechtliche Differenzierung.[828] Die Ansicht, wonach die Verweigerung der Einwilligung nicht genehmigungspflichtig sein soll, führt im übrigen zu unbefriedigenden Ergebnissen. Wollte man nur den Widerruf einem vormundschaftlichen Kontrollvorbehalt unterstellen, bestünde die Gefahr, dass von lebenserhaltenden Maßnahmen nur noch zögerlich Gebrauch gemacht wird, um deren späteren – an die vormundschaftsgerichtliche Kontrolle gebundenen – Abbruch zu vermeiden.[829] Da im konkreten Fall eine Verweigerung in gleichem Maße wie ein Widerruf der Einwilligung den Betreuten schaden könnte, würde der mit dem Kontrollvorbehalt auch verfolgte Lebensschutz in sein Gegenteil

---

[822] LG Duisburg, NJW 1999, S. 2744; OLG Frankfurt a. M., NJW 2002, S. 689 (691); *Zöller*, ZRP 1999, S. 317.
[823] BGH St 40, 257 (262); LG Duisburg, a.a.O.
[824] *Taupitz*, Gutachten für den 63. DJT, 2000, S. A3 (A87).
[825] *Bernsmann*, ZRP 1996, S. 87 (90 f.).
[826] *Deichmann*, MDR 1995, S. 983 (985); *Alberts*, NJW 1999, S. 835; *Fröschle*, JZ 2000, S. 72 (80).
[827] OLG Karlsruhe/Freiburg, NJW 2002, S. 685 (688).
[828] BGH, NJW 2003, S. 1588 (1589).
[829] BGH, a.a.O.

verkehrt. Es ist daher kein Grund ersichtlich, dass sowohl die Verweigerung als auch der Widerruf der Einwilligung seitens des Betreuers nicht analog genehmigungspflichtig sein kann. Nach dem Regelungszweck des § 1904 BGB soll vielmehr eine solche analoge Anwendung geboten sein.[830]

c. Vormundschaftsgerichtliche Zuständigkeit: Die Rechtsfortbildungslösung

Die Analogielösung führt zu dem Ergebnis, dass jede Entscheidung (Einwilligung, Einwilligungsverweigerung, Widerruf der Einwilligung) des Betreuers über Sterbebegleitungsmaßnahmen in analoger Anwendung des § 1904 BGB der Genehmigung des Vormundschaftsgerichts bedarf. Mag dieser Weg juristisch vertretbar sein, so führt er zu unerwünschten Ergebnissen. Die aktuelle Rechtslage hat ungewollt zu einer Steigerung der Betreuungszahlen geführt.[831] Bedenkt man, dass alltäglich in Kliniken und Krankenhäusern Entscheidungen etwa über indizierte, wenn auch gefährliche Schmerzbehandlungen und Behandlungsbeschränkungen mit Todesfolge gefällt werden müssen, so müsste das Vormundschaftsgericht jede dieser Betreuerentscheidungen präventiv überprüfen. Geht man bei der analogen Anwendung des § 1904 BGB von dem Gedanken der Missbrauchsabwendung aus, so wäre die Einbeziehung des Gerichts bei jeder Entscheidung über einen Sterbebegleitungsfall zu fordern, weil hier Missbräuche nicht von vornherein auszuschließen sind. Die Einschaltung des Vormundschaftsgerichts und eine konsequente präventive Kontrolle der Entscheidungen des Betreuers in allen Sterbebegleitungsfällen ist aber derzeit gar nicht durchführbar.[832] Damit werden die Ansprüche der Beteiligten nach Rechtssicherheit und Transparenz in den Entscheidungsprozessen in der Praxis nicht erfüllt.[833] Zwischen Theorie und Praxis entsteht eine erhebliche Grauzone. Die analoge Anwendung des § 1904 BGB drückt außerdem generelles Misstrauen gegenüber Ärzten und Betreuern.[834] Doch nicht bei jeder Betreuerentscheidung über einen Sterbebegleitungsfall ist die Einschaltung des Vormundschaftsgerichts geboten. In diesem Rahmen erweist sich der Weg der Fortbildung des Betreuungsrechts, den der BGH mit seinem neuen Beschluss betreten hat, als vorzugswürdig. Im Grunde wird durch diese Entwicklung der Gesetzgeber zu einer legislativen Entscheidung aufgefordert.

---

[830] *Taupitz*, Gutachten A für den 63. DJT, 2000, S. A3 (A92); *ders.*, NJW 2000, Beilage zu Heft 25, S. 6 (9); *Lipp*, DRiZ 2000, S. 231 (238).

[831] *Dodegge*, NJW 2001, S. 2758; *Strätling/Eisenbart/Scharf*, MedR 2000, S. 251 (253 f.); *Bienwald*, BtPrax 2002, S. 3 berichtet darüber, dass Ende 2000 die Zahl der Betreuungen in Deutschland auf etwa 925000 angestiegen war; vgl. auch *Probst*, BtPrax 2002, S. 7 f.; *ders.*, ZRP 2001, S. 426 ff.

[832] Darauf weisen *Strätling* et al, MedR 2001, S. 385 (388) und *Dauster*, in: Wienke/Lippert (Hrsg.), Der Wille des Menschen zwischen Leben und Sterben, 2001, S. 89 (104) hin.

[833] *Strätling* et al, a.a.O., S. 385 (388 f.).

[834] Vgl. *Deutsch*, NJW 2003, S. 1567.

Der BGH spricht in seinem Beschluss von einer objektiven Eingrenzung zulässiger Sterbehilfe, die nicht nur für das Straf-, sondern auch für das Zivilrecht verbindlich ist. Aus ihr folge, dass für das Verlangen des Betreuers, eine medizinische Behandlung einzustellen, kein Raum ist, wenn das Grundleiden des Betroffenen noch keinen irreversiblen tödlichen Verlauf angenommen habe und durch die Maßnahme das Leben des Betroffenen erhalten werde.[835] Die Entscheidungsmacht des Betreuers sei mit der aus dem Selbstbestimmungsrecht folgenden Entscheidungsmacht des einwilligungsfähigen Patienten nicht deckungsgleich, sondern als gesetzliche Vertretungsmacht an rechtliche Vorgaben gebunden; nur soweit sie sich im Rahmen dieser Bindung halte, könne sie sich gegenüber der Verpflichtung des Arztes, Leben zu erhalten, durchsetzen.[836] Liegen die medizinischen Voraussetzungen, unter denen das Recht eine vom gesetzlichen Vertreten konsentierte Sterbehilfe gestattet, nicht vor, ist die Sterbehilfe rechtswidrig. Sie werde nicht dadurch rechtmäßig, dass der gesetzliche Vertreter in sie – und sei es mit Billigung des Vormundschaftsgerichts – einwilligt.[837] Wenn die medizinischen Voraussetzungen einer erlaubten Sterbehilfe in Frage stehen, so böte ein vormundschaftsgerichtliches Verfahren die Möglichkeit, verantwortlich zu prüfen, ob der rechtliche Rahmen für das Verlangen des Betreuers überhaupt eröffnet ist. Dies wäre immer dann zu verneinen, wenn eine letzte Sicherheit, dass die Krankheit des Betroffenen einen irreversiblen und tödlichen Verlauf angenommen habe, nicht zu gewinnen wäre.[838]

Der BGH hat damit die Grenzen der erlaubten Sterbehilfe, die der 1. Strafsenat gezogen hatte, im Grunde übernommen. Innerhalb dieser Grenzen beschränkt er den Prüfungsvorbehalt auf Fälle, in welchen eine lebenserhaltende Behandlung des Betroffenen medizinisch indiziert ist oder jedenfalls ärztlicherseits angeboten wird, der Betreuer aber in die angebotene Behandlung nicht einwilligt; dies soll sicherstellen, dass die Vormundschaftsgerichte nur in Konfliktlagen angerufen werden können.[839]

In diesem Rahmen wird nach dem BGH ein Unterlassen bzw. eine Verweigerung der Einwilligung in eine angebotene lebenserhaltende Maßnahme nur mit Zustimmung des Vormundschaftsgerichts wirksam.[840] Der BGH will hiermit die Einschaltung des Vormundschaftsgerichts auf Fälle begrenzen, in welchen die in Betracht kommende lebenserhaltende Maßnahme medizinisch indiziert ist oder

[835] BGH, NJW 2003, S. 1588 (1590, sub aa.).
[836] BGH, NJW 2003, S. 1588 (1590, sub aa.).
[837] BGH, NJW 2003, S. 1588 (1590, sub aa.).
[838] BGH, NJW 2003, S. 1588 (1590, sub aa).
[839] BGH, NJW 2003, S. 1588 (1593 f.).
[840] BGH, NJW 2003, S. 1588 (1593, sub dd.).

„ärztlicherseits angeboten wird", der Betreuer aber für ihren Abbruch entscheidet.[841]

Dagegen, wenn eine lebenserhaltende Behandlung ärztlicherseits nicht angeboten werde – sei es dass sie nach Auffassung der behandelnden Ärzte von vornherein nicht indiziert, sinnlos geworden oder aus sonstigen Gründen nicht möglich ist, so sei für die Entscheidung des Betreuers kein Raum.[842] Nach dem BGH soll in einem solchen Fall das Vormundschaftsgericht nicht eingeschaltet werden. Er verneint wohl die Zuständigkeit des Vormundschaftsgerichts. Bei fehlender Zuständigkeit des Gerichts werden daher Betreuer und Arzt allein verantwortlich für ihre Entscheidungen.[843] In diesem Fall greifen die strafrechtlichen Grundsätze der erlaubten Sterbebegleitung zu. Auf diese Weise wird der Missbrauchgefahr begegnet. Hier zeigt sich, dass die strafrechtliche Beurteilung der relevanten Fällen unentbehrlich ist.[844] Im Schrifttum wird aber der Beschluss des BGH teilweise dahin interpretiert, dass die Einschaltung des Vormundschaftsgerichts nicht geboten sei, wenn Betreuer und Arzt in der Frage des Abbruchs oder der Fortsetzung einer lebenserhaltenden Maßnahme übereinstimmen.[845] *Spickhoff* warnt vor einem gewissermaßen übereinstimmenden Todesurteil von Betreuer und verantwortlichen Arzt, welches gerichtlich nicht kontrolliert werden solle.[846] Dieser Kritik ist nicht zu folgen. Der BGH untersucht die Frage der Zuständigkeit des Vormundschaftsgerichts innerhalb der strafrechtlichen Grenzen der erlaubten Sterbebegleitung. Es dürfte einleuchten, dass für die Kontrolle eines „übereinstimmenden Todesurteils" von Betreuer und Arzt ein Zivilgericht nicht zuständig sein kann. Der BGH meint vielmehr, dass innerhalb der Grenzen der erlaubten Sterbehilfe beim Fehlen der medizinischen Indikation bezüglich der Einleitung oder der Fortsetzung einer lebenserhaltenden Maßnahme die Entscheidung des Betreuers der Genehmigung des Gerichts nicht bedarf. Dies deshalb, weil hier von einer Missbrauchgefahr der Vertretungsmacht des Betreuers nicht ausgegangen werden kann.[847] Denn diese Gefahr ist der Grund

---

841 Auch die *Enquete-Kommission Ethik und Recht der modernen Medizin*, Zwischenbericht, Deutscher Bundestag-Drucksache 15/3700 v. 13.09.2004, S. 44, empfiehlt dem Gesetzgeber die Begrenzung der Einschaltung des Vormundschaftsgerichts auf Fälle, bei denen die lebenserhaltende Maßnahme medizinisch indiziert ist, aber nach dem Willen des Betreuers nicht erfolgen soll.

842 BGH, NJW 2003, S. 1588 (1593, sub dd.).

843 *Kutzer*, ZRP 2000, S. 402 (403). Explizit für diesen Weg: LG München, a.a.O.

844 Eine u.a. von *Taupitz*, NJW 2000, Beilage zu Heft 25, S. 6 und *Saliger*, KritV 1998, S. 118 (145 ff.) geforderte prozedurale Regelung der Sterbehilfe bzw. der Sterbebegleitung würde voraussetzen, dass die strafrechtlichen Fragen der Sterbehilfe abschließend beantwortet sind. Davon kann sowohl in Deutschland, wie auch international nicht die Rede sein.

845 *Stackmann*, NJW 2003, S. 1568; *Spickhoff*, JZ 2003, S. 739.

846 *Spickhoff*, a.a.O.

847 Vgl. *Müller-Freienfels*, JZ 1998, S. 1123 (1125).

der Einschaltung des Gerichts. Besteht diese Gefahr nicht, dann dürfte die Einschaltung entbehrlich sein. In diesem Rahmen wird eine Entscheidung über den Abbruch lebenserhaltender Maßnahmen bei schon eingesetztem Sterbevorgang nicht genehmigungspflichtig sein.[848]

Im Übrigen sollte vom Fehlen der Missbrauchgefahr auch dann ausgegangen werden, wenn der Patient seinen Willen mündlich oder schriftlich, jedenfalls ausdrücklich artikuliert hat. Eine verbindliche Patientenverfügung, an die sowohl der Arzt als auch der Betreuer gebunden ist, wäre hier das sicherste Instrument. Fehlt es an einer solchen Verfügung oder erweist sie sich als unverbindlich, so hätte nach jetziger Rechtslage der Betreuer die Genehmigung des Vormundschaftsgerichts zu ersuchen, wobei er damit rechnen muss, dass das Gericht ihm die Letztverantwortung überlassen wird. Im übrigen ist es widersprüchlich, wenn nach § 1904 Abs. 2 S. 1 BGB auch ein Bevollmächtigter, der zu konkreten Entscheidungen durch den Vollmachtgeber bevollmächtigt wurde, der Genehmigung des Vormundschaftsgerichts bedarf. Denn eine konkrete Vollmacht ist in der Sache nicht anders zu behandeln als eine verbindliche Patientenverfügung. Der BGH hat aber in seinem neuen Beschluss diese Frage nicht angesprochen. Er hat aber die analoge Anwendung des § 1904 BGB verneint, so dass von einer rechtlichen Gleichstellung des Bevollmächtigten mit dem Betreuer bezüglich des Genehmigungsvorbehalts nicht mehr die Rede sein kann.

Trotz der bestehenden Unzulänglichkeiten bietet die jetzige Rechtslage einen erheblichen Spielraum für die Ausübung der Selbstbestimmung im Vorfeld der Entscheidungsunfähigkeit. Die deutsche Rechtslage ermöglicht die Auseinandersetzung mit Fragen, die naturgemäß schwer in ein widerspruchsfreies System integriert werden können. Gerade diese Auseinandersetzung dürfte als rechtliche und gesellschaftliche Herausforderung sowohl in Deutschland als auch in Griechenland gelten.

E. Ethikkommissionen in der Sterbebegleitung

In diesem Teil sollte die Rolle von Ethikkommissionen in der Sterbebegleitung nicht unerwähnt bleiben. Es besteht die Tendenz, dass diese Kommissionen in den einschlägigen Fällen tätig werden, wobei ihr Kompetenzbereich und ihre Funktion variiert und größtenteils noch ungeklärt ist.[849] Aus rechtlicher Sicht ist aber eine Klärung notwendig, zudem es hier um die Frage des Lebens- und Selbstbestimmungsschutzes des Patienten geht.

---

[848] *Eisenbart*, Patienten-Testament, 2000, S. 198 ff. Allerdings lehnt *Eisenbart*, a.a.O., S. 199 f. bei Sterbenden die Kausalität des Behandlungsabbruchs für ihren Tod ab. Dem ist nicht zu folgen: Die Kausalität ist auch bei Sterbenden – also Lebenden - gegeben.

[849] Vgl. *Deutsch*, NJW 2003, S. 1567 f.

I. Erscheinungsformen von Ethikkommission in der Sterbebegleitung

Die Entscheidung über die Änderung des Behandlungsziels in Richtung palliativmedizinischer Sterbebegleitung gehört zu den Entscheidungen, in welchen eine Vielfalt von Kriterien Geltung beanspruchen. Auf dem Weg zu der Konkretisierung der Indikation und der Auslegung der Entscheidung des Patienten fließen Kriterien ein, welche das Ergebnis des Entscheidungsprozesses beeinflussen können, und somit nicht außer Betracht bleiben sollten. Es geht um ethische, psychologische, religiöse und wirtschaftliche Gesichtspunkte, welche zu Kriterien qualifiziert werden, wenn sie im konkreten Entscheidungsprozess Relevanz erlangen. Dadurch wird der Entscheidungsprozess besonders komplex. Ausdruck dieser Komplexität ist der Versuch, am Entscheidungsprozess auch andere Personen teilnehmen zu lassen, welche als Fachpersonen den Grad der Relevanz der jeweiligen Kriterien im Entscheidungsprozess erkennen, analysieren und dadurch zur Minimierung einer Fehlentscheidung beitragen können. Eine solche Funktion soll eine Ethikkommission[850] haben.

Die Notwendigkeit dieser Kommission hat sich erstmals in den 60er Jahren in den USA anlässlich eines Missbrauchsfalls von klinischer Forschung an Menschen gezeigt.[851] Mit dem Einfluss des medizinischen Fortschritts und der Komplexität der ärztlichen Entscheidungen hat aber sowohl die Missbrauchsgefahr wie auch die Möglichkeit einer Fehlentscheidung den Bereich der klinischen Forschung überholt. Daher wird in den letzten Jahren die Frage nach der Notwendigkeit von Ethikkommissionen auch im Bereich der Sterbebegleitung gestellt.[852] Klinische Ethikkommissionen sind in Nordamerika Bestandteil des Gesundheitssystems und sind unter den Namen: hospital oder health care ethics committees bekannt.[853] Ähnliche Versuche ethischer Unterstützung für die klinische Praxis werden in den letzten Jahren in Europa aufgenommen. Dabei besteht allerdings kein einheitliches Modell, nach welchem die klinische ethische Unterstützung erfolgen soll. Ob sie individuell oder im Rahmen einer Kommission durchgeführt werden soll, ist noch nicht geklärt.[854]

In der Bundesrepublik haben im März 1997 die zwei christlichen Krankenhausverbände, der Katholische Krankenhausverband Deutschland und der Deutsche Evangelische Krankenhausverband, empfohlen, dass in jedem Krankenhaus innerhalb des Verbandes ein „Klinisches Ethik-Komitee" gegründet wird, was

---

[850] Oder Ethik-Komitee genannt. Nach der Deklaration von Helsinki von 2000, welche die klinische Forschung zum Regelungsgegenstand hat, ist das nationale Gesundheitswesen in der Wahl des Namens frei. Dazu: *Deutsch*, NJW 2001, S. 857 (859).

[851] *Deutsch*, NJW 1995, S. 3019 (3022).

[852] *Koch*, in: Holderegger (Hrsg.), Das medizinisch assistierte Sterben, 1998, S. 297 (327); *Alberts*, NJW 1999, S. 835 (836).

[853] *Slowther/Hope/Ashcroft.*, Journal of Medical Ethics 2001, Suppl. I, S. i1

[854] *Slowther/Hope/Ashcroft.*, Journal of Medical Ethics 2001, Suppl. I, S. i1.

auch in 29 Krankenhäuser des Verbandes schon (Stand: 2001) geschehen ist.[855] Zu dieser Entwicklung hat unter anderem die deutliche Diskrepanz zwischen der medizinisch und der finanziell möglichen Leistung beigetragen. Diese Diskrepanz führe zu Konflikten bei Ärzten, welche die bestmögliche Leistung jedem Patienten anbieten wollen, aber nicht immer dazu imstande seien.[856] Die Aufgabe des Ethik-Komitees bestehe allerdings nicht nur darin, Konflikte, die sich aus Kostenreduzierungsfragen ergeben, zu bewältigen, sondern auch Konfliktsituationen, welche mit der ärztlichen Tätigkeit verbunden seien, durch Diskussion und Rat zu begleiten.[857] Ein Bereich, in welchem Konflikte entstehen, ist auch der Bereich der Sterbebegleitung. *Simon* schildert den Beitrag des klinischen Ethik-Komitees im Neu-Mariahilf Krankenhaus zu Göttingen am Beispiel von Entscheidungen über die gebotene Behandlung bei Krebspatienten im finalen Stadium.[858] Das Komitee wurde von Mitgliedern des Personals der Intensivstation aufgefordert, seine Meinung zu der Frage der Therapiebegrenzung bei Krebspatienten im finalen Stadium zu äußern. Anlass dafür war der Tod eines Krebspatienten auf der Intensivstation, an welchem intensivmedizinische Maßnahmen bis zum Eintritt seines Todes fortgesetzt worden waren, obwohl die sichere Prognose seines in den nächsten Tagen zu erwartenden Todes bestand. Nach einem einleitenden Gespräch des Vorsitzenden des Komitees mit dem Pflegepersonal, wurden die relevanten Fragen des Falles identifiziert, welche dann bei der Sitzung diskutiert worden sind. Das Ergebnis der Diskussion ist in einer schriftlichen Erklärung dargelegt worden und war jedem Interessenten im Krankenhaus frei zugänglich. *Simon* bemerkt, dass es sich bei allen Anfragen an die Ethikkommission um Fälle handelte, welche sich in der nahen Vergangenheit ereignet hatten.[859] Die involvierten Personen – Ärzte und Pfleger/Schwester – haben sie sich an die Ethikkommission gewandt, um eine Richtlinie für ihr *zukünftiges* Verhalten angesichts derartiger Konfliktsituationen zu bekommen. Die klinische Ethikkommission des Neu-Mariahilf Krankenhauses zu Göttingen hat mithin ihre Funktion nicht darin gesehen, beim Treffen einer Entscheidung angesichts eines aktuellen Falls ihre Empfehlung zu geben. Vielmehr waren ihre Empfehlungen auf *künftiges* Verhalten angesichts vergleichbarer Fälle bezogen.

Einem anderen Modell folgt das Freiburger Ethik-Konsil im Universitätsklinikum zu Freiburg. Es handelt sich dabei nicht um eine Klinische Ethikkommission. Die angebotene Unterstützung durch ein Ethik-Konsil sei offener zugänglich und elastisch gestaltet: Es gehe nicht nur um Fallberatung mit Dokumentation

---

[855] *Simon*, Journal of Medical Ethics 2001, Suppl. I, S. i18, (i19 Anmerkungen 1 und 2), mit der Bemerkung dass die zwei Verbände circa ein Drittel der Gesamtzahl der deutschen Krankenhäuser vertreten.

[856] *Simon*, a.a.O., S. i18 (i19)

[857] *Simon*, a.a.O.

[858] *Simon*, a.a.O., S.i18 (i19).

[859] *Simon*, a.a.O., S. i18 (i20).

der Ergebnisse, sondern auch um Ausbildung des Krankenhauspersonals im Bereich der medizinischen Ethik.[860] Bei der Fallberatung werden von mehreren Mitgliedern des Zentrums für Ethik und Recht in der Medizin Aufgaben wahrgenommen, die als klinische Ethik-Beratung bei schwierigen Therapieentscheidungen zu bezeichnen sind.[861] Diese Beratungen können einzeln oder mit Beteiligung mehrerer Personen vor allem aus dem Bereich Medizinethik oder Medizinrecht erfolgen und können mit dem Ratssuchenden individuell oder mit einem vollständigen Stationsteam stattfinden; Anfragen kommen unter anderem aus den Intensivstationen und aus der Betreuung von Tumorpatienten.[862] Nach dem Freiburger Modell kann das Ethik-Konsil auch von Angehörigen des Patienten in Anspruch genommen werden, welche dann in das Konsil einbezogen werden können. Das Ethik-Konsil lasse die Verantwortung des Arztes für die therapeutischen Schritte unberührt, die Auswertung und Verwendung der gewonnenen Ergebnisse gehöre ihm.[863] Im Unterschied zur klinischen Ethikkommission nach dem Göttinger Modell nimmt aber das Ethik-Konsil am Entscheidungsprozess durch seine beratende Funktion zumindest potentiell Teil.

In Griechenland wird im Entwurf des Deontologiekodex der Ärzte die Einschaltung von Deontologiekommissionen vorgesehen.[864] Diese Kommissionen werden eine beratende Funktion besitzen. Daher würden sie, einmal gegründet, eher dem Freiburger Modell im wesentlichen entsprechen. Nach dem griechischen Entwurf des Deontologiekodexes wird der Arzt nicht verpflichtet sein, der Stellungnahme der Kommission zu folgen. Die Haftung für jede Entscheidung bezüglich einer ärztlichen Behandlung bzw. Maßnahme bleibt beim Arzt und entspricht seiner Haftung als Freiberufler.[865]

II. Rechtliche Aspekte von Ethikkommissionen in der Sterbebegleitung

Die Bezeichnung „Ethikkommission“ legt den Schwerpunkt der Aufgabe dieser Kommission auf die Lösung von medizinisch-ethischen Konflikten bei der Entscheidungsfindung. Diese Aufgabe kann wie gezeigt durch Beratung, Ausbildung, Empfehlungserteilung erfüllt werden. Die erste Schwierigkeit bei der rechtlichen Beurteilung der Ethikkommissionen besteht daher in der Grenzziehung zwischen Ethischem und Rechtlichem im relevanten Prozess. Wenn Gegenstand der Beratung Optionen über Therapiebegrenzung und risikoreiche Schmerzlinderung sind, werden damit rechtliche Fragen des Lebensschutzes und des Selbstbestimmungsschutzes tangiert. Die relevanten Entscheidungen können

---

[860] *Reiter-Theil*, Journal of Medical Ethics 2001, suppl I, S. i21; *Reiter-Theil/Hiddemann*, Der Internist 1999, S. 246 (249).

[861] *Reiter-Theil*, EthikMed 1999, S. 222 (224).

[862] A.a.O.

[863] *Reiter-Theil*, EthikMed 1999, S. 222 (229).

[864] *Anapliotou-Vazaiou*, Iatriko Vima 1989, S. 47 [gr.].

[865] *Anapliotou-Vazaiou*, a.a.O., S. 47 (48) [gr.].

daher nicht nur auf dem Ethischen basieren, auch nicht auf einem konsensfähigen ethischen Minimum. Ein ethisches Minimum könnte im konkreten Fall auch jenseits des Rechts erreicht werden, also wenn die Diskussionsbeteiligten – nach manchen Modellen gehören hierzu potentiell auch die Angehörigen – zu einem Ergebnis kommen, welches zwar ethisch überzeugend ist, sich rechtlich aber nicht auf geltendes Recht stützt. Daraus folgt, dass auf die Einbeziehung des juristischen Beitrages nicht verzichtet werden kann und darf.

Doch fördere für manche Autoren die Beteiligung von Juristen die Erfüllung der Aufgabe einer Ethikkommission nicht.[866] Die Einbeziehung von Juristen führe beinah unvermeidbar zum Legalismus, wobei die ethischen in juristische Probleme übersetzt werden; dies wirke hemmend bei einer ethischen Diskussion und reduziere das ethische Argumentieren in der Befolgung von rechtlichen Normen.[867] Wenn dies geschehe, dann bestehe die Gefahr, dass sich der Schwerpunkt der Aufgabe der Ethikkommission von dem, was ethisch geschehen solle, auf das, was rechtlich geschehen müsse, verlagere. Als Konsequenz würden dann die Ethikkommissionen fast die Rolle eines rechtlichen Wachhundes („legal watchdog“) übernehmen.[868]

Manche Autoren sehen in der Fallberatung ein Mittel, außergerichtlich Konflikte zu bewältigen. Andere haben vorgeschlagen, dass durch Beratung die gerichtliche Überprüfung ersetzt werden soll. Diese Ansichten sind abzulehnen. Die Kommissionen variieren viel zu viel in Bezug auf die ethische Expertise, die Verpflichtung gegenüber dem Schutz des Patienten sowie die Einbeziehung des Patienten im Verfahren der Kommission.[869] Dazu komme die anzuzweifelnde rechtliche Expertise[870] und die mangelnde Legitimation, über Rechte Urteile zu fällen.

---

[866] Zu diesen Auffassungen instruktiv: *Hendrick*, Journal of Medical Ethics 2001, suppl I, S. i50 f.

[867] *Cohen* et al., zitiert in: *Hendrick*, a.a.O., S. i51, schildert die Situation wie folgend: Wenn in einer Ethikkommission ein Jurist anwesend ist, dann blickt jeder auf die eine Seite des Tisches, dort, wo der Jurist sitzt, und fragt: „Was ist die Antwort?“ oder „Ist das erlaubt?“ und der Jurist sagt: „Ja, das ist erlaubt, das ist tadellos“ oder „Nein, das ist nicht erlaubt“. Die Antwort des Juristen wird in manchen Fällen die Diskussion beenden.

[868] *Hendrick*, a.a.O.

[869] *Hendrick*, Journal of Medical Ethics 2001, suppl I, S. i50 (i52).

[870] *Spickhoff*, NJW 2000, S. 2297 (2299) meint, es gehe in den einschlägigen Fallkonstellationen um die Feststellung des mutmaßlichen Willens des entscheidungsunfähigen Betroffenen, der in seiner subjektiven Ausrichtung nicht mehrheitlich akzeptierten ethischen Anschauungen entsprechen müsse. Das ist richtig. Daraus kann aber nicht der Schluss gezogen werden, die Einschaltung von Ethikkommissionen sei an sich zweifelhaft. Die Frage ist vielmehr, wie das Kompetenzfeld einer solchen Kommission zu bestimmen ist. Dazu gleich im Text.

Die Meinungsverschiedenheit in Bezug auf die rechtliche Beurteilung einer Empfehlung bzw. Entscheidung einer Klinischen Ethikkommission spiegelt sich in sich widersprechenden Gerichtsentscheidungen in den USA wider: Teils wurde der Beschluss einer Kommission als sehr überzeugendes Beweismaterial angesehen, so dass das Gericht die Dokumentation der Kommission zum Maßstab des gebotenen Entscheidungsfindungsverfahrens und zum Maßstab des gebotenen Entscheidungsinhalts gemacht hat.[871] Demgegenüber haben andere Gerichtsentscheidungen die Empfehlungen von Ethikkommissionen praktisch ignoriert.[872]

Weder in Deutschland noch in Griechenland wurde soweit ersichtlich eine Empfehlung einer Ethikkommission bezüglich einer Therapieentscheidung im Bereich der Sterbebegleitung Gegenstand eines gerichtlichen Verfahrens. Möglich wäre aber, dass eine Empfehlung, die im Einklang mit dem Gesetz steht, als Interpretationshilfe der bestehenden medizinischen Richtlinien gerichtlich verwendet wird.[873]

Dies wirft allerdings die Frage der rechtlichen Haftung der Mitglieder einer Ethikkommission auf. Diese Frage wird wegen des bei weitem unklaren Umfangs der Kompetenzen einer Ethikkommission nur selten gestellt. Dennoch ist beim Modell der beratenden Kommission zumindest potentiell Raum für rechtliche Haftung.[874] Bei prospektiver beratender Leistung bezüglich der Behandlung eines konkreten Patienten könnten Mitglieder der Ethikkommission für ihre Empfehlung haftbar sein. Zu bezweifeln ist aber, ob die Voraussetzungen etwa einer fahrlässigen Verletzung des Lebens oder der Gesundheit des betroffenen Patienten nach dem jetzigen Stand der Entwicklung der Ethikkommissionen erfüllt sein können. Auch wenn man eine Sorgfaltspflicht der Mitglieder einer Ethikkommission unter der Bedingung bejaht, dass der Patient selber oder sein gesetzlicher Vertreter die Anfrage an die Kommission gestellt hat, fragt es sich, welchen Inhalt diese objektive Pflicht haben kann. Je nach Modell, würde diese Pflicht einen unterschiedlichen Inhalt haben. Bei dem hier im Interesse stehenden Modell der prospektiven Fallberatung über eine zu treffende Entscheidung, könnte diese Pflicht in der Erfüllung der Kompetenz des jeweiligen Mitglieds bestehen. Dazu gehören: Identifikation und Analyse des klinisch-ethischen Problems, die Anwendung und Gestaltung von angemessenen klinischen Urteilen, die Kommunikation mit dem Team, dem Patienten, dem gesetzlichen Vertreter, den Angehörigen und die dazu gehörende Ausbildung dieser Personen, das Verhandeln und die Förderung von Verhandlungen zwischen den Beteiligten

[871] In re Torres, 357 NW2d 332 (Minn 1984), zitiert in: *Hendrick*, a.a.O.
[872] *Hendrick*, a.a.O.
[873] *Doyal*, Journal of Medical Ethics 2001, suppl. I S. i44 (i45 f.)
[874] *Hendrick*, a.a.O., S. i50 (i52).

im Entscheidungsprozess, der Beistand bei der Lösung des Problems.[875] Im Fall einer Verletzung einer solchen objektiven Sorgfaltspflicht, müsste die Verletzung dieser Sorgfaltspflicht dem eingetretenen tatbestandsmäßigen Erfolg objektiv zuzurechnen sein. Der Patient müsste beweisen, dass der Arzt anders gehandelt hätte, wenn die Empfehlung bzw. Beratung sorgfaltspflichtgemäß erfolgt wäre. Nur dann könnte angenommen werden, dass die sorgfaltspflichtwidrige Empfehlung bzw. Beratung die Ursache des tatbestandsmäßigen Erfolges war. Nach gegenwärtigem Stand der Ethikkommissionen wäre aber die Kausalität nicht zu beweisen, weil der Inhalt der jeweiligen Sorgfaltspflicht zu unbestimmt ist. Dadurch erklärt sich auch, aus welchem Grund im Freiburger Modell des Ethik–Konsils die Verantwortung der Entscheidung dem Arzt überlassen wird.[876] Entsprechendes soll auch für die künftigen Deontologiekommissionen in Griechenland gelten.

Aus den Ausführungen lässt sich zwar ergeben, dass die Komplexität einer Entscheidung in manchen Fallkonstellationen der Sterbebegleitung die Beratung der Beteiligten durch Experten als wünschenswert erscheinen lassen mag. Eine rechtliche Anerkennung der Ethikkommissionen im Bereich der Sterbebegleitung sollte aber nur diese Hilfefunktion ermöglichen, nicht aber eine mehrheitliche Übernahme der Verantwortung legitimieren, die zur Entmündigung der direkt Beteiligten – Arzt, Patient, Bevollmächtigte bzw. Betreuer – führte.[877]

---

[875] Vgl. *DuVal*, zitiert in: *Hendrick*, a.a.O., suppl I, S. i 50 (52).

[876] Richtiger wäre hierbei zu sagen, dass die Verantwortung dem jeweils rechtlich zuständigen Entscheidungsträger überlassen wird: Das kann je nach Sachverhalt der Arzt, der Patient, der gesetzliche Vertreter, oder der Stellvertreter der Patienten sein.

[877] *Patzig/Schöne-Seifert*, in: Kahlke/Reiter-Theil (Hrsg.), Ethik in der Medizin, 1995, S. 1 (7): Man dürfe nicht verkennen, dass die an sich einleuchtende Ersetzung zweifelhafter Letztbegründungen durch Verfahrensregeln sogar bei vollem Konsens die Gefahr mit sich bringe, solche Verfahren bereits für die Garantie inhaltlicher Richtigkeit der auf diesem Wege gewonnenen Ergebnisse zu halten.

Dritter Teil
Strafrechtliche Schwerpunkte der palliativmedizinischen Schmerzlinderung mit tödlicher Nebenfolge

A. Strafrechtliche Elemente der palliativmedizinischen Schmerzlinderung mit tödlicher Nebenfolge

I. Inhalt der Schmerzlinderung mit tödlicher Nebenfolge

Die Schmerzlinderung ist mit Risiken verbunden, wenn die zur Schmerzlinderung erforderlichen Dosierungen oder sonstige Eingriffe – etwa Nervenblockaden – mit Gefahren der Schädigung von Leib und Seele verbunden sind.[878] Da jede ärztliche Behandlung risikoreich ist, gelten hierbei die allgemeinen Grundsätze ärztlicher Behandlung. Rechtlich problematisch wird hierbei die Schmerzlinderung insbesondere dann, wenn sie die Gefahr einer lebensverkürzenden Nebenwirkung mit hoher Wahrscheinlichkeit nach sich zieht und sich diese Gefahr realisiert. Dies kann der Fall sein infolge des geschwächten Zustands des Patienten oder infolge einer durch seinen Krankheitszustand bedingten besonderen Empfindlichkeit gegenüber einem Medikament, welches zur Beseitigung eines quälenden Krankheitssymptoms verabreicht wird.[879] Viele In der hier einschlägigen Kategorie von Patienten treffen viele Risikofaktoren zusammen: Geschwächter Zustand, starke Schmerzen, physische und psychische Empfindlichkeit. Die Schmerzlinderung mit Todesrisiko beschränkt sich nicht auf sterbende Patienten.[880] Sie gilt vielmehr allen Patienten, die palliativmedizinisch betreut werden.[881]

Die Gefahr der lebensverkürzenden Nebenwirkung muss der Arzt erkannt haben. Wenn demgegenüber der Arzt nach Einhaltung der Sorgfaltsmaßstäbe zum Ergebnis kommt, dass durch die Schmerztherapie keine negativen Wirkungen auf die Lebensdauer des Patienten zu erwarten sind, handelt er nicht pflichtwid-

---

[878] *Engisch*, in: *Eser* (Hrsg.), Suizid und Euthanasie, 1976, S. 312 (319).

[879] *Wiedemann/Funke*, ZaeFQ 1998, S. 23 (28); *Dölle*, in: *Schwartländer* (Hrsg.), Der Mensch und sein Tod, 1976, S. 45 (53). *Dölle* erwähnt als Beispiel folgende Fallkonstellation: Es geht um einen todkranken Menschen, dessen Leiden zu einer schweren, quälenden, dauernden Atemnot geführt hat, welche durch keinerlei medizinische Maßnahmen beseitigt werden kann. Wenn man einem solchen Patienten Beruhigungsmittel gibt in der Absicht, sein Leiden zu mildern, so besteht die Gefahr, damit sein Leben zu verkürzen. Diese Gefahr ist dadurch gegeben, dass Beruhigungsmittel das Atemzentrum negativ beeinflussen und auf diese Weise die bereits gestörte Atmung noch weiter beeinträchtigen, so dass dadurch der Tod herbeigeführt werden kann.

[880] So aber: *Dölling*, JR 1998, S. 160 (162). *Schöch*, NStZ 1997, S. 409 (411) spricht von „tödlich Kranken", wobei unklar ist, ob darunter nur Sterbende zu verstehen sind.

[881] *Roxin*, in: Roxin/Schroth (Hrsg.), Medizinstrafrecht, 2001, S. 93 (98) hält die Anwendung der Schmerzlinderung mit Todesrisiko bei unheilbaren Krebserkrankungen für möglich, wendet er daher gegen die Einschränkung auf „Sterbende" ein.

rig, auch wenn als unvorhersehbare Nebenwirkung der Schmerztherapie der Tod eintritt.[882] Er kann sich daher in diesem Fall nicht wegen fahrlässiger Tötung strafbar machen.

Rechtlich problematisch ist die Beurteilung der Schmerzlinderung also dann, wenn der Arzt das Risiko der tödlichen Nebenwirkung bei Durchführung der Schmerzlinderung erkennt, und die Verwirklichung des Risikos mindestens in Kauf nimmt. Ziel der Handlung ist hier die Schmerzlinderung wobei der Tod als unbeabsichtigte, aber in Kauf genommene Nebenfolge der Schmerzlinderung gilt.[883] Der BGH[884] verwendet bezüglich der Nebenwirkung das Wort „unvermeidlich", welches das Notwendigkeitselement der angewandten Medikation zum Ausdruck bringen will. Dabei ist grundsätzlich nur ein Arzt durch seine Sachkunde imstande, diese Notwendigkeit bei der Durchführung einer medikamentösen Therapie festzustellen. Denn es geht hier nicht um irgendeine den Tod verursachende Medikamentverabreichung, sondern um eine Schmerzlinderung gemäß der ärztlichen Indikation, welche sich angesichts der starken Schmerzen eines schwer Leidenden als erforderlich erweist.[885] Jeder Nicht- Arzt kann eine ärztliche Behandlung, worum es hier geht, nicht ohne weiteres vornehmen. Der Angehörige oder eine Bezugsperson des Patienten könnte nur unter Anordnung des Arztes dem Kranken schmerzlindernde Mittel verabreichen, wenn der Kranke nicht im Krankenhaus, sondern zu Hause behandelt wird. Freilich darf die Schmerzbekämpfung nur mit Einwilligung des Patienten erfolgen – beim einwilligungsunfähigen Patienten aufgrund seiner mutmaßlichen Einwilligung.[886] Will der Patient die Schmerzen hinnehmen und lehnt eine schmerzlindernde Medikation ab, ist dies zu respektieren.[887]

II. Konstruktion eines virtuellen subjektiven Tatbestands

Die Konstruktion eines subjektiven Tatbestands bei der Schmerzlinderung mit lebensverkürzender Nebenfolge erweist sich aus zwei Gründen als unerlässlich. Erstens liegt nach verbreiteter Auffassung der Unterschied zwischen aktiver Sterbehilfe und erlaubter Schmerzlinderung mit tödlicher Nebenwirkung allein im subjektiven Bereich.[888] Zweitens besteht Unklarheit bezüglich der Vorsatzform, mit welcher der Arzt dabei handeln kann und darf. Folgende Fragen tau-

---

[882] *Möllering*, Schutz des Lebens, 1977, S. 20.

[883] BGH St 42, 301 (305); Schönke/Schröder/*Eser*, Vor §§ 211 ff. Rn. 26; *Schreiber*, NStZ 1986, S. 337 (343); *Pelzl*, KJ 1994, S. 179 (193).

[884] BGH St 42, a.a.O.

[885] *Kutzer*, ZRP 1997, S. 117; *Albrecht*, in: FS-Schreiber, 2003, S. 551 (557); vgl. *Dölling*, JR 1998, S. 160 (162).

[886] *Eser*, in: Auer/Menzel/Eser, Zwischen Heilauftrag und Sterbehilfe, 1977, S. 90.

[887] *Dölling*, JR 1998, S. 160 (161).

[888] Schönke/Schröder/*Eser* Vor §§ 211 ff. Rn. 26; *Schöch*, NStZ 1997, S. 409 (410).

chen hierbei auf: Soll nur der mit Eventualvorsatz[889] handelnde Arzt straffrei bleiben, während sich der mit direktem Vorsatz handelnde Arzt wegen vorsätzlicher Tötung strafbar machen kann? Bildet das Vorliegen der Absicht den einschneidenden Moment bei der Unterscheidung zwischen erlaubter Schmerzlinderung mit tödlicher Nebenfolge und unerlaubter aktiver Sterbehilfe?

1. Eventualvorsatz und direkter Vorsatz

In den einschlägigen Fällen der Schmerzlinderung mit tödlicher Nebenfolge wird der Tötungsvorsatz des handelnden Arztes als gegeben angenommen: Dem Arzt ist die Möglichkeit des Eintritts des tatbestandsmäßigen Erfolges – der Lebensverkürzung – bei der Durchführung des Verhaltens – Schmerzlinderung – bewusst und er nimmt den tatbestandsmäßigen Erfolg als mögliche Nebenfolge seines Verhaltens in Kauf. Hier ist aus der Sicht des Täters die Verwirklichung des Tatbestandes mit seinem eigentlichen Handlungsziel möglicherweise verbunden[890] und sie wird von ihm als mögliche Nebenfolge der Verwirklichung seines Handlungszieles in Kauf genommen. Literatur und Rechtsprechung nehmen für die hier relevante Konstellation Eventualvorsatz an. So führt der BGH[891] aus: „Eine ärztlich gebotene schmerzlindernde Medikation bei einem sterbenden Patienten wird nicht dadurch unzulässig, dass sie als unbeabsichtigte, aber in Kauf genommene unvermeidbare Nebenfolge den Todeseintritt beschleunigen kann". Auf den ersten Blick weist das Wort „unvermeidbar" auf die Einbeziehung hier auch des direkten Vorsatzes. Denn bezüglich solcher Nebenfolgen, deren Eintritt der Täter für den Fall der Verwirklichung seines Handlungsziels als unvermeidlich ansieht, ist direkter Vorsatz zu bejahen.[892] Gleichzeitig weist jedoch der Nebensatz durch das Verb „kann" auf das Vorliegen des Eventualvorsatzes hin. Der letzteren Interpretation schließ sich der BGH explizit in einem jüngeren Urteil an, wonach der Eventualvorsatz als die Vorsatzform der Schmerzlinderung mit Todesfolge angesehen wird.[893] Deutlich ausgeschlossen wird von der Rechtsprechung die Absicht, was im Wort „unbeabsichtigt" zum Ausdruck kommt. Auch die Literatur stellt als Voraussetzung für eine erlaubte Schmerzlinderung mit Todesfolge auf eine „unbeabsichtigte Nebenfolge" ab.[894] Festzuhalten ist demnach zunächst die Anerkennung des Eventualvorsatzes als die taugliche Vorsatzform beim Todeserfolg infolge einer Schmerzlinderung.[895]

---

[889] Die Terminologie der Vorsatzarten ist im Schrifttum nicht einheitlich. Hier werden die Vorsatzarten wie gefolgt bezeichnet: Absicht, direkter Vorsatz, Eventualvorsatz.
[890] *Stratenwerth*, AT § 8 Rn. 110.
[891] BGH St 42, 301 (305).
[892] *Stratenwerth*, AT § 8 Rn. 107.
[893] BGH St 46, 279 (285).
[894] Schönke/Schröder/*Eser*, Vor §§ 211 ff. Rn. 26; *Giesen*, JZ 1990, S. 929 (935).
[895] *Dölling*, JR 1998, S. 160 (162).

Demgegenüber bleibt fraglich, ob das Vorliegen des direkten Vorsatzes zum virtuellen subjektiven Tatbestand der Schmerzlinderung mit Todesfolge gehört. Angesichts der sich oft ergebenden Notwendigkeit der Erhöhung der Dosierungen bei der hier relevanten Kategorie von Patienten dürfte es möglich sein, dass der behandelnde Arzt die Verwirklichung des Risikos einer Lebensverkürzung als notwendige Folge seines Verhaltens ansieht. Gerade der Stand der heutigen Schmerztherapie in Verbindung mit dem schweren Krankheitszustand des konkreten Patienten lässt die Prognose etwa über eine Atemdepression nach einer bestimmten Medikation in vielen Fällen als gesichert gelten. Allerdings ist eine Prognose, auch die sogenannte „sichere", nicht mit einem sicheren Wissen gleichzustellen. Doch genügt für die Annahme eines direkten Vorsatzes, dass in der Vorstellung des Täters die Folge seines Verhaltens mit der Verwirklichung seines Zieles notwendig verknüpft ist.[896] Der Arzt sieht hier als unvermeidbare Nebenfolge seines auf Schmerzlinderung gerichteten Verhaltens eine Lebensverkürzung an. Demnach kann der Arzt in derartigen Fällen mit direktem Vorsatz handeln, wenn die übrigen Voraussetzungen der erlaubten Schmerzlinderung mit tödlicher Nebenwirkung vorliegen:[897] Die Medikation ist ausschließlich in der konkreten Dosierung indiziert – die Einwilligung bzw. mutmaßliche Einwilligung des Betroffenen vorausgesetzt – und die Abwägung der in Betracht kommenden Rechtsgüter ergibt den Vorrang der lebensgefährlichen Schmerzlinderung. Dem Vorrang der Schmerzlinderung entspricht die Hauptfolge der Medikation. Der im Notstandshilfe handelnde Arzt kann und darf somit die Verbindung des verfolgten Zieles, nämlich die Schmerzlinderung, mit der Herbeiführung des Todes als Nebenfolge seines Handelns sowohl als möglich wie auch als gewiss ansehen.[898]

2. Keine Tötungsabsicht

Des weiteren ist zu prüfen, aus welchem Grund nach der Rechtsprechung[899] und dem überwiegenden Teil der Literatur[900] die Absicht *als Vorsatzform* dem Be-

---

[896] *Welzel*, Das deutsche Strafecht, S. 67.

[897] Für die Einbeziehung des direkten Vorsatzes auch *Roxin*, in: Roxin/Schroth (Hrsg.), Medizinstrafrecht, 2001, S. 93 (99), wenn auch mit anderer Begründung. Gegen die Einbeziehung des direkten Vorsatzes Arthur *Kaufmann*, MedR 1983, S. 121 (122).

[898] Auch der AE-Sterbehilfe unterscheidet nicht zwischen Enventualvorsatz und direktem Vorsatz. In § 214 a heißt es: „Wer als Arzt oder mit ärztlicher Ermächtigung bei einem tödlich Kranken mit dessen ausdrücklichem oder mutmaßlichem Einverständnis Maßnahmen zur Linderung schwerer, anders nicht zu behebender Leidzustände trifft, handelt nicht rechtswidrig, auch wenn dadurch als nicht vermeidbare Nebenwirkung der Eintritt des Todes beschleunigt wird." Siehe dazu auch *Schöch*, ZRP 1986, S. 236 (238).

[899] BGH St 42, 301 (305).

[900] Schönke/Schröder/*Eser*, Vor §§ 211 ff. Rn. 26; *Schöch*, ZRP 1986, S. 236 (238). Kritisch dazu: *Herzberg*, NJW 1986, S. 1635 (1640).

reich der erlaubten palliativmedizinischen Schmerzlinderung mit tödlicher Nebenfolge entzogen wird.

Auszugehen ist von der Gegenüberstellung der Absicht mit dem direkten Vorsatz. Obwohl sich nach überwiegender Auffassung beide Voratzformen im Unrechts- und Schuldgehalt grundsätzlich nicht unterscheiden,[901] ist dies kein hinreichender Grund dafür, auf die Unterscheidung zwischen Absicht und direktem Vorsatz zu verzichten.[902] Ihre Strukturelemente sind nämlich verschieden. Dies zeigt sich im unterschiedlichen kognitiven und voluntativen Element. Beim kognitivem Element des Vorsatzes kann die Absicht ein Minus gegenüber dem direkten Vorsatz aufweisen. Der Täter, der absichtlich handelt, braucht nämlich den Eintritt der tatbestandsmäßigen Erfolges nicht für sicher gehalten zu haben.[903] Es reicht vielmehr aus, dass er sich den Eintritt des Erfolges als möglich vorgestellt hat.[904] Beim direkten Vorsatz genügt demgegenüber eine aus der Sicht des Täters mögliche Herbeiführung des tatbestandsmäßigen Erfolges nicht.[905] Das Minus auf der kognitiven Seite wird bei der Absicht durch ein Plus in der voluntativen Seite kompensiert. Absicht bedeutet, dass der Täter die tatbestandsmäßige Handlung oder den tatbestandsmäßigen Erfolg oder beides anstrebt.[906] Charakteristisch für die Absicht ist, dass der Täter sein Verhalten nach der Zielvorstellung einrichtet und dass er im Interesse der Erreichung des Zieles tätig wird.[907] Der mit Absicht handelnde Täter wählt deshalb die Handlungsmittel vom vorgesetzten Ziel rückläufig als diejenigen Kausalfaktoren, die, seiner Ansicht nach, zur Zielverwirklichung geeignet sind.[908] Aus dem Absichtsbegriff lässt sich daher nicht erklären, warum der mit Absicht handelnde Arzt strenger zu behandeln ist, als der mit direktem Vorsatz handelnde im Bereich der Schmerzlinderung mit tödlicher Nebenwirkung.

Dafür muss der Gegenstand des Vorsatzes in der konkreten Fallkonstellation ausgelotet werden. Gesetzt den Fall, ein Arzt will die Medikamentendosierung derart erhöhen, dass sie tödlich wirkt, um dem Patienten weiteres Leiden zu er-

---

901 *Jescheck/Weigend*, AT S. 298; Schönke/Schröder/*Cramer*, § 15 Rn. 69. Insbesondere bei Tötungstatbeständen unterscheidet das Gesetz nicht zwischen absichtlicher Tötung und Tötung mit direktem Vorsatz.

902 von *Selle*, JR 1999, S. 309 (310).

903 H.M.: BGH St 35, 325, (327 f.); BGH St 16, 1 (5); LK-*Schroeder* § 16 Rn. 76; *Oehler*, NJW 1966, S. 1633 (1634).

904 *Kühl*, AT § 5 Rn. 36; *Oehler*, a.a.O.; Schönke/Schröder/*Cramer*/*Sternberg-Lieben*, § 15 Rn. 67; von *Selle*, JR 1999, S. 309 (310).

905 *Oehler*, NJW 1966, S. 1633 (1634).

906 LK-*Schroeder*, § 16 Rn. 76; *Jescheck/Weigend*, AT S. 297

907 *Jescheck/Weigend*, AT S. 297.

908 *Welzel*, Das deutsche Strafrecht, S. 67. *Oehler*, a.a.O., S. 1633 (1634): „Das erstrebte Ziel bedingt die Mittel, mit deren Einsatz der Täter dieses erreichen will."

sparen. Hier ist eigentliches Ziel des Täters die Befreiung des Kranken von seinem Leiden. Wenn aber der Täter ein bestimmtes Ziel beabsichtigt, beabsichtigt er auch alle Zwischenziele, welche er innerhalb seines Planes zur Erreichung seines Zieles für kausal notwendig hält.[909] Dass diese Zwischenziele für den Täter erwünscht oder unerwünscht sind, ändert nichts an der auf sie bezogenen Absicht.[910] Diese beabsichtigten Zwischenziele stellen sich als zwingend beabsichtigte Mittel in einer typischen Zweck-Mittel-Relation dar.[911] Das erstrebte Zwischenziel wird in der Literatur meistens als Hauptfolge bezeichnet.[912] Wenn aus Tätersicht nur mittels einer Tötung das Ziel der Schmerzlinderung erreicht werden soll, erweist sich die Tötung als Hauptfolge.[913] Dem Täter kommt es auf den Eintritt dieser Folge an. Somit wird die Tötung als beabsichtigtes Zwischenziel (Mittel) mit der Tötung als Endziel normativ gleichgesetzt. Das ist der Inhalt des Vorsatzes bei einer aktiven Sterbehilfe. Dagegen ist in der Vorstellung des Arztes im Fall der Schmerzlinderung die Herbeiführung des Todes kein notwendiges Durchgangstadium zur Erreichung des Schmerzlinderungszieles.[914] Denn in vielen Fällen der Erhöhung der Dosierung von Schmerzmitteln wird es nicht zum Tod kommen. Handlungsfolgen, die aus der Sicht des Täters zur Erreichung seines Zieles nicht kausal notwendig sind, werden als Nebenfolgen bezeichnet. Sie können deshalb nicht beabsichtigt sein. Sie können aber aus der Sicht des Täters mit einer Hauptfolge oder mit der Handlung als unvermeidbar bzw. möglicherweise verbunden sein.[915] Hauptfolge der Handlung ist hier die Schmerzlinderung. Der Arzt sieht aber hier die Herbeiführung des Todes als notwendig bzw. möglicherweise mit der Schmerzlinderung verbunden an. Entsprechend handelt der Täter dann bezüglich der Nebenfolge mit direktem Vorsatz bzw. mit Eventualvorsatz. Dies sind die Konstellationen der Schmerzlinderung mit tödlicher Nebenfolge.

Merkel wendet sich gegen diese Konstruktion. Besonders wendet er sich gegen die „subjektivistische Auffassung des Absichtsbegriffs in der Strafrechtslehre", welche „die Klassifizierung einer vorausgesehenen Handlungsfolge als ‚beabsichtigt' oder ‚in Kauf genommen' in hohem Grad abhängig von der ‚Feinheit' der jeweiligen Beschreibung, unter welcher der Handelnde die Handlungsfolge

[909] *Samson*, JA 1989, S. 449 (450); *Jescheck/Weigend*, AT S. 297; *Mangakis*, Poiniko Dikaio, 1984, S. 306 [gr.].
[910] *Oehler*, a.a.O., S. 1633 (1635); LK-*Schroeder*, § 16 Rn. 77, der darauf hinweist, man sollte in diesem Zusammenhang die Begriffe „Motiv" und „Beweggrund" vermeiden.
[911] *Merkel*, Früheuthanasie, S. 181 f.
[912] *Samson*, a.a.O.
[913] Schönke/Schröder/*Cramer/Sternberg-Lieben*, § 15 Rn. 66.
[914] Der Heilzweck – ein subjektives Rechtfertigungselement – ist hier gegeben. Vgl. *Engisch*, in: FS-Dreher, 1977, S. 309 (328), der den Heilzweck zu den Voraussetzungen jedes erlaubten ärztlichen Eingriffs zählt.
[915] *Samson*, JA 1989, S. 449 (450); LK- *Schroeder*, § 16 Rn. 81.

gedanklich antizipiert macht". Da der Handelnde zwischen unterschiedlichen Beschreibungen relativ frei wählen könne, sei seine konkret getroffene Wahl meistens ein Indikator seiner Gesinnung. Die herrschende Lehre zur sogenannten indirekten Sterbehilfe „verbietet dem Arzt eine ‚falsche' Orientierung seiner Absicht und damit zugleich das korrespondierende Handlungsmotiv (und verlangt stattdessen ein korrektes anderes)".[916] Dem ist entgegenzusetzen, dass die herrschende – und auch hier vertretene – Lehre die Absicht vom Motiv unterscheidet.[917] Die Möglichkeit dieser Unterscheidung bestreitet jedoch *Merkel* mit dem Argument, alle Absichten des Handelnden seien immer zugleich auch Motive seines unmittelbaren Handlungsvollzugs.[918] Bei der Absicht als Vorsatzform geht es aber um einen zielgesteuerten Entschluss. Es kommt dabei auf das Ziel und nicht auf das Motiv an, so dass bei absichtlichem Verhalten die Erfolgsvorstellung nicht in den Motivationsprozess eingegangen zu sein braucht.[919] Bei der Absicht als Vorsatzform ist mithin ebenso wenig wie bei den anderen beiden Vorsatzformen das Vorliegen etwaiger Motive zu berücksichtigen. In diesem rechtlichen Sinne wird zwischen Absicht und Motiv unterschieden und nicht im psychologischen Sinne.[920]

Aus der Ablehnung der rechtlichen Relevanz der Unterscheidung zwischen Absicht und direktem Vorsatz im Rahmen der Schmerztherapie leitet *Merkel* weitere Konsequenzen ab: „Kann diese nur noch durch eine erkennbar tödliche Dosis von Analgetika gewährleistet werden, dann wird die Scherzlinderungs- mit der Tötungspflicht identisch."[921] Daraus zieht er den Schluss, „dass Ärzte auch nicht zu der von der h.L. für unbedenklich gehaltenen indirekten Euthanasie, die ja ebenfalls eine *vorsätzlich* aktive ist, rechtlich verpflichtet sein können."[922] Diese Folgerung bestätigt zunächst, dass doch die Unterscheidung beider Vorsatzarten in den einschlägigen Fallkonstellationen relevant ist. Im übrigen handelt es sich im Rahmen der Schmerztherapie nie um eine „tödlicher Dosis", sondern um eine „Erhöhung der Dosierung" mit den dabei zu erwartenden Nebenwirkungen, vorliegend mit der Erwartung einer tödlicher Nebenwirkung. Und diese Sachdifferenz spiegelt sich in der rechtlichen Differenz auf subjektiver Seite wider.[923] Die

[916] *Merkel*, Früheuthanasie, S. 186; *ders.*, JZ 1995, S. 1145 (1148); *ders.*, in: Hegselmann/Merkel (Hrsg.), Zur Debatte über Euthanasie, 1991, S. 71 (94).
[917] Schönke/Schröder/*Cramer*/*Sternberg-Lieben*, § 15 Rn. 66 m.w.N. Aus der englischen Literatur *Mason*/*McCall Smith*, Law and Medical Ethics, 1991, S. 321: While motive is irrelevant, intention is all-important.
[918] *Merkel*, a.a.O., S. 187.
[919] *Oehler*, NJW 1966, S. 1633 (1637).
[920] NK-Puppe, § 15 Rn. 146: Absicht im alltagssprachlichen psychologischen Sinne betreffe die Motive des Täters und könne deshalb als Schuldmerkmal fungieren.
[921] *Merkel*, a.a.O., S. 594 f.
[922] *Merkel*, a.a.O., S. 595.
[923] Eingehend dazu: Erster Teil, C III 1.

gewiss existierenden forensischen Beweisschwierigkeiten[924] können hier nicht als Argument gegen die Differenzierung der Tötungsabsicht von den übrigen Vorsatzarten verwendet werden.

Auch in moralischer Hinsicht[925] dürfte diese Unterscheidung Relevanz erlangen. Der Ansicht, der moralische (Gesinnungs-, Charakter-) Unterschied zwischen absichtlicher und unbeabsichtigter Lebensverkürzung nähere sich der Größe 0 an, je sicherer der Arzt den Tod als „Nebenfolge" voraussehe,[926] ist nicht zu folgen. Wenn von moralischen *Unterschieden* die Rede ist, dann sollte der common sense nicht außer Acht gelassen werden.[927] Beispiel: Eine Person lebt in einer sehr kleinen Wohnung mit einem Hund. Sie sieht als gewiss voraus, dass sie früher oder später, unter den gegebenen engen räumlichen Umständen, unvermeidlich über den Hund stolpern wird.[928] Es wäre etwas anderes, wenn sie beabsichtigte, den Hund zu treten. Denn „even a dog knows the difference between beeing tripped over and beeing kicked".[929] Erst recht sollte dies für den common sense der Ärzteschaft gelten, in welcher die Heilung und die Verbesserung der Lebensqualität anerkannte Ziele ärztlichen Handelns sind, nicht jedoch um jeden Preis, auch nicht durch jedes Mittel.

III. Rechtliche Relevanz des Mitleidsmotivs in der Sterbebegleitung

Oft wird in der Sterbehilfe- und Sterbebegleitungsdiskussion auf das Motiv des Mitleids abgestellt, welches eine eigenständige Bedeutung bei der rechtlichen Bewertung des einschlägigen ärztlichen Verhaltens erlangen soll.

1. Das Mitleidsmotiv in der deutschen Sterbebegleitungsdiskussion

In der deutschen Literatur wird teilweise das Mitleidsmotiv zum maßgeblichem Anhaltspunkt bei der rechtlichen Beurteilung der Sterbehilfe gemacht. So sieht

---

[924] *Schmitt*, JZ 1979, S. 462 (465); *Cuttini* et al., The Lancet 2000, S. 2112 (2116): "The distinction between active killing and the widely reported practice of analgesia even at the risk of hastening death ist blurred, because the true intention of the physician is difficult to ascertain".

[925] *Janssens/ten Have/Zylicz*, Journal of Medical Ethics 1999, S. 408 (409 f.). Die moraltheologische Doppelwirkungslehre gilt als Stützpunkt der normativen Differenzierung zwischen aktiver und indirekter Sterbehilfe. Sie besagt, dass eine Handlung mit einer guten und einer schlechten Wirkung immer dann moralisch unzulässig ist, wenn der Handelnde die schlechte Wirkung oder die an sich schlechte Handlung als Mittel zur Erreichung der guten Wirkung beabsichtigt. Die Handlung mit doppelter Wirkung ist dagegen moralisch zulässig, wenn sich die schlechte Wirkung als unbeabsichtigte Nebenfolge aus der beabsichtigten guten Wirkung oder einer an sich guten Handlung ergibt; s. *Birnbacher*, in: *Wiesing* (Hrsg.), Ethik in der Medizin, 2000, S. 213 (219).

[926] *Merkel*, a.a.O., S. 188.

[927] *McCall Smith*, Med.L.Rev. 1999, S. 194 (202) nennt dies "a widespread moral intuition".

[928] *John Keown*, JIB/Ethique 1997, S. 55 (59).

[929] A.a.O.

Roxin in dem Motiv ein Differenzierungsmerkmal zwischen aktiver Sterbehilfe und Schmerzlinderung mit Todesrisiko.[930] Nach *Engisch*[931] sind bei der Euthanasieproblematik zwei verschiedene Gestalten anzusehen: die Euthanasie, wie sie in der nationalsozialistischen Zeit einerseits praktiziert wurde, und jede Art von Sterbehilfe andererseits; dabei sei als wesentliches Kriterium für die Zuordnung zur einen oder anderen Fallgruppe anzusetzen, ob man aus Erbarmen mit dem Leidenden, sich nach dem Tode Sehnenden Euthanasie übe (dann eben „Sterbehilfe"), oder die Beseitigung einer „Ballastexistenz" anstrebe (dann eben „Vernichtung lebensunwerten Lebens"). Hier wird das Mitleid zum Differenzierungskriterium zwischen Sterbehilfe und Vernichtung eines Lebens. Auch *Arzt* [932] definiert die Euthanasie als die Tötung eines Kranken aus Mitleid, die ohne oder gegen den aktuellen Willen des Kranken erfolge. Die Gemeinsamkeit der Euthanasie mit der aktiven Sterbehilfe, welche das Einverständnis des Kranken immer voraussetze, liege im guten Motiv, Leiden abzukürzen.

Erste Zeichen der Widersprüchlichkeit ergeben sich schon daraus: Während *Engisch* im Mitleidsmotiv das Kriterium für die Abgrenzung zwischen „Lebensvernichtung" und Sterbehilfe sieht, stellt das Motiv des Mitleids nach *Arzt* die Gemeinsamkeit beider Formen von Lebensverkürzung dar. *Strub/Wolf*[933] stellen auch auf das Motiv des Mitleids ab und weisen darauf hin, dass das Mitleid mit dem Siechtum des Kranken das Element sei, in welchem sich die Bedeutung des Begriffs „Euthanasie" im Laufe der Zeit nicht gewandelt habe. Der Inhalt jedes Motivs zeigt sich aber schwankend und uneinheitlich.[934] Denn das Motiv wird als Reaktion auf mannigfaltige Reizquellen verstanden;[935] jedem Menschen kommen aber verschiedenartigen Reaktionen zu, so dass auch bei der selben Reizquelle die Entstehung eines Motivs von Person zu Person verschiedenartigen Inhalt haben kann.[936] Diese Gedanken werden in der Darlegung *Bindings*[937] bezüglich des Mitleids mit „lebensunwertem Leben" bestätigt. Er warnt zunächst davor, seine juristische Formulierung als große Herzlosigkeit zu deuten, in Wahrheit entspringe sie nur dem *tiefsten Mitleid*: „Gibt es Menschenleben, die so stark die Eigenschaft des Rechtsgutes eingebüßt haben, dass ihre Fortdauer für die Lebensträger wie für die Gesellschaft dauernd allen Wert verloren hat? Man braucht sie nur zu stellen und ein beklommenes Gefühl regt sich in Jedem, der sich gewöhnt hat, den Wert des einzelnen Lebens für den Lebensträger und

---

[930] *Roxin*, in: Roxin/Schroth (Hrsg.), Medizinstrafrecht, 2001, S. 93 (99), wobei er Tötungsmotiv mit Tötungsabsicht gleichsetzt. Dem ist mit der herrschenden Meinung nicht zu folgen.
[931] *Engisch*, Der Arzt an den Grenzen des Lebens, 1973, S. 41.
[932] *Arzt*, JR 1986, S. 309 (310).
[933] *Strub/Wolf*, in: Kaufmann (Hrsg.), Moderne Medizin und Strafrecht, 1989, S. 151 (152).
[934] *Roxin*, AT § 10 Rn. 75.
[935] *Daskalopoulos*, Stoicheia Eglimatologias (Elemente der Kriminologie), S. 49 [gr.].
[936] Vgl. *Roxin*, Täterschaft und Tatherrschaft, S. 437.
[937] *Binding/Hoche*, Die Freigabe der Vernichtung lebensunwerten Lebens, Leipzig 1920.

für die Gesamtheit auszuschätzen. Er nimmt mit Schmerzen wahr, wie verschwendehrlich wir mit dem wertvollsten, vom stärksten Lebenswillen und der größeren Lebenskraft erfüllten und von ihm getragenen Leben umgehen, und welch Maß von oft ganz nutzlos vergeudeter Arbeitskraft, Geduld, Vermögensaufwendung wir nur darauf verwenden, um lebensunwerte Leben so lange zu erhalten, bis die Natur – oft so mitleidslos spät – sie der letzten Möglichkeit der Fortdauer beraubt".[938] Mitleid kann wie in der Darstellung *Bindings* gefühlsbezogen sein. Man spricht vom Mitleidsgefühl. Wird das Mitleidsgefühl zum Motiv, dann wird es funktionalisiert. Diese Eigenschaft des Mitleids hatte schon *Kant* erkannt: „Selbst das Gefühl des Mitleids und der weichherzigen Teilnehmung, wenn es vor der Überlegung, was Pflicht sei, vorhergeht und Bestimmungsgrund wird, ist wohldenkenden Personen selbst lästig, bringt ihre überlegten Maximen in Verwirrung und bewirkt den Wunsch, ihrer entledigt und allein der gesetzgebenden Vernunft unterworfen zu sein".[939] Eine nähere Betrachtung der Verwendung des Motivbegriffs enthüllt daher, dass mit der Bezeichnung „Mitleid" methodisch und sachlich verschiedenartige Inhalte verbunden sind.[940] In dieser Hinsicht ist es meines Erachtens verwirrend, wenn in der Sterbehilfediskussion dem inhaltlich schwankenden Mitleidsmotiv eine große Bedeutung beigemessen wird. Die Nähe der Sterbebegleitung mit der Tötung[941] erlaubt es nicht, die rechtliche Abgrenzungen hierbei auf gefühlsbezogene Motive zu stützen, zudem sich das Vorliegen und die Bedeutung eines Motivs im konkreten Fall als kaum nachprüfbar erweist.[942]

Auch strafrechtssystematisch lassen sich Bedenken gegen das Abstellen auf die Mitleidsmotivation erheben. Bei dem Motiv geht es um ein subjektives Merkmal. Strittig ist die Frage, wie Motive einzuordnen sind.[943] Da es sich bei dem Mitleidsmotiv nicht um ein Motiv handelt, welches – wie beispielweise die niedrigen Beweggründe in § 211 – einem strafrechtlichen Tatbestand angehört, mag diese Frage hier dahingestellt bleiben. Vielmehr gewinnt die Frage Bedeutung, wie das Mitleidsmotiv in der Sterbebegleitungsproblematik zu behandeln ist. Es ist zunächst auf die Vorsatzfrage einzugehen: Literatur und Rechtsprechung

---

[938] *Binding* in: Binding/Hoche, a.a.O., S. 26, 27.
[939] *Kant*, Kritik der praktischen Vernunft, I Teil, II Buch, 2 II Rn. 213.
[940] *Krümpelmann*, ZStW 1975, S. 888 (891).
[941] Und mit dem Mord. Pflegekräfte, die zu Serienmördern wurden, haben in den letzten Jahren immer wieder für Schlagzeilen gesorgt. *Beine* hat eine Reihe von Fällen analysiert: Die Täter nehmen meist Mitleid als Motiv in Anspruch. Die Patienten werden meistens mit Medikamenten ermordet. Dazu: *Beine*, in: MMW Nr.10/2000, S. 16. Vgl. auch zu der Bedeutung des Mitleids auch *Kaufmann*, JZ 1982, S. 481 (487) m.w.N.
[942] *Kutzer*, NStZ 1994, S. 110 (111); *Langer*, JR 1993, S. 133 (142).
[943] *Joecks*, § 15 Rn. 3.

stimmen überein, dass Absicht und Motiv zu unterscheiden sind.[944] Absicht als zielgerichtetes Handeln liegt vor, wenn der Täter den Tod eines Menschen erstrebt, mag sein Motiv eine außertatbestandliche Aussicht sein.[945] Wenn also der Sterbehilfeleistende absichtlich den Tod eines Schwerkranken herbeiführt, um ihm weiteres Leiden zu ersparen, handelt er mit Tötungsvorsatz, obwohl sein Motiv achtenswert ist.

Praktische Bedeutung kann das Mitleidsmotiv bei der Frage gewinnen, ob in casu Mord oder Totschlag zu bejahen ist. So schließt nach dem BGH[946] das ärztlich und altruistisch motivierte Verhalten des Angeklagten die Mordmerkmale der Heimtücke und der niedrigen Beweggründe aus. An eine solche Mordmerkmale ausschließende Wertung seien allerdings strenge Anforderungen zu stellen, solle nicht schon die Berufung auf eine kaum nachprüfbare Mitleidsmotivation den Täter vor der Mordstrafe bewahren.[947] Den strengen Anforderungen wird vom BGH insofern Rechnung getragen, als er verlangt, dass bei der Prüfung der Qualität des Motivs normative Gesichtspunkte in Betracht kommen sollen.[948] Der Grund dafür sei darin zu sehen, dass sich in oberflächlich vorhandener Mitleidsmotivation Feindseligkeit gegenüber dem Lebensrecht Schwerstkranker offenbaren könne; daher könne Mitleid dieser Art die Annahme des Heimtückemerkmals nur dann ausschließen, wenn es sich aus einer objektiv nachvollziehbaren Wertung des Täters ableite, die der Vermeidung schwersten Leidens den Vorrang gebe.[949] Die Tötung muss also als relativ verständlich erscheinen.[950] Dagegen schließe eine Selektion des Opfers nach eigenen Wertmaßstäben und die selbstherrliche Entscheidung über die Zeit der Tötung das Vorliegen eines Mitleidsmotivs aus.[951] Somit zeigt sich eine relative Funktion des Mitleidsmotivs in Bezug auf andere Motive, soweit das Motiv objektivierbar ist.[952]

Daraus jedoch, dass dem Mitleidsmotiv bei der Auseinandersetzung mit den Mordmerkmalen eine relative Bedeutung zukommt, erweist sich seine in der Sterbebegleitungsproblematik untergeordnete Funktion. In dieser Richtung betont *Eser*: Die Tatsache, dass der Sterbehelfer, der einem freiverantwortlichen Sterbeverlangen deshalb entspricht, weil er dieses als autonome Entscheidung respektieren zu müssen glaubt, oder weil er Schmerzen eines Patienten nicht

---

944 Schönke/Schröder/*Cramer*/*Sternberg-Lieben*, § 15 Rn. 66; *Tröndle*/*Fischer*, § 15 Rn. 7; *Krümpelmann*, ZStW 1975, S. 888; BGH St 13, 219 (222).
945 Schönke/Schröder/*Cramer*/*Sternberg-Lieben*, a.a.O.
946 BGH St 42, 301 (305); BGH St 37, 376 (377).
947 *Kutzer*, a.a.O.
948 BGH St 37, a.a.O.
949 A.a.O.
950 *Roxin*, NStZ 1992, S. 35 (36).
951 A.a.O.
952 Vgl. *Koch*, Einführung, in: Eser/Koch (Hrsg.), Materialien zur Sterbehilfe, 1991, S. 3 (22).

mehr mitansehen kann, sei nach gegenwärtigem Recht ebenso irrelevant wie die Lauterkeit einer altruistischen oder auch egoistischen Gesinnung.[953] Dem ist teilweise zu folgen. Irrelevant ist nämlich das Motiv insofern nicht, als dem Motiv gelegentlich eine größere Bedeutung beizumessen sein wird, wenn es in der Form einer bewussten Vorstellung eintrifft, die der den Täter bestimmende Grund für sein vorsätzliches Verhalten gewesen ist.[954] Dann könnte das Mitleidsmotiv bei der Strafzumessung von Bedeutung sein und als mildernder Umstand im Sinne des § 213 angesehen werden.[955] Auf der Unrechtsebene kommt aber dem Mitleidsmotiv keine eigenständige Funktion zu und dies zeigt, dass in der rechtlichen Diskussion um die erlaubten Grenzen von Sterbebegleitung die Berufung auf das Mitleidsmotiv entbehrlich ist.

2. Das Mitleidsmotiv in der griechischen Sterbebegleitungsdiskussion

Mehr als in der deutschen Diskussion tritt in der griechischen Sterbebegleitungsdiskussion die Bedeutung des Mitleidsmotivs zutage. Der Grund dafür ist darin zu sehen, dass dem Mitleidsmotiv im griechischen Strafrecht eine größere Bedeutung als im deutschen Strafrecht beigemessen wird. Das Mitleidsmotiv ist nämlich Tatbestandsmerkmal[956] im Art. 300 PK („Tötung mit Einwilligung"). Die „Tötung mit Einwilligung"[957] des Art. 300 PK entspricht im wesentlichen dem § 216 StGB. Die griechische Regelung ist jedoch enger als die deutsche: Für die Privilegierung wird nicht nur auf das ernstliche und ausdrückliche Verlangen des Opfers, sondern zusätzlich, auf die aufgrund einer unheilbaren Krankheit des Opfers entstandene Mitleidsmotivation des Täters abgestellt.

Wegen der Bezugnahme auf die unheilbare Krankheit des Opfers wurde früher in der Literatur die Ansicht vertreten, die Euthanasie werde im Art. 300 PK geregelt.[958] Dem ist nicht zu folgen: Der Anwendungsbereich des Art. 300 PK ist enger als derjenige der Sterbehilfe. Sterbehilfe kann auch ohne das Vorliegen des ernstlichen und/oder des ausdrücklichen Verlangens erfolgen und kann auch

---

953 *Eser*, MedR 1985, S.6 (9).

954 *Hardwig*, ZStW 1956, S. 14 (15).

955 *Möllering*, Schutz des Lebens, 1977, S. 49; *Leonardy*, DRiZ 1986, S. 281 (289); *Koch*, in: Holderegger (Hrsg.), Das medizinisch assistierte Sterben, 1998, S. 297 (299).

956 Die überwiegende Auffassung in Griechenland sieht im Mitleidsmotiv ein spezielles Schuldmerkmal: *Katsantonis*, Poinika Chronika 1956, S. 225 (236) [gr.]; *Bitzilekis*, I simmetochiki praksi 1990, S. 358 [gr.]; *Symeonidou-Kastanidou*, Eglimata kata tis zois, 1995, S. 439 f. [gr.]; Unklar: Plemm Chiou 57/1986, Poinika Chronika 1987, S. 244 (246) [gr.].

957 So die Überschrift des Art. 300 PK; in Wirklichkeit ist im Gesetzestext nicht von Einwilligung die Rede, sondern von Verlangen. Im Schrifttum findet sich eine Vielfalt von Bezeichnungen; so sprechen *Androulakis*, Eidikon Meros, 1974, S. 55 [gr.] und *Bekas*, Poinikos Logos 2001, S. 734 [gr.] von „Tötung aus Mitleid".

958 *Kanatsios*, I kat' apaitisin anthropoktonia, 1955, S. 11 [gr.]; Verfehlt ist die Ansicht von *Statheas*, Elliniki Dikaiosyni 1988, S. 844 (845) [gr.], die einverständliche aktive Sterbehilfe sei unter den Bedingungen des Art. 300 PK erlaubt.

nicht nur unheilbar Kranke, sondern auch Sterbende betreffen.[959] Allerdings werden auch Fälle der aktiven Sterbehilfe unter Art. 300 PK zu subsumieren sein, wenn das Opfer ein Sterbender ist und die sonstigen Voraussetzungen der „Tötung mit Einwilligung" erfüllt sind.[960] Denn wenn schon der unheilbar Kranke Objekt der privilegierten Tötung mit Einwilligung ist, dann erst recht der Sterbende.[961]

Dem Mitleidsmotiv kommt nach vorherrschender Meinung eine wesentlich größere Bedeutung als dem Verlangen des Opfers zu.[962] Die Begründung liegt in der Annahme, das Leben besitze einen absoluten Wert[963] und folglich könne das Verlangen keine Strafmilderung der Tötung implizieren.[964] Der Grund für die Strafmilderung sei demnach nicht im Verlangen des Opfers, sondern in der Motivation des Täters zu sehen.[965] Dem ist in dieser Allgemeinheit nicht zu folgen: Zunächst ist das Mitleid im Sinne des Art.s 300 PK eine Mischung von einem objektiven Element, nämlich der die Entstehung des Mitleids fördernde schlechte Zustand des Opfers, und einem subjektiven Element, nämlich das Mitleid als Motiv eo ipso.[966] Das rechtlich relevante Mitleid ist also immer von dem Krankheitszustand des Opfers abhängig[967] und wird auch durch die Ernstlichkeit und Beharrlichkeit des Verlangens des Opfers bestimmt.[968] Wenn das Mitleidsmotiv nicht unabhängig von dem Verlangen des Opfers und dem Vorliegen einer unheilbaren Krankheit erfasst werden kann, dann kann es auch nicht an sich der Grund des Tötungsentschlusses und der Tötungshandlung sein. Diese letzten aber konstituieren das Handlungsunrecht der „Tötung mit Einwilligung". Somit kann das Mitleid auch nicht an sich der Grund der Unrechtsmilderung im Art. 300 PK sein. Auch der Wortlaut des Art. 300 PK spricht für diese Interpretation: Der Tötungsentschluss muss zeitlich nach dem Verlangen des unheilbaren Kranken gefasst werden. Wenn das Mitleidsmotiv alleiniger Grund der Privilegierung wäre, würde sich Art. 300 PK als überflüssig erweisen, weil im Fall einer Tötung aus Mitleid ohne Vorliegen eines Verlangens seitens des Opfers eine

---

959 *Androulakis*, Eidikon Meros, 1974, S. 25 [gr.]; *Katsantonis*, Poinika Chronika 1956, S. 225 (237) [gr.]; *Bekas*, Poinikos Logos 2001, S. 734 [gr.].
960 *Filippidis*, Mathimata Poinikou Dikaiou, 1979, S. 67 [gr.].
961 *Androulakis*, a.a.O., S. 25 Fuß. 25 [gr.].
962 *Kareklas*, in: Eser/ Koch (Hrsg.), Materialien zur Sterbehilfe, 1991, S. 321 (327); *Katsantonis*, a.a.O., S. 225 (236) [gr.].
963 *Androulakis*, a.a.O., S. 18 f., 26 [gr.].
964 *Androulakis*, a.a.O., S. 59 [gr.]; *Kareklas*, a.a.O.
965 *Katsantonis*, a.a.O., S. 225 (236) [gr.].
966 *Androulakis*, a.a.O. [gr.]
967 So auch die Rechtsprechung: Plemm Chiou 57/1986, Poinika Chronika 1987, S. 244 (246) [gr.].
968 vgl. *Charalampakis*, I emmessi autourgia, 1988, S. 326 [gr.].

Strafmilderung gemäß Art. 84 II b PK[969] erfolgen könnte.[970] Daraus ergibt sich, dass der Grund der Privilegierung sowohl im Verlangen des Opfers als auch im objektivierbaren Mitleidsmotiv anzusehen ist. Obwohl dem Mitleidsmotiv im Rahmen des Art. 300 PK eine größere Bedeutung beigemessen wird, ist seine Bedeutung im Bereich der Sterbebegleitung zu relativieren. Aus den schon angeführten Gründen kann ein schwer objektivierbares[971] Mitleid nicht zu Sach- und Rechtsabgrenzungen führen. Folglich kann das Mitleid auch nicht als Argument für die Legalisierung strafbarer Formen der Sterbehilfe verwendet werden.[972]

B. Begründungswege der Erlaubtheit der Schmerzlinderung mit tödlicher Nebenfolge

Anders als in Deutschland ist in Griechenland noch umstritten, ob die Schmerzlinderung mit tödlicher Nebenfolge als strafloses ärztliches Verhalten anzusehen ist. Im juristischen Schrifttum wird die Auffassung, die von einer Strafbarkeit ausgeht, stark vertreten. Wenn der Arzt durch die Schmerztherapie unbeabsichtigt den Tod des Patienten verursacht, soll er sich wegen vorsätzlicher Tötung bzw. Tötung auf Verlangen – wenn das Verlangen des Opfers vorliegt – strafbar machen.[973] Konsequenterweise wird hier sogar die Möglichkeit einer Strafbarkeit wegen fahrlässiger Tötung erwähnt.[974] Nach anderer Auffassung könnte die Schmerzlinderung mit tödlicher Nebenfolge als gerechtfertigter Totschlag angesehen werden.[975] In der medizinischen Literatur wird diese Form von Sterbebegleitung kaum erwähnt. Dies ist insofern problematisch, als die praktische Nähe der Schmerzlinderung mit tödlicher Nebenfolge mit der aktiven Sterbehilfe die Klärung der Unterschiede sowohl im medizinischen als auch im juristischen Schrifttum unentbehrlich macht. Anders als in Griechenland wird die Diskussion über die rechtlichen Grenzen der Schmerzlinderung mit tödlicher Nebenfolge in Deutschland seit vielen Jahren geführt.

---

969 Danach sei als mildernder Umstand anzusehen, dass der Täters zur Tat nicht aus unredlichen Motiven veranlasst wurde.

970 Auf die Möglichkeit der Strafmilderung jeder strafbarer Form von Sterbebegleitung weist *Michos*, Archeion Nomologias 1965, S. 249 (251) [gr.] hin.

971 Darauf weisen *Frantzeskakis*, ArchNom 1983 S. 678 [gr.], *Vougioukas*, in: Annales 1994, Tomos 4, Teuchos 3, S. 1454 (1473) [gr.] und *Zisiadis*, in: Syzitisi 10/12/1996 Thema: L' euthanasie, 1997, S. 34 (39) [gr.] hin.

972 So aber *Euthymiou*, Dikaiosyni 1974, S. 205 [gr.]. Auf die große Rolle, welche die Motivation des Täters in der Rechtspraxis vieler europäischer Länder spielt, weisen *Wernstedt/Mohr/Kettler*, AINS 2000, S. 220 (224) hin.

973 *Androulakis*, Eidikon Meros, 1974, S. 26 [gr.]; *Politis*, Iatriko Dikaio, 1999, S. 217 [gr.], der allerdings de lege ferenda das ärztliche Verhalten hier als eine lebensgefährliche Behandlung betrachten will.

974 *Politis*, a.a.O., S. 218 Fß. 73 [gr.].

975 *Symeonidou-Kastanidou*, Eglimata kata tis zois, 1995, S. 199 f. [gr.]; *Bekas*, Poinikos Logos 2001, S. 734 (736) [gr.]; *Margaritis*, in: FS-Spinellis, 2001, S. 691 (699) [gr.].

Es entspricht in Deutschland nahezu einhelliger Auffassung, dass der Handelnde in den einschlägigen Fällen straflos bleibt.[976] Auch die Rechtsprechung hat sich dieser Ansicht angeschlossen.[977] Im Leitsatz des einschlägigen Urteils des BGH aus dem Jahre 1996 heißt es: „Eine ärztlich gebotene schmerzlindernde Medikation entsprechend dem erklärten oder mutmaßlichen Patientenwillen wird bei einem Sterbenden nicht dadurch unzulässig, dass sie als unbeabsichtigte, aber in Kauf genommene unvermeidbare Nebenfolge den Todeseintritt beschleunigen kann“[978]. Der Begründungsweg bleibt trotz der Vielfalt der vorgeschlagenen Lösungen umstritten.[979] Das Ergebnis der Straflosigkeit wird teils auf die Tatbestandsebene, teils auf die Rechtfertigungsebene zurückgeführt.

I. Tatbestandslosigkeit der Schmerzlinderung mit tödlicher Nebenfolge

Auf den Schutzbereich und Schutzzweck der Tötungstatbestände wird in der deutschen Literatur teilweise abgestellt, um die Schmerzlinderung mit tödlicher Nebenfolge im Wege der Auslegung aus den einschlägigen Tatbeständen auszuschließen.

Es wird vertreten, dass der Schutzbereich der Tötungstatbestände das auf Schmerzlinderung gerichtete Handeln nicht erfasse.[980] Die ärztliche Behandlungspflicht sei korrespondierendes Gegenstück zum Tötungsverbot; wo der Arzt seine Behandlungspflicht nicht verletze, handele er dem Tötungsverbot nicht zuwider.[981] Es könne nicht Sinn und Zweck der §§ 211 ff. sein, den Arzt zu zwingen, jede Schmerzlinderung beim Moribunden zu unterlassen, soweit diese mit dem Risiko einer lebensverkürzenden Nebenwirkung verbunden sei.[982] Es sei daher auf den sozialen Sinn- und Bedeutungsgehalt des Verhaltens des Arztes abzustellen. Ihrem sozialen Gesamtsinn nach richte sich die Schmerzlinderung mit lebensverkürzender Nebenwirkung nicht gegen das Leben, sondern sie bilde die einzige Möglichkeit, mit deren Hilfe der Arzt dem ohnehin erlöschenden Leben noch dienen und es für den Leidenden erträglich gestalten kön-

---

[976] Schönke/Schröder/*Eser*, Vor §§ 211 ff. Rn. 26 m.w.N.; a.A. jedoch *Gössel*, BT I, 1987, S. 31 f.

[977] BGH St, 42, 301; BGH, NStZ 2001, S. 324 (326).

[978] BGH St 42, 301.

[979] Die Begründung der Straflosigkeit der Schmerzlinderung mit tödlicher Nebenfolge wird auch sonst im internationalen Schrifttum als rechtliches Problem erachtet. Dazu: *Grubb*, European Journal of Health Law 2001, S. 89 (90).

[980] LK-*Jähnke*, Vor § 211, Rn. 17; G. *Hirsch*, ZRP 1986, S. 239 (240); *Tröndle*, Referat, Verhandlungen des 56. DJT, Band II, Teil M, S. M 29 (M 32).

[981] LK-*Jähnke*, Vor § 211, Rn. 17.

[982] *Krey*, BT 1, Rn. 14.

ne.[983] Daher greife der Schutzzweck der Tötungstatbestände in diesen Fällen nicht ein.[984]

Diese Ansicht knüpft an die zum ärztlichen Heileingriff in der Literatur teils vertretene Auffassung an, wonach eine indizierte ärztliche Heilbehandlung, welche lege artis durchgeführt werde, nicht unter die Tatbestände der §§ 223 ff. StGB bzw. Art. 308 ff. PK falle. Dementsprechend falle nicht unter die Tatbestände der §§ 211 ff. StGB die indizierte und lege artis durchgeführte Schmerzlinderung mit Todesfolge. Dem ist nicht zu folgen. Der Schutzbereich der Tötungstatbestände erfasst jedes Verhalten, durch welches der Tod einer anderen Person herbeigeführt wird.[985] Dabei spielt es keine Rolle, dass der Patient ohnehin kurze Zeit später gestorben wäre.[986] Die Kausalität wird mittels der conditio-sine-qua-non Formel bejaht: das tödliche Ergebnis wäre ohne die konkrete Schmerzlinderung ausgeblieben. Dass durch die fortgeschrittene, tödlich verlaufende Krankheit auch ohne die schmerzlindernde Medikation der Tod kurze Zeit später ohnehin eintreten würde, ändert nichts an die Bejahung der Kausalität. Denn ursächlich ist auch eine Handlung, welche den Erfolgseintritt, wenn auch nur geringfügig, beschleunigt.[987] Die möglichen Schwierigkeiten in der praktischen Feststellung der Beeinflussung des Todeszeitpunktes durch die Medikation dürften nur forensisch relevant sein.[988]

Ebenso wenig kommt es an dieser Stelle auf das Mittel an, ob etwa das Verhalten ärztlich indiziert war und der lex artis entsprochen hat. Der Tatbestand beschreibt in typisierender Form das generell verbotene Verhalten. Daher sollten aus dem Tatbestand nur solche Verhaltensweisen ausgeklammert werden, die bei typisierend-generalisierender Betrachtungsweise von vornherein nicht dem Tatbestandstypus unterfallen, ohne dass es einer diffizilen Abwägung verschiedener Gesichtspunkte im Einzelfall bedarf.[989] Solcher Abwägungen bedarf es aber in der hier vorliegenden Fallkonstellation. Der medizinischen Indikation kann eine solche Funktion nicht eingeräumt werden. Sie mag auf medizinische Abwägungen beruhen. Sie kann aber nicht notwendige rechtliche Abwägungen ersetzen. Sie kann auch nicht das Auslegungskriterium eines strafrechtlichen Tatbestands darstellen. Die Frage, wie Schmerzen am besten zu bekämpfen sind, gehört zur ärztlichen lex artis, nicht aber die, ob dies unter Verkürzung des Lebens zulässig sein kann.[990] Die Ansicht, wonach auf die lex artis abzustellen ist,

---

[983] *Wessels/Hettinger*, BT 1 , Rn. 32 f.
[984] *Tröndle/Fischer*, Vor § 211 Rn. 20.
[985] *Hanack*, in: *Hiersche* (Hrsg.), Euthanasie, 1975, S. 121 (146).
[986] Schönke/Schröder/*Eser*, § 212, Rn. 3.
[987] Schönke/Schröder/*Lenckner*, Vor §§ 13 ff. Rn. 80.
[988] *Möllering*, Schutz des Lebens, 1977, S. 12.
[989] *Dölling*, MedR 1987, S. 6 (7).
[990] *Merkel*, Früheuthanasie, 2001, S. 202.

beruht außerdem auf einer bereits vorgenommenen Abwägung zwischen einer an sich möglichen aber qualvollen mit einer kürzeren, aber erträglichen Lebensspanne.[991] In diesem Rahmen kann die Schmerzlinderung mit Todesfolge ihrem sozialen Sinn nach als „einzige Hilfe" von den Vertretern dieser Ansicht angesehen werden. Die Autoren, die hier auf den sozialen Sinn der Handlung abstellen, bezweifeln aber im übrigen die Abwägungsfähigkeit des Rechtsguts Leben.[992] Dies widerspricht aber im Grunde ihrer Ansicht.[993] Dass die Schmerzlinderung mit Todesrisiko eine indizierte und lege artis durchgeführte ärztliche Behandlung ist, kann allerdings im Rahmen der objektiven Erfolgzurechnung, wenn das Todesrisiko realisiert, von Bedeutung sein. In Betracht kommt der Gesichtspunkt der Sozialadäquanz. Sozialadäquat könnte aber die Schmerzlinderung mit Todesfolge nicht sein.[994] Denn unter dem Gesichtspunkt der Sozialadäquanz werden allgemeine Risiken normaler Höhe erfasst.[995] Die Schmerzlinderung bringt aber hier spezielle und hohe Gefahren mit sich, nämlich Lebensgefahren erhöhten Grades, so dass nicht mehr von einem sozialadäquaten Verhalten die Rede sein kann.

Gemeinsame Schwäche aller Tatbestandslösungen ist letztlich die Tatsache, dass ein Tatbestandsausschluss völlig offen lässt, aus welchen Sachgründen der Tatbestand entfällt.[996] Eine weitgehende allgemeine Minderung des Schutzes für ein zu Ende gehendes Leben,[997] wäre daher als Konsequenz der Tatbestandslösung zu erwarten. Folglich ist den vorgeschlagenen Tatbestandslösungen nicht zu folgen[998]

II. Rechtfertigung der Schmerzlinderung mit tödlicher Nebenfolge

1. Rechtfertigung durch „erlaubtes Risiko"

Sowohl in Deutschland als auch in Griechenland wird in der Literatur die Ansicht vertreten, der Arzt werde schon dann als gerechtfertigt anzusehen sein, wenn er sich innerhalb der durch erlaubtes Risiko gezogenen Grenzen hält.[999]

---

[991] Vgl. *Merkel*, Früheuthanasie, 2001, S. 205.
[992] so etwa: *Tröndle/Fischer*, Vor § 211, Rn. 16.
[993] *Merkel*, a.a.O., S. 207 Fß. 224.
[994] So aber: *Herzberg*, NJW 1996, S. 3043 (3048).
[995] *Stratenwerth*, AT § 8 Rn. 30.
[996] *Eser*, NJW 1992, S. 2913 (2924), der dieses Argument gegen die Tatbestandslosigkeit der Schwangerschaftsunterbrechung anführt. Vgl. auch *Dölling*, MedR 1987, S. 6 (7).
[997] *Schreiber*, NStZ 1986, S. 337 (340).
[998] Die Tatbestandslösung verneinen u.a.: *Leonardy*, DRiZ 1986, S. 281 (286); *Dölling*, JR 1998, S. 160 (161); *Otto*, Die einzelnen Delikte, § 6 Rn. 41.
[999] Schönke/Schröder/*Eser*, Vor §§ 211 ff. Rn. 26; *Kindhäuser*, Vor § 211 Rn. 15; *Oehmichen*, Z Gerontol Geriat 1995, S. 273 (276); *Symeonidou-Kastanidou*, Eglimata kata tis zois, 1995, S. 199 [gr.]; *Margaritis*, in: FS-Spinellis, 2001, S. 691 (700) [gr.].

Dies sei der Fall, wenn der Arzt unter Anwendung der in der konkreten Situation erforderlichen Sorgfalt das Risiko einer Lebensverkürzung erkennt und seine Realisierung in Kauf nimmt.[1000] Zweifelhaft ist aber hierbei, ob als Rechtfertigungsgrund auf das erlaubte Risiko zurückgegriffen werden kann;[1001] jedenfalls dann, wenn sich das Risiko so erhöht, dass ein Ausbleiben des Todes nicht mehr erwartet werden kann.[1002] In solchen Fällen würde das Abstellen auf das erlaubte Risiko zur Strafbarkeit des Arztes führen.

2. Rechtfertigung durch Einwilligung bzw. mutmaßliche Einwilligung

Die Einwilligung des aufgeklärten Patienten könnte, wie im zweiten Teil dieser Arbeit erörtert wurde, eine lebensgefährliche ärztliche Schmerzbehandlung unter Umständen rechtfertigen. Diese Umstände ergäben sich aus der noch zu bestimmenden Notstandslage und einer Abwägung, aufgrund derer die lebensgefährliche Behandlung nicht gegen die guten Sitten verstößt und keine erhöhten Missbrauchgefahren aufweist.[1003] Allein die Einwilligung des aufgeklärten Patienten reicht daher nicht aus. Ebenso wenig reicht ein Abstellen allein auf die mutmaßliche Einwilligung aus.

Jakobs.[1004] vertritt allerdings eine andere Meinung. Bei einwilligungsunfähigen Patienten müsse auf die mutmaßliche Einwilligung abzustellen sein Die Schmerzlinderung mit Todesfolge sei gerechtfertigt, wenn nicht ein anderer Wille des Patienten bekannt werde und sich die Tat zudem als ein objektiv vernünftiges Vorgehen darstellen lasse. In der hier vorliegenden Fallkonstellation erfülle die Tat die letztgenannte Bedingung, weil sie Standard sei: „Es gibt eine alltäglich massenhaft angewandte Regel, wonach es vernünftig ist, zur Bekämpfung stärkster Schmerzen eine Lebensverkürzung zu akzeptieren“. Mutmaßlich gewollt sei im Zweifelsfall immer das, was als Standard gelte. Dieser Ansicht wäre zuzustimmen, wenn ihre wichtigste Prämisse, die Schmerztherapie mit Todesrisiko bei einwilligungsunfähigen Patienten sei standardisiert, zuträfe. Das ist aber nicht der Fall. So wenig eine Operation mit erhöhtem Todesrisiko standardisiert sein kann, ebenso wenig kann eine Schmerztherapie mit Todesrisiko als standardisiert angesehen werden. Einer Standardisierung von schwerwiegenden Nebenwirkungen wird auch sonst in der klinischen Medizin nicht begegnet. Die Standardisierung der Schmerzlinderung mit tödlicher Nebenfolge würde bedeuten, dass auch bei Patienten, die aus therapeutischen Gründen nicht aufgeklärt worden sind, von ihrer mutmaßlichen Einwilligung in diese Schmerztherapie

---

[1000] Vgl. *Eser*, in: Auer/Menzel/Eser (Hrsg.), Zwischen Heilauftrag und Sterbehilfe, 1977, S. 89; *ders.* in: Schwartländer (Hrsg.), Der Mensch und sein Tod, 1976, S. 61 (70 f.).

[1001] *Dölling*, MedR 1987, S. 6 (7).

[1002] *Schreiber*, NStZ 1986, S. 337 (340).

[1003] S. o.: Zweiter Teil C II 3.

[1004] *Jakobs*, Tötung auf Verlangen, 1998, S. 27.

ausgegangen werden könnte. Vielmehr hängt die Wirksamkeit der Einwilligung bzw. der mutmaßlichen Einwilligung vom Vorliegen der Notstandslage ab. Ohne Rekurs auf Notstandsgesichtspunkte ist daher die Erlaubtheit der Schmerzlinderung mit tödlicher Nebenwirkung nicht zu erklären.

3. Rechtfertigung durch Notstandshilfe

a. Notstandslage in der Schmerztherapie

Die überwiegende Auffassung in der deutschen Literatur stellt für die Rechtfertigung der Schmerzlinderung mit tödlicher Nebenfolge auf den rechtfertigenden Notstand ab.[1005] Dafür müsste eine Notstandslage vorliegen. Eine Notstandslage liegt vor, wenn eine gegenwärtige Gefahr für Leben, Leib, Freiheit, Ehre, Eigentum oder ein anderes Rechtsgut besteht, die sich nur dadurch abwenden oder vermindern lässt, dass ein anderes Rechtsgut verletzt oder gefährdet wird.[1006] Die Gefahr kann ein Zustand einer schon eingetretenen und noch fortdauernden Verletzung sein. Die typische Notstandslage entsteht, wenn die kollidierenden Güter verschiedenen Personen zustehen. Überwiegend wird aber die Notstandsvorschrift auch auf den Fall angewandt, dass Erhaltungs- und Eingriffgut derselben Person zustehen, oder dass sogar nur ein und dasselbe Rechtsgut derselben Person durch verschiedene Verhaltensweisen in unterschiedlichem Grade gefährdet wird.[1007] Hier ist von Notstandshilfe die Rede. Das ist auch bei einer Schmerzlinderung mit tödlicher Nebenfolge der Fall. Es geht um einen unter starken Schmerzen leidenden Patienten, dessen gebotene Schmerzlinderung nur durch eine so starke Medikation erreicht werden kann, dass eine tödliche Nebenwirkung in Kauf genommen werden muss. Kollidierende Rechtsgüter sind dabei die körperliche Unversehrtheit einerseits, und das Leben andererseits. Den behandelnden Arzt treffen hier sowohl Handlungs- als auch Unterlassungspflichten: Er ist zur Schmerzlinderung (§§ 223 ff. StGB) verpflichtet, er hat aber gleichzeitig (§§ 211 ff. StGB) jede Tötung zu unterlassen. Nach einer anderer Auffassung wäre hier auf die rechtfertigende Pflichtenkollision abzustellen.[1008] Anders als bei rechtfertigender Pflichtenkollision besteht aber im Fall der Kollision einer Handlungs- mit einer Unterlassungspflicht noch kein Zwang zum

---

[1005] *Schreiber*, NStZ 1986, S. 337 (340); *Kutzer*, NStZ 1994, S. 110 (115); Schönke/Schröder/*Lenckner*/*Perron*, § 34 Rn. 39; *Otto*, Die einzelnen Delikte, § 6 Rn. 42.

[1006] *Stratenwerth*, AT § 9 Rn. 97; Schönke/Schröder/*Lenckner*/*Perron* § 34 Rn. 8.

[1007] Schönke/Schröder/*Lenckner*/*Perron*, § 34 Rn. 8a; *Baumann/Weber/Mitsch*, AT § 17 Rn. 54; *Kühl*, AT § 8 Rn. 34; *Stratenwerth*, AT § 9 Rn. 99: bei Lebensgefährdungen. Für die Anwendung der mutmaßlichen Einwilligung *Kindhäuser*, § 34 Rn. 39. Differenzierend *Roxin*, AT § 16 Rn. 87. f.: über § 34 nur bei Einwilligungsunfähigkeit oder bei Unverfügbarkeit des Rechtsguts, sonst über mutmaßliche Einwilligung.

[1008] *Jescheck/Weigend*, AT S. 365; *Tröndle/Fischer*, Vor § 32 Rn. 11; *Leonardy*, DRiZ 1986, S. 281 (287).

Eingreifen, es ist nicht schon entschieden, dass der Täter eingreifen muss.[1009] Ob der Arzt durch Inkaufnahme einer Lebensverkürzung die Dosierung der Medikamente erhöhen soll und darf, lässt sich erst durch Abwägung der kollidierenden Rechtsgüter und Interessen beantworten. Deshalb müssen hier die Regeln der Güterkollision gemäß der Notstandsvorschrift angewendet werden.

Nach *Herzberg*[1010] fehlt es bei den Fällen der Schmerzlinderung mit Todesfolge an einer Interessenkollision, welche für die Notstandslage erforderlich sei. In den Fällen der Schmerzlinderung mit Todesfolge fehle aufgrund eines ausdrücklichen oder mutmaßlichen Einverständnisses sowohl das Interesse des Weiterlebens seitens des Patienten, als auch das Interesse der Gesellschaft an der Respektierung des „Tötungstabus". Letzteres fehle deswegen, weil durch die ärztliche Intervention dem Sterbegeschehen der Charakter eines natürlichen Erlöschens nicht genommen werde.[1011] Durch diese Annahmen gerät *Herzberg* zu dem Schluss, es fehle in den Fällen der Schmerzlinderung mit tödlicher Nebenfolge an einer Interessenkollision. Gegen diese Ansicht ist folgendes einzuwenden. Es ist widersprüchlich, wenn *Herzberg* ein Überlebensinteresse des Patienten verneint, gleichzeitig aber ein Schmerzlinderungsinteresse des Patienten bejaht. Konsequent wäre anzunehmen, dass der Patient hier ein Tötungsinteresse hat. Aber das ist bei einer Schmerzlinderung mit tödlicher Nebenwirkung nicht der Fall. Der Patient willigt vielmehr in eine lebensgefährliche Schmerzbehandlung ein, die als einzige Möglichkeit besteht, damit sein Leiden gemildert wird. Gerade die Umstände, in welchen sich der Patient befindet, loten die Notstandslage aus. Und nur unter diesen Umständen könnte seine Einwilligung Verbindlichkeit entfalten. Auch der Ablehnung des Interesses der Gesellschaft an der Respektierung des sogenannten Tötungstabus durch Verweis auf den „natürlichen Charakter des Sterbegeschehens" ist nicht zu folgen. Der „natürliche Charakter des Sterbegeschehens" ist präzisionsbedürftig und weist auf die Intuition des Außenbetrachters hin. Jedenfalls ergeben sich daraus keine sachlichen Gründe, aus welchen hier der Lebensschutz relativiert werden soll. Folglich ist bei der Schmerzlinderung mit tödlicher Nebenwirkung eine Notstandslage anzunehmen.

b. Selbstbestimmungsschutz

Bei der Abwägung der kollidierenden Güter des Patienten verlangt die herrschende Auffassung die Beachtung seines Selbstbestimmungsrechts, in der Form der Einwilligung bzw. der mutmaßlichen Einwilligung des Patienten. So heißt es in einem Urteil des BGH aus dem Jahr 2001[1012]: „Soweit eine solche

[1009] *Stratenwerth*, AT § 9 Rn. 119 m.w.N.
[1010] *Herzberg*, NJW 1996, S. 3043 ff.
[1011] *Herzberg*, a.a.O., S. 3043 (3048).
[1012] BGH St 46, 279 (285).

Medikation den Tatbestand eines Tötungsdeliktes durch bedingt vorsätzliche Verursachung eines früheren Todes verwirklicht, ist das Handeln des Arztes nach § 34 StGB gerechtfertigt, sofern es nicht – ausnahmsweise – dem erklärten oder mutmaßlichen Willen des Patienten widerspricht". Nach *Roxin*[1013] handelt es sich dabei um das nach dem Willen des Patienten zu bestimmende Ergebnis einer Abwägung, bei der die Pflicht zur längstmöglichen Lebenserhaltung ggf. hinter der Pflicht zur Leidensminderung zurücktritt. Der Arzt, der ohne oder gegen den Willen eines einwilligungsfähigen Patienten sein Leben per Schmerzlinderung vorsätzlich verkürze, mache sich hier grundsätzlich wegen Totschlags strafbar, weil hier eine Voraussetzung des Notstands fehle.[1014]

Es erhebt sich die Frage, weshalb hier die Einwilligung bzw. die mutmaßliche Einwilligung des Patienten eine Voraussetzung der Notstandshilfe darstellt. Im Normalfall hängt nämlich die Rechtfertigung durch Notstand nicht von der Einwilligung des Inhabers des Rechtsguts ab, welches zur Abwendung der Gefahr aufgeopfert werden muss.[1015] Der Grund liegt darin, dass bei der Abwägung von individuellen Rechtsgütern ihre Zuordnung zu dem Selbstbestimmungsrecht zu berücksichtigen ist.[1016] Eine äußerliche Anwendung des Güterabwägungsprinzips würde die Beziehung des Rechtsgutsträgers zu dem Rechtsgut völlig ausschalten. Man spricht hier vom Autonomieprinzip,[1017] wobei der Schutzbereich des Selbstbestimmungsrechts gemeint ist. In der Abwägung von individuellen Rechtsgütern, die einer und derselben Person zustehen, muss das Interesse des Rechtsgutsinhabers an der Erhaltung seiner Rechtsgüter erst recht, aber auch in dem Maße berücksichtigt werden, als dieses Interesse von der Rechtsordnung geschützt wird.

c. Das Rechtsgut Leben als Teil der Abwägung nach § 34 StGB

Tröndle hält die Notstandslösung im Bereich der Sterbebegleitung für nicht stimmig: Sie müsse dartun, dass die bloße Schmerzlinderung – also das Interesse an besserer körperlicher Befindlichkeit – gegenüber dem Höchstwert der Erhal-

---

[1013] *Roxin*, in: Roxin/Schroth (Hrsg.), Medizinstrafrecht, 2001, S. 93 (97).
[1014] *Merkel*, Früheuthanasie, 2001, S. 164.
[1015] *Jakobs*, AT 13/19; *Schreiber*, in: FS-Klug, 1983, S. 341 (351); Schönke/Schröder/*Lenckner*, § 34 Rn. 20. Vgl. aber *Jescheck/Weigend*, AT S. 364: „Vor einer Notstandshandlung muss zunächst versucht werden, die Einwilligung des Betroffenen zu erlangen".
[1016] *Stratenwerth*, ZStW 1956, S. 41 (70). A.A.: Generalstaatsanwaltschaft bei OLG Stuttgart, Bescheid vom 30.11.1993, zitiert nach *Ulsenheimer*, Arztstrafrecht in der Praxis, 1998, Rn. 94 und *ders*., Anästhesiologie und Intensivmedizin 2001, S. 157 (160): „Die von den Ärzten im Zusammenhang mit der Notfallversorgung zur Lebensrettung vorgenommene Bluttransfusion bei der verstorbenen Patientin war durch § 34 StGB gerechtfertigt, auch wenn sie gegen den ausdrücklichen Willen der Patientin erfolgt ist."
[1017] *Roxin*, AT § 16 Rn. 41 ff.; *Merkel*, a.a.O., S. 163 f.

tung des Lebens bei der Werteabwägung des § 34 StGB wesentlich überwiege.[1018] Ein solcher Schluss gelinge nur, wenn herkömmliche Wertungsmaximen aufgegeben werden, das heißt wortreich verdeckt werde, dass das verlöschende Leben praktisch in den Nachrang geraten sei.[1019] In diese Richtung wird auch in der griechischen Lehre vertreten, dass keine Gefahrabwendung im Sinne der Notstandsvorschrift die Verletzung menschlichen Lebens wesentlich überwiegen könne.[1020] Danach soll das Rechtsgut Leben einer Abwägung im Rahmen der Notstandsvorschrift entzogen sein.[1021] Diesen Einwänden könnte in der Tat zugestimmt werden, wenn im Rahmen der Güterabwägung nur das Rangverhältnis der kollidierenden Rechtsgüter von Bedeutung wäre. Das ist hier nicht der Fall. Das Gesetz (§ 34 StGB) fordert keine bloße Güterabwägung, sondern auch eine umfassende Interessenabwägung,[1022] wobei Rang und Wert der Rechtsgüter und Grad und Gewicht der ihnen drohenden Gefahren wegweisende Kriterien der Interessenabwägung darstellen. Entscheidend sei nicht, ob das durch die Tat geschützte Rechtsgut seinem Rang nach höherwertig, sondern ob es in der konkreten Lebenssituation schutzwürdiger sei.[1023] Eine Konkretisierung der abzuwägenden Rechtsgüter erscheint daher an dieser Stelle als erforderlich.

Das Rechtsgut Leben wird hier als Teil einer Güterkollision angesehen. Dabei wird es relativiert und inhaltlich angereichert. Es wird deshalb relativiert, weil es zum Gegenstand einer Abwägung gemacht wird.[1024] Es wird aber auch inhaltlich angereichert, weil sich qualitative neben quantitativen Momenten Relevanz erlangen mit der Folge, dass die qualitativen den quantitativen Momenten des selben Lebens vorgehen könnten. Konkreter: Die Qualität der Sterbensphase könnte der Quantität des Lebens vorgehen.[1025] Dies bringt selbst der BGH[1026] deutlich

---

[1018] *Tröndle*, ZStW 1987, S. 25 (30); *ders.*, Referat, Verhandlungen des 56 DJT, Band II, Teil M, S. M29 (M32)

[1019] *Tröndle*, a.a.O.; ähnlich: LK-*Jähnke*, Vor § 211 Rn. 15; aus der griechischer Literatur *Symeonidou-Kastanidou*, Eglimata kata tis zois, 1995, S. 198 f. [gr.].

[1020] *Mangakis*, Poiniko Dikaio, 1984, S. 207 [gr.].

[1021] Die Ablehnung der Abwägungsfähigkeit des Lebens würde hier die Diskussion um die Kriterien, nach welchen die jeweiligen Entscheidungen die Durchführung einer Schmerzbehandlung mit dem Risiko einer Lebensverkürzung zu treffen sind, hindern. Um so bedenklicher ist es aber, wenn Kritiker der Notstandslösung ganz die Tatbestandsmäßigkeit des in Frage stehenden Verhaltens verneinen.

[1022] *Baumann/Weber/Mitsch*, AT § 17 Rn. 68 f.; *Jescheck/Weigend*, AT S. 362; *Kühl*, AT § 8 Rn. 103; *Tröndle/Fischer*, § 34 Rn. 9; Schönke/Schröder/*Lenckner/Perron*, § 34 Rn. 25; *Manoledakis*, Poiniko Dikaio, 1999, Rn. 854 [gr.].

[1023] Schönke/Schröder/*Lenckner/Perron*, § 34 Rn. 25.

[1024] *Schreiber*, NStZ 1986, S. 336 (341); *Eser*, JZ 1986, S. 786 (789). Allerdings ist hier daran zu erinnern, dass es um die Abwägung von Rechtsgütern des selben Rechtsgutsinhabers geht.

[1025] Vgl. *Deutsch*, Medizinrecht, 1997, Rn. 401. Die Spaltung wird noch tiefer bei der sogenannten Früheuthanasie: Hier sind Entscheidungen über „erwartbare Qualität“ des Lebens des Neugeborenen zu treffen. Dazu instruktiv: *Merkel*, Früheuthanasie, 2001, S. 173. Nicht zu-

zum Ausdruck: „Denn die Ermöglichung eines Todes in Würde und Schmerzfreiheit gemäß dem erklärten oder mutmaßlichen Patientenwillen ist ein höherwertiges Rechtsgut als die Aussicht, unter schwersten, insbesondere sog. Vernichtungsschmerzen noch kurze Zeit länger leben zu müssen". Die Entscheidung des BGH bezieht sich auf die Zulässigkeit der sogenannten indirekten Sterbehilfe, also auf die hier in Frage stehende Thematik der Schmerzlinderung mit tödlicher Nebenfolge. Der BGH lehnt mit dieser Entscheidung die Ansichten ab, wonach menschliches Leben ausnahmslos einer Abwägung entzogen ist.

In der Tat gibt es Lebenssituationen, in welchen auch das Rechtsgut Leben nicht nur Teil einer Abwägung sein, sondern auch inhaltlich mit qualitativen Gesichtspunkten angereichert werden kann. Eine solche Lebenssituation findet sich im Bereich der Sterbebegleitung. Hier kann ohne Abstellen auf Maßstäbe der Lebensqualität schon die Entscheidung des Patienten für einen „frühzeitigen" Tod nicht verstanden werden. Die Entscheidung eines Patienten, sich einer Therapie mit Todesrisiko zu unterstellen, oder die Weigerung des Patienten, eine lebenserhaltende Maßnahme durchführen zu lassen, bedeutet, dass der Patient in solchen Fällen seine Lebensqualität der Lebensquantität vorzieht.[1027] Eine konsequente Ablehnung der Abwägungsfähigkeit des Lebens und der Berücksichtigung von Qualitätsmaßstäben müsste solchen „Sterbeentscheidungen" keine Rechtsverbindlichkeit beimessen. Dies führte aber nur zu einer Pflicht zu (über)leben um jeden Preis und das würde nicht nur das Selbstbestimmungsrecht, sondern gegebenenfalls auch die Menschenwürde[1028] verletzen. Eine Pflicht zu leben unter allen Umständen kennt weder die deutsche noch die griechische Rechtsordnung. Rechtlich wird daher Leben nicht nur als Quantum, sondern auch in seiner individuellen Ausprägung und Gestaltung, also in seiner Qualität geschützt. Die gesundheitsschützenden Vorschriften sind vordergründlich auf Bewahrung bzw. Verbesserung der Lebensqualität gerichtet. Darüber hinaus kann das Recht die Einbeziehung von Gesichtspunkten der Lebensqualität in der Bildung der medizinischen Indikation nicht unberücksichtigt lassen,[1029] zudem

---

letzt dieser Gesichtspunkt macht die Problematik der Früheuthanasie zu einer schwer zu handhaben rechtlichen Materie.

1026 BGH St 42, 301 (305).

1027 Wie lässt es sich erklären, dass viele Patienten die Qualität des Lebens seiner Quantität vorziehen? *Dimoliatis*, Med Law 2000, S. 635 (642, 648) versucht eine Erklärung: Während Zeit an sich nicht negativ sein kann, kann Qualität negativ sein. Wenn Leben die Kombination von Qualität und Quantität ist, dann kann Leben nicht aufgrund der Quantität negativ bewertet werden. Leben kann aber angesichts einer negativen Qualität negative Ausprägung bekommen.

1028 Zumindest bezüglich der Therapieverweigerung wird dies anerkannt. Dazu s. o: Zweiter Teil, C II 4.

1029 *Schreiber*, in: Schölmerich/Thews (Hrsg.), „Lebensqualität" als Bewertungskriterium in der Medizin, 1990, S. 247 (251).

die Lebensqualität als Kriterium ärztlicher Entscheidung zunehmend an Verbreitung gewinnt.[1030] Diese Entwicklung ist zum einen auf unerwünschte Wirkungen und Folgen aggressiver und substitutiver Therapien, zu denen im weiteren Sinne auch das schwerstbehinderte Überleben bisher tödlicher Erkrankungen zählt, zurückzuführen;[1031] zum anderen auf die Betonung der Autonomie des Patienten, der mehr denn je das akzeptierte Ausmaß der Beeinträchtigung seiner Lebensqualität unter belastenden Langzeitbehandlungen selbst bestimmen soll.[1032] Im Gegensatz zu der akuten Krankheit seien im Fall des chronischen Krankseins für Patienten und die begleitenden Personen feine Nuancen von Bewertungskriterien gefordert: nicht ja oder nein zum Leben, sondern gut oder schlecht, schön oder verunstaltet, zufrieden oder unglücklich, erfüllt oder unerfüllt, kurz Überlegungen zur Lebensqualität.[1033] Das bedeutet ein Verlagern des therapeutischen Handlungsinteresses auf die individuellen Bedürfnisse des Patienten.[1034] Sollte das Recht diese Gesichtspunkte der Lebensqualität außer Acht lassen, dann müsste es zugleich die auf ihnen beruhende medizinische Indikation ignorieren.

Daraus ergibt sich aber auch, dass der rechtliche Schutz der individuellen Lebensqualität nicht mit einer rechtlichen Wertung der Qualität des Lebens gleichzusetzen ist.[1035] Es gibt keinen rechtlichen Maßstab, mit welchem die Qualität eines Menschenlebens gemessen werden könnte. Das heißt, dass rechtlich – anders als in der Medizin – keine Indikatoren für das Vorliegen oder Fehlen der individuellen Lebensqualität eines Patienten festgelegt werden dürfen.[1036] Jeder Mensch hat das verfassungsrechtlich geschützte Recht auf die freie Entfaltung seiner Persönlichkeit, auf die eigene Entfaltung und Gestaltung seines Lebens und die Achtung seiner Menschenwürde. Unter dieser Bedingung kann jeder

---

[1030] *Sass*, in: Schölmerich/Thews (Hrsg.), „Lebensqualität" als Bewertungskriterium in der Medizin, 1990, S. 225; *Wuermeling*, EthikMed 1997, S. 91 (95).

[1031] *Helmchen*, in: Schölmerich/Thews (Hrsg.), „Lebensqualität" als Bewertungskriterium in der Medizin, 1990, S. 93 (94).

[1032] A.a.O., S. 93.

[1033] *Diehl* et al., in: Schölmerich/Thews (Hrsg.), „Lebensqualität" als Bewertungskriterium in der Medizin, 1990, S. 149 (151); *Papagiannis*, Helleniki Iatriki 1997, S. 72 (74 f.) [gr.].

[1034] *Müller-Busch*, Z Palliativmed 2000, S. 8 (9); *Meran*, Z Geontol Geriat 2001, S. 280 (283); *Oikonomopoulou/Zisimopoulos/Thalassinos*, Hellenic Oncology 1999, S. 46 ff. [gr.].

[1035] Eine externe Qualifikation des Lebens würde eine heuristische Definition voraussetzen, nämlich, dass das Leben und die Qualität einer Gesellschaft als die Summe der Leben und der Qualität ihrer Mitglieder zu verstehen ist. Wenn das Lebens eines Mitglieds einer Gesellschaft aufgrund einer negativen Qualität negativ werde, dann liege es im Gemeinschaftsinteresse, etwa die Frage über den Zeitpunkt des würdigen Todes auf der sozialen und nicht auf der individuellen Ebene zu beantworten. So wohl *Dimoliatis*, Med Law 2000, S. 635 (651). Vor objektivistischen Lebensqualitätsmessungen warnt zurecht *Eibach*, EthikMed 2001, S. 61 (73).

[1036] Insofern gibt es aus rechtlicher Sicht entgegen *Hoerster*, ZRP 1988, S. 1 (3 f.) kein „lebensunwertes" Leben.

Mensch die Einzelausprägungen seines Lebens bestimmen, und dadurch wird sein Leben durch ihn selbst qualifiziert. Das Recht schützt eben die Ausprägungen der individuellen Lebensqualität. Die unterschiedliche Qualität des konkreten Lebens ändert nicht seine rechtliche „Eigenschaft", ein stets unabstufbar, vollwertiges Rechtsgut zu sein,[1037] – insofern gibt es keine Qualifizierung des konkreten Lebens durch das Recht. Vielmehr geht es hier darum, die individuelle Bestimmung der Lebensqualität im Bereich des Sterbens unter rechtlichen Schutz zu stellen.

d. Die Abwägung der kollidierenden Güter und Interessen

Wenn aber das Recht individuelle Qualitätsmaßstäbe für schützenswert hält, dann kann es solche Maßstäbe bei einer Schmerztherapie nicht ignorieren.[1038] Ziel der Schmerztherapie in der Palliativmedizin ist die Verbesserung der Lebensqualität der verbleibenden Lebensspanne. Der Schmerz stellt einen wichtigen Indikator bei der Schätzung der Lebensqualität dar.[1039] Bei den in Frage stehenden Fällen kann er sogar der wichtigste Indikator werden. Der Zeitpunkt, in welchem die Erhöhung der Dosierungen etwa starker Opioiden erforderlich wird, ist der Zeitpunkt der Entstehung der Gefahr der Notstandslage. Zu diesem Zeitpunkt kann auch die Gefahr des Todes als Nebenwirkung der Medikation entstehen. In diesem Stadium, in welchem keine niedrigere Dosis das Mindestmaß an Lebensqualität des Patienten bewahren kann, erweist sich die lebensgefährliche Schmerztherapie als erforderlich, um die Dauergefahr der starken Schmerzen oder ihrer Intensivierung abzuwenden. Das Scherzlinderungsinteresse, welches sich hier als die Basis des rechtlichen Schutzes eines Mindestmaßes an individueller Lebensqualität darstellt, überwiegt wesentlich[1040] das Lebensinteresse.

e. Übertragbarkeit der Notstandslösung auf die aktive Sterbehilfe?

Zu fragen ist, ob die Notstandslösung auf die aktive Sterbehilfe übertragbar ist. Es wird nämlich als Einwand gegen die Notstandslösung vertreten, dass, wenn das Leidensmilderungsinteresse das Lebenserhaltungsinteresse wesentlich überwiegt, das selbe Abwägungsergebnis auch bei der aktiven Sterbehilfe angenommen werden dürfe.[1041] Das Vorliegen der Tötungsabsicht bei der aktiven Sterbehilfe spiele hier keine Rolle: Die Abwägung der kollidierenden Interessen

---

[1037] *Sax*, JZ 1975, S. 137 (147).

[1038] *Schreiber*, in: Schölmerich/Thews (Hrsg.), „Lebensqualität" als Bewertungskriterium in der Medizin, 1990, S. 247 (250).

[1039] Vgl. *Michaloudis*, Analysi Kostous-Ofelous, 1992, S. 60 [gr.], der die Systemen der Schätzung der Lebensqualität darstellt.

[1040] Das Merkmal „wesentlich" wird im Schrifttum überwiegend als „zweifelsfrei" interpretiert, s. dazu: Schönke/Schröder/*Lenckner*/*Perron*, § 34 Rn. 45 m.w.N.

[1041] *Symeonidou-Kastanidou*, Eglimata kata tis zois, 1995, S. 198 [gr.]; aus medizinsicher Sicht der Einwand von *Bobbie Farsides*, Journal of Medical Ethics 1998, S. 149 (150).

im Rahmen des Notstands hänge nicht von der Intensität des Vorsatzes des Täters ab.[1042] Dieser Ansicht ist insofern recht zu geben, als die Anwendung der Notstandslösung auf die aktive Sterbehilfe in der Tat unter Voraussetzungen möglich ist, was schon von manchen Autoren vertreten wird. So hat *Kutzer* keine grundsätzlichen Bedenken dagegen, die Notstandsbestimmung des § 34 StGB in gravierenden Sondersituationen auch einmal zur Rechtfertigung der aktiven Sterbehilfe heranzuziehen; es solle sich aber dabei um eng begrenzte und nicht verallgemeinerungsfähige Ausnahmefälle handeln.[1043] Ein tieferer Blick aber zeigt, dass die Übertragbarkeit der Notstandslösung auf die aktive Sterbhilfe auf beträchtliche Einwände stößt.[1044]

Nach § 34 StGB muss die Gefahr nicht anders als durch Verletzung des Eingriffsguts abwendbar sein – vorliegend des Lebens. Die Notstandshandlung muss daher erforderlich sein. Der Täter wird hier dazu aufgefordert, alle Möglichkeiten der Gefahrabwehr in Betracht zu ziehen.[1045] Erforderlich ist die Notstandshandlung dann, wenn sie geeignet und unter mehreren zur Verfügung stehenden Mitteln im Hinblick auf das Eingriffsgut so schonend wie möglich ist.[1046] Es wurde schon an früherer Stelle[1047] erörtert, dass die Erforderlichkeit der aktiven Sterbehilfe gegenwärtig schon daran scheitert, dass die Möglichkeiten der Schmerztherapie nicht ausgeschöpft werden, so dass die aktive Sterbehilfe nicht als ultimum Refugium angesehen werden kann.

Aber auch bei Ausschöpfung der Schmerzlinderungsmöglichkeiten wäre die Übertragbarkeit der Notstandslösung auf die aktive Sterbehilfe aus einem anderen Grund zu verneinen: Vorrangiges Rechtsgut im Rahmen der Notstandskollision ist wie gezeigt die Bewahrung eines Mindestmaßes an individueller Lebensqualität des unter starken Schmerzen leidenden Patienten. Basis des Schutzes der individuellen Lebensqualität ist das Schmerzlinderungsinteresse des Pa-

---

[1042] *Schöch*, NStZ 1997, S. 409 (410); *Merkel*, in: Hegselmann/Merkel (Hrsg.), Zur Debatte über Euthanasie, 1991, S. 71 (97).

[1043] *Kutzer*, ZRP 1997, S. 117 (119).

[1044] *Pelzl*, KJ 1994, S. 179 (193), verneint dabei eine Handlungspflicht des Arztes, aktive Sterbehilfe zu leisten. Die Tötung als Mittel der Scherzbeendigung sei nicht vom ärztlichen Auftrag gedeckt. Das ist zwar richtig, aber es ist kein zwingendes Argument gegen die Übertragbarkeit der Rechtfertigungslösung auf die aktive Sterbehilfe. Schönke/Schröder/*Lenckner /Perron*, § 34 Rn. 39 sehen den Grund der Unübertragbarkeit der Notstandsvorschrift auf die aktive Sterbehilfe in der Größe des Handlungsunwerts, der bei der Schmerzlinderung mit tödlicher Nebenwirkung geringer zu veranschlagen sei als bei der aktiven Sterbehilfe. Die Differenz des Handlungunwerts kann aber nicht begründen, warum bei der aktiven Sterbehilfe die Notstandsvorschrift nicht anwendbar sein soll.

[1045] *Kühl*, AT § 8 Rn. 76.

[1046] Schönke/Schröder/*Lenckner/Perron*, § 34 Rn. 18; *Roxin*, AT § 16 Rn. 19; *Krey*, AT 1 § 13 Rn. 552; *Kindhäuser*-StGB, § 34 Rn. 29.

[1047] S.o.: Erster Teil, C III 3.

tienten. Erforderlich ist danach eine Handlung, die dem Vorrang des Schmerzlinderungsinteresses entspricht. Eine solche kann aber nur eine Schmerzlinderung sein. Sieht man dagegen die Schmerz*befreiung* als Basis der rechtlich geschützten Lebensqualität, und somit als Teil der hiesigen Güterkollision, so kann die Erforderlichkeit der aktiven Sterbehilfe bejaht werden. Mit anderen Worten kann § 34 StGB nur dann bei aktiver Sterbehilfe in Betracht gezogen werden, wenn nicht das Interesse an Schmerzlinderung, sondern das Interesse an Schmerzbefreiung als rechtlich geschützte individuelle Lebensqualität anerkannt wird. Zu bedenken ist dabei, dass, solange die Schmerzbefreiung legitimer Teil der rechtlich geschützten Lebensqualität wird, die Voraussetzung der Erforderlichkeit gemäß § 34 StGB nicht erst nach Ausschöpfung aller bestehenden Alternativen, sondern schon in jedem Stadium nach Entstehung der Notstandslage erfüllt sein wird. Die Schmerzbefreiung schließt die Schmerzlinderung ein. Das Schmerzbefreiungsinteresse könnte ja vor Ausschöpfung der Schmerzlinderung bestehen. Eine Extension der rechtlich geschützten Lebensqualität in Richtung Leidensbefreiung ist daher abzulehnen.

Ein weiteres Argument gegen die Übertragbarkeit der Notstandslösung auf die aktive Sterbehilfe liefert die Angemessenheitsklausel gemäß § 34 Satz 2 StGB.[1048] Danach muss die Notstandshandlung ein angemessenes Mittel zur Konfliktlösung darstellen. Rechtspolitische Gründe kommen hier in Betracht. *Geilen* wies schon auf das soziale Problem hin, das eine Konfliktslösung mittels aktiver Sterbehilfe implizieren würde. Er sprach von künstlich provozierten Tötungswünschen und sachfremden Motivationen.[1049] Das soziale Problem würde sich dann zu einem rechtlichen wandeln, und damit zur Rechtsunsicherheit führen. Außerdem sollten diejenigen Autoren, die für eine Übertragbarkeit des Notstandslösung auf die aktive Sterbehilfe plädieren, auf die Frage eine Antwort geben, ob die gerechtfertigte aktive Sterbehilfe auch aufgrund mutmaßlicher Einwilligung geleistet werden könnte. Diese Frage müsste bejaht werden, wenn die aktive Sterbehilfe zum Zweck der Schmerzbefreiung bzw. der Leidbefreiung geleistet werden soll.[1050] Eine aktive Sterbehilfe, die aufgrund der mutmaßlichen Einwilligung eines entscheidungsunfähigen Patienten geleistet wird, wird explizit von manchen Autoren vertreten.[1051] Auch hier zeigt sich, dass viele Vorschläge über die Rechtfertigung der aktiven Sterbehilfe den Autonomieschutz als ethisches Postulat verwenden, um ihn dann über eine extensive ethische Pflicht des Arztes zur Leidens*befreiung* in den Hintergrund zu rücken.

[1048] *Herzberg*, NJW 1986, S. 1635 (1640); *Papacharalambous*, in: Mnimi II Daskalopoulou/Stamati/Mbaka, 1996, S. 329 (346) [gr.].
[1049] *Geilen*, in: FS-Bosch, 1976, S. 277 (289).
[1050] Gerade diese Frage lässt aber *Wiesing*, in: Holderegger (Hrsg.), Das medizinisch assistierte Sterben, 1998, S. 233 (240) unbeantwortet. Er spricht im übrigen undifferenziert teils von Leidenslinderung (auf Seite 240) teils von Leidbefreiung (auf Seite 242).
[1051] So etwa von *Seay*, Journal of Medicine and Philosophy 2001, S. 75 (81 ff.).

Folglich ist die Übertragbarkeit der Notstandshilfe auf die aktive Sterbehilfe auszuschließen, weil die Leidenslinderung bzw. Schmerzlinderung die Basis der rechtlich geschützten Form der Lebensqualität darstellt.

Vierter Teil
Strafrechtliche Fragen bei Behandlungsbeschränkung nach Änderung des Behandlungsziels

Die Behandlungsbeschränkung nach Änderung des Behandlungsziels in der Palliativmedizin kann in der Form einer Nichtvornahme von ärztlichen Maßnahmen, einer Reduktion oder eines Abbruchs schon angewandter ärztlicher Maßnahmen bestehen. An die Stelle der unterlassenen, reduzierten oder abgebrochenen ärztlichen Maßnahmen tritt die Basisversorgung in Erscheinung. In allen drei Fallkonstellationen könnte die Änderung des Therapieziels in Richtung palliativmedizinische Sterbebegleitung dann eine Lebensverkürzung mit sich bringen, wenn die zu unterlassende bzw. abzubrechende Maßnahme lebenserhaltend ist. Die auf dieser Weise erfolgte Behandlungsbeschränkung wird dann auch strafrechtlich relevant. Ist der Patient entscheidungsfähig und verlangt die Behandlungsbeschränkung, stellt sich die Frage, ob § 216 StGB i.V.m. § 13 StGB bzw. Artikel 300 PK i.V.m. Artikel 15 PK begangen werden könnte. Ist der Patient entscheidungsunfähig, stellt sich die Frage nach den Grenzen der ärztlichen Garantenpflicht und der sie bestimmenden Maßstäbe. Unterlässt der Arzt hier die lebenserhaltende Maßnahme innerhalb der Grenzen seiner Garantenpflicht, könnte sogar ein Totschlag begangen durch Unterlassen in Betracht kommen. Wenn die Behandlungsbeschränkung in der Reduktion oder dem Abbruch einer lebenserhaltenden Maßnahme besteht, ist fraglich, ob hier eine mögliche Unterlassungsstrafbarkeit zu prüfen ist. Denn sowohl die Reduktion als auch der Abbruch erfordern bisweilen eine aktive Handlung. Prima facie müsste dann hier ein Tötungsdelikt begangen durch Handlung in Betracht kommen. Das ist aber zweifelhaft und bedarf der Untersuchung. Es ist daher zunächst von der strafrechtlichen Einordnungsfrage der Reduktion und des Abbruchs von lebenserhaltenden Maßnahmen als Form der Behandlungsbeschränkung auszugehen. Dann ist auf den Inhalt und den Unfang der Garantenpflicht des Arztes bei Entscheidungsunfähigkeit des Patienten einzugehen. Letztlich wird auf die Frage der Einstellung der künstlichen Nahrungs- bzw. Flüssigkeitszufuhr eingegangen, welche Besonderheiten aufweist.

A. Strafrechtliche Einordnungsfragen bei Behandlungsbeschränkung nach Änderung des Behandlungsziels

I. Relevanz der strafrechtlichen Einordnung

Rechtlich problematisch ist die strafrechtliche Einordnung des ärztlichen Verhaltens im Handlungs- oder im Unterlassungsbereich in manchen Fallkonstellationen der Behandlungsbeschränkung: In Betracht kommt das Abbrechen der mit technischen Mitteln betriebenen Lebenserhaltung wie das Abschalten eines den Kreislauf und die Atemtätigkeit aufrechterhaltenden Geräts sowie die Einstellung bzw. Umstellung von Formen der sogenannten künstlichen Ernährung.[1052] Die Schwierigkeit bei der Zuordnung der einschlägigen Fälle ergibt sich daraus, dass es sich hierbei um ein mehrdeutiges Verhalten handelt. Ein solches weist sowohl Elemente der Handlung als auch der Unterlassung auf.[1053] Der „tätige Abbruch" einer lebenserhaltenden Maßnahme kann nämlich auch als Unterlassung der Fortsetzung der lebenserhaltenden Maßnahme angesehen werden.

Sowohl in der Rechtsprechung als auch in der Lehre besteht über die Einordnungsfrage Uneinigkeit. Während der BGH diese Maßnahmen dem Bereich des Unterlassens einordnet,[1054] stelle nach dem LG München das Einstellen der künstlichen Ernährung eine „aktive Maßnahme mit dem Ziel des Todes des Betroffenen und nicht bloß ein Unterlassen" dar.[1055] Nach einem Teil des Schrifttums in Deutschland[1056] und der überwiegenden Auffassung in der griechischen Lehre wird der Abbruch einer technischen lebenserhaltenden Maßnahme als Handlung angesehen.[1057] Überwiegend wird aber in Deutschland das einschlägige ärztliche Verhalten als Unterlassung beurteilt.[1058]

Zu prüfen ist zunächst, was diese Einordnung bedeutet und worin ihre Relevanz besteht. Gefragt wird hierbei nicht, ob der Arzt aktiv handelt. Eine aktive Handlung, die darin besteht, dass der Arzt den „Knopf drückt" oder die „Sonde zieht", liegt offenbar vor. Gefragt wird vielmehr, ob diese vorrechtliche Erscheinungsform des Verhaltens als Handlung auch nach rechtlicher Beurteilung anzusehen ist. Darf man diese Formen der Behandlungsbeschränkung, die einen Todeserfolg implizieren, auf der Handlungsebene mit einer Tötungshandlung normativ gleichsetzen? Dass sich durch eine solche Gleichsetzung Fälle der Behandlungsbeschränkung von Fällen der aktiven Sterbehilfe nicht mehr unterschieden lassen, kann nicht als Argument gegen die normative Gleichsetzung verwendet werden. Denn dies betrifft die Konsequenzen der Einordnung, jedoch nicht die Einordnung selbst. Man könnte allerdings dahin argumentieren, dass diese rechtlich relevante Konsequenz der Einordnung auf die Relevanz der Einordnung selbst hinweist. Die Relevanz der Einordnung wird jedoch teilweise bestritten. Es komme nicht auf die Einordnung als Handlung oder Unterlassung,

---

[1052] Zu der strafrechtlichen Einordnung der Einstellung der sogenannten künstlichen Nahrungs- bzw. Flüssigkeitszufuhr s. unter D III.

[1053] *Stoffers*, Jura 1998, S. 580 (581).

[1054] BGH St 40, 257 (265 f.).

[1055] LG München, NJW 1999, S. 1788 (1789).

[1056] *Jescheck/Weigend*, AT S. 604; *Baumann/Weber/Mitsch*, AT § 15 Rn. 33; *Kargl*, GA 1999, S. 459 (481).

[1057] *Androulakis*, Edikon Meros, 1974, S. 27 [gr.]; *Symeonidou-Kastanidou*, in: Mnimi II A΄, 1996, S. 401 (436) [gr.].

[1058] *Schreiber*, NStZ 1986, S. 337 (342) m.w.N.

sondern auf den Umfang der ärztlichen Behandlungspflicht an.[1059] Dem ist nicht zu folgen. Die Prüfung des Umfangs der Garantenpflicht erfolgt, nachdem das Vorliegen eines rechtlich relevanten Unterlassens bejaht worden ist. Auch der Ansicht, es komme nicht auf die Deutung des Absetzens medizinischer Maßnahmen als Handlung oder Unterlassung, sondern auf die Zulässigkeit des Absetzens selbst an,[1060] ist entgegenzusetzen, dass die Frage der Zulässigkeit des Verhaltens erst das Ende der strafrechtlichen Untersuchung markiert und dies setzt die Beantwortung der Frage voraus, ob der Bereich der Handlungs- oder der Unterlassungsstrafbarkeit einschlägig wird.

Von Irrelevanz der Einordnung könnte erst dann gesprochen werden, wenn die rechtlichen Voraussetzungen und Implikationen beider Verhaltensformen gleichbedeutend wären. Dies ist aber hier nicht der Fall: Der Unterschied zwischen beiden Verhaltensformen liegt sowohl in den unterschiedlichen *Strafbarkeitsvoraussetzungen* als auch in den Rechtsfolgen.[1061] Der Erfolg – Tötung – wird nicht auf dieselbe Weise in beiden Verhaltensarten als tatbestandsmäßiger Erfolg dem Täter zugerechnet:[1062] Rechtlich relevantes Unterlassen setzt das Vorliegen einer Garantenpflicht voraus, deren Umfang auf die Abwendung eines tatbestandsmäßigen Erfolges erstreckt; ein hypothetisches Kausalurteil reicht hier für die Bejahung der Kausalität aus und eine Strafmilderung gemäß § 13 Abs. 2 StGB kann in Betracht kommen.[1063] Die rechtliche Einordnung würde zudem dem in der ärztlichen Praxis bestehenden Klärungsbedarf gerecht werden. Das Abbrechen einer Therapie sei für den Arzt gefühlsmäßig schwieriger als das Nichteinsetzen.[1064] „Ein Therapieabbruch verlangt eine aktive Handlung. Der behandelnde Arzt muss z. B. eine Pumpe, die ein Medikament verabreicht, stoppen oder die Zufuhr von Sauerstoff unterbrechen. Auch im Gespräch mit den Angehörigen ist es sehr viel einfacher zu erklären, warum auf eine Möglichkeit der modernen Medizin verzichtet wird, als zu begründen, warum eine

---

1059 *Leonardy*, DRiZ 1986, S. 281 (285); Schönke/Schröder/*Eser*, Vor §§ 211 ff. Rn. 32; *Pelzl*, KJ 1994, S. 179 (186); *Otto*, AT § 9 Rn. 5.

1060 *Deutsch*, Stellungnahme zum Thema Sterbehilfe, in: RA-Bundestag, Prot. Nr. 51 v. 15.5.1985, S. 124 (126); ähnlich *Merkel*, ZStW 1995, S. 545 (553), der auf die Irrelevanz der Definition des Verhaltens hinweist. Jedoch geht es hierbei nicht um eine Definition, sondern um die strafrechtliche Einordnung des Verhaltens in die Kategorien „Handlung" oder „Unterlassung", die strafrechtliche Relevanz erweist.

1061 *Ebert*, AT S. 172.

1062 Schönke/Schröder/*Stree*, Vor §§ 13 ff. Rn. 158: „Die Feststellung, ob einem Tun oder einem Unterlassen maßgebliche Bedeutung zukommt, ist zu treffen, weil die Verantwortlichkeit für ein Unterlassen eine besondere Rechtspflicht zum Handeln voraussetzt."

1063 *Jescheck/Weigend*, AT S. 605.

1064 *Birnbacher*, in: Wiesing (Hrsg.), Ethik in der Medizin, 2000, S. 213 (214); *Geilen*, FamRZ 1968, S. 121 (126, Fß. 35).

laufende Therapie unterbrochen werden soll".[1065] Eine Überwertung solcher nach *Geilen* im Irrationalem liegenden Momente ist aber zu vermeiden. Gefühle sind kein taugliches Abgrenzungskriterium, weil sie sehr von der Persönlichkeit des jeweiligen Arztes abhängig sind und daher keinen allgemeinen Maßstab darstellen können. Das Vorliegen solcher Momente zeigt allerdings, dass die rechtliche Einordnung des ärztlichen Verhaltens aufgrund eines sachlichen Kriteriums auch für den Arzt wegweisend sein könnte.[1066] Eine große Zahl von analytisch orientierten Ethikern vertritt allerdings in dieser Frage die sogenannte Äquivalenzthese, wonach die Art des Verhaltens als Tun oder als Unterlassen bei gleicher Folge – hier die Lebensverkürzung – keinen moralisch relevanten Unterschied erweist.[1067] Eine solche These ist aber wie gezeigt in das bestehende Rechtssystem nicht integrierfähig. Sie sollte deshalb in der rechtlichen Sterbebegleitungsdiskussion nicht in Betracht gezogen werden. Nachdem die Relevanz der rechtlichen Einordnung gezeigt wurde, bleibt zu prüfen, nach welchen Kriterien die Einordnung zu erfolgen hat.

II. Kriterien der strafrechtlichen Einordnung

In der Diskussion um die Einordnung eines Abbruchs lebenserhaltender Maßnahmen wird oft auf Kriterien zurückgegriffen, welche für die Abgrenzung der Handlung von der Unterlassung herangezogen werden. Dabei handelt es sich um normative Kriterien. Auch die sogenannten naturalistischen Ansätze, nach welchen die einschlägige Unterscheidung in der Welt der Tatsachen, nicht in der Welt der Werte zu suchen sei,[1068] beinhalten Wertungen. So werden etwa unwillkürliche Handlungen auch aus dem naturalistischen Handlungsbegriff ausgenommen. Das bedeutet, dass das Abgrenzungskriterium nicht unbedingt am Erscheinungsbild des Verhaltens bzw. an die „Welt der Tatsachen" gebunden sein muss. Der normative Charakter kommt vielmehr auch hier zum Ausdruck.

Die sogenannten naturalistischen Ansätze machen von den Kriterien der Körperbewegung und der Kausalität Gebrauch. Nach dem Körperbewegungskriterium wird auf das äußere Erscheinungsbild des Verhaltens abgestellt und gefragt, ob eine in der Außenwelt wahrnehmbare Tätigkeit oder eine Nichtbewegung der

[1065] *Scheidegger*, in: Holderegger (Hrsg.), Das medizinisch assistierte Sterben, 1998, S. 263 (269).

[1066] Im ärztlichen Kreis wird oft die Ansicht vertreten, der Abbruch einer lebenserhaltenden Therapie bzw. Maßnahme sei der aktiven Sterbehilfe zuzuordnen, s. *Michaloudis* et al., in: 8th Congress of Intensive Care Medicine, 1995, S. 455 (457). Dazu *Verrel*, KritV 2001, S. 440 (442). Vgl. aber *Hiersche*, in: FS-Hanack, 1999, S. 697 (705), der die Relevanz der Einordnung im klinischen Alltag bestreitet.

[1067] *Kuhse*, in: Hegselmann/Merkel (Hrsg.), Zur Debatte über Euthanasie, 1991, S. 51 (64 ff.). Kritisch dazu: *Birnbacher*, in: Hegselmann/Merkel (Hrsg.), Zur Debatte über Euthanasie, 1991, S. 25 (43 f.).

[1068] *Struensee*, in: FS-Stree/Wessels, 1993, S. 133 (140).

Muskel vorliegt.[1069] Der tätige Abbruch der Behandlung durch den Arzt wäre danach als aktive Handlung anzusehen. In Griechenland wird diesbezüglich diese Meinung überwiegend vertreten.[1070] Dieses Kriterium weist auf die Lehre des kausalen bzw. naturalistischen Handlungsbegriffs hin, die auf Franz v. Liszt zurückgeht: Danach wird die Handlung als „willkürliche Verursachung oder Nichthinderung einer Veränderung in der Außenwelt" gefasst.[1071] Gegen diese Lehre wird zum einen eingewendet, der Erfolg werde in den Handlungsbegriff selbst einbezogen.[1072] Zum anderen erstrecke sich der kausale Handlungsbegriff auf alle körperlichen Zustände, die auf einem Willensakt beruhen, so dass praktisch jeder strafrechtlich relevante Erfolg auf jedermanns Verhalten zurückgeführt werde. Demzufolge kann nach dem Körperbewegungskriterium ein relevantes von einem irrelevanten Unterlassen nicht unterschieden werden. Somit erweist sich aber dieses Kriterium für die Abgrenzung zwischen Handlung und relevanter Unterlassung in den einschlägigen Fällen als nicht tauglich.

Nach dem Kriterium der Kausalität wird zunächst auf den Energieaufwand abgestellt. Für *Engisch* zeichnet sich die Handlung durch den Aufwand von Energie in eine bestimmte Richtung, die Unterlassung durch fehlenden Energieaufwand in eine bestimmte Richtung, aus.[1073] Dabei komme es darauf an, ob der Täter den Erfolg durch positiven „Energieeinsatz" verursacht oder seine Energie gegenüber einem anderweitig ausgelösten Kausalverlauf nicht eingesetzt habe.[1074] Welche Chance des Gelingens diesem Rettungswerk zukomme, könne für die Abgrenzung von Tun und Unterlassen nicht maßgeblich sein.[1075] Doch für den Fall des „tätigen Abbruchs" wird von diesem Kriterium abgewichen: Der Arzt, der einen sonst selbstständig weiterlaufenden Reanimator abschalte und damit den Tod des Patienten herbeiführe, verleihe seiner an sich nicht wegzuleugnenden Aktivität die Bedeutung, dass er weiteren Energieeinsatz, weitere Anstrengung, weiteren Aufwand nicht mehr leisten wolle.[1076] Im Vordergrund soll danach die Unterlassung eines Energieeinsatzes stehen. Nicht begründet wird aber dabei auf welcher Basis die „an sich nicht wegzuleugnende Aktivität", also ein Energieeinsatz, die „Bedeutung" eines fehlenden Energieeinsatzes er-

---

1069 *Kargl*, GA 1999, S. 459 (463).
1070 *Symeonidou-Kastanidou*, Eglimata kata tis zois, 1995, S. 224 [gr.]; *Androulakis*, Eidikon Meros, 1974, S. 27 Fß. 31 [gr.].
1071 *v. Liszt*, Lehrbuch des deutschen Strafrechts, 10. Auflage, 1900, S. 102 ff., zitiert nach *Stratenwerth*, Strafrecht AT I, S. 74.
1072 *Maurach/Zipf*, AT 1992, S. 201.
1073 *Engisch*, in: FS-Gallas, 1973, S. 163 (173).
1074 *Engisch*, in: FS-Gallas, 1973, S. 163 (171ff.); *Rudolphi*, Jura 1979, S. 39 (40); LK-*Jescheck*, Vor § 13 Rn. 90; *Symeonidou-Kastanidou*, Eglimata kata tis zois, 1995, S. 221 [gr.].
1075 *Engisch*, a.a.O.
1076 *Engisch*, a.a.O., S. 163 (178).

langen kann.[1077] Das Abstellen auf die „Bedeutung" des Energieeinsatzes zeigt vielmehr zugleich, dass das Kriterium des Energieeinsatzes im Fall des tätigen Behandlungsabbruchs eines zusätzlichen wertenden Elements bedarf. *Engisch* erkennt in einem späteren Aufsatz die Notwendigkeit der Konkretisierung des Bedeutungselements: Die „Bedeutung" hänge mit „Auslegung" zusammen. Es gelte, „Sinn" und „Zweck" des Abschaltens des Reanimators aus dem Ganzen der ärztlichen Behandlung heraus zu „verstehen".[1078]

In diese Richtung wird vorgeschlagen, auf das Element des sozialen Sinnes des Verhaltens abzustellen. So wie der Arzt etwa eine Wiederbelebung durch Abbrechen der Herzmassage unterlasse, so sei es gleichfalls Unterlassen, wenn er die Arbeit eines medizinischen Geräts unterbreche, denn bei genauer Betrachtung sei die Apparatur nichts anderes als der „verlängerte Arm" des Arztes.[1079] Mit dem sozialen Sinn des Verhaltens wird in der Sache der Versuch unternommen, die Bedeutungselemente des Abbrechens einer lebenserhaltenden Maßnahme auszuloten und dadurch die Einordnung zu erreichen. Konstruktiver noch versucht die Rechtsfigur „Unterlassen durch Tun" die Mehrdeutigkeit des einschlägigen Verhaltens aufzufassen und zu einer strafrechtsystematischen Einordnung zu gelangen. Es handelt sich bei dieser Konstruktion nicht um ein allgemeines Abgrenzungskriterium zwischen Handlung und Unterlassung, sondern eher um eine Analyse der Elemente des Verhaltens in speziellen Fallkonstellationen. Diese Analyse ergibt, dass immer dann, wenn jemand einen von ihm selbst in Erfüllung einer Handlungspflicht ausgelösten rettenden Kausalverlauf aktiv abbreche, bevor dieser die Rettung des bedrohten Rechtsgutes bewirkt habe, sei dieses aktive Abbrechen unter den Tatbestand eines Unterlassungsdelikts zu subsumieren.[1080] Das Tun werde hier nicht zu einem Unterlassen.[1081] Es handele sich hier vielmehr um einen Rücktritt vom Gebotserfüllungsversuch.[1082] In solchen Fällen spricht man von einem „Unterlassen durch Tun".[1083] Dagegen sei der Abbruch des eingeleiteten rettenden Kausalverlaufs, wenn die Rettungsmaßnahme dem Opfer bereits die Rettungsmöglichkeit eröffnet habe, als aktives Tun zu bewerten.[1084] Diese Rechtsfigur macht ihre Existenz in der hier relevanten Fallkonstellation davon abhängig, ob es sich um einen Gebotserfüllungsversuch handelt. Die Schwierigkeit in den Fällen der lebenserhaltenden apparativen Unterstützung liegt jedoch bereits darin, zu bestimmen, *wann von Gebotserfüllungsversuch und wann bereits von Gebotserfüllung die Rede sein soll.* Nach

---

[1077] Vgl. *Samson*, in: FS-Welzel, 1974, S. 579 (587).
[1078] *Engisch*, in: FS-Dreher, 1977, S. 309 (327).
[1079] *Geilen*, JZ 1968, S. 145 (151).
[1080] *Roxin*, in: FS-Engisch, 1969, S. 380 (382 f.).
[1081] A.a.O.
[1082] *Roxin*, a.a.O.
[1083] *Roxin*, Höchstrichterliche Rechtsprechung zum AT, 1998, S. 174.
[1084] Schönke/Schröder/*Stree*, Vor §§ 13 ff. Rn. 160.

Roxin geht es um einen (Rücktritt vom) Gebotserfüllungsversuch dann, wenn zwar der Anschluss an die Herz-Lungen-Maschine ursprünglich objektiv geboten war, wenn aber der Zustand des Patienten sich seither so weitgehend verschlechtert und ins Aussichtslose gewendet habe, dass die Einleitung künstlicher Lebensverlängerungsmaßnahmen nun nicht mehr indiziert wäre.[1085] Der aktiver Rücktritt vom Gebotserfüllungsversuch sei unter ein Unterlassungsdelikt zu subsumieren, wenn eine ursprünglich begründete Handlungspflicht durch eine Wandlung der Situation nachträglich entfällt, also, wenn der durch den Rücktritt hergestellte Zustand keine Handlungspflicht mehr auslösen würde. Damit wird jedoch bereits auf den Umfang der Gebotspflicht abgestellt, der im Grunde die Frage bestimmt, ob es sich um einen Gebotserfüllungsversuch oder um eine Gebotserfüllung handelt. Daher kann die Rechtsfigur des Unterlassens durch Tun ohne Zugriff auf zusätzliche materielle Gesichtspunkte nicht das Problem der Einordnung des hier relevanten Problemfalles lösen.

Ähnlicher Methodik folgend gelangt auch die Rechtsprechung und ein Teil der Lehre zu gleichen Ergebnissen bei den einschlägigen Fallkonstellationen. Danach hängt die Entscheidung, ob einer Handlung oder einer Unterlassung die maßgebliche Bedeutung zukommt, davon ab, bei welcher Verhaltensform der Schwerpunkt der Vorwerfbarkeit,[1086] bzw. der eigentliche Unwert des Verhaltens[1087] liegt. Diese Auffassung wird auch von der griechischen Lehre teilweise vertreten: Der Schwerpunkt der Vorwerfbarkeit ermögliche bei mehrdeutigem Verhalten die Antwort auf die Frage, ob es sich um ein aktives Tun oder um eine Unterlassen handele.[1088] Um den Schwerpunkt der Vorwerfbarkeit zu finden, muss aber das komplexe Verhalten von seinem Kontext her analysiert und rechtlich bewertet werden. Nicht zuletzt deshalb ist teilweise nicht vom Schwerpunkt des sozialen Sinnes des Verhaltens, sondern vom Schwerpunkt des sozialen Sinnes des *Geschehens*[1089] die Rede. In dieser Richtung hat auch der BGH in einer Entscheidung aus dem Jahr 1994 ausgeführt, in der Anweisung der Angeklagten an das Pflegepersonal, nach Aufbrauchen der vorhandenen Flaschennahrung die Patientin nur noch mit Tee zu ernähren, liege nicht das strafrechtlich relevante *Geschehen.*[1090] Es scheint mithin so, dass in derartigen Fällen zunächst auf den sozial-rechtlichen Sinn des Geschehens abzustellen ist. Dadurch werden die in Betracht kommenden Handlungsgebote und Handlungsverbote identifiziert. Des

---

1085 *Roxin*, in: FS-Engisch, 1969, S. 380 (399).

1086 Schönke/Schröder/*Stree*, Vor §§ 13 ff. Rn. 158; *Helgerth*, JR 1995, 338 (339) stellt auf die „rechtliche Relevanz" ab.

1087 BGH St 40, 257 (266). *Tröndle*, in: FS-Göppinger, 1990, S. 595 (605) stellt auf das Rechtsgefühl ab. Dies ist aber ein sehr unsicherer Maßstab.

1088 *Bekas*, Poinikos Logos 2001, S. 734 (736) [gr.].

1089 So etwa bei *Krey*, AT 2, Rn. 322.

1090 BGH St 40, 257, (265 f.).

weiteren wird festgestellt, ob der eigentliche[1091] Unwert des Verhaltens in dem Verstoß gegen einen Handlungsgebot oder gegen ein Handlungsverbot liegt. Allerdings wird damit das Verhalten nicht in ein Verhaltenstypus, sondern in ein Deliktstypus eingeordnet.[1092]

Die unterschiedliche Einordnung des sogenannten Rehanimator-Falles in der Literatur dürfte nach alledem auf die unterschiedliche Interpretation des sozialen-rechtlichen Geschehens zurückzuführen sein. Der „Knopfdruck“ einer Apparatur, die lebenserhaltende Wirkung erweist, kann je nach den Umständen des Falles unterschiedlich rechtlich bewertet werden. In den hier relevanten Fallkonstellationen, in welchen um das Behandlungsverhältnis zwischen einem Arzt und der besonderer Kategorie von Patienten geht, bei denen die Änderung des Therapieziels eine Behandlungsbeschränkung impliziert, wird jeder Abbruch einer lebenserhaltenden Maßnahme in den Unterlassungsbereich einzuordnen sein. Anders wäre der Abbruch eines rettenden Kausalverlaufs zu beurteilen, wenn ein Unbefugter die Rettungshandlung des Arztes abbricht. Hier gelten die allgemeinen Regeln des Abbruchs fremder Rettungsbemühungen.[1093] Der Dritte könnte sich hier wegen Totschlags strafbar machen. Anders wiederum, wenn der Dritte in einem Garantenverhältnis zu dem Patienten stand: Hier kann das Garantenverhältnis eine Einwirkung in den fremden rettenden Kausalverlauf unter Umständen als rechtlich vertretbar erscheinen lassen.

Dies zeigt, dass die hier relevanten Fallkonstellationen dem Bereich der Unterlassungsdelikten zuzuordnen sind. Es geht dabei insbesondere um die Frage, unter welchen Voraussetzungen eine lebenserhaltende Behandlung nach Änderung des Therapieziels reduziert bzw. abgebrochen werden darf. Es wird hier gefragt, wo die Grenzen der Pflicht des Arztes, eine lebenserhaltende Behandlung einzuleiten bzw. fortzusetzen, liegen. Dies setzt allerdings die schwierige Aufgabe voraus, die Garantenpflicht des Arztes soweit möglich inhaltlich zu bestimmen. Diese Fragen lassen sich unterschiedlich beantworten je nachdem, ob der Patient entscheidungsfähig oder entscheidungsunfähig ist.

[1091] So auch der BGH, St 40, 257 (266): „Der Ageklagte S. war aufgrund seiner verwandtschaftlichen Beziehungen und zusätzlich als Pfleger, der Angeklagte Dr. T aufgrund des ärztlichen Behandlungsvertrages verpflichtet, mit Hilfe des Pflegepersonals die Grundversorgung der Frau S. sicherzustellen; daraus ergab sich ihre gemeinsame Garantenstellung gegenüber der Schutzbefohlenen. In dem Verstoß gegen Verpflichtung lag der eigentliche Unwert ihres Verhaltens.“ Zu bemerken ist dabei, das Wort „eigentlich“ auf das Ergebnis der vorgenommenen Abwägung zwischen den in Betracht kommenden Handlungsgebote und -verbote hindeutet.

[1092] Vgl. *Struensee*, in: FS-Stree/Wessels, 1993, S. 133 (145 f.).

[1093] *Kühl*, AT § 18 Rn. 18 m.w.N.

B. Reichweite der ärztlichen Garantenpflicht in der Behandlungsbeschränkung bei Entscheidungsfähigkeit des Patienten

I. Entstehung und Reichweite der ärztlichen Garantenpflicht bei Entscheidungsfähigkeit des Patienten

Während die Entstehung der ärztlichen Garantenstellung aufgrund des Behandlungsvertrages bzw. kraft faktischer Übernahme keine besonderen Feststellungsprobleme aufweist, so lässt sich nicht dasselbe behaupten, wenn nach dem Inhalt und dem Umfang der daraus folgenden ärztlichen Garantenpflicht gefragt wird. Diese Unzulänglichkeit ist allerdings keine Besonderheit der ärztlichen Garantenpflicht, sondern sie gilt allen gesetzlich nicht vorgeschriebenen Garantenpflichten. Dies kennzeichnet die Unterlassungslehre sowohl in Deutschland als auch in Griechenland. Der Gesetzgeber hat von einer gesetzlichen Festlegung der einzelnen Garantenstellungen und insbesondere des Umfangs der aus ihnen fließenden strafbewehrten Handlungspflichten bewusst abgesehen.[1094] Es sei unmöglich, die Entstehungsgründe der einzelnen Handlungspflichten sachgemäß und erschöpfend festzulegen.[1095] Wenn sich die Handlungspflichten einer ins Einzelne gehenden Kodifizierung entziehen, könne der Gesetzgeber nicht von Verfassung wegen verpflichtet sein, Unmögliches zu leisten.[1096] Einem Verstoß gegen das Bestimmtheitsgebot steht bereits entgegen, dass die in Rechtslehre und Rechtsprechung herausgearbeiteten Garantenmerkmale die tatbestandliche Voraussetzung „rechtlich dafür einzustehen hat" hinreichend eingrenzen. Dass einzelne Garantenmerkmale und deren Reichweite umstritten seien, hebe die tatbestandliche Bestimmtheit ebenso wenig auf wie sonst ein Streit über die Auslegung eines Tatbestandsmerkmals.[1097]

Doch zeigt sich am Beispiel der ärztlichen Garantenpflicht in der Sterbebegleitung, dass eine unterschiedliche „Auslegung" einer Garantenpflicht über die Strafbarkeit des Arztes entscheiden kann. Zwar wird gesetzlich gefordert, dass es sich bei der Garantenpflicht stets um eine rechtliche Pflicht handeln muss. Rein sittliche Pflichten genügen für die Entstehung einer Garantenstellung nicht.[1098] Nach welchem Kriterium eine Pflicht zum Kreis rechtlicher Pflichten gehört, bleibt aber in manchen Fällen unklar. Insbesondere im Bereich des Arztrechts, innerhalb dessen der ärztlichen Ethik eine besondere Bedeutung zu-

---

[1094] *Jähnke*, in: 50 Jahre BGH, 2000, S. 393 (401).

[1095] 2. Schriftlicher Bericht des Sonderausschusses für die Strafrechtsreform, BT-Drs. V/4095 S. 8, zitiert nach *Jähnke*, a.a.O., S. 393 (402).

[1096] *Jähnke*, a.a.O., S. 393 (402).

[1097] Schönke/Schröder/*Stree*, § 13 Rn. 5. Dem lässt sich allerdings entgegensetzen, dass anders als bei der Auslegung eines geschriebenen Tatbestandsmerkmals, welcher der Wortlaut des Tatbestandsmerkmals zugrunde liegt, geht es bei der „Auslegung" von Garantenmerkmalen um einen bei weitem schöpferischeren Prozess.

[1098] BGH St 7, 268 (271); *Maiwald*, JuS 1981, S. 473 (480).

kommt, kann eine ethische Pflicht indirekt vom Recht übernommen werden. Das heißt, dass diese ethische Pflicht zwar nicht eo ipso zur rechtlichen Pflicht erhoben wird, wohl aber im Einzellfall zur Begründung einer rechtlichen Pflicht wesentlich, wenn auch indirekt beitragen kann. Als Beispiel sei die Interventionspflicht des Arztes nach Eintreten der Bewusstlosigkeit des Suizidenten zu erwähnen.[1099] Das Problem der Trennung rechtlicher von sittlichen Pflichten wird dadurch verschärft, dass es dem Recht möglich ist, durch Verweis auf die guten Sitten (§ 228 StGB bzw. Art. 308 § 2 PK) sittliche zu Rechtspflichten zu erheben.[1100] Eine scharfe Trennung von ethischen und rechtlichen Pflichten kann allerdings nicht gefordert werden.[1101] Maßgebend ist vielmehr, dass eine sittliche Erfolgsabwendungspflicht nicht zu einer solchen rechtlichen gemacht werden darf.[1102] Das wird auch im Gesetz ausgedrückt: nach § 13 StGB ist zu einer auf die Abwendung eines tatbestandsmäßigen Erfolges gerichteten Tätigkeit nur derjenige verpflichtet, der „rechtlich dafür einzustehen hat, dass der Erfolg nicht eintritt". Im griechischen Strafgesetzbuch ist noch ausdrücklicher im Art. 15 PK von „besonderer rechtlicher Pflicht" die Rede. Dadurch kommt zum Ausdruck, dass die Garantenpflicht keine allgemeine rechtliche Pflicht darstellt, sondern sie wird einer bestimmten Person auferlegt, welche besondere Eigenschaften aufweist oder in besonderem Verhältnis zu einer anderen Person steht.[1103] Aufgrund dieser besonderen Eigenschaften oder besonderen Verhältnissen besteht eine besondere Nähe – aus sozialer Sicht – zu dem schädlichen Erfolg. Das stellt den Grund für ihre gesteigerte Verantwortlichkeit dar, die als Garantenstellung bezeichnet wird. Der Garantenstellung entspringen rechtliche Pflichten. Es geht bei der Garantenpflicht um eine rechtlich gebotene Handlung, deren Inhalt rechtlich bestimmbar sein muss: Die rechtliche Erwartung der Erfüllung einer besonderen Aufgabe, wodurch eine rechtlich relevante Gefahr abzuwenden ist, stellt daher den Grund der gesteigerten Verantwortung des Garanten dar.[1104]

Im Gegensatz zu dieser in beiden Rechtsordnungen ähnlichen Begründung der Garantenpflicht, besteht ein Unterschied bezüglich der Frage der Bejahung einer Garantenpflicht. Ein Teil der griechischen Lehre verlangt das Vorliegen einer besonderen rechtlichen Pflicht (Art. 15 P.K.), die aus Gesetz, Vertrag – wobei die faktische Übernahme genügt – und Ingerenz entsteht.[1105] Die besondere

---

[1099] s. dazu: Erster Teil,C IV 2 b; *Eser*, MedR 1985, S. 6 (16).

[1100] *Vogel*, Norm und Pflicht bei den unechten Unterlassungsdelikten, 1998, S. 126.

[1101] *Schreiber*, in: FS-Dünnebier, 1982, S. 633 (641).

[1102] *Gallas*, JZ 1960, S. 649 (653 f.).

[1103] *Androulakis*, Poinikon Dikaion I, 1991, S. 233.

[1104] Schönke/Schröder/*Stree*, § 13 Rn. 25; *Jescheck*/*Weigend*, AT S. 620.

[1105] Die besondere rechtliche Pflicht des Arztes kraft Gesetzes ergibt sich aus Normen der Ärzteberufsordnung (Art. 25, 113, 116 des Gesetzes 1565/1939) und des Deontologiekodex für Ärzte (Art. 7 ff. Königliche Verordnung von 25/5-6/7/1955), beide sind in Gesetzen verankert.

rechtliche Pflicht könne nicht allein aus der Annahme einer Garantenstellung aufgrund materieller Gesichtspunkte entstehen.[1106] Einer Ausweitung der rechtlichen Garantenpflicht durch die unbestimmte Klausel der Garantenstellung stehe Art. 15 PK entgegen.[1107] In bonam partem könne allerdings auf die materiellen Elemente der Garantenstellung zurückgegriffen werden.[1108] Wenn aber die faktische Übernahme und das vorangegangene gefährliche Tun als Quelle der besonderen rechtlichen Pflicht gemäß Art. 15 StGB anerkannt werden, dann geschieht dies wohl auch aufgrund materieller Gesichtspunkte. Außerdem bildet eine Pflicht, die sich unmittelbar aus dem Gesetz ergibt, nicht immer eine Garantenpflicht.[1109] Zurecht wird daher von der griechischen Rechtsprechung das Vorliegen einer Garantenstellung gefordert.[1110] In Deutschland werden als Entstehungsgründe einer Garantenstellung Gesetz, Vertrag und Ingerenz angesehen, wozu später noch die enge Lebensbeziehung und die freiwillig eingegangene Gefahrgemeinschaft getreten sind.[1111] Die Garantenstellung des Arztes wird in erster Linie durch die Übernahme der ärztlichen Behandlung begründet, wobei es nicht auf die bürgerrechtliche Wirksamkeit des Vertrages, sondern allein darauf ankommt, ob der Arzt tatsächlich die Betreuung und Versorgung des Patienten übernommen hat.[1112] Die faktische Übernahme der Schutzfunktion macht den behandelnden Arzt zum Garanten dafür, dass in Richtung der Erfolgsabwendung alles nach Lage des Falles Sachgemäße und Erforderliche geschieht.[1113] Schon hierdurch zeigt sich, dass die Anwendung materieller Gesichtspunkte bei der Bestimmung der ärztlichen Garantenpflicht vonnöten ist. Wie sonst könnten die Attribute „sachgemäß“ und „erforderlich“ konkretisiert werden?

Auf dem Weg zur Konkretisierung hilfreich erscheint die funktionale Einteilung der Garantenpflichten anhand materieller Gesichtspunkte, aufgrund derer alle Fälle der Garantenpflichten auf zwei Grundkonstellationen zurückzuführen sind. Es geht um Garantenpflichten zum Schutz bestimmter Rechtsgüter gegen ihnen drohende Gefahren (Obhutspflichten) und solche, bei denen es um die Abwen-

---

1106 *Triantafyllou*, I autodiakindyneusi, 1999, S. 211 [gr.].

1107 *Androulakis*, a.a.O., S. 239, 240 [gr.].

1108 *Androulakis*, Poiniko Dikaio, 2000, S. 237 [gr.].

1109 *Stratenwerth*, AT § 13, Rn. 16; *Jescheck/Weigend*, AT S. 624;

1110 Areios Pagos 97/1985, Poinika Chronika 1995, S. 667 [gr.].

1111 BGH St 11, 353 (355); *Tröndle/Fischer*, § 13 Rn. 5 a.

1112 *Ulsenheimer*, Arztstrafrecht in der Praxis, 1998, Rn. 34; Schönke/Schröder/*Stree*, § 13 Rn. 28 a m.w.N. In Griechenland wird die Garantenstellung des Arztes neben faktischer Übernahme auch kraft Gesetzes (Art. 25 § 1 des Gesetzes 1565/1939) begründet, wonach jeder Arzt jederzeit angesichts ernster oder lebensgefährlicher Krankheiten und Unglücksfälle zu erster Hilfe verpflichtet ist. Areios Pagos 1063/2000, PoinChr 2001, S. 316 (317) [gr.]. Zu den Quellen der Entstehung der Garantenpflicht des Arztes siehe auch Fß. 1092.

1113 *Ulsenheimer*, a.a.O., unter Berufung auf Eb. Schmidt.

dung von einer bestimmten Gefahrenquelle ausgehenden Bedrohungen geht (Überwachungspflichten).[1114] Im Einzellfall können verschiedene Garantenpflichten ineinander übergehen.[1115] Die Überwachungspflichten beziehen sich auf bestimmte Gefahrquellen, die im Herrschaftsbereich des Unterlassenden liegen.[1116] Charakteristisch bei den Überwachungspflichten ist die Ausübung einer gewissen Machtherrschaft gegenüber der Gefahrenquelle, also auch gegenüber einer Person, der die Verantwortlichkeit fehlt oder die erheblich eingeschränkt ist. Diese Person kann in diesem Fall als „menschliche Gefahrquelle“[1117] angesehen werden. Die Entstehung und die Grenzen der Überwachungspflicht können nicht bzw. nur in begrenztem Rahmen von der bevormundeten Person bestimmt werden. Anders liegt es bei den Obhutspflichten. Sie erstrecken sich auf den Schutz einer anderen Person insoweit, als der entscheidungsfähige Rechtsgutsinhaber die Hilfe des Garanten nicht wirksam zurückweist.[1118] Die Rechtspflicht für den Schutz einer Person tätig zu werden, kann nicht ohne weiteres zu einer Rechtspflicht umgewandelt werden, den erlaubten Rahmen der Selbstbestimmung des Schützlings zu beschränken. Ist der Patient einwilligungsfähig, so findet die Garantenpflicht des Beschützergaranten in der erlaubten Selbstbestimmung – in Form der wirksamen Einwilligung – ihre Grenze. Es leuchtet daher ein, dass in den einschlägigen Fällen der Sterbebegleitung bei Einwilligungsfähigkeit des Patienten der Arzt als Beschützergarant zu einer Zwangbehandlung nicht berechtigt ist.

II. Patientenentscheidung und Behandlungsbeschränkung

Es wurde schon gezeigt, dass es bei der Entstehung und dem Fortbestehen der ärztlichen Garantenpflicht entscheidend auf die Entscheidung des Patienten ankommt. Zu prüfen bleibt, wie sich im Einzelnen in den einschlägigen Fällen der Behandlungsbeschränkung der Patientenwille auswirkt.

1. Patientenentscheidung, Behandlungsverzicht und Behandlungsbeschränkung

Verweigert der einwilligungsfähige Patient seine Einwilligung in eine ärztliche Behandlung, so kann eine entsprechende Behandlungspflicht des Arztes schon gar nicht entstehen.[1119] Wenn ein entscheidungsfähiger Patient eine lebenserhaltende Maßnahme oder das Anschließen an Apparate verweigert, muss seine Entscheidung respektiert werden, auch wenn er dadurch stirbt.[1120] Der Arzt soll in

[1114] *Stratenwerth*, AT § 13 Rn. 14; Schönke/Schröder/*Stree*, § 13 Rn. 9; SK-*Rudolphi*, § 13 Rn. 24; LK-*Jescheck*, § 13 Rn. 19.
[1115] Schönke/Schröder/*Stree*, § 13 Rn. 10 und Rn. 52.
[1116] LK-*Jescheck*, § 13 Rn. 19.
[1117] *Gropp*, AT § 11 Rn. 31.
[1118] Schönke/Schröder/*Stree*, Vor §§ 13 ff. Rn. 154.
[1119] *Eser*, in: Auer/Menzel/Eser, Zwischen Heilauftrag und Sterbehilfe, 1977, S. 98.
[1120] BGH St 32, 367 (378); St 11, 111 (113 f.) *Roxin*, NStZ 1987, S.345 (346).

diesem Fall sogar dazu verpflichtet sein, denn sein Behandlungsrecht darf nicht in einem Behandlungszwang für den Patienten umgewandelt werden.[1121] In manchen Fällen wird allerdings ein Kommunikationsproblem entstehen, wenn der Arzt anderer Ansicht als der Patient ist, was aber hauptsächlich die ethische Dimension der Problematik betrifft.[1122] Rechtliche Voraussetzung für die grenzziehende Kraft der Entscheidung des Patienten ist die Entscheidungsfähigkeit des Patienten und die Aufklärung bezüglich der Folgen der ausbleibenden Maßnahme durch den Arzt.[1123] Über die rechtliche Lage in Griechenland bezüglich der Verbindlichkeit einer solchen Patiententenentscheidung sei auf den zweiten Teil dieser Arbeit zu verweisen.

Hier ist die Frage zu stellen, ob die Entscheidung des Patienten, nicht weiter behandelt zu werden, nur den Arzt bindet. Nach *Tröndle* sei ein der legi artis entsprechender Abbruch einer Intensivbehandlung eine ärztliche Maßnahme per se;[1124] sie beende nicht eine fortbestehende Verpflichtung zu ärztlicher Tätigkeit, sondern sei in aller Regel das Aufgeben einer nicht mehr als richtig anzuerkennenden Behandlungsmethode. Nur der Arzt könne und müsse den Zustand des Patienten beurteilen, nur in medizinischen Fachgremien seien Zweifel hinsichtlich dessen, was die lex artis gebietet oder erlaubt, zu klären. Wenn hier auf die legem artis abgestellt wird, dann wären Dritte Nicht-Ärzte nicht berechtigt eine Handlung vorzunehmen, welche zwar dem Patientenwillen entspricht, aber nur der ärztlichen Kompetenz zusteht. Doch wird in diesem Gedanken ein wichtiger Faktor unterschätzt: Der Patient selbst. Dem LG Ravensburg[1125] lag folgender Sachverhalt vor: Der Ehemann hat bei seiner unheilbar kranken und leidenden Ehefrau auf deren ausdrücklichen Wunsch, sterben zu wollen, das Beatmungsgerät abgeschaltet. Dies hatte zur Folge, dass seine Frau eine Stunde später verstorben ist. Die Relevanz der vorliegenden Entscheidung für die hier zu behandelnde Problematik liegt in der Besonderheit, dass der Behandlungsabbruch nicht von dem betreuenden Arzt, sondern vom Ehemann vorgenommen worden ist. Das LG Ravensburg hat für die Gleichstellung von Arzt und Dritten-Garanten bei der Vornahme eines Behandlungsabbruchs gemäß des ausdrücklichen Willens des Patienten entschieden. Der ausgedrückte Wille der Kranken müsse nicht nur von dem behandelnden Arzt, sondern von jedermann, der die tatsächliche Möglichkeit hatte, das Beatmungsgerät abzuschalten, respektiert werden.[1126] Besser wäre hier nicht auf die „tatsächliche Möglichkeit", sondern darauf abzustellen, wer Adressat des Willens des entscheidungsfähigen Patien-

---

[1121] Vgl. *Ulsenheimer*, Arztstrafrecht in der Praxis, 1998, Rn. 288.
[1122] *Huijer/van Leeuwen*, Journal of Medical Ethics 2000, S. 358 ff.
[1123] Siehe dazu: Zweiter Teil der vorliegenden Arbeit, insbesondere unter B II 3.
[1124] *Tröndle*, MedR 1988, S. 163 (165).
[1125] LG Ravensburg, NStZ 1987, S. 229.
[1126] A.a.O.

ten ist.[1127] Somit ergibt sich, dass der ausdrückliche Wille des entscheidungsfähigen Patienten, der sich gegen eine bestimmte Behandlung richtet, von jedermann respektiert werden kann, wenn auch unter Beachtung der Krankenhausordnung. Nicht die lex artis bestimmt hierbei das Geschehen, sondern das Selbstbestimmungsrecht des Patienten.

2. Patiententenentscheidung und Strafbarkeit wegen Tötung auf Verlangen durch Unterlassen

Wenn die Entscheidung des Patienten, sich nicht bzw. nicht mehr der ärztlichen Behandlung zu unterstellen, unter Voraussetzungen verbindlich ist, dann stellt sich die Frage, wie die Verbindlichkeit der Patiententenentscheidung auf die mögliche Strafbarkeit des Arztes nach § 216 i. V. m. § 13 StGB auswirkt. Es fragt sich hier, ob bei Vorliegen eines ausdrücklichen und ernstlichen Verlangens des unheilbar Kranken nach der Unterlassung bzw. dem Abbruch einer lebenserhaltenden Maßnahme eine Strafbarkeit des unterlassenden Garanten wegen Tötung auf Verlangen begangen durch Unterlassen in Betracht kommt.

Die Frage wird von der Rechtsprechung[1128] und von einem Teil der Lehre[1129] bejaht. Der BGH hat eine Tötung auf Verlangen begangen durch Unterlassen für möglich gehalten, wenn der Adressat des Verlangens eine nach dem Täterwillen zu bestimmende täterschaftliche Position innehat.[1130] Dem steht aber entgegen, dass der Täterwille durch das ernstliche und ausdrückliche Verlangen des Opfers bestimmt wird, so dass aufgrund dieses Täterwillens – wie bei der aktiven Teilnahme an einer Selbsttötung – keine Täterschaft begründet werden kann.[1131] In der neueren Rechtsprechung wird auch auf das Kriterium der Tatherrschaft abgestellt.[1132] Die Möglichkeit, den Erfolg abzuwenden ist zwar eine begriffliche Voraussetzung eines Unterlassens, begründet aber noch keine „Herrschaft".[1133] Eine Tatherrschaft des Untätigbleibenden scheidet deshalb aus, weil man durch reine Passivität ein Außenweltgeschehen nicht beherrschen kann.[1134] Vielmehr wird die Unterlassungstäterschaft durch die Erfolgsabwendungspflicht begründet.[1135] Bei den einschlägigen Fällen geht es um die aufgrund des Sterbeverlan-

---

[1127] *Schmitt*, JZ 1979, S. 462 (466); *Roxin*, NStZ 1987, S. 345 (350). Kritisch dazu: *Herzberg*, JZ 1988, S. 182 (187).

[1128] BGH St 13, 162 (166); BGH St 32, 367 (371).

[1129] *Helgerth*, JR 1976, S. 45 (46); *Schmitt*, JZ 1985, S. 365 (367); *ders.*, MDR 1986, S. 617 (620).

[1130] BGH St 13, 162 (166).

[1131] *Detering*, JuS 1983, S. 418; *Otto*, in: FS-Tröndle, 1989, S. 157 (160): § 216 setze voraus, dass der Täter seinen Willen dem Willen des Getöteten unterordne.

[1132] BGH St 32, 367 (374).

[1133] *Roxin*, NStZ 1987, S. 345 (346).

[1134] *Roxin*, a.a.O.

[1135] *Gropp*, AT § 10 Rn. 69; *Roxin*, a.a.O.

gens des Opfers nicht erfolgte Erfüllung der Erfolgsabwendungspflicht seitens des Garanten, deren Erfüllung den Tod des Opfers hätte abwenden können. Diese Erfolgsabwendungspflicht findet aber ihre Grenze in dem entgegengesetzten Willen des Patienten bzw. Opfers: Gegen den ausdrücklichen und ernstlichen Willen des Kranken ist der Arzt zu einem Eingriff nicht berechtigt,[1136] so dass ihm sein Untätigbleiben nicht zur Last gelegt werden kann. Hat der Patient in eine Behandlung eingewilligt, fällt bei nachträglichem Widerruf der Einwilligung die Garantenpflicht des Arztes weg. Dies gilt auch dann, wenn der Wille „unverständlich" erscheint und bei Behandlungsverweigerung zum Tod führen kann.[1137] Erst recht muss das gleiche gelten, wenn das Untätigbleiben des Arztes vom ausdrücklichen und ernstlichen Verlangen des Patienten bestimmt worden ist. Eine Unterlassungstäterschaft bei Tötung auf Verlangen kann somit in den einschlägigen Fällen nicht in Betracht kommen. Die gegenteilige Auffassung würde dazu führen, dass die Strafandrohung des § 216 StGB unzulässigerweise in eine gesetzliche Ermächtigung für den Arzt zur Zwangsbehandlung umgedeutet wird.[1138] Das würde bedeuten, dass der Arzt eine Vernunfthoheit über den Patienten hätte, diesen also trotz Weigerung behandeln dürfte oder gar müsste, wenn der Arzt das für gut und richtig hielte.

3. Patientenentscheidung und Zeitpunkt der Änderung des Behandlungsziels

Die Entscheidung des dazu fähigen Patienten kann aber nicht nur auf das „Ob" der Behandlungsbeschränkung gerichtet sein. Vielmehr kann der entscheidungsfähige Patient schon den Zeitpunkt der Änderung des Behandlungsziels mitbestimmen. In diesem Rahmen ist der Ansicht von *Albrecht*, bei objektiv gebotener Therapiebegrenzung komme es nicht mehr auf die Einwilligung des Patienten an,[1139] zu widersprechen.

Die Induktion der Hoffnung stellt ein wichtiges Ziel der palliativmedizinischen Behandlung dar.[1140] Aufgrund dieser Hoffnung kann es zu Situationen kommen, in denen Indikation und Patientenwille kollidieren. Aus Australien wird von einem Fall berichtet,[1141] in welchem die Patientin, eine 28 jährige Frau in weit fortgeschrittenem Krebsstadium, aggressive chemotherapeutische Maßnahmen verlangt hat, obwohl die ärztliche Indikation in Symptomlinderung lag. Die Ärzte haben die Entscheidung getroffen, dem Willen der Patientin trotz fehlender

---

1136 BGH St 11, 111 (113 f.); *Schreiber*, NStZ 1986, S. 337 (341); *Albrecht*, in: FS-Schreiber, 2003, S. 551 (577).
1137 BGH St 11, 111 (113 f.).
1138 Arthur *Kaufmann*, MedR 1983, S. 121 (122); *Rudolphi*, Jura 1979, S. 39 (41); *Schreiber*, a.a.O.
1139 *Albrecht*, in: FS-Schreiber, 2003, S. 551 (560).
1140 *Hellriegel*, ZaeFQ 2000, S. 833 (834).
1141 In: MJA 2000, S. 452.

Indikation zu entsprechen. Der Zustand der Patientin hat sich daraufhin verschlechtert, bis zu dem Zeitpunkt, in welchem die Chemotherapie aufgrund mangelnder Effektivität mit Zustimmung der Patientin abgebrochen wurde. Nunmehr war die medizinische Hilfe auf die Schmerzkontrolle gerichtet. Der Fall zeigt, dass das eigentliche Ziel der ärztlichen Behandlung Sterbender darin liegt, einen „wilden Tod" des Patienten zu vermeiden.[1142] Auch andere individuelle Parameter als nur der Glaube des Patienten an die Heilung können dabei von Bedeutung sein. Nicht nur die Art, wie man stirbt, sondern auch der Zeitpunkt, in welchem man stirbt, kann dabei von Bedeutung sein.[1143] Eine Patientin, die gemäß der ärztlichen Indikation nur noch palliativ behandelt werden sollte, kann im Gespräch mit dem behandelnden Arzt den Wunsch äußern, am Leben zu sein, wenn ihr Enkelkind geboren wird, oder wenn sie ihr Diplom bekommt.[1144] Sie wolle diese zu erwartende Ereignisse erleben, auch wenn das bedeutet, dass durch aggressive ärztliche Maßnahmen ihre Lebensqualität gemessen an den Leidenzuständen deutlich vermindert werde.

Ärztliche Entscheidungen haben sich daher nicht nur an dem Nutzen des Patienten aus ärztlicher Sicht – also an Indikationen –, sondern auch an dem Nutzen in der Semantik des Patienten zu orientieren. Der Zeitpunkt der Änderung des Behandlungsziels, in welchem die Lebenserhaltung als primäres Ziel ärztlichen Handelns aufgegeben wird, kann von dem entscheidungsfähigen Patienten mitbestimmt werden. Es wäre inkonsequent von Bewahrung der Lebensqualität zu sprechen, wenn dabei nur ein Teil der Lebensqualität – Schmerzempfinden, Nebenwirkungen von aggressiven ärztlichen Maßnahmen – des konkreten Patienten berücksichtigt wird. Rechtlich bedeutet dies, dass eine Zwangsbehandlung ebenso wenig erlaubt sein kann, wie eine Änderung des Therapieziels ohne vorherige Aufklärung und Einwilligung des dazu fähigen Patienten.

C. Reichweite der ärztlichen Garantenpflicht in der Behandlungsbeschränkung bei Entscheidungsunfähigkeit des Patienten

Gefragt wird in diesem Abschnitt nach dem Umfang der ärztlichen Garantenpflicht bei entscheidungsunfähigen Patienten, bei welchen eine Änderung des Behandlungsziels in Betracht kommt.[1145] Wenn die Frage der Reichweite der ärztlichen Garantenpflicht schon bei entscheidungsfähigen Patienten Schwierigkeiten bereitet, so ist sie bei entscheidungsunfähigen Patienten mit zusätzlichen Unsicherheiten belastet. Mit der Änderung des Behandlungsziels kommt eine

---

[1142] Im englischen wird der Term „wild death" erstmals von *Aries* verwendet, um einen unvorbereiteten Tod zu beschreiben, der nicht in Frieden, sondern vielmehr unter ungewünschten Umständen eintritt. Das wird insbesondere bei vergeblichen Versuchen, Leben zu verlängern, der Fall sein. In: *Glare/Lickiss*, MJA 2000, S. 452.

[1143] *Dworkin*, Life's dominion, 1995, S. 211.

[1144] Vgl. *Dworkin*, a.a.O.

[1145] Zum Betroffenenkreis s. Erster Teil, B II.

Umwandlung der ärztlichen Garantenpflicht in Betracht, welche darin besteht, dass die Leidensmilderung den Vorrang vor der Lebenserhaltung haben kann. Während entscheidungsfähige Patienten den Übergang zur palliativmedizinischen Behandlung durch ihre Entscheidung mitbestimmen können, besteht bei entscheidungsunfähigen Patienten, besonders bei denen, die keine Vorsorgemaßnahmen getroffen haben, Unklarheit in Bezug auf die Frage des Zeitpunkts der Änderung des Therapieziels. Es stellt sich die Frage: Wann liegt eine Situation vor, in welcher der Wechsel von lebenserhaltender Behandlung zur palliativen Therapie angezeigt ist?[1146] Die Frage lässt sich rechtlich nur dann beantworten, wenn auf maßgebliche Gesichtspunkte abgestellt wird, nach welchen die Änderung der Garantenpflicht beurteilt werden kann.[1147]

I. Medizinische Gesichtspunkte

Es handelt sich hier um den Versuch, die Garantenpflicht des Arztes anhand von Gesichtspunkten inhaltlich zu bestimmen, welche primär die abzubrechende ärztliche Maßnahmen und ihre Wirksamkeit betreffen.

1. Der Charakter der lebenserhaltenden Maßnahmen

Die Reichweite der ärztlichen Garantenpflicht könnte durch den Charakter der in Frage stehenden Maßnahmen bestimmt werden. Dabei wurde schon in früherer Zeit der Versuch unternommen, zwischen „ordentlichen" und „außerordentlichen" Lebenserhaltungsmaßnahmen zu differenzieren. Ordentlich seien die Mittel, die für den Betreffenden selbst *oder* für einen anderen keine außerordentliche Last auferlegen.[1148] Diese Differenzierung hat nicht nur in der moraltheologischen, philosophischen und medizinischen, sondern auch in der juristischen Literatur Echo gefunden.[1149] Diese Differenzierung berücksichtigt jedoch nicht, dass in der klinischen Praxis die Grenzen zwischen „gewöhnlichen" und „außergewöhnlichen" Maßnahmen fließend sind:[1150] Eine Strahlentherapie kann im konkreten Fall auch bei einem Krebspatienten im weit fortgeschrittenen Stadium

---

1146 *Schreiber*, in: FS-Hanack, 1999, S. 735 (743).

1147 Es wird im folgenden eine Einteilung der in Betracht kommenden Gesichtspunkte vorgenommen, die allein systematischen Bedürfnissen dient. Es wird auf medizinische, wirtschaftliche und rechtliche Gesichtspunkte abgestellt. Dabei werden die medizinischen und die wirtschaftlichen Gesichtspunkte in ihrer rechtlichen Relevanz geprüft, so dass alle Gesichtspunkte unter dem gemeinsamen Nenner „rechtliche Gesichtspunkte der Reichweite der ärztlichen Garantenpflicht in der Behandlungsbeschränkung bei Entscheidungsunfähigkeit des Patienten" subordiniert werden könnten. Aus systematischen Gründen wurde aber der Einteilung der Vorzug gegeben.

1148 Papst Pius XII., zitiert nach: *Schellong*, Künstliche Beatmung, 1990, S. 164 f.

1149 *Merkel*, Früheuthanasie, 2001, S. 263, der darauf hinweist, dass die amerikanische Rechtsprechung jahrelang von dieser Differenzierung Gebrauch gemacht hat.

1150 *Eser*, in: Auer/Menzel/Eser (Hrsg.), Zwischen Heilauftrag und Sterbehilfe, 1977, S. 128; *Mason/McCall Smith*, Law and Medical Ethics, 1991, S. 325.

zur Symptomlinderung angezeigt sein, obwohl sie generell als Maßnahme der aggressiven Therapie gilt. Auch bei der künstlichen Ernährung besteht darüber keine Einigkeit, ob sie zu den gewöhnlichen oder zu den außergewöhnlichen Maßnahmen gehört.[1151]

Außerdem scheint die Verbindung der Maßnahme mit der Last, die durch die Maßnahme „dem Betreffenden oder einem anderen" aufgebürdet wird, aus rechtlicher Sicht problematisch. Um welche Last es hier handelt, bleibt unklar. Jedenfalls dürfte eine Maßnahme nicht schon deshalb als außerordentlich qualifiziert werden und dadurch dem ärztlichen Garantenpflicht entzogen werden, weil sie einem Dritten, etwa dem Angehörigen, eine außerordentliche Last aufbürdet. Dagegen stellt die Verbindung der Maßnahme mit der Last, die durch die Maßnahme dem Patienten aufgebürdet wird, einen rechtlich akzeptablen Ansatz insofern dar, als ärztliches Handeln sich immer an dem Nutzen des Patienten zu orientieren hat. Wie das zu konkretisieren ist, bleibt aber fraglich. Dass in der Auslegung des Begriffspaares „ordentlich-außerordentlich" keine Einigkeit im Schrifttum besteht, weist auf die Vagheit des Kriteriums selbst hin[1152] und daher auf seine Unbrauchbarkeit. Denselben Einwänden unterliegt auch die Differenzierung zwischen palliativen und aggressiven Maßnahmen. Es wurde schon im ersten Teil angeführt, dass im Rahmen der palliativmedizinischen Sterbebegleitung nach Änderung des Therapieziels auch von sogenannten aggressiven Maßnahmen Gebrauch gemacht werden kann. Dies ist dann der Fall, wenn dadurch der Symptomlinderung gedient wird.

Vom Charakter der Maßnahmen kann daher kein Schluss auf den Zeitpunkt der Änderung des Therapieziels und die daraus folgende Behandlungsbeschränkung gezogen werden. Damit kann auch die Frage der Reichweite der Garantenpflicht in den einschlägigen Fallkonstellationen anhand dieses Gesichtspunktes nicht beantwortet werden.

2. Die Wirksamkeit der lebenserhaltenden Maßnahmen

Konkreter ist der Gesichtspunkt, der die Wirksamkeit der in Frage stehenden Maßnahmen betrifft. Gefragt wird, ob anhand dieses Gesichtspunktes die Frage der Änderung des Behandlungsziels und somit die Grenze der Rechweite der ärztlichen Garantenpflicht beantwortet werden kann.

Die ärztliche Lebenserhaltungspflicht als Inhalt der ärztlichen Garantenpflicht soll nach einer breiten Auffassung ihre Grenze dann finden, wenn weitere „Be-

---

[1151] *Weißauer/Opderbecke*, MedR 1995, S. 456 (461).

[1152] *Eser*, in: Auer/Menzel/Eser, Zwischen Heilauftrag und Sterbehilfe, 1977, S. 128 f.; *Giesen*, JZ 1990, S. 929 (937); *Weißauer/Opderbecke*, MedR 1995, S. 456 (461).

mühungen“ als „aussichtslos“ oder „zwecklos“ erscheinen.[1153] In der angloamerikanische Literatur wird das Wort „futility“ verwendet,[1154] welches teilweise als Wirkungslosigkeit übersetzt wird.[1155] Dieser Übersetzung ist jedoch nicht zu folgen. Therapeutische Interventionen haben *immer* Wirkungen (effects) – erwünschte und unerwünschte; erwünschte Wirkungen im Hinblick auf das Therapieziel werden therapeutische Wirksamkeit genannt.[1156] Im Gegensatz zu Wirkungen, die direkt beobachtet werden können, setzt die Feststellung der therapeutischen Wirksamkeit komplexe Konstrukte voraus, etwa die therapeutischen Ziele aus der Sicht des Arztes sowie aus der Sicht des Patienten.[1157] Um die Wirksamkeit einer ärztlichen Intervention feststellen zu können, muss einerseits die Stärke und Spezifität der Verbindung der Intervention mit der Zielerreichung, eine evidenzbasierte Indikation, festgestellt werden; andererseits ist im Einzellfall zu beurteilen, ob die indizierte Intervention ihr Ziel erreicht hat.[1158] Unwirksam bzw. sinnlos ist eine Handlung dann, wenn die mit ihr verfolgten Ziele auch dann nicht erreicht werden können, wenn sich dieselbe Handlung wiederholt.[1159]

Bei lebenserhaltenden Maßnahmen wird auf die Wirkung der Maßnahme abgestellt und wie folgend differenziert:[1160] Maßnahmen, welche die lebenserhaltende Wirkung nicht mit statistisch gesicherter Wahrscheinlichkeit oder nicht für eine hinreichend lange Zeit erreichen können einerseits; Maßnahmen, die diesen quantitativen Gesichtspunkten entsprechen, aber eine hinreichende Qualität des Gesamtzustandes des Patienten nicht erreichen können andererseits. Die Auswertung der Wirkung bezogen auf das konkrete therapeutische Ziel könnte danach auf die Frage der Wirksamkeit oder Unwirksamkeit der Maßnahme im konkreten Fall eine Antwort geben.

Die juristische Relevanz solcher Differenzierung zeigt sich nicht zuletzt dadurch, dass sich der BGH implizit auf sie berufen hat. Der BGH hat ausgeführt: „Maßnahmen zur Lebensverlängerung sind nicht deshalb unerlässlich, weil sie

---

[1153] *Opderbecke/Weißauer*, MedR 1998, S. 395 (396). Gegen dieses Kriterium *Baloyannis*, Egefalos 1998, S. 9 (13 f.) [gr.], der den Gesichtspunkt der Aussichtslosigkeit als unethisch betrachtet.
[1154] *Truog*, N Engl J Med 1992, S. 1560 ff.
[1155] *Wettstein*, Schweizerische Ärztezeitung 2001, S. 716 (720).
[1156] *Helmchen*, Der Nervenarzt 2001, S. 56
[1157] *Helmchen*, a.a.O.
[1158] *Helmchen*, a.a.O., S. 56 (57).
[1159] *Schneidermann/Jecker/Jonsen*, in: Arras/Steinbock (Hrsg.), Ethical Issues in Modern Medicine, 1995, S. 281 (282); *Schubert/Nöldge-Schomburg*, Zentralbl Chir 2001, S. 717 (720).
[1160] Vgl. *Merkel*, Früheuthanasie, 2001, S. 296, in Anlehnung an Unterscheidungen von *Engelhard/Khushf*, Futile Care, in: Current Opinion in Critical Care 1995, S. 329 ff.

technisch möglich sind"[1161]. Damit hat der BGH anerkannt, dass nicht jede technisch mögliche Maßnahme erforderlich ist. Die Garantenpflicht stellt eine Pflicht zu erforderlichem und sachgemäßem Handeln dar. Es wird dabei vertreten, dass sinnloses Tun nicht Gegenstand eines sachgemäßen Gebots sein kann.[1162] Daher ist nicht jede technisch mögliche lebenserhaltende Maßnahme notwendiger Teil der ärztlichen Garantenpflicht. Diese Ansicht ist auch in der Hirntoddebatte zu finden. Zu erinnern ist daran, dass sich die nachgewiesene Irreversibilität des Hirntodes weitere ärztliche lebenserhaltende Maßnahmen als nicht erforderlich und nicht sachgemäß bewerten lässt. Es handelt sich hier um einen Fall der fehlenden Wirksamkeit lebenserhaltender Maßnahmen. Entsprechend nimmt der BGH in einem wegweisenden Urteil an, die Erforderlichkeit des Tätigwerdens entfalle, wenn der Sterbevorgang bei einem Patienten schon eingesetzt hat. Auch hier geht es um einen irreversiblen zum Tode führenden Zustand.[1163] Der XII. Zivilsenat des BGH[1164] macht in seinem Beschluss vom Kriterium der Sinnlosigkeit Gebrauch, ohne dieses zu konkretisieren.[1165] Die Sinnlosigkeit der Weiterbehandlung führt nach dem BGH dazu, dass die Weiterbehandlung ärztlicherseits nicht mehr angeboten wird. Damit will der BGH die gerichtliche Intervention in Fällen, in welchen eine lebenserhaltende Behandlung nicht mehr indiziert ist, weil sie unwirksam bzw. sinnlos geworden ist, ausschließen.

Abgesehen aber von diesen mittlerweile anerkannten Grenzen der Lebenserhaltungspflicht des Arztes bleibt fraglich, wie die Kriterien der Unwirksamkeit in anderen Fällen anzuwenden sind, in welchen der Patient noch nicht als Sterbender zu bezeichnen ist, weil der Sterbevorgang noch nicht eingesetzt hat. Es fehlt in diesen Fällen an der Sicherheit eines irreversiblen Zustandes, der die Unwirksamkeit der angewandten lebenserhaltenden Maßnahme plausibel machte. Wie kann man eine Maßnahme, die lebenserhaltende Wirkung entfaltet, als unwirksam und sinnlos ansehen, wenn kein irreversibler Sterbeprozess eingesetzt hat?

Nach den Grundsätzen der Bundesärztekammer zur ärztlichen Sterbebegleitung kommt bei nicht sterbenden Patienten mit infauster Prognose eine Änderung des Behandlungsziels nur dann in Betracht, wenn die Krankheit weit fortgeschritten

---

[1161] BGH St 32, 367 (379 f.).

[1162] Schönke/Schröder/*Stree*, Vor §§ 13 ff. Rn. 142.

[1163] Nur für den Fall des schon eingesetzten Sterbevorgangs wird von der überwiegenden Auffassung in Griechenland die Lebenserhaltungspflicht des Arztes verneint, s. dazu *Bekas*, Poinikos Logos 2001, S. 734 (736) [gr.] und *Symeonidou-Kastanidou*, Eglimata kata tis zois, 1995, S. 213 f. m. w.N. [gr.].

[1164] BGH, NJW 2003, S. 1588 (1593, sub dd.).

[1165] Vgl. die Kritik von *Kutzer*, ZRP 2003, S. 213 (215); *Höfling/Rixen*, JZ 2003, S. 884 (888).

ist und eine lebenserhaltende Behandlung nur Leiden verlängert.[1166] Die Entscheidung müsse dem Willen des Patienten entsprechen. Das Merkmal der Aussichtlosigkeit, der „futility", kommt hier durch das Abstellen auf die infauste Prognose zum Ausdruck.[1167] Die Indizierbarkeit der Änderung des Behandlungsziels tritt zudem dadurch in Erscheinung, dass das Fortsetzen der aggressiven Therapie „nur Leiden verlängert". Das sind allerdings unsichere Maßstäbe, die bei Entscheidungsunfähigkeit des Patienten einen Rekurs auf seine mutmaßliche Einwilligung erforderlich machen. Insbesondere das Merkmal des „Leidens" kann ohne Subjektivierung nicht sachgerecht interpretiert werden. Daraus, kann aber nicht der Schluss gezogen werden, es komme bei diesen Fällen kaum auf die Indikation an.[1168]

Angesichts der Unschärfe der hier angewandten Maßstäbe, verwundert es nicht, dass die in Frage stehende Differenzierung „Wirksamkeit – Unwirksamkeit" im ärztlichen Kreis Vermutungen über wirtschaftliche Hintergründe ihrer Verwendung erweckt. Mit dem Argument der Unwirksamkeit können Rationierungsargumente verdeckt werden: Das Konzept der Unwirksamkeit vertusche oft das Abwägen verschiedener Wertsysteme, die implizit der Rationierungsdebatte zugrunde liege und könne deshalb meist das Versprechen der Objektivität nicht einhalten.[1169] Auch in dem AE-Sterbehilfe wurde die Zulässigkeit eines Behandlungsabbruchs bei nahe bevorstehendem Tod im Hinblick auf die Aussichtslosigkeit einer Heilbehandlung vorgeschlagen.[1170] In der Begründung wird die Möglichkeit des Einflusses ökonomischer Erwägungen in die relevanten Entscheidungen angesprochen, welcher kein Vorschub zu leisten ist.[1171]

Dem Einwand gegen das Konzept der Unwirksamkeit – zumindest mit der Begründung von versteckten Rationierungszwecken – ist aber in seiner Allgemeinheit nicht zu folgen. Er vermischt Wirksamkeit und Wertigkeit der Maßnahme. Die Unwirksamkeit einer ärztlichen Maßnahme ist aber von der Wertigkeit bzw. Effizienz (efficiency) einer solchen zu unterscheiden. Die Wertigkeit betrifft das Verhältnis der Wirksamkeit von Therapieoptionen zu ihren medizinischen und ökonomischen Aspekten. Abwägung von Nutzen und Schädlichkeit ist ihr medizinischer Teil, deren Beziehung zu finanziellen Kosten und Begrenzungen ihr ökonomischer Teil.[1172] Wirtschaftliche Parameter fließen daher nur bei der Fest-

---

1166 *Grundsätze der BÄK zur ärztlichen Sterbebegleitung*, NJW 1998, S. 3406 (3407, Punkt II).
1167 *Burchardi*, in: FS-Deutsch, 1999, S. 477 (482).
1168 *Heyers*, JR 2003, S. 501 (502).
1169 *Wettstein*, Schweizerische Ärztezeitung 2001, S. 716 (720).
1170 *Baumann* et al., AE-Sterbehilfe, 1986, S. 11.
1171 A.a.O., S. 19.
1172 *Helmchen*, Der Nervenarzt 2001, S. 56 (60).

stellung von der Wertigkeit bzw. Effizienz einer Maßnahme ein.[1173] Die Wirksamkeit stellt dagegen primär auf die Relation von Behandlungsoptionen mit dem Therapieziel ab.

Folglich ist festzustellen, dass der Gesichtspunkt der Unwirksamkeit einen sachgerechten Gesichtpunkt darstellt, anhand welchem die Indikation einer Behandlungsbeschränkung gestellt wird. Bei nicht sterbenden, entscheidungsunfähigen Patienten wird aber die Unwirksamkeit ohne Rekurs auf die mutmaßliche Einwilligung des entscheidungsunfähigen Patienten nicht begründet werden können. Ökonomische Gesichtspunkte spielen hier keine Rolle, jedoch ist zu fragen, ob solche Gesichtpunkte im Rahmen der Effizienzprüfung Bedeutung bei der Frage der Änderung des Behandlungsziels erlangen können.

II. Wirtschaftliche Gesichtspunkte

Hier wird gefragt, inwieweit die Reichweite der Garantenpflicht durch wirtschaftliche Gesichtspunkte bestimmt werden kann. Mit anderen Worten, wird gefragt, ob die Wertigkeit einer Maßnahme zur Entscheidungsgrundlage einer Behandlungsbeschränkung werden darf. Hier stellt die Mikroebene[1174] den Schwerpunkt der Untersuchung dar, weil es um die rechtliche Beurteilung des ärztlichen Verhaltens gegenüber einem konkreten Patienten geht. Dass der Arzt unter wirtschaftlichen Druck gesetzt werden kann, der zu Entscheidungszwängen führen kann, wird nicht angezweifelt.[1175]

[1173] *Helmchen*, Der Nervenarzt 2001, S. 56 (57).

[1174] Die Frage der Wirtschaftlichkeit im Gesundheitswesen kann auf zwei Ebenen beruhen: Die Ebene der Makroallokation einerseits, auf welcher in der Regel der Gesetzgeber Entscheidungen über die Zuteilung von finanziellen Mitteln an bestimmten Gebieten des Gesundheitswesens trifft. Die Ebene der Mikroallokation andererseits, auf welcher es um Entscheidungen geht, welche die Verteilung der durch den Prozess der Makroallokation verfügbar gemachten Ressourcen zum Gegenstand haben. Diese Entscheidungen werden durch den Arzt angesichts eines konkreten Falls getroffen, *Giesen*, JZ 1990, S. 929 (942).

[1175] Dies zeigt auch ein Fall aus der Schweiz, bekannt als Hämmerli-Fall. Der Zürcher Professor Hämmerli hatte 1975 der Zürcher Stadträtin Pestalozzi erklärt, dass wegen Überfüllung seiner Abteilung in einzelnen Fällen hoffnungslos Kranken, die künstlich ernährt werden mussten, anstelle von Nahrung nur noch Wasser zugeführt worden sei. Aus den beschlagnahmten Patientenakten ging hervor, dass in 27 Fällen ein Nahrungsentzug angeordnet worden war, wobei 9 dieser Fälle Patienten betrafen, welche sich nicht im terminalen Stadium ihrer Krankheit befanden. Das daraufhin eingeleitete Strafverfahren wurde ein Jahr später eingestellt. Die Begründungen dafür betrafen die Verneinung der Lebenserhaltungspflicht und der Kausalität. Die Untersuchungsbehörde äußerte sich nicht zum Thema der knappen Bettenzahl, welchem Hämmerli eine zentrale Bedeutung für sein Verhalten beigemessen hatte. Zu diesem Fall: *Schürch*, Rationierung in der Medizin als Straftat, 2000, S. 165 f.; *Schewe*, in: Häring (Hrsg.), Chirurgie und Recht, 1993, S. 273 (276); *von Lutterotti*, WMW 1996, S. 59 (60).

Problematisch ist, ob und inwieweit wirtschaftliche Kriterien zur Entscheidungsfindung im Bereich der Sterbebegleitung beitragen dürfen.[1176] Offenbar ist, dass diese Frage in einer noch idealistisch präsentierten Medizin überwiegend tabuisiert bleibt. Nicht ohne Grund: Die Grundlage der abendländischen Medizin ist durch ethische Forderungen an den Arzt gekennzeichnet, welche nicht nur im Hippokratischen Eid, sondern auch in den Berufsordnungen bzw. Deontologiekodex der Ärzte und die ärztliche Standesethik zum Ausdruck kommen. Gemäß § 1 Abs. 1 Satz 3 MBÖ-Ä 1997 ist der ärztlicher Beruf seiner Natur nach ein freier Beruf. Die freien Berufe haben im Allgemeinen auf der Grundlage besonderer beruflicher Qualifikationen oder schöpferischer Begabung die persönliche, eigenverantwortliche und fachlich unabhängige Erbringung von Dienstleistungen höherer Art im Interesse der Auftraggeber und der Allgemeinheit zum Inhalt.[1177] Angesichts dieser Bestimmung erscheint auf den ersten Blick die Ansicht plausibel, die Gesetze des Marktes gefährden die überlieferte Freiberuflichkeit, welche eine höchstpersönliche und selbstständige Berufstätigkeit mit spezifisch eigenschöpferischer Gestaltungskraft verlange.[1178] Auf der anderen Seite setzte die wirkliche Durchsetzung des Prinzips der „Therapiefreiheit" des Arztes angesichts der Dynamik der medizinischen Technik und der demographischen Entwicklung ein finanziell weitgehend unbegrenztes Gesundheitswesen voraus.[1179] Auch der ärztlicher Beruf unterliegt aber dem finanziell Möglichen und gerade im Rahmen dieses finanziell Möglichen kann der Arzt seinen Beruf frei ausüben. Es reicht also nicht als Grund für die Tabuisierung der Frage der Wirtschaftlichkeit der Hinweis auf den Beruf des Arztes. Vielmehr führt eine so verstandene Freiberuflichkeit zu unrealistischen Hoffnungen bei Patienten. Das Leistungsangebot voll auszuschöpfen, scheint den Patienten eine selbstverständliche Forderung zu sein, auch wenn der Nutzen im Einzelfall durchaus zweifelhaft ist.[1180]

Es stellt sich somit die Frage nach der Bedeutung der Wirtschaftlichkeit der Therapieoptionen. Wirtschaftlichkeit hat die Optimierung des Verhältnisses zwischen Nutzen und Kosten zum Gegenstand und sie dient nach ihrer Zielsetzung der Kostensenkung.[1181] Allerdings bereitet schon die Kosten-Nutzen-Analyse[1182] in der Medizin erhebliche Schwierigkeiten: Der Grund liegt hauptsächlich darin,

[1176] *Spickhoff*, NJW 2000, S. 2297 (2298).
[1177] Partnerschaftsgesellschaftsgesetz, BGBl I, 1881 v. 29.7.1998.
[1178] *Laufs*, NJW 2000, S. 1757 (1758).
[1179] *Krimmel*, Deutsches Ärzteblatt 1997, S. C16 (C17).
[1180] *Uhlenbruck*, MedR 1995, S. 427 (430). *Michaloudis*, Analysi Kostous-Ofelous, 1992, S. 57 [gr.].
[1181] Günther *Schneider*, MedR 1998, S. 151. Zu den Besonderheiten der Problemen in der Intensivmedizin: *Heberer/Kaufmann*, Zentralbl Chir 1999, S. 703 ff.
[1182] Zu der ethischen Berechtigung von Kosten-Nutzen-Analysen in der Medizin s. *Gandjour/Lauterbach*, Internist 1999, S. 255 (257 ff.).

dass zwar die Kosten für das Vorhalten des Gesundheitssystems oder für eine einzelne ärztliche Maßnahme vergleichsweise leicht, sich der Nutzen, nämlich wiedergewonnene Gesundheit bzw. abgewendete Krankheit dagegen nicht auf Anhieb monetär ausdrücken lassen.[1183] Dies erklärt auch teilweise die negative innere Haltung mancher Ärzte gegenüber ökonomischen Aspekten ärztlichen Handelns. Ärzte fühlen sich eher als „Anwälte der Patienten" und nicht als „Sparkommissare des Staates", wenngleich ärztliches Handeln durchaus auch durch Sparappelle oder Sanktionen beeinflussbar ist.[1184] Diese negative Haltung dürfte relativiert werden, wenn es zutrifft, dass die Kosten-Nutzen-Analyse Entscheidungsvorbereitung ist und nicht die Entscheidung selbst zum Inhalt hat.[1185]

Doch auch zur Entscheidungsvorbereitung kann das Wirtschaftlichkeitsprinzip nicht ohne weiteres angewendet werden. Im SGB V ist das Wirtschaftlichkeitsgebot verankert. Grundlage für die Wirtschaftlichkeitsprüfung ist § 12 Abs. 1 Satz 1 SGB V, der folgendermaßen lautet: „Die Leistungen müssen ausreichend, zweckmäßig und wirtschaftlich sein; sie dürfen das Maß des Notwendigen nicht überschreiten". Ausreichend bedeutet genügend, jedoch nicht mangelhaft.[1186] Unter zweckmäßig verstehe man zweckdienlich, zweckentsprechend, geeignet, also nicht überflüssig. Notwendig sei eine Leistung dann, wenn durch sie ein Ausgleich eines Funktionsausfalls oder einer Funktionsminderung des Körpers im Rahmen eines normalen Lebensbedürfnisses erreicht werde.[1187] Notwendigkeit liege vor, wenn gerade das gewährte Maß an Leistungen unvermeidlich ist. Von mehreren zweckmäßigen Mitteln der Diagnose oder der Therapie sei „notwendig" nur das kostengünstigere. Dieses Ergebnis wird aber gleich relativiert, wenn auf das Integritätsinteresse des Patienten abstellt wird, um die Grenze der Notwendigkeit zu erweitern: Eine an sich notwendige, weil kostengünstigere Behandlungsmethode – beispielsweise eine Operation – könne einen zu starken Eingriff in das Selbstbestimmungsrecht des Patienten darstellen, so dass nicht operative Maßnahmen, die an sich teurer seien als eine Operation, dennoch gewählt werden müssen.[1188] Hier wird also das Wirtschaftlichkeitsgebot relativiert: es kollidiert nämlich mit dem Gebot, dem Wohl des Patienten zu entsprechen, und tritt hinter diesem letzten zurück. Im Wirtschaftlichkeitsgebot liegt daher die eigentliche Eigenschaft eines Prinzips, nämlich die Abwägungsbedürftigkeit. Das Wirtschaftlichkeitsgebot ist im medizinischen Bereich als ein Prinzip anzusehen, nicht als eine Norm.[1189]

[1183] *Schüppel*, Gesundheitswesen 1996, 423 (427).

[1184] *Schüppel*, a.a.O; Vgl. Christoph *Fuchs*, MedR 1993, S. 323 (326).

[1185] *Schürch*, Rationierung in der Medizin als Straftat, 2000, S. 35.

[1186] *Schroeder-Printzen*, MedR 1993, S. 339; *Scheler*, in: FS-Deutsch, 1999, S. 739 (743).

[1187] *Schroeder-Printzen*, a.a.O.; *Scheler*, a.a.O.

[1188] *Schroeder-Printzen*, a.a.O.

[1189] Die Abwägungsbedürftigkeit des Wirtschaftlichkeitsgebots findet auch im Gesetz Ausdruck, indem in § 2 Abs. 1 SGB V vorgesehen wird, dass die Patienten in der gesetzlichen

Taupitz meint, die medizinische Indikation hänge keineswegs nur von medizinisch-naturwissenschaftlichen Kriterien ab.[1190] Auch wirtschaftliche Gesichtspunkte seien jedenfalls innerhalb des „medizinischen Korridors" legitim. Grundlage ärztlichen Handelns müsse der auch die Rechtsordnung allgemein beherrschende Grundsatz der Verhältnismäßigkeit sein, der bei begrenzten Ressourcen den Individualrechtsschutz mit dem Gleichheitsprinzip verknüpfe.[1191] Dem kann in dieser Allgemeinheit nicht gefolgt werden. Wirtschaftliche Gesichtspunkte können Einfluss auf den medizinischen Standard haben. Medizinische Standards können durchaus den wirtschaftlichen Gegebenheiten angepasst werden.[1192] Auch der zivilrechtliche Haftungsmaßstab wird durch das Wirtschaftlichkeitsgebot beeinflusst.[1193] Bei Einhaltung des auch ökonomisch geprägten Standards kann die Indikation wirtschaftliche Aspekte enthalten. Dies setzt aber voraus, dass sowohl ärztliche als auch medizinische Standards, in den dafür kompetenten Expertengremien, erarbeitet und gebildet werden.[1194] Im Bereich der Sterbebegleitung können die in den geltenden Grundsätzen der Bundesärztekammer enthaltenen Handlungsanweisungen nicht als Standards angesehen werden. Das ist kein Mangel der Grundsätze der Bundesärztekammer. Der Bereich der Sterbebegleitung ist bis dato in weiten Bereichen nicht standardisiert.[1195] Auch sind den Grundsätzen keine wirtschaftlichen Gesichtspunkte zu entnehmen. Wenn das so ist, so darf im Bereich der Sterbebegleitung die Indikation nicht durch wirtschaftliche Gesichtspunkte bestimmt werden. Die Wertigkeit einer Maßnahme darf hier bei der individuellen Indikationsstellung keine Rolle spielen. Somit können wirtschaftliche Aspekte auf der Mikroebene der Sterbebegleitung weder den Zeitpunkt der Änderung des Behandlungsziels noch die Reichweite der ärztlichen Garantenpflicht bestimmen.[1196]

Krankenversicherung unter Beachtlichkeit des Wirtschaftlichkeitsgebots Anspruch auf notwendige, zweckmäßige und ausreichende Leistungen haben, wobei deren Qualität und Wirksamkeit dem allgemein anerkannten Stand der medizinischen Erkenntnisse zu entsprechen und den medizinischen Fortschritt zu berücksichtigen haben.

[1190] *Taupitz*, NJW 2000, Beilage zu Heft 25/2000, S. 6 (7).

[1191] *Taupitz*, NJW 2000, Beilage zu Heft 25/2000, S. 6 (7).

[1192] *Uhlenbruck*, MedR 1995, S. 427 (436); *Kramer*, MedR 1993, S. 345; *Hart*, MedR 2000, S. 1 (2); kritisch hierzu *Laufs*, ZaeFQ 1997, S. 586 (591), der vor einer schleichenden ökonomischen Infiltration medizinischer Standards warnt.

[1193] *Steffen*, MedR 1993, S. 338; *Dressler*, in: FS-Geiß, 2000, S. 379 (387 f.); *Röfer/Schlacke*, NJW 1999, S. 838 f.

[1194] *Buchborn*, MedR 1993, S. 328 (329).

[1195] *Hellriegel*, ZaeFQ 2000, S. 833 (836) weist darauf hin, dass weite Bereiche der palliativmedizinischen Versorgung weder definiert noch standardisiert seien.

[1196] Eine Standardisierung von Teilbereichen der palliativmedizinischen Sterbebegleitung wäre denkbar, jedoch nicht leicht zu handhaben. Doch ist das keine Entscheidung des einzelnen Juristen oder des einzelnen Arztes, sondern der jeweiligen Expertengremien.

II. Rechtliche Gesichtspunkte

1. Unzumutbarkeit

Es fragt sich hierbei, ob die Unzumutbarkeit die ärztliche Garantenpflicht begrenzen kann. Bei unechten Unterlassungsdelikten liegt Unzumutbarkeit dann vor, wenn die rettende Handlung eigene billigenswerte Interessen des Täters in erheblichem Umfang beeinträchtige.[1197] Fraglich ist dabei, um welche eigenen Interessen es in den einschlägigen Fällen der Sterbebegleitung gehen soll. *Merkel* führt aus, die Grenzen der Lebenserhaltungspflicht berühren keine eigenen Interessen des Arztes, er sei zwar derjenige, der die jeweiligen Maßnahmen durchsetze, aber nicht Träger und Bezugspunkt der Legitimation der Grenzen, innerhalb derer diese Maßnahmen als geboten erscheinen.[1198] Nach einer anderen Auffassung, wonach die Unzumutbarkeit die Handlungspflicht des Arztes begrenzen soll, könnte sich die Unzumutbarkeit im Bereich der Sterbebegleitung bei fehlender Ermittlung des mutmaßlichen Willens aus der Zielsetzung ärztlichen Handelns herleiten lassen: Sehe man diesen auf die Erhaltung und Ermöglichung menschlicher Selbstverwirklichung beschränkt, so finde die Lebenserhaltungspflicht dort ihre Grenze, wo dem Menschen aufgrund unwiderruflichen Verlustes jeglicher Reaktions- und Kommunikationsfähigkeit jede Möglichkeit weiterer Selbstwahrnehmung und Selbstverwirklichung genommen sei.[1199] Dies sei spätestens bei nachweislich irreversiblem Bewusstseinsverlust anzunehmen. Hier ist die Rede von „normativer Unzumutbarkeit".[1200]

In der Sache wird aber auf materielle Gesichtspunkte abgestellt, die das „Sachgemäße" und „Erforderliche" der Garantenpflicht inhaltlich bestimmen. Die Garantenpflicht soll sich hier aus der Zielsetzung ärztlichen Handelns bestimmen lassen. Dies ist kein präziser Gesichtspunkt, jedenfalls nicht präziser als der Gesichtspunkt der Wirksamkeit der in Frage stehenden Maßnahme. Abgesehen davon ist sowohl in der Rechtsprechung als auch in der Lehre überaus umstritten, ob die Unzumutbarkeit bereits den Umfang der Handlungspflicht begren-

---

[1197] *Kühl*, AT § 18 Rn. 140; *Tröndle/Fischer*, § 13 Rn. 16.

[1198] *Merkel*, Früheuthanasie, 2001, S. 310.

[1199] Schönke/Schröder/*Eser*, Vor §§ 211 ff. Rn. 29. Gegen dieses Kriterium *Kaufmann*, JZ 1982, S. 481 (486).

[1200] Diesen Begriff verwendet auch *Kaufmann*, JZ 1982, S. 481 (485). Für ihn soll eine Maßnahme für den Patienten dann normativ unzumutbar sein, wenn weitere ärztliche Bemühungen sinnlos erscheinen und der Heilauftrag des Arztes endet. *Kaufmann* führt aus, dass es hierbei nicht darum geht, was den Ärzten, den Angehörigen oder der Gesellschaft zumutbar ist, sondern darum, ob dem Moribunden eine Lebenserhaltung zugemutet werden könne. Hier wird die Unzumutbarkeit nicht im herkömmlichen Sinne verwendet. Es wird nämlich nicht auf die Unzumutbarkeit ärztlichen Handelns, sondern auf die Unzumutbarkeit des ärztlichen Handelns für den Patienten abgestellt.

zen,[1201] oder ob sie den Schuldvorwurf [1202] entfallen lassen kann. Es ist aber mit der herrschenden Meinung die Unzumutbarkeit als eine Frage der Schuld anzusehen.[1203] Dann kann aber die Unzumutbarkeit keine Antwort auf die Frage nach der Reichweite der Garantenpflicht des Arztes bei einer Behandlungsbeschränkung geben. Sachlich würde eine Prüfung der relevanten Probleme auf der Ebene der Schuld dem Einzelfall gerecht werden, sie wäre aber der Rechtssicherheit nicht dienlich.[1204] Die Anwendung der Zumutbarkeit im Bereich der Sterbebegleitung erweist sich daher sowohl sachlich wie auch systematisch als problematisch.

2. Die Menschenwürde

Das Würdeprinzip wird teilweise auch dahin verwendet, die Reichweite der ärztlichen Garantenpflicht in den einschlägigen Fällen der Sterbebegleitung bei Entscheidungsunfähigkeit des Patienten zu bestimmen.

Es wird dabei gefragt, ob die Weitererhaltung des Lebens des entscheidungsunfähigen Patienten seine Menschenwürde verletzt. Das sei unzweifelhaft der Fall, wenn die Erhaltung seines Lebens etwa rein medizinischer Kunstfertigkeit oder finanziellen Interessen Dritter dient.[1205] Der Patient wird hier zum Mittel für Fremdzwecke herabgewürdigt. In der Sache geht es aber in solchen Fällen um den Mangel an der Indiziertheit der ärztlichen Behandlung. Die Menschenwürde wird hier dadurch verletzt, dass der Patient zum Objekt einer sachfremden, nicht indizierten, Behandlung herabgewürdigt wird. Mit der Frage der Behandlungsbeschränkung und der Tragweite der ärztlichen Garantenpflicht hat dies aber nichts zu tun. Es ist vielmehr zweifelhaft, ob die Menschenwürde im Bereich der Behandlungsbeschränkung bei Entscheidungsunfähigkeit des Patienten eine Antwort auf die Frage der Grenzen ärztlicher Pflicht geben kann. Die relevante Frage, wann eine bisher gebotene Lebenserhaltung zu einem die Menschenwürde verletzenden Sachverhalt („Qual“) wird, lässt sich anhand des Kriteriums der

---

[1201] BGH St 7, 268 (271); BGH, NStZ 1984, 164; BGH, JR 1994, 510 mit Anmerkung *Loos*, JR 1994, S. 511 f.; Schönke/Schröder/*Lenckner*, Vor §§ 32 ff. Rn. 125; Tröndle/*Fischer*, § 13 Rn. 16. Schönke/Schröder/*Stree*, Vor §§ 13 ff. Rn. 155.

[1202] *Stratenwerth*, AT § 13 Rn. 78; *Baumann/Weber/Mitsch*, AT § 15 Rn. 19, § 23 Rn. 7; *Kühl*, AT § 18 Rn. 33; *Wessels/Beulke*, AT Rn. 739; *Jakobs*, AT 29/99; als Schuldausschließungsgrund auch BGH St 6, 46 (57 f.)

[1203] SK-*Rudolphi*, Vor § 13 Rn. 31 m.w.N.; *Roxin*, AT II, § 31 Rn. 233 ff.; *Stratenwerth*, AT § 13 Rn. 79: Dass es bei Konfliktlagen im Bereich der Unterlassungsdelikte die Unterlassung der gebotenen Handlung eher als verzeihlich erscheinen wird, hängt damit zusammen, dass die Verletzung von Handlungspflichten in der Regel nicht so schwer wie die Verletzung von Handlungsverboten wiegt.

[1204] *Sonnen*, Z Gerontol Geriat 1995, S. 279 (281).

[1205] *Eser*, in: Jens/Küng, Menschenwürdig sterben, 1996, S. 149 (164); *ders.*, in: Eser (Hrsg.), Suizid und Euthanasie, 1976, S. 392 (403 f.).

Menschenwürde nicht beantworten. Denn es gibt keine positive Definition der Menschenwürde, sondern sie wird negativ, also anhand von Fällen ihrer Verletzungen, bestimmt. Dazu kommt, dass, wenn sich eine lebenserhaltende Maßnahme als eine die Menschenwürde des Patienten verletzende Maßnahme erwiese, der Arzt verpflichtet wäre sie abzubrechen, und zwar ohne Rücksicht auf die mutmaßliche Einwilligung des Patienten.[1206] Gerade aber in den problematischen Fallkonstellationen, in welchen der Sterbevorgang noch nicht eingesetzt hat, sind ohne eine subjektive Auffassung des „Leidens" weder der Zeitpunkt noch die Grenzen der Änderung des Behandlungsziels zu bestimmen. Eine Pflicht zum „menschenwürdigen Sterben" unter „menschenwürdigen Umständen" lässt sich rechtlich nicht rechtfertigen. Deshalb ist der Ansicht, „*Menschenwürdig werden wir erst sterben, wenn wir dazu gezwungen werden*, d.h. wenn menschenunwürdige Verlängerung des Leidens und Sterbens des Patienten nicht mehr angeboten werden *darf*, weil sie einen Verstoß gegen die lex artis des Arztes darstellt"[1207] nicht zu folgen. Es ist sehr missverständlich, wenn man von würdigem Sterben spricht.[1208] Auf den „menschenwürdigen Tod" hat sich allerdings der BGH berufen, ohne ihn aber weiter zu konkretisieren. Aus diesen Gründen sollte der Grundsatz „in dubio pro dignitate" bei den problematischen Fällen der Sterbebegleitung keine Anwendung finden.[1209] Vor einer inflationären Verwendung der Menschenwürde ist zu warnen.[1210] Folglich stellt die Menschenwürde keinen tauglichen Gesichtspunkt dar, anhand dessen die Reichweite der ärztlichen Garantenpflicht und der Zeitpunkt der Änderung des Behandlungsziels bestimmt werden können.

3. Die mutmaßliche Einwilligung

Zu fragen ist, ob die mutmaßliche Einwilligung bei Entscheidungsunfähigkeit des Patienten ausschlaggebend für die Reichweite der ärztlichen Garantenpflicht und den Zeitpunkt der Änderung des Behandlungsziels sein kann.

a. Funktion und Grenzen der mutmaßlichen Einwilligung

Im Allgemeinen kommt der Rechtfertigungsgrund der mutmaßlichen Einwilligung erst dann in Betracht, wenn ein Entscheidungsnotstand vorliegt: Eine unaufschiebbare Entscheidung muss getroffen werden und der Betroffene ist dazu

---

[1206] Dass ein Abstellen auf die mutmaßliche Einwilligung bei Entscheidungsunfähigkeit gegebenenfalls notwendig sein wird, wurde schon in diesem Teil dieser Arbeit unter C I 2 erörtert.

[1207] *Arzt*, in: Göppinger/Bresser (Hrsg.), Tötungsdelikte, 1980, S. 49.

[1208] *Schreiber*, in: FS-Hanack, 1999, S. 735 (740).

[1209] Für die Anwendung dieses Grundsatzes u.a.: *Uhlenbruck*, NJW 2001, S. 2770 (2771); *Hufen*, NJW 2001, S. 849.

[1210] *Häberle*, Rechtstheorie 1980, S. 389 (396); *Dauster*, in: Wienke/Lippert (Hrsg.), Der Wille des Menschen zwischen Leben und Sterben, 2001, S. 89 (96).

nicht imstande.[1211] Letzteres liegt in Fällen der Behandlungsbeschränkung bei bewusstlosen bzw. entscheidungsunfähigen Patienten vor.

Fraglich ist, ob von einer unaufschiebbaren Entscheidung die Rede sein kann, wenn sich die Frage der Behandlungsbeschränkung etwa bei einer Patientin stellt, die sich zwei Jahre im stabilen als irreversibel eingestuften apallischen Syndrom befindet, künstlich ernährt wird, und keine ihrer „vitalen Funktionen" unmittelbar bedroht sind. Die Frage wird von *Weißauer/Opderbecke* verneint: Es gebe bei irreversibel Bewusstlosen keine typische Situation, in welcher ein Abbruch lebenserhaltender Maßnahmen unaufschiebbar wäre.[1212] Unter dem Aspekt von Schmerzen oder Ängsten, an welchen ein irreversibel Bewusstloser nicht leide, scheide eine unaufschiebbare Hilfeleistung aus.[1213] Unter dem Aspekt des Schmerzensempfindens mag diese Ansicht zutreffen. Jedoch kann eine Entscheidung über die Behandlungsbeschränkung unter einem anderen Aspekt als unaufschiebbar angesehen werden. Dies könnte dann der Fall sein, wenn zu einem Zeitpunkt konkrete Anhaltspunkte vorliegen, die darauf hinweisen, dass die Patientin bei Kenntnis der Sachlage nunmehr ihre anfangs erteilte Einwilligung in eine lebenserhaltende Behandlung widerrufen würde. Denn, soweit zu diesem Zeitpunkt ein Widerruf ihrer einmal erteilten Einwilligung in Betracht kommt, liegt eine Situation vor, in welcher „zu langes Zuwarten Schäden oder Verluste" verursachen würde. Der Schaden wäre hier eine Zwangsbehandlung. Dabei macht es keinen Unterschied, dass in der Regel ein Betreuer bestellt bzw. eine Vertrauensperson bevollmächtigt sein wird. Diese Vertreter sind ebenfalls an die mutmaßliche Einwilligung des Patienten gebunden.

Der BGH hielt mit einer Entscheidung aus dem Jahr 1994 die mutmaßliche Einwilligung für ein legitimes Instrument, von welchem die Zulässigkeit des Abbruchs einer lebenserhaltenden Maßnahme bei einer nicht sterbenden, entscheidungsunfähigen Patientin abhängig gemacht werden kann. Gefragt wurde in casu, ob die Patientin in die Einstellung der künstlichen Nahrungszufuhr eingewilligt hätte, wenn sie imstande wäre, sich dazu zu äußern (mutmaßliche Einwilligung).[1214]

[1211] *Stratenwerth*, AT § 9 Rn. 34; *Roxin*, in: FS-Welzel, 1974, S. 447 (461); *Karageorgos*, Poiniki ektimisi, 1996, S. 72 [gr.] *Bitzilekis*, Episitmoniki Epetirida DSTh 1986, S. 43 (53) [gr.].

[1212] *Weißauer/Opderbecke*, MedR 1995, S. 456 (459).

[1213] A.a.O.

[1214] *von Lutterotti*, WMW 1996, S. 59 (60) weist darauf hin, dass die Frage, ob die Patientin in die Durchführung des invasiven körperlichen Eingriffs – Ernährung über eine perkutane Magensonde durch die Bauchdecke – eingewilligt hatte, vom BGH nicht gestellt worden ist. Diese Frage ist aber von Bedeutung, weil grundsätzlich jeder ärztlicher Eingriff von der Einwilligung des Patienten gedeckt sein muss. Studien in den USA haben gezeigt, dass die meisten Patienten, die an der Schwelle des Risikos eines apallischen Syndroms stehen, beim Eintritt

Über die weitere Frage, inwiefern sich die mutmaßliche Einwilligung auf die Garantenpflicht des Arztes auswirkt, lässt sich streiten. Nach einer Auffassung kann die mutmaßliche Einwilligung bloß als Rechtfertigungsgrund in Betracht gezogen werden.[1215] Danach bliebe die Reichweite der ärztlichen Garantenpflicht unberührt.[1216] Lediglich die Rechtswidrigkeit des tatbestandsmäßigen Unterlassens wäre zu verneinen. Dass die mutmaßliche Einwilligung sonst in der Strafrechtslehre als Rechtsfertigungsgrund auf der Rechtswidrigkeitsebene relevant wird, bedeutet nicht, dass sie auch im Unterlassungsbereich diese systematische Stellung haben muss.[1217] Als Beispiel könnte die strafrechtssystematische Stellung der Einwilligung erwähnt werden: Die Einwilligung rechtfertigt eine aktive Handlung, während sie im Unterlassungsbereich auf der Tatbestandsebene die Garantenpflicht unter Umständen begrenzen kann. Ebenso kann die mutmaßliche Einwilligung im Unterlassungsbereich zu einer Tatbestandseingrenzung, also zur Begrenzung der Reichweite der ärztlichen Garantenpflicht führen.[1218] Dieser Ansicht ist hier zu folgen.

Gegen das Abstellen auf die mutmaßliche Einwilligung in den einschlägigen Fällen der Behandlungsbeschränkung werden in der Literatur Einwände erhoben, die sowohl auf formelle als auch auf materielle Aspekte der mutmaßlichen Einwilligung abstellen.

b. Einwände gegen das Abstellen auf die mutmaßliche Einwilligung

Es wird eingewendet, bei nachweislich irreversiblem Bewusstseinsverlust fehle es an der für die mutmaßliche Einwilligung vorauszusetzende Möglichkeit einer internen Abwägung der Patienteninteressen.[1219] So fehle etwa einem Apalliker, der das Schmerzempfinden und jegliche Kommunikation verloren habe, an dem internen Entscheidungskonflikt zwischen Schmerzbekämpfung und Lebensver-

---

dieses Syndroms nicht in eine lebenserhaltende Behandlung einwilligen würden und eine gleichwohl aufgenommene eingestellt wünschten, s. dazu *Merkel*, ZStW 1995, S. 545 (559) m.w.N.

[1215] *Trück*, Mutmaßliche Einwilligung, 2000, S. 83.

[1216] Solange man der herrschenden Auffassung folgt, wonach die Garantenpflicht im objektiven Tatbestand eines unechten Unterlassungsdelikts lokalisiert ist. Dazu: Schönke/Schröder/*Stree*, § 13 Rn. 1 m.w.N.

[1217] So aber *Trück*, a.a.O., S. 79.

[1218] Schönke/Schröder/*Eser*, Vor §§ 211 ff. Rn. 28, solange er von einem „mutmaßlichen Einverständnis" spricht; *Vögel*, MDR 1995, S. 337 Fß. 5, der zutreffend auf die Möglichkeit der Einwirkung der mutmaßlichen Einwilligung auf der Tatbestandsebene hinweist; *Lilie*, in: Wienke/Lippert (Hrsg.), Der Wille des Menschen zwischen Leben und Sterben 2001, S. 75 (81); *Albrecht*, in: FS-Schreiber, 2003, S. 551 (575 f.).

[1219] *Detering*, JuS 1983, S. 418 (419); Schönke/Schröder/*Eser*, Vor §§ 211 ff. Rn. 29; *Lilie*, in: FS-*Steffen*, 1995, S. 273 (282), der jedoch auf die Notwendigkeit der Berücksichtigung der Patienteninteressen auf der Ebene der Zumutbarkeit hinweist.

kürzung.[1220] Dem ist nicht zu folgen. Der interne Interessenkonflikt hat hier vielmehr einen anderen Inhalt: Interesse an der Erhaltung der nach ärztlicher Prognose unwiderruflichen Bewusstlosigkeit durch lebenserhaltende Unterstützung einerseits und Interesse an der Unterlassung bzw. dem Abbruch lebenserhaltender Maßnahmen, also Interesse an Leidensminderung oder an Abbruch einer Zwangsbehandlung andererseits.[1221] Der Verzicht auf den mutmaßlichen Willen im Fall des unwiderruflichen Verlustes jeglicher Reaktions- und Kommunikationsmöglichkeit würde sonst zum Ergebnis führen, dass etwaige vorliegende Anhaltpunkte für die gegenwärtige Einstellung des Patienten unberücksichtigt bleiben. Das Selbstbestimmungsrecht würde dann dem Apalliker entzogen. Der mutmaßliche Wille stellt den rechtlichen Ersatz der faktisch nicht möglichen Willensäußerung dar und ist Teil des Selbstbestimmungsrechts.[1222] Die faktische Unmöglichkeit der Ausübung des Selbstbestimmungsrechts bedeutet nicht seinen Verlust.[1223]

Merkel hält das Abstellen auf die mutmaßliche Einwilligung in solchen Fällen aus einem anderen Grund für ausgeschlossen: Der Rekurs auf die mutmaßliche Einwilligung setze unter anderem voraus, dass der augenblicklich Einwilligungsunfähige wenigstens prinzipiell die Möglichkeit haben werde, die von Dritten getroffenen Entscheidung künftig wahrzunehmen und zu billigen.[1224] Diese Möglichkeit bestehe bei einem irreversiblen apallischen Patienten nicht, so dass es hier keinen Raum für eine mutmaßliche Einwilligung gebe. Dem ist nicht zu folgen. Für die Mutmaßung im Tatzeitpunkt ist nicht maßgeblich, ob sich der Betroffene irgendwann später mit ihr einverstanden erklären wird oder nicht.[1225] Kennzeichnend bei der mutmaßlichen Einwilligung ist, dass nicht der Wille des Betroffenen als solcher, sondern der Entscheidungsnotstand die Rechtfertigung trägt.[1226] Daraus folgt, dass eine Rechtfertigung durch mutmaßliche Einwilligung auch dann möglich ist, wenn sich hinterher herausstelle, dass der Betroffene nicht einverstanden gewesen sei.[1227] Vorausgesetzt ist aber bei der Ermittlung des mutmaßlichen Willens eine sorgfältige Prüfung aller in Betracht kommenden Umstände.[1228]

[1220] *Lilie*, in: FS-Steffen, 1995, S. 273 (280).
[1221] Vgl. *Schöch*, in: FS-Hirsch, 1999, S. 693 (702).
[1222] *Schöch*, NStZ 1995, S. 153 (155); *Roxin*, AT § 18 Rn. 8.
[1223] Vgl. *Giesen*, JZ 1990, S. 929 (938).
[1224] *Merkel*, ZStW 1995, S. 545 (565).
[1225] *Maurach/Zipf*, AT § 28 Rn. 15; *Trück*, Mutmaßliche Einwilligung, 2000, S. 119.
[1226] *Stratenwerth*, AT § 9 Rn. 39.
[1227] *Jescheck/Weigend*, AT S. 387 f. ; LK-*Hirsch*, Vor § 32 Rn. 137; *Baumann/Weber/Mitsch*, AT § 17 Rn. 122; Schönke/Schröder/*Lenckner*, Vor §§ 32 ff. Rn. 54; *Roxin*, in: FS-Welzel, 1974, S. 447 (449); *Bitzilekis*, Epistimoniki Epetirida DSTh 1985, S. 43 (50) [gr.].
[1228] *Maurach/Zipf*, AT § 28 Rn. 15; Schönke/Schröder/*Lenckner*, Vor §§ 32 ff., Rn. 56.

Eine andere Frage ist, in welchem Maß über die Einwilligung im konkreten Fall gemutmaßt werden kann. Das Fehlen von Anhaltspunkten oder die parallele Existenz sich gegenseitig widersprechender Anhaltspunkte könnte tatsächlich die Ermittlung der gegenwärtigen Einstellung des Patienten erheblich erschweren.[1229] Gewichtig sind daher die Einwände, die auf die Risiken einer *Fehleinschätzung* einerseits und einer *Standardisierung des individuellen Willens* andererseits abstellen. Mit dem Abstellen auf die mutmaßliche Einwilligung bestehe die Gefahr, den Kranken nach den allgemein vorherrschenden Ansichten bzw. nach der Auslegung, die der jeweils Entscheidende ihnen gibt, zu behandeln und ihm damit nicht gewolltes aufzudrängen.[1230] Das ist ein dem Rechtsinstrument der mutmaßlichen Einwilligung immanenter Nachteil: Wenn es ungewiss bleibt, wie die Entscheidung des Betroffenen, hätte er im Zeitpunkt der Tat Stellung nehmen können, ausgefallen wäre, wird man dem Täter unterstellen müssen, dass der Betroffene so reagiert hätte, wie es gemeinhin als normal und vernünftig gilt.[1231] *Engisch* hat ausgeführt: „Das objektiv Vernünftige darf im Zweifelsfall auch als Inhalt des mutmaßlichen Willens des Patienten angesehen werden, wenngleich natürlich im Prinzip beim ‚mutmaßlichen Willen' an den individuellen mutmaßlichen Willen des Patienten gedacht werden soll und muss".[1232]

Doch aus der Unsicherheit des Zweifelsfalles dürfte nicht etwa gefolgert werden, die mutmaßliche Einwilligung sei prinzipiell keine zwingende Voraussetzung ärztlicher Entscheidung bei Entscheidungsunfähigkeit des Patienten.[1233] Vielmehr zwingt die Unsicherheit dazu, auf die Ermittlung der mutmaßlichen Einwilligung besonderen Wert zu legen. Es müssen dabei diejenigen Ermittlungsregeln gebildet werden, aufgrund derer die in der mutmaßlichen Einwilligung immanente Unsicherheit, das heißt ihre oft zweifelhaften Ergebnisse, gemindert werden. Dem gilt folgende Untersuchung.

[1229] Das Abstellen auf die mutmaßliche Einwilligung ist allerdings bei Menschen ausgeschlossen, die nie einwilligungsfähig gewesen waren, worauf *Schmitt*, JZ 1979, S. 462 (464) und *Merkel*, Früheuthanasie, 2001, S. 327 hinweisen. Dies sei der Fall bei Neugeborenen, sowie bei von Geburt an geistigbehinderten Menschen. Siehe auch *Schöne-Seifert*, Referat für den 63. DJT, S. K41 (K51); *Trück*, Mutmaßliche Einwilligung, 2000, S. 118

[1230] *Schreiber*, in: RA-Bundestag, Öffentliche Anhörung zum Thema Sterbehilfe, Prot. Nr. 51 v. 15.5.1985, 10 Wahlperiode 1983, S. 83 (95); *Dauster*, in: Wienke/Lippert (Hrsg.), Der Wille des Menschen zwischen Leben und Sterben, 2001, S. 87 (99).

[1231] *Stratenwerth*, AT I, § 9 Rn. 40.

[1232] *Engisch*, in: Eser (Hrsg.), Suizid und Euthanasie, 1976, S. 312 (318).

[1233] So aber *Burchardi*, in: FS-Deutsch 1999, S. 477 (488). Kritisch auch *Laufs*, NJW 1998, S. 1750 (1753): „Der mutmaßliche Wille bleibt ein hypothetisches Konstrukt, das den Grundauftrag des Arztes, Leben zu erhalten, jedenfalls nicht abschwächen darf".

c. Ermittlung der mutmaßlichen Einwilligung

In den Grundsätzen der Bundesärztekammer zur ärztlichen Sterbebegleitung wird für den Fall der Entscheidungsunfähigkeit des Patienten die Beachtung des mutmaßlichen Willens des Patienten hervorgehoben: „Der Arzt hat den mutmaßlichen Willen aus den Gesamtumständen zu ermitteln".[1234] Das Abstellen auf die „Gesamtumstände" ist aber präzisionsbedürftig.

Bei der Ermittlung der mutmaßlichen Einwilligung sind mündlich oder schriftlich ausgedrückte individuelle Interessen, Wünsche, Bedürfnisse und Wertvorstellungen des Betroffenen zu berücksichtigen.[1235] Dazu gehören Patientenverfügungen, andere schriftliche Erklärungen sowie Aussagen von Bezugspersonen des Betroffenen. Die Einstellung des Patienten könnte auch aus seinen religiösen Überzeugungen oder aus seinem Verhaltensmuster unter Berücksichtigung früherer Entscheidungen über seine eigene medizinische Behandlung hergeleitet werden.[1236] Lässt sich feststellen, dass der betreffende Kranke in gesunden Tagen religiös ausgerichtet war, so wird die Ansicht vertreten, dass offizielle Stellungnahmen und Verlautbarungen der Kirche zu Fragen der Behandlungsbeschränkung herangezogen werden können.[1237] Doch ist hier Zurückhaltung geboten: Allein aus der Lehre und den offiziellen Stellungnahmen einer Religion dürfte meines Erachtens nicht auf die subjektive Einstellung des Patienten gefolgert werden. Wichtig erscheint die Ermittlung des Verhaltensmusters des konkreten Patienten. Angehörige oder nahestehende Personen können bei der Ermittlung der mutmaßlichen Willens Informationen über die besondere Einstellung und Haltung des Patienten wiedergeben.[1238] Dem Einwand, Angehörige können dabei eigene Interesse verfolgen bzw. wegen der Schuldgefühle oder vermeintlicher moralischer Verpflichtungen sei eine patientenorientierte Informationsweitergabe mit Vorbehalt zu begegnen,[1239] wird dadurch Rechnung getragen, dass Bezugspersonen hier als Ermittlungsgehilfen angesehen werden. Die von ihnen gegebenen Informationen dienen als Indiz. Die Heranziehung von Bezugspersonen ist aber unverzichtbar, will man zur Ermittlung des mutmaßlichen Willens gelangen. Denkbar wäre hierbei auch die Heranziehung des Vertrauens- bzw. des Hausarztes des Patienten.

Objektive Kriterien, insbesondere die Beurteilung der Maßnahme als gemeinhin vernünftig oder normal, sowie die Interessen eines verständigen Patienten haben

---

[1234] *Grundsätze der BÄK zur ärztlichen Sterbebegleitung*, NJW 1998, S. 3406 (3407, Punkt IV).

[1235] BGH St 35, 246 (249); BGH St 40, 257 (263); BGH St 45, S. 219 (221).

[1236] in re Conroy, 98 N.J. 321, 486 A. 2d 1209 (Supreme Court of New Jersey, 1985).

[1237] *Kolb*, European Journal of Geriatrics 2001, S. 7 (10).

[1238] Schönke/Schröder/*Eser*, § 223 Rn. 38; *Lilie*, in: Wienke/Lippert (Hrsg.), Der Wille des Menschen zwischen Leben und Sterben, 2001, S. 75 (82).

[1239] *Burchardi*, in: FS-Deutsch 1999, S. 477 (487).

bei der Ermittlung der mutmaßlichen Einwilligung keine eigenständige Bedeutung.[1240] Somit ist auch die Zielsetzung des ärztlichen Auftrages kein hier allein maßgebender Anhaltspunkt.

d. Das Abstellen auf „allgemeine Wertvorstellungen"

Wenn jegliche Vorsorgemaßnahme fehlt und die Einstellung bzw. der mutmaßliche Wille des entscheidungsunfähigen Patienten in Bezug auf die relevanten ärztlichen Maßnahmen nicht ermittelt werden kann, dann kann nicht auf das Selbstbestimmungsrecht des Patienten als Entscheidungsgrundlage zurückgegriffen werden. In einem solchen Fall von Ermittlung des mutmaßlichen Willens aufgrund allgemeiner Wertvorstellungen oder medizinischer Befunde zu sprechen, wäre verfehlt.[1241] Deshalb sieht man sich in einem solchen Fall gezwungen, auf konsensfähige bzw. allgemeine Kriterien abzustellen, nach denen die Entscheidung im konkreten Fall zu treffen ist.

So führte der BGH im Jahr 1994 an, wenn sich bei der Prüfung konkrete Umstände für die Feststellung des individuellen mutmaßlichen Willens nicht finden ließen, so könne und müsse „auf Kriterien zurückgegriffen werden, die allgemeinen Wertvorstellungen entsprechen".[1242] Zurecht weist *Schreiber* darauf hin, dass hier im Ergebnis praktisch auf das abgehoben wird, was „man" annimmt, das „man" wollen würde.[1243] Der BGH führt fort: „Dabei ist jedoch Zurückhaltung geboten; im Zweifel hat der Schutz menschlichen Lebens Vorrang vor persönlichen Überlegungen des Arztes, des Angehörigen oder einer anderen beteiligten Person." Somit hat das Gericht hier ein „in dubio pro Vita" Grundsatz entwickelt. Der BGH spricht in seinem neuen Beschluss vom Fehlen verbindlicher oder allgemeiner Wertmaßstäbe in der Diskussion um die Zulässigkeit und die Grenzen der Sterbehilfe.[1244] Im Bereich der ärztlichen Versorgung sollten meines Erachtens fragliche Wertvorstellungen keine Kriterien mit deren Hilfe ärztliche Entscheidungen bei fehlender Ermittlung des individuellen Patientenwillens getroffen werden könnten. Ausschließlich medizinische Kriterien sollten hier als ultimum refugium in Betracht kommen. Alles andere wäre sachfremd.[1245] Abzulehnen ist daher auch das Abstellen auf die „allgemeinen Vor-

---

[1240] BGH St 40, 257 (263); BGH St 45, S. 219 (221).

[1241] *Brückner*, in: Wienke/Lippert (Hrsg.), Der Wille des Menschen zwischen Leben und Sterben, 2001, S. 139 (146); *Alberts*, NJW 1999, S. 835 (836); *Schöne-Seifert*, Referat für den 63. DJT, 2000, S. K41 (K53).

[1242] BGH St 40, 257 (263).

[1243] *Schreiber*, in: 50 Jahre BGH, 2000, S. 503 (523). Kritisch auch *Dörner*, ZRP 1996, S. 93 (95 f.); *Dauster*, in: Wienke/Lippert (Hrsg.), Der Wille des Menschen zwischen Leben und Sterben, 2001, S. 89 (100).

[1244] BGH, NJW 2003, S. 1588 (1591).

[1245] Sachfremd sind meines Erachtens die Konkretisierungsmaßstäbe, die *Coeppicus*, NJW 1998, S. 3381 (3385) anführt.

stellungen menschenwürdigen Lebens“, das sich als sachfremd erweist. Zudem würde in den hier einschlägigen Fällen der fehlenden Ermittlung der mutmaßlichen Einwilligung das Menschenwürdeargument die eigentliche Indikationsfrage als begründete ärztliche Entscheidung in den Hintergrund rücken. In solchen Fällen wird vielmehr vorgeschlagen, mit den „Grundsätzen“ der Bundesärztekammer auf die ärztliche Indikation abzuheben.[1246] Auch der BGH hat schon im Jahre 1994 die Bedeutung der ärztlichen Indikation hierbei hervorgehoben, wenn auch nur begrenzt: „Im Einzelfall wird die Entscheidung naturgemäß auch davon abhängen, wie aussichtslos die ärztliche Prognose und wie nahe der Patient dem Tode ist: je weniger die Wiederherstellung eines nach allgemeinen Vorstellungen menschenwürdigen Lebens zu erwarten ist und je kürzer der Tod bevorsteht, um so eher wird ein Behandlungsabbruch vertretbar erscheinen“.[1247] Von einem objektiv zu mutmaßenden Willen des Betroffenen hier zu sprechen,[1248] wäre meines Erachtens verfehlt. Es ist kein Grund ersichtlich, aus welchem auf dieser Ebene, also wenn der mutmaßliche Wille nicht ermittelt werden kann, auf die medizinische Indikation, insbesondere auf den Gesichtspunkt der fehlenden Wirksamkeit der angewendeten bzw. anzuwendenden Maßnahme nicht abzustellen und stattdessen via Objektivierung des Patientenwillens Misstrauen gegenüber Ärzten auszudrücken.[1249]

D. Die Problematik der Einstellung der Nahrungszufuhr und der Flüssigkeitszufuhr

I. Ernährungs- und Hydratationsprobleme in der Palliativmedizin

1. Ernährungsprobleme als Leidzustände

Ernährungsprobleme sind bei der palliativmedizinischen Behandlung von Schwerstkranken und Sterbenden ein häufiges Phänomen: Schluckstörungen, Anorexie (Appetitlosigkeit), Kachexie (schwerer Muskelschwund und Gewichtverlust) sind Erscheinungsbilder dieses Problems.

Schluckstörungen (Dysphagie) treten bei 30 % der Betroffenen nach Schlaganfällen auf.[1250] Appetitlosigkeit und Gewichtsverlust sind Leitsymptome aller schweren Erkrankungen.[1251] Ernährungsstörungen gehören zu den häufigsten

---

[1246] *Schreiber*, a.a.O.; *Opderbecke/Weißauer*, MedR 1998, S. 395 (397); *Weißauer/Opderbecke*, MedR 1995, S. 456 (461)

[1247] BGH St. 40, 257 (263).

[1248] So aber der BGH, NJW 2003, S. 1588 (1591) m.w.N.

[1249] Nach *Höfling/Rixen*, JZ 2003, S. 885 (893) gehe es beim objektiv zu mutmaßenden Willen um eine bloße „Willensfiktion“.

[1250] Sven-David *Müller*, Geriatrie Journal 2000, S. 32.

[1251] *Ollenschläger*, ZaeFQ 2000, S. 575.

Komplikationen onkologischer Erkrankungen.[1252] Von Anorexie und Kachexie sind häufig auch AIDS-Patienten betroffen.[1253] Im fortgeschrittenen Stadium der Demenz sind schwere Probleme mit der Nahrungszufuhr die Regel: Viele Patienten werden appetitlos, verlieren das Durstgefühl und verweigern die Nahrung; das normalerweise harmonische Ineinandergreifen von Kau- und Schluckakt wird im typischen Fall einer fortgeschrittenen Demenz gestört sein;[1254] Demenzkranke können vergessen, dass sie Essen im Mund haben, sie können sich verschlucken oder einen Erstickungsanfall bekommen.[1255] Solche Ernährungsprobleme sollen durch den Einsatz medizinischer und pflegerischer Interventionen, welche unter dem gemeinsamen Nenner „künstliche Ernährung" subsumiert werden, gelöst werden: Eine „künstliche Ernährung" soll dazu beitragen, das Körpergewicht, die Abwehrfunktionen und die Lebensqualität des Patienten zu erhalten.[1256] Doch kann der Sinn der „künstlichen Ernährung" als Hilfe für den Betroffenen dann fraglich werden, wenn diese Ziele nicht mehr zu erreichen sind und hinzu kommt, dass ihre Wirkungen und Nebenwirkungen für den Patienten einen „Leidenzustand" darstellen.

2. Formen „künstlicher Ernährung"

Bei der künstlichen Ernährung wird zwischen zwei Formen der Ernährung unterschieden.[1257] Gemeinsames Element beider Formen stellt die Unfähigkeit des Patienten zur physiologischen Nahrungsaufnahme dar.[1258] Es wird vermutet,

---

[1252] *Ollenschläger*, in: Hankemeier/Schüle-Hein/Krizanits (Hrsg.), Tumorschmerztherapie, 2001, S. 295; *Herrmann* et al., Zentralbl Chir 1999, S. 573.

[1253] *WHO*, Symptomatische Therapie bei unheilbaren Krankheiten, 1998, S. 9.

[1254] Muriel *Gillick*, Journal of Medical Ethics 2001, S. 12. *Kolb*, European Journal of Geriatrics 2001 S. 7 (9) weist darauf hin, dass Demenzkranke unter Umständen fixiert werden müssen.

[1255] Ria *Jesper*, Pflege Aktuell 1998, S. 676.

[1256] *Herrmann* et al., Zentralbl Chir 1999, S. 573.

[1257] *Pschyrembel*, Klinisches Wörterbuch, S. 432, wonach zu der künstlichen Ernährung auch die Säuglingsernährung ohne Muttermilch gehört, die aber im Kontext nicht relevant ist.

[1258] A.a.O. Allerdings kann die künstliche Ernährung in Form der Sondenernährung auch dann in Betracht kommen, wenn der Patient zur physiologischen Nahrungsaufnahme fähig ist. Dies geschieht zur Pflegeerleichterung wegen dem im konkreten Fall zeitaufwendigen Füttern des Patienten. In diesem Fall versteht sich die Sondenernährung als eine durch eine ärztliche Maßnahme unterstützte unverzichtbare Pflegeleistung: *Wuermeling*, EthikMed 1997, S. 91 (97). Wenn aber hierbei die reine medizinische Indikation (Unfähigkeit zur bzw. Störungen bei physiologischer Nahrungsaufnahme) nicht vorliegt, stellt der Zeitaufwand an sich keinen hinreichenden Grund dar, einen ärztlichen Eingriff zu begründen. Dass die Sondierung als Unterstützungsmittel einer nach *Wuermeling* pflegerischen Maßnahme benutzt wird, nimmt der Sondierung nicht den Charakter eines ärztlichen Eingriffs ab. Auf die informierte Zustimmung des Patienten sollte also in diesem Fall besonders geachtet werden. Die Sondenernährung muss für den Patienten und nicht für das Pflegepersonal eine optimalere Maßnahme darstellen. Dies könnte der Fall sein, wenn die Risiken der oralen Ernährung im konkreten Fall (nicht zuletzt wegen des Zeitmangels der Pflegekräfte, der aber auf die *konkreten*

dass die Entscheidung zur Sondenernährung insbesondere in der Pflegeheimsituation oft eher praktische Gründe hat. Die künstliche Ernährung soll danach das zeitaufwendige Füttern des pflegebedürftigen Patienten ersetzen. Das führe zur Aufgabe jeglicher weiterer Versuche der oralen Nahrungszuführung und zum Wegfall der Stimulanz des Kau- und Schluckappatates des Patienten. Der Patient verliere zudem den mit der Fütterprozedur verbundenen sozialen Kontakt und werde isoliert.[1259] Dass hierin ein Problem sowohl des Pflegesystems als auch der familiärischen Bindungen der modernen Gesellschaft zu sehen ist, kann an dieser Stelle dahingestellt bleiben. In der Regel betrifft die Problematik der Einstellung der künsltichen Ernährung nicht diese Fälle; denn in diesen Fällen ersetzt die künstliche Ernährung keine vitale Funktion, sondern sie wird aus praktischen Gründen als unterstützende, pflegerische Maßnahme verwendet. Doch führt allmählich auch eine unterstützende Maßnahme wie bereits erörtert zur Unmöglichkeit der physiologischen Nahrungsaufnahme, so dass die Frage der Einstellung der nunmehr lebenserhaltenden künstlichen Ernährung gestellt werden kann.

Die erste Form der künstlichen Ernährung stellt die enterale Nahrungszufuhr dar: Sie wird auch Sondenernährung genannt, weil die Ernährung mittels Sonden (Nase- bzw. Magensonde) erfolgt. Eine künstliche enterale Ernährung ist bei intaktem Magen-Darmtrakt und gestörter Nahrungsaufnahme indiziert; dies ist häufig bei bewusstlosen Patienten oder Schluckstörungen der Fall.[1260] Auch Patienten, bei denen ein persistierender vegetativer Status diagnostiziert wurde, sind in der Regel an eine Nahrungs- und Flüssigkeitszufuhr über eine Nasensonde oder PEG (Percutane Endoskopische Gastrostomie) gebunden.[1261] Art und Häufigkeit der Komplikationen während der enteralen Ernährung hängen von der Grundkrankheit, dem Zugangsweg und dem verwendeten Ernährungsregime ab.[1262] Die am meisten gefürchtete Komplikation der enteralen Ernährung ist die Aspiration von Magensaft (das Eindringen von Magensaft in die Luftröhre oder Lunge) oder zugeführter Nahrung mit nachfolgender Aspirationspneumonie.[1263] In der einschlägigen Literatur wird darauf hingewiesen, dass PEG's bei älteren Patienten und bei Pflegeheimbewohnern das Risiko der Aspiration eher steigern als vermindern.[1264] Die Beendigung dieser Form künstlicher Ernährung führt

---

Schwierigkeiten der oralen Ernährung beruhen muss) die Risiken der Sondenernährung überwiegen.

[1259] *Hubert-Fehler/Hollmann*, Deutsches Ärzteblatt 1998, S. A-805 (A-808); von *Herz* et al., Aktuel Ernaehr Med 2000, S. 77 (79); *Kolb*, European Journal of Geriatrics 2001, S. 7 (9). Kritisch zu dieser Praxis *Eibach*, MedR 2002, S. 123 (127).

[1260] *Hermann* et al., Zentralbl Chir 1999, 573 (576).

[1261] *Schmidt/Madea*, MedR 1998, S. 406 (407).

[1262] *Felbinger/Suchner*, Anästhesiologie und Intensivmedizin 2000, S. 206 (217).

[1263] *Felbinger/Suchner*, a.a.O.

[1264] *Kolb*, European Journal of Geriatrics 2001, S. 7 (8) m.w.N.

gewöhnlich innerhalb von 10 bis 14 Tagen zum Tod, wobei als Todesursache Dehydrierung und Elektrolytstörungen gegenüber der Malnutrition stehen.[1265]

Als zweite Form der künstlichen Ernährung ist die parenterale Ernährung mit intravenöser Nahrungszufuhr zu nennen. Die Frage nach der parenteralen Ernährung stellt sich, wenn der Patient enteral nicht oder nicht ausreichend zu ernähren ist.[1266] Dabei unterscheidet man die „vollständige" oder „totale parenterale Ernährung" (TPE) von der „partiellen parenteralen Ernährung" (PPE).[1267] Bei der parenteralen Ernährung stellen Katheterkomplikationen eine wesentliche, limitierende Gefahrenquelle dar.[1268] Für eine dauerhafte Nahrungszufuhr ist die Form der parenteralen Ernährung nicht indiziert.[1269] Im Vergleich zu der parenteralen Ernährung ist die enterale Ernährung technisch einfacher, billiger, sicherer und genauso effektiv.[1270]

3. Problematik der „künstlichen Ernährung" in der Palliativmedizin

Schwerkranke Patienten, bei welchen Ernährungsprobleme diagnostiziert werden, leiden unter eingeschränkter Lebensqualität und haben eine erhöhte Morbidität z. B. Pneumonie, Harnwegsinfekte, Wundheilungsstörungen.[1271] Das Fortsetzen der künstlichen Ernährung und Hydration könnte zu ernsten Beschwerden bei dem Patienten führen, wenn Überwässerung eintritt oder wenn der Patient fixiert werden muss.[1272] In der Regel wird auch bei Sterbenden per intravenöser Infusionsbehandlung für einen Wasser- und Elektrolytausgleich gesorgt. Fast alle im Krankenhaus versterbenden Patienten erhalten eine solche Behandlung bis zu ihrem Tod. Die immer wiederkehrende Begründung hierfür ist, dass der Patient in einen angenehmeren Zustand ohne Hunger und Durst gebracht werden soll.[1273] Oder es wird der Standpunkt vertreten, nicht nur die natürliche, sondern bedarfsweise auch die künstliche Ernährung sei – im Gegensatz zur künstlichen Beatmung – Teil der Grundversorgung des Kranken. Ein Nahrungsentzug bedeute das Vorenthalten eines elementaren menschlichen Bedürfnisses, oder – härter ausgedrückt – einen Kranken verhungern zu lassen sei mehr als der Verzicht auf ein differenziertes technisches Behandlungsverfahren.[1274] Solche Auf-

---

1265 *Schmidt/Madea*, MedR 1998, S. 406 (407).

1266 *Ollenschläger*, in: Hankemeier/Schüle-Hein/Krizanits (Hrsg.), Tumorschmerztherapie, 2001, S. 295 (307); *Arends*, in: Aulbert/Klaschik/Pichlmaier (Hrsg.), Ernährung und Flüssigkeitssubstitution, 2001, S. 14 (16): „bei schwerer Funktionsstörung des Dünndarms".

1267 *Ollenschläger*, a.a.O.

1268 *Hermann* et al. , Zentralbl Chir 1999, 573 (577); *Keller* et al., Zetralbl Chir 1996, S. 243 .

1269 *Müller-Bohlen/Paape*, BtPrax 2000, S. 183 f.

1270 *Herrmann* et al., a.a.O.; *Opderbecke/Weißauer*, MedR 1998, S. 395 (398).

1271 *Ollenschläger*, Der Internist 2000, S. 641 (642).

1272 *Howard Brody* et al., The New England Journal of Medicine 1997, S. 652.

1273 *Kolb*, European Journal of Geriatrics 2001, S. 7 (11).

1274 *Opderbecke/Weißauer*, Anästhesiologie und Intensivmedizin 1996, S. 42 (47).

fassungen entsprechen zwar dem Phänotyp der Nahrungs- bzw. Flüssigkeitszufuhr und ihrer symbolischen Bedeutung für Außenstehende, berücksichtigen aber wichtige Aspekte der Problematik nicht.

Als erstes ist das vorrangige Ziel von palliativmedizinischen Maßnahmen zu erwähnen, nämlich das Wohlbefinden des Patienten, das auch und gerade für ernährungstherapeutische Interventionen gilt.[1275] Auch wenn die Möglichkeit einer künstlichen Ernährung vorhanden ist, sollte von dieser nur dann Gebrauch gemacht werden, wenn sie dem Ziel der palliativmedizinischen Behandlung entspricht. Denn der therapeutische Plan wird hierbei nicht aufgrund des Vorhandenseins der Technologie, sondern aufgrund der gewünschten Ziele diktiert.[1276] Auch die Ernährungstherapie muss also dem Ziel der Bewahrung oder Steigerung der Lebensqualität bei Linderung des Leidens entsprechen.[1277] In dieser Allgemeinheit gibt aber dieser Satz noch nicht die Komplexität der relevanten Problematik wieder. Die Problematik der Sterbebegleitung in der Form der Nahrungs- Flüssigkeitszufuhr erschwert sich aus einem zusätzlichem Grund: Ernährungsprobleme bedürfen sowohl der medizinischen als auch der pflegerischen Intervention. Es stellt sich die Frage, ob die Durchführung der Ernährung bzw. Hydratation als ärztliche oder pflegerische Maßnahme anzusehen ist. Die Frage betrifft Konfliktfelder zwischen Arzt und Pflegekräften und bedarf der Untersuchung.

II. Kompetenzkonflikte bei der„künstlichen" Ernährung und Hydratation

Stationäre und ambulante Versorgung des Patienten ist heute nicht mehr ohne die Zusammenarbeit zwischen Ärzteschaft und Pflegschaft denkbar. Der Sachzwang zu wirkungsvoller Zusammenarbeit führt zu einer tatsächlichen Arbeitsteilung, die sowohl horizontal (z. B. die Zusammenarbeit zwischen Facharzt und Arzt für Allgemeinmedizin) als auch vertikal (z. B. die Zusammenarbeit zwischen Arzt und Pflegepersonal) erscheinen kann.[1278] Unklare Kompetenzen führen zu Konfliktfeldern, wobei die Frage, wer für welchen Vorgang zur Verantwortung gezogen werden kann, die rechtlich bedeutsame Frage darstellt. Strafrechtlich stellt sich das Problem, ob die Arbeitsteilung auch eine Verantwortungsteilung zur Folge hat oder aber eine „Verantwortungsvervielfachung" durch Aufsichts-, Kontroll- und Organisationspflichten in bestimmtem Umfang Platz greift.[1279] Es herrschen die Grundsätze der Teilbarkeit der Verantwortung und des Vertrauens. Der Vertrauensgrundsatz besagt, dass der eine Beteiligte

---

1275 *Ollenschläger*, ZaeFQ 2000, S. 575 (576).
1276 *Howard Brody* et al., The New England Journal of Medicine 1997, S. 652.
1277 *Kastrinaki*, Hellenic Oncology 2000, S. 81 (84) [gr.].
1278 *Wilhelm*, MedR 1983, S. 45 (46); *Ulsenheimer*, Arztstrafrecht in der Praxis, 1998, Rn. 141.
1279 *Ulsenheimer*, a.a.O., Rn. 140.

darauf vertrauen kann, dass der andere Beteiligte seine Aufgabe beherrscht und seine Verantwortung wahrnimmt.[1280] Das größte Problem liegt dabei in der Schwierigkeit der scharfen Trennung der Kompetenzen in bestimmen Bereichen der Behandlung, was dazu führt, dass sich auch die Verantwortungsbereiche im Einzellfall nicht klar bestimmen lassen. Eine solche Schwierigkeit birgt auch die Frage nach der Zuordnung der künstlichen Ernährung.[1281] Ist sie als pflegerische oder als ärztliche Maßnahme anzusehen? Die Antwort auf diese Frage setzt eine kurze Darstellung der Kompetenzen im Bereich der Pflege voraus.

Der Bereich der Grundpflege umfasst alle Unterstützungsmaßnahmen, welche dem Patienten regelmäßig wiederkehrende Verrichtungen des Alltags ermöglichen.[1282] Im § 14 IV SGB XI wird der Begriff der Grundpflege präzisiert. Er umfasse unter anderem im Bereich der Ernährung das mundgerechte Zubereiten oder die Aufnahme der Nahrung; das Füttern des Patienten, der nicht selbstständig essen und trinken kann; die körperliche Reinigung, die Mundpflege und die Entfernung von Exkrementen gehören zu den Pflegeleistungen.[1283] Zu der einfachen Behandlungspflege gehören diejenigen Maßnahmen, welche mit der Behandlung des Patienten in einem engen Zusammenhang stehen, ohne aber eine ärztliche Tätigkeit zu erfordern. Hier ist etwa die Überwachung von Puls oder Körpertemperatur zu nennen. Um Maßnahmen der spezifischen Behandlungspflege handelt es sich hingegen, wenn deren Durchführung wegen ihres engen Zusammenhangs mit dem Therapiekonzept oder wegen ihrer Auswirkungen auf die körperliche Integrität des Patienten die ärztliche Intervention erfordert. Die ärztliche Intervention beinhaltet diejenigen Maßnahmen, welche der Arzt selbst durchführt oder welche nach seiner Anordnung und unter seiner primären Verantwortung durchzuführen sind.[1284] Insbesondere kommt hierbei die sogenannte künstliche Ernährung als Gegenstück der oralen Ernährung in Betracht. Die künstliche Ernährung zählt zu den invasiven chirurgischen Maßnahmen, wird von Medizinern angeordnet und von professionell Pflegenden bzw. angeleiteten Pflegenden (oder Angehörigen) durchgeführt.[1285] Sie unterliegt infolgedessen auch den dafür geltenden Anordnungs- und Durchführungsstandards. Jede durch die Pflegekräfte vorgenommene Maßnahme in diesem Bereich muss also durch ärztliche Anordnung gedeckt sein, weil die Pflegekraft hier ihre Kompetenz vom Arzt ableitet.[1286] Den Arzt trifft die Pflicht, die notwendigen Maßnahmen anzuordnen und dafür zu sorgen, dass sie sachgerecht durchgeführt werden. Die Rede ist von „Anordnungsverantwortung". Demgegenüber trifft die Pflegekraft die

---

[1280] Vgl. *Ulsenheimer*, a.a.O., Rn. 144.
[1281] Vgl. *Opderbecke*, MedR 1996, S. 542 (544).
[1282] *Rosenau*, Arztrecht 2000, S. 268 (269).
[1283] *Wuermeling*, EthikMed 1997, S. 91 (96).
[1284] *Wuermeling*, a.a.O.
[1285] *Jesper*, Pflege Aktuell 1998, S. 676 (678).
[1286] *Rosenau*, Arztrecht 2000, S. 268 (271).

Pflicht, die vom Arzt angeordneten Maßnahmen fachgerecht durchzuführen. Die Rede ist hier von „Durchführungsverantwortung". In dieser Fallkonstellation geht es um die vertikale Arbeitsteilung. Ein Wesensmerkmal dieser vertikalen Arbeitsteilung ist, dass der rangniedrigere Mitarbeiter nicht bloß „erfüllungshalber" beauftragt wird, sondern die ihm übertragene Aufgabe infolge der Delegation als eigene zu erfüllen hat, solange der ranghöhere Arzt sie ihm nicht wieder entzieht.[1287]

Die Frage der Verantwortungsteilung im Bereich der speziellen Pflege kann sich auch bei Grundfragen der Strafbarkeitsvoraussetzungen als relevant erweisen. So ging es im Kemptener-Fall[1288] um die Anweisung des Arztes im Einvernehmen mit dem Betreuer an das Pflegepersonal, nach Aufbrauchen der vorhandenen Flaschennahrung[1289] die irreversibel hirngeschädigte Patientin nur noch mit Tee zu ernähren. Der Tod würde danach in kurzer Zeit zu erwarten sein. Die Pflegedienstleitung, die rechtliche Bedenken hatte, folgte aber der Anweisung nicht, sondern verständigte das Amtsgericht. Zu der Frage, ob die Angeklagten als mittelbare Täter eines versuchten Totschlags durch Unterlassen oder als Anstifter einer solchen anzusehen sind, nimmt der BGH wie folgt Stellung: Das Pflegepersonal habe das Ziel der Angeklagten erkannt – Tod der Frau innerhalb kurzer Zeit – und sollte diesen nach der Vorstellung der Angeklagten bewusst herbeiführen. Das äußere Tatgeschehen lege deshalb die Annahme einer Anstiftung auf der Seite der Angeklagten und Täterschaft allein auf der Seite des Pflegepersonals nahe. Dies würde der unterschiedlichen Rollenverteilung innerhalb der bestehenden Organisationsstruktur jedoch nicht gerecht. Angesichts der von ihnen in ihrer Eigenschaft als Betreuer bzw. als behandelnder Arzt in Anspruch genommenen Anordnungsbefugnis einerseits wie auch der untergeordneten, grundsätzlich weisungsgebundenen Rolle der eingeschalteten Hilfskräfte andererseits könne an dem subjektiven Kriterium des Täterwillens und der objektiven Voraussetzung der Tatherrschaft beider Angeklagten kein Zweifel bestehen.[1290] Der BGH folgt hier der Ansicht, wonach der vertikalen Arbeitsteilung ein Über- und Unterordnungsverhältnis zwischen Anordnendem und Angewiesenen innewohnt.[1291] In dieser Allgemeinheit kann allerdings dieser Ansicht nicht gefolgt werden, insbesondere kann aufgrund einer solchen Annahme eine Tatherrschaft der Anordnenden noch nicht bejaht werden. Vielmehr verlangt im vertikalen Bereich die sorgfaltsgemäße Aufgabenverteilung eine auf den Einzellfall abstellende individualisierende Betrachtung.[1292] Die Anweisung des Arztes und des

---

[1287] *Wilhelm*, MedR 1983, S. 45 (46).

[1288] BGH St 40, 257 ff.

[1289] Die Ernährung erfolgte bei der Patientin mittels einer Magensonde. Es ging daher um einen Fall der sogenannten künstlichen Ernährung.

[1290] BGH, a.a.O., S. 204 (206).

[1291] *Hahn*, NJW 1981, S. 1977 (1983).

[1292] *Peter*, Arbeitsteilung im Krankenhaus, 1992, S. 45.

Sohnes, nach Verbrauch der Nahrungsflasche die Nahrung auf Teezufuhr umzustellen, ist als Anweisung im Bereich der speziellen Pflege bei vertikaler Arbeitsteilung anzusehen. Hierbei trägt der Arzt die rechtliche Verantwortung für die Anordnung der jeweiligen Maßnahme, während die Verantwortung der Durchführung primär bei der Pflegeperson liegt, der sie übertragen ist.[1293] Entscheidungsbefugnisse werden dabei der Pflegeperson nicht übertragen.[1294] Dies entspricht auch der Andersartigkeit des Pfleger-Patienten-Verhältnisses: Über die Hinzuziehung des nichtärztlichen Personals muss weder der Patient aufgeklärt werden, noch muss er ausdrücklich in sie einwilligen.[1295] Das Pflegepersonal kann bezüglich der Indikation der Nahrungszufuhr oder ihr Kontraindikation keine eigene Entscheidung treffen. Hinzu kommt, dass nach dem Vertrauensgrundsatz das Pflegepersonal darauf vertraut, dass eine Anweisung über die Indikation bzw. Umstellung der künstlichen Ernährung zu folgen ist. Nur bei begründeten Zweifeln darf und muss das Pflegepersonal den Auftrag ablehnen. Erst recht gilt dies, wenn die Zweifel rechtlicher Natur sind, wie im vorliegenden Fall. Dass das Pflegepersonal im vorliegenden Fall die angeordnete Maßnahme nicht durchgeführt hat, kann aber nicht als Argument gegen das Vorliegen der vertikalen Arbeitsteilung und der daraus abgeleiteten Implikationen verwendet werden.[1296] Der Annahme einer mittelbaren Täterschaft steht hier aber entgegen, dass sich die Angeklagten in einem Verbotsirrtum bezüglich des Inhalts der Anweisung befanden. Es ist daher nicht nachvollziehbar, dass sie einen Verbotsirrtum des Pflegepersonals „bewusst hervorrufen“, über das Erlaubtsein „täuschen“ und einen Verbotsirrtum „ausnutzen“ wollten, sondern sie hielten vielmehr das Verhalten des Pflegepersonals für erlaubt.[1297]

In der Praxis soll die Kooperation zwischen Ärzten und Pflegenden im Bereich der Sterbebegleitung auch schon auf der Ebene der Entscheidungsfindung stattfinden. So wird in Griechenland die Entscheidung bezüglich der Ernährungsprobleme terminal Krebskranker durch interdisziplinäre Zusammenarbeit von

[1293] *Ulsenheimer*, Arztstrafrecht in der Praxis, 1998, Rn. 190.

[1294] *Peter*, Arbeitsteilung im Krankenhaus, 1992, S. 113; *Hahn*, NJW 1981, S. 1977 (1980): Die Diagnosestellung und die Erarbeitung des Therapieplans dürfte in nichtärztliche Hände nicht übertragbar sein.

[1295] *Steffen*, MedR 1996, S. 265.

[1296] So aber *Merkel*, ZStW 1995, S. 545 (555); *Rönnau*, JA 1996, S. 108 (112); *Roxin*, Täterschaft und Tatherrschaft, 2000, S. 612. Das Pflegepersonal hatte laut Sachverhalt die Maßnahme nur deshalb nicht durchgeführt, weil es Bedenken gegen die rechtliche Zulässigkeit der Maßnahme hatte. Denkbar wäre eine andere Haltung des Pflegedienstleiters gegenüber der Anweisung, zudem es sich vorliegend um einen Grenzbereich zwischen erlaubter Sterbebegleitung und Totschlag durch Unterlassen handelte.

[1297] *Vogel*, MDR 1995, S. 337 (339); *Roxin*, AT II, § 25 Rn. 89; *ders.*, Höchstrichterliche Rechtsprechung zum AT, 1998, S. 174; *ders.*, Täterschaft und Tatherrschaft, 2000, S. 612; *Merkel*, a.a.O., S. 545 (554 f.); vgl. zu der Problematik *Lilie*, in: FS-Steffen, 1995, S. 273 (286 ff.).

Facharzt, Psychiater, Pfleger und Physiotherapeut ermöglicht.[1298] Das entspricht dem Grundgedanken der Palliativmedizin, Entscheidungen über Therapiebeschränkungen unter Berücksichtigung von denjenigen Faktoren zu treffen, die für die individuelle Lebensqualität des Patienten wichtig sind. Ein richtiger Umgang mit Kalorien- und Flüssigkeitszufuhr wird durch die Kenntnis der Physiologie des Sterbeprozesses ermöglicht.[1299] In diesem Bereich haben Pflegekräfte besondere Erfahrung. Aus dieser Darstellung folgt, dass die Anordnung der künstlichen Ernährung als eine ärztliche Maßnahme, ihre Durchführung aber als pflegerische Maßnahme einzuordnen ist.

III. Die strafrechtliche Einordnung der Einstellung der „künstlichen" Ernährung und Hydratation

Relevant ist hier die Form der Behandlungsbegrenzung, also die Frage nach dem Umstellen bzw. Einstellen der Nahrungszufuhr. Ist die künstliche Ernährung eine Form ärztlicher Behandlung? Oder ist sie eher eine Basispflicht, die einem Patienten unter allen Umständen geschuldet wird?[1300]

Mit der Problematik des Abbruchs der Nahrungszufuhr bei einem nicht sterbenden Patienten wurde der BGH erstmals 1994 konfrontiert.[1301] Dabei handelte es sich um den versuchten Abbruch der Sondenernährung bei einer Patientin, welche zwei Jahre lang über eine Nasensonde und daraufhin wegen auftretenden Komplikationen ab Ende 1992 über eine Magensonde ernährt wurde.[1302] Der BGH stellte fest, dass ein Fall der sogenannten passiven Sterbehilfe nicht vorlag: Dafür müsste das Grundleiden des Kranken nach ärztlicher Überzeugung irreversibel sein, einen tödlichen Verlauf genommen haben und der Tod in kurzer Zeit eintreten werden. Insbesondere das Merkmal der unmittelbaren Todesnähe rechtfertige es, von Hilfe für den Sterbenden zu sprechen. In dem Fall also, in welchem der Sterbevorgang bereits eingesetzt habe, dürfe der Arzt auf ‚lebensverlängernde Maßnahmen' wie Beatmung, Bluttransfusion oder künstliche Ernährung verzichten. Im vorliegenden Fall habe aber der Sterbevorgang noch nicht eingesetzt. Die Patientin sei lebensfähig, so dass eine Sterbehilfe im ei-

---

[1298] *Kastrinaki*, Hellenic Oncology 2000, S. 81 (84) [gr.].

[1299] *Nager*, EthikMed 1998, Supplement I, S. S 14 (S 22).

[1300] *Weißauer/Opderbecke*, MedR 1995, S. 456 (461) drücken die Ambivalenz dieser Frage wie folgend aus: „Es ist eine Frage der persönlichen Auffassung, ob man die künstliche Ernährung zu den außergewöhnlichen medizinischen Maßnahmen rechnen will oder nicht". Selbst die Autoren dieses Aufsatzes vertreten hierzu unterschiedliche Meinungen.

[1301] BGH St 40, 256 ff.

[1302] Sie war auf künstliche Ernährung wegen Schluckunfähigkeit angewiesen. Die Schluckunfähigkeit beruhte auf ihrem schwersten Krankheitszustand.

gentlichen Sinne nicht vorliege. Vielmehr handele es sich um den Abbruch einer einzelnen lebenserhaltenden Maßnahme.[1303]

Der New Jersey Supreme Court hat in dem Fall Conroy die künstliche Ernährung zu den einwilligungsbedürftigen medizinischen Maßnahmen gezählt: Künstliche Ernährung sei ein medizinisches Verfahren mit Risiken und Nebeneffekten und werde von speziell ausgebildetem medizinischem Personal ausgeführt, um gestörte orale Funktionen zu überbrücken. Künstliche Ernährung sei deshalb mit künstlicher Beatmung gleichzusetzen, denn beide Maßnahmen verlängern das Leben auf künstlicher Weise, wenn der Körper nicht länger in der Lage ist, selbst diese vitale Körperfunktionen auszuführen.[1304]

Ähnlich seien nach *Roxin* Beatmung, Ernährung oder Medikamentenzuführung in solchen Fällen gleichermaßen notwendige und „künstliche" Formen der „Lebensverlängerung". Für ihre unterschiedliche Behandlung gäbe es keinen überzeugenden Grund. Jede denkbare Art und Weise des Behandlungsabbruchs wird von der Feststellung betroffen, dass bei etwa noch vorhandenem Schmerzempfinden eine schmerzfreie und möglichst schonende Form der Behandlungseinstellung gewählt werden müsse.[1305] Dem folgt im Grunde auch der BGH, wenn er den Nahrungsentzug dem Abbruch einer lebenserhaltenden Maßnahme zuordnet, ohne auf die Frage der Besonderheit der Maßnahme einzugehen. Der selben Ansicht folgen auch andere Gerichte. So hatte das LG Duisburg darüber zu entscheiden, ob der Antrag des Betreuers auf Abbruch der durch eine Magensonde durchgeführten Ernährung bei einer schwerstkranken, jedoch nicht bewusstlosen Tumor- und Demenzpatientin zu genehmigen war. Das Gericht hat die Genehmigung erteilt. In der Begründung werden Kriterien herangezogen, nach welchen die Entscheidung über den Abbruch der technischen Ernährung zu treffen ist: Es müsse eine Unfähigkeit des Patienten zur Willensäußerung, eine infauste Prognose und die Feststellung des mutmaßlichen Willens des Patienten vorliegen, nicht länger behandelt und künstlich ernährt zu werden, sondern dem natürlichen Gang der Dingen ihren Lauf zu lassen. Die Durchführung des Ernährungsabbruchs habe unter Ausschöpfung zumutbarer Linderungsmöglichkeiten so schonend wie möglich zu erfolgen. In Betracht kommen könne dabei sowohl die Gabe von schmerzlindernden Mitteln, als auch die zusätzliche Gabe von sedierenden und neuroleptischen Medikamenten.[1306] Der Auffassung des Gerichts, es handele hier um den Abbruch einer intensivmedizinischen Maßnahme,[1307] ist

[1303] Der BGH führt dann fort, dass ein Behandlungsabbruch bei entscheidungsunfähigen noch nicht sterbenden Patienten auch dann zulässig sein kann, wenn er der mutmaßlichen Einwilligung des Patienten entspricht.

[1304] *Füllmich*, NJW 1990, S. 2301.

[1305] *Roxin*, in: Roxin/Schroth (Hrsg.), Medizinstrafrecht, 2001, S. 93 (109).

[1306] LG Duisburg, NJW 1999, S. 2744 (2745).

[1307] LG Duisburg, a.a.O. Zutreffend: OLG Düsseldorf, NJW 2001, S. 2807.

jedoch zu widersprechen. Es dürfte daher als überwiegende Auffassung gelten, dass die künstliche Ernährung unter Umständen nicht als eine unverzichtbare Maßnahme der Basispflege anzusehen ist.[1308]

Dagegen will *Merkel* den Nahrungsentzug in eine besondere Kategorie einordnen. Mit dem Nahrungsentzug werde eine ganz neue, von der Krankheit unabhängige Kausalität in Gang gesetzt, die zum Tode führe.[1309] Die Frage der Einstellung der Nahrungszufuhr könne denn auch bei einem Apalliker gestellt werden, dessen Schluck- und Saugreflexe noch funktionieren: In diesem Fall würde es um die Einstellung der gegebenenfalls mühsamen oralen Ernährung gehen.[1310] Ob die Ernährung „künstlich" oder „natürlich" erfolge, spiele dabei keine besondere Rolle. Daraus folge, dass eine solche Form der Todesherbeiführung nicht als ein Sterbenlassen im Sinne des Zulassens eines „naturkausal" angelegten tödlichen Krankheitsverlaufs zu beurteilen sei. Vielmehr sei sie als Suizid zu beurteilen, wenn sie auf den wirklichen und eigenverantwortlichen Entschluss des Patienten zurückginge. Wenn der BGH auf den mutmaßlichen Willen der irreversibel bewusstlosen Patientin abstelle und die Entscheidung über den Nahrungsentzug von diesem Willen abhängig mache, dann gestatte er die stellvertretende Umsetzung eines sogar nur mutmaßlichen Suizidentschlusses der Patientin durch das Klinikpersonal.[1311] Dieser Ansicht ist nicht zu folgen. Die künstliche Ernährung ist eine lebenserhaltende Maßnahme angesichts eines Krankheitszustands, aufgrund dessen sich ihr Einsatz als sachgemäß und erforderlich in concreto erweist. Ihre Einstellung ist daher in Bezug auf die Kausalität nicht anders zu behandeln als andere lebenserhaltende Maßnahmen. Auch die Gleichstellung des Patientenwillens, der auf die Einstellung der künstlichen Ernährung gerichtet ist, mit dem Suizidwillen dürfte in dieser Allgemeinheit nicht zutreffen.[1312] Daher ist der Nahrungsentzug dem Abbruch einer lebenserhaltenden Maßnahme zuzuordnen. Diese Einordnung bedeutet aber nicht, dass die Pflicht zur Nahrungs- bzw. Flüssigkeitszufuhr keine Besonderheiten aufweist. Ihnen gilt die folgende Darstellung.

IV. Die Grenzen der Pflicht zur „künstlichen" Nahrungs- und Flüssigkeitszufuhr

Bis 1997 gab es keine Standards oder Studien, die dem behandelnden Arzt eine klare Anleitung zum Umgang mit der Flüssigkeitszufuhr in der Terminalphase

---

[1308] Für diese Ansicht auch *Uhlenbruck*, NJW 2003, S. 1710 (1711); *Koch*, in: Holderegger (Hrsg.), Das medizinisch assistierte Sterben, 1998, S. 297 (310); *Taupitz*, NJW 2000, Beilage zu Heft 25, S. 6 (8); *von Lutterotti*, WMW 1996, S. 59 (61).
[1309] *Merkel*, Früheuthanasie, 2001, S. 333.
[1310] *Merkel*, ZStW 1995, S. 545 (563).
[1311] A.a.O.
[1312] Vgl. hierzu Erster Teil, unter C IV 3.

geben könnten.[1313] Die Unklarheit in Bezug auf die Ernährungsproblematik insbesondere bei irreversibel bewusstlosen Patienten wurde 1997 dadurch verschärft, dass im Entwurf der BÄK die „natürliche Ernährung“ Teil der Basispflege darstellte. Die Basispflege umfasse danach Zuwendung, Körperpflege, Schmerzlinderung, Freihalten der Atemwege, Flüssigkeitszufuhr und natürliche Ernährung.[1314] Insbesondere bei der Ernährungsfrage war nicht deutlich, was unter „natürlich“ zu verstehen war. Darunter konnte verstanden werden, dass der Patient die angebotene Nahrung selbstständig schlucken kann oder, dass die Nahrungsbestandteile aus dem Magen-Darm-Trakt resorbiert werden, wie dies bei der Nahrungszufuhr mitteis Nasensonde oder PEG der Fall ist.[1315] Das letztere würde dem im ärztlichen Bereich geläufigen Gebrauch der Bezeichnung „künstliche Ernährung“ insofern widersprechen, als unter künstlicher Ernährung auch die Sondenernährung zu verstehen ist.

Angesichts dieser Unklarheiten wurde später auf die Bezeichnung „natürliche Ernährung“ verzichtet: Erstmals in den Grundsätzen der BÄK zur ärztlichen Sterbebegleitung von 1998 wurde der Ausdruck „Stillen von Hunger und Durst“[1316] als Teil der Basisbetreuung verwendet, worauf auch die neue Fassung der Grundsätze von 2004 abstellt.[1317] Diese Bezeichnung ist von großer Bedeutung. Es wird nunmehr nicht nur auf einen metabolischen Energie- oder Flüssigkeitsmangel abgestellt, um die Indikation zu der angemessenen Ernährungstherapie zu stellen. Vielmehr wird auf Hunger und Durst als subjektiv vom Patienten empfundene Phänomene abgestellt.[1318] Dadurch soll eine Subjektivierung der Indikationsstellung erreicht werden. In Griechenland besteht soweit ersichtlich keine klare Entscheidung der Ärzteschaft über den Entzug der Nahrungs- bzw. Flüssigkeitszufuhr. Den relevanten Quellen ist zu entnehmen, dass der Abbruch dieser Maßnahme nicht zum Verhungern oder Verdursten des Patienten führen soll.[1319]

[1313] *Eychmüller*, Der Schmerz 2001, S. 357.

[1314] Entwurf der Richtlinie der Bundesärztekammer zur ärztlichen Sterbebegleitung und den Granzen zumutbarer Behandlung, Teil II, Nr. 1, a.a.O.

[1315] *Wuermeling*, EthikMed 1997, S. 91 (96); *Opderbecke/Weißauer*, MedR 1998, S. 395 (399); *Bobbert/Werner*, EthikMed 1997, S. 209 (216).

[1316] Präambel der *Grundsätze der BÄK zur ärztlichen Sterbebegleitung* - 1998, NJW 1998, S. 3406.

[1317] Präambel der *Grundsätze der BÄK zur ärztlichen Sterbebegleitung* - 2004, abrufbar unter: http://www.bundesaerztekammer.de/30/Richtlinien/Empfidx/Sterbebegl2004.pdf [Stand: 31.05.2004].

[1318] *Beleites*, Deutsches Ärzteblatt 1998, S. A-2365 (A-2366); *Wuermeling*, EthikMed 1997, S. 91 (96).

[1319] Vgl. *Michaloudis* et al., in: 8th Congress of Intensive Care Medicine, 1995, S. 455 (457).

In beiden Ländern orientiert man sich am Einzellfall. Extrempositionen, wonach keiner oder jeder Patient in der terminalen Phase mit künstlicher Flüssigkeit zu versorgen ist, werden als nicht tragfähig gehalten.[1320] So gehöre die künstliche Ernährung mittels einer Magensonde nach einer Auffassung „gewiss nicht zu der so genannten Basisbetreuung“,[1321] während sie nach anderer Auffassung als eine unverzichtbare pflegerische Maßnahme anzusehen ist.[1322] Beiden Ansichten ist in dieser Allgemeinheit nicht zu folgen. Eine Basispflicht zum Stillen des Hungers und des Durstes ist nicht immer mit dem Fortsetzen einer künstlichen Nahrungs- bzw. Flüssigkeitszufuhr gleichzusetzen.

Im medizinischen Schrifttum wird oft auf der Basis des subjektiven Empfindens argumentiert, um die Häufigkeit einer Kontraindikation des Fortsetzens der künstlichen Ernährung bzw. Hydratation zu begründen: Sterbende oder terminal Kranke *empfinden* wenig – wenn überhaupt – somatisches Unbehagen bei Abbrechen der künstlichen Nahrungs- und Flüssigkeitszufuhr, vielleicht wegen der Auslösung von endogenen Opioiden.[1323] Eine Dehydratation sei nicht unbedingt gleichzusetzen mit Durst. Die bisherigen klinischen „Paradeparameter“ für De-Hydratation wie trockene Haut und Schleimhäute, sowie Tachykardie werden in ihrer Relevanz für die Einschätzung des subjektiven Durstgefühls in der jüngeren Literatur stark angezweifelt.[1324] Erfahrene Ärzte und Pfleger betonen, dass selbst schwere Dehydrationszustände bei terminal Kranken praktisch niemals mit Schmerzen oder unangenehmen Empfindungen einhergehen.[1325] Die „Qual des Durstes“ werde dabei nicht empfunden, oder wenn Durstgefühl auftrete, so könne dies zumeist auf eine unzureichende Mundschleimhautpflege zurückgeführt werden.[1326] Treffen diese Daten zu, dann dürfte ein nur extern beobachtendes „Verhungern“ bzw. „Verdursten“ kein maßgebendes Kriterium bei der Entscheidung für oder gegen die Nahrungs- bzw. Flüssigkeitszufuhr sein. Doch haben sich Befunde, die den Schluss zulassen, dass die Dehydration ein natürlicher, den Sterbevorgang eher erleichternder Prozess sei, in der Praxis nicht durchgesetzt.[1327] Jedenfalls fehlen harte Fakten für oder gegen die Hydration in der Terminal- und Finalphase.[1328]

1320 *Arends*, in: Aulbert/Klaschik/Pichlmaier (Hrsg.), Ernährung und Flüssigkeitssubstitution, 2001, S. 14 (18).

1321 *Scheffen*, ZRP 2000, S. 313 (315).

1322 *Eibach*, MedR 2000, S. 10 (15); *Schmidt/Madea*, MedR 1998, S. 406 (408); *Anschütz*, MedR 1985, S. 17 (20) und *Hiersche*, in: FS-Hanack, 1999, S. 697 (707 ff.) bezüglich der Flüssigkeitszufuhr.

1323 *Howard Brody* et al., The New England Journal of Medecine 1997, S. 652 (655).

1324 *Eychmüller*, Der Schmerz 2001, S. 357 (358).

1325 *Kolb*, European Journal of Geriatrics 2001, S. 7 (11).

1326 *Kolb*, a.a.O.

1327 *Schuster*, Der Internist 1999, S. 260 (264).

1328 *Eychmüller*, Der Schmerz 2001, S. 357 (360).

Allerdings ist durch die Diskussion der letzten Jahren möglich geworden, dass im Jahr 1998 erste einschlägige Empfehlungen der WHO veröffentlicht worden sind, in welchen es um die symptomatische Therapie bei unheilbaren Krankheiten geht.[1329] Bei der Behandlung der Anorexie und Kachexie wird auf die künstliche Ernährung wie folgt Stellung genommen: „Die intravenöse Ernährung ist bei Patienten mit unheilbaren Erkrankungen im terminalen Stadium contraindiziert. Sie verbessert weder die Gewichtszunahme, noch führt sie zu einer Lebensverlängerung. Die enterale Ernährung (Nasensonde, Gastrostomie oder Jejunostomie) hat bei unheilbaren Erkrankungen nur eine begrenzte Bedeutung. Sie ist nur bei Patienten zu verwenden, die deutlich von ihr profitieren. Eine künstliche Ernährung sollte nicht bei moribunden Patienten angewendet werden. In der Sterbephase ist es normal, dass der Appetit zusehends nachlässt, bis der Patient schließlich jede Nahrung verweigert".[1330] Nicht ausdrücklich gedeckt werden dadurch allerdings die problematischen Fälle von irreversibel bewusstlosen Patienten, wenn bei ihnen alle lebenswichtigen Organe autonom funktionieren. Sie können aber als unheilbare Patienten angesehen werden, für welche die künstliche Ernährung dann in Betracht kommen soll, wenn sie *deutlich* von ihr profitieren. Es ist dabei auf den Gesamtzustand des Patienten abzustellen.[1331]

Noch ein Punkt bedarf der Klarstellung: Von medizinischer Seite wird geltend gemacht, dass Studien die Vermutung zulassen, dass künstliche Hydration in der Terminal- und Finalphase weder schade noch nutze, und insbesondere keinen Einfluss auf das Überleben habe.[1332] Diese Aussage erlangt rechtliche Relevanz. Wenn nach dieser medizinischen Vermutung die künstliche Hydratation auf das Überleben keinen Einfluss hat, könnte beim Unterlassen bzw. Einstellen der künstlichen Hydration sein Kausalität für den Tötungserfolg verneint werden. Denn ein Erfolg wird einem strafrechtlich relevanten Unterlassen nur dann zugerechnet, wenn er bei Vornahme der unterlassenen Handlung mit an Sicherheit grenzender Wahrscheinlichkeit nicht eingetreten wäre.[1333] Der Erfolg der Unterlassung ist hier der Tod. Wenn nach der medizinischen Vermutung die Vornahme der Handlung – hier: künstliche Hydration – keinen Einfluss auf das Überleben hat, dann kann eine große Wahrscheinlichkeit der Todesabwendung bei Vornahme der Hydration nicht bejaht werden. Der Arzt dürfte dann die Flüssig-

---

[1329] *WHO*, Symptomatische Therapie bei unheilbaren Krankheiten, 1998.

[1330] A.a.O., S. 15.

[1331] *Schreiber*, Kirche und Recht 1999, S. 227 (231).

[1332] *Eychmüller*, Der Schmerz 2001, S. 357 (360); *Kastrinaki*, Hellenic Oncology 2000, S. 81 (84) [gr.]. Aus ethischer Sicht: *Eibach*, MedR 2002, S. 123 (131), der ausführt, bei sterbenden Menschen sei das Tötungsverbot mit einem Verzicht auf Ernährung nicht berührt, weil der Eintritt des Todes nicht oder nur unbedeutend beeinflusst werde.

[1333] BGH St 37, 106 (126 f.); *Jescheck/Weigend*, AT S. 619 f.; *Jakobs*, AT 29/20; *Kühl*, AT § 18 Rn. 38.

keitszufuhr abbrechen bzw. unterlassen, ohne sich für den Todeserfolg mangels Kausalität strafbar zu machen. Jedoch wird angenommen, dass nicht die Todesabwendung, sondern die nicht völlig unwesentliche Verzögerung des Todeseintritts bei Vornahme der gebotenen Handlung mit an Sicherheit grenzender Wahrscheinlichkeit festgestellt werden muss.[1334] Auch wenn die künstliche Hydration vermutlich keinen Einfluss auf das Überleben hat, so hat sie doch eine lebenserhaltende, den Tod verzögernde Wirkung, die mit an Sicherheit grenzender Wahrscheinlichkeit festgestellt werden kann. Um die Kausalität verneinen zu können, müsste die medizinische Vermutung etwa wie folgt lauten: Es wird vermutet, dass die künstliche Hydration in diesen Phasen keinen Einfluss auf die Lebenserhaltung hat. Solange aber die sich im terminal- bzw. finalen Stadium befindenden Patienten als Lebende zu behandeln sind, dürfte eine solche Vermutung nicht zutreffen.

Daher ist der Einfluss der künstlichen Hydration auf das Überleben nicht im Rahmen der Kausalität, sondern im Rahmen der Frage von Bedeutung, inwiefern das Einsetzen, Fortsetzen oder Einstellen dieser lebenserhaltenden Maßnahme in concreto sachgemäß und erforderlich ist. Wann die Vornahme und das Fortsetzen dieser Maßnahme bei Entscheidungsunfähigkeit des Patienten sachgemäß und erforderlich ist, lässt sich anhand der Gesichtspunkte der Wirksamkeit und der mutmaßlichen Einwilligung ermitteln.[1335]

[1334] *Rickmann*, Zur Wirksamkeit von Patiententestamenten, 1987, S. 87, Fß. 1; *Wachsmuth/Schreiber*, NJW 1982, S. 2094 (2097).

[1335] Dazu s. o. Vierter Teil, C I 2.

Schlussbetrachtung

Die Sterbehilfediskussion war anfangs durch eine Defensive angesichts der sinnlosen apparativen Lebenserhaltung gekennzeichnet. In der heutigen Diskussion überwiegt der Gedanke der Bestimmung des Zeitpunkts und der Umstände des eigenen Todes. Das Konzept der palliativmedizinischen Sterbebegleitung will beiden Aspekten Rechnung tragen. Ziel der Sterbebegleitung ist die Ermöglichung eines möglichst schmerzfreien und im Sinne des Betroffenen erfolgten Sterbens. Dabei geht es aus rechtlicher Sicht um eine ständige Interaktion zwischen Lebensschutz und Selbstbestimmungsschutz. Die konkreten Ausprägungen des Lebensschutzes und des Selbstbestimmungsschutzes im Bereich der Sterbebegleitung betreffen im wesentlichen die Fragen der Einwilligung und ihrer Verbindlichkeitsgrenzen so wie die rechtliche Anerkennung und die Verbindlichkeitsgrenzen von antizipierten Entscheidungen des Patienten. Auf der anderen Seite ist auf die strafrechtliche Beurteilung der ärztlichen Intervention in diesem Bereich nicht zu verzichten. Auch wenn ein zivilrechtlicher „Schutz der Autonomie des Patienten am Ende des Lebens" künftig erreicht wird, so ändert dies nichts daran, dass bei der ärztlichen Intervention in den einschlägigen Fallkonstellationen die Tötungstatbestände in Betracht kommen. Die Trennlinie zwischen dem Erlaubten und dem Verbotenen bleibt in den einschlägigen Fallkonstellationen hauchdünn.

Gewiss kann man durch Berufung auf die Autonomie des Patienten und das Vertrauen an die Ärzteschaft die Komplexität der Problematik umgehen und zu einer klaren Lösung gelangen. Diesem Weg folgt das holländische Gesetz, das eine Entkriminalisierung der aktiven Sterbehilfe und des ärztlich assistierten Suizids unter Voraussetzungen bietet. Nicht verständlich ist aber, aus welchem Grund das Vertrauen der Patienten auf die Ärzte gerade im Bereich der aktiven Sterbehilfe größer sein soll, als in den sonstigen Bereichen der ärztlichen Fürsorge. Man lehnt nämlich durch Berufung auf das Vertrauen auf die Ärzte die Tatbestandsmäßigkeit von sonstigen schwerwiegenden ärztlichen Eingriffen nicht ab. Auch die Berufung auf die Autonomie erklärt nicht, aus welchem Grund die Grenzen der Verbindlichkeit der Einwilligung derart erweitert werden, dass eine aktive Sterbehilfe auf Verlangen erlaubt sein soll. In dieser Arbeit wurde der Standpunkt vertreten, dass eine solche Erweiterung der Einwilligungsgrenze damit erklärt werden kann, dass die aktive Sterbehilfe auf Verlangen nicht gegen die guten Sitten verstößt. Da im medizinischen Bereich die guten Sitten durch die Standesethik in großem Umfang bestimmt werden, erklärt sich die Erweiterung der Einwilligungsgrenze dadurch, dass die Standesethik eine aktive Sterbehilfe unter Voraussetzungen nicht missbilligt. Das Postulat des Autonomieschutzes des Patienten wird aber damit in den Hintergrund gerückt. Nicht der Autonomieschutz stellt dann den Grund der Entkriminalisierung der aktiven Sterbehilfe dar, sondern die gesellschaftliche Akzeptanz einer solchen Alternative, insbesondere die Akzeptanz dieser ärztlichen Intervention auf der standesethischen Ebene. In diesem Rahmen muss nicht überraschen, wenn in Belgien nach dem Gesetz von 28 Mai 2002 auch bei psychisch Kranken eine aktive Sterbehilfe geleistet werden darf.[1336] Nicht überraschen muss auch der Vorschlag der Leistung aktiver Sterbehilfe bei dementen oder bei bewusstlosen Patienten.[1337] Will man diesen Weg als „schiefe Ebene“ oder „Dammbruch“ bezeichnen, so handelt es sich in der Sache um einen Rückschritt der rechtlichen Argumente zugunsten einer schwer zu bestimmenden „Ethik“.

Dass eine solche Überethisierung im Bereich des Arztrechts auf der rechtspraktischen Ebene zu zweifelhaften Ergebnissen führt, zeigt das niederländische Gesetz. Es wurde in dieser Arbeit bei der Kommentierung dieses Gesetzes auf die großen Interpretationsspielräume hingewiesen, die dieses Gesetz bei der Bestimmung der Sorgfaltspflichten des Arztes schafft. Folgender Gedanke müsste bedacht werden: Gesetzt den Fall, es kommt nach Meldung einer aktiven Sterbehilfe zu einem Strafprozess. Im Strafprozess herrscht der Grundsatz „in dubio pro reo“. Wenn nicht bewiesen werden kann, dass der Arzt die Sorgfaltskriterien verletzt hat, muss der Arzt freigesprochen werden. Bei dem großen Interpretationsspielraum der Sorgfaltsmaßstäbe dürften Zweifelsfälle die Regel darstellen. Allerdings erwartet der niederländische Gesetzgeber, dass im Wege der Rechtsprechung eine Konkretisierung der Sorgfaltsmaßstäbe erreicht wird. Fraglich ist aber dabei, um welchen Preis dies geschieht. Das entscheidende Argument gegen die Entkriminalisierung der aktiven Sterbehilfe ist meines Erachtens das Unvermögen unseres Rechtssystems, die Einhaltung von etwaigen Sorgfaltsmaßstäben im Bereich der aktiven Sterbehilfe auf sachgerechte Weise zu gewährleisten. Man kann dies als Missbrauchsargument bezeichnen, das aber keinesfalls Ausdruck von Misstrauen gegen die Ärzte ist. Die Missbrauchsgefahr betrifft vielmehr einen breiten Zirkel von Beteiligten, die sich in Anbetracht einer Prozeduralisierung tätig würden. Besteht diese Gefahr, so reicht dies aus, das strafrechtliche Verbot der aktiven Sterbehilfe aufrechtzuerhalten.[1338] Diese Gedanken dürften zeigen, dass es hier nicht um eine ethische oder philosophische Auseinandersetzung mit der aktiven Sterbehilfe geht, sondern um die Frage, ob das Recht in diesem Bereich seiner Aufgabe gerecht werden, oder sie einem anderen Normensystem überlassen will. Vor einem rechtlichen Minimalismus ist zu warnen.[1339]

1336 Abrufbar unter: http://www.health.fgov.be/AGB/fr/euthanasie/loi_euthanasie.doc [Stand: 25.05.2003].

1337 *Seay*, Journal of Medicine and Philosophy 2001, S. 75 (81 ff.).

1338 *Birnbacher*, in: Hegselmann/Merkel (Hrsg.), Zur Debatte über Euthanasie, 1991, S. 25 (41 f.).

1339 *Van der Burg*, Bioethics 1997, S. 91 (110 ff.).

Die Sterbebegleitung beinhaltet Formen ärztlicher Intervention, die dem Patienten ein hohes Maß an Selbstbestimmung angesichts seines Sterbens ermöglichen. Darunter ist im wesentlichen die Behandlungsbeschränkung wie auch die erforderliche Schmerzlinderung unter Inkaufnahme einer Lebensverkürzung als Nebenfolge zu verstehen. Die dabei aufgeworfenen rechtlichen Fragen sind zwar nicht abschließend geklärt, aber sie stehen im Einklang mit dem Rechtssystem. Es wird dabei ein kontrollierter Freiraum geschaffen, in welchem den Bedürfnissen des Patienten und der Aufgabe des Arztes entsprochen wird.

Ein weiterer Punkt bedarf der Überlegung und wurde in dieser Arbeit angesprochen: Aus rechtlicher Sicht bestehen meines Erachtens gegen die Regelung des ärztlich assistierten Suizids in Fällen, in welchen der Suizidwille dem Patientenwillen normativ gleichzusetzen ist, keine Einwände. Die Oregon-Regelung dürfte dabei als Beispiel einer möglichen Regelung gelten. In aussichtslosen Fällen oder in Fällen, in welchen der entscheidungsfähige Patient eine palliativmedizinische Behandlung ablehnt, dürfte der Patient, der selbstbestimmend seinem Leben ein Ende setzen will, die dazu benötigten Medikamente von seinem Arzt erhalten können. Der Arzt schafft in diesem Fall ein gegenüber anderen ärztlichen Interventionen vergleichbares Risiko. Im Schrifttum wird zwar teilweise der Versuch unternommen, das Unrecht der Tötung auf Verlangen mit dem Unrecht der Teilnahme am Suizid zu assimilieren. Dadurch gelangt man zu der Gleichbehandlung der aktiven Sterbehilfe mit dem ärztlich assistierten Suizid. Doch lässt sich eine solche Konstruktion strafrechtlich nicht begründen.[1340] Auf der praktischen Ebene würde die Möglichkeit des ärztlich assistierten Suizids technisierte „Suizidapparate", „Exit-Bags" und aus „Mitleid" motivierte professionelle Sterbehelfer, die sich als Erlöser darstellen, entbehrlich machen.

In dieser Arbeit wurde versucht, das Rechtssystem und seine inneren Zusammenhänge vor Augen zu führen. Die rechtliche Beurteilung der palliativmedizinischen Sterbebegleitung anhand der deutschen und der griechischen Rechtsordnung hat ergeben, dass das Rechtssystem offen genug sein kann, den Bedürfnissen der modernen Gesellschaft zu entsprechen. Das Recht sollte sich aber in diesem Bereich das Experimentieren nicht zu Eigen machen. Jede Regelung darf daher nicht zu Lasten der Rechtssicherheit gerade in demjenigen Lebensbereich gehen, in welchem sich die betroffenen Menschen auf unsicherem Boden befinden. Dazu zählen nicht nur die jetzigen Patienten, sondern auch die gesunden Ärzte und Juristen, ergo alle künftigen potentiellen Patienten.

[1340] Dazu: Erster Teil, C IV 2.

Literaturverzeichnis

Literatur in der deutschen Sprache

Ackerknecht, Erwin H./*Murken*, Axel Heinrich: Geschichte der Medizin, 7. Auflage, Stuttgart 1992.

Aichmüller-Lietzmann, G./*Clemm*, Ch./*Binsack*, Th.: Alltagspraxis einer Palliativstation – Ganzheitlichkeit und Interdisziplinarität, in: MMW 1999, S. 26/42-30/46.

Alberts, Hermann: Sterbehilfe, Vormundschaftsgericht und Verfassung, in: NJW 1999, S. 835-836.

Albrecht, Dietlinde: Strafrechtliche Aspekte der ärztlich vorgenommenen Therapiebegrenzung, in: Amelung, Knut et al. (Hrsg.), Festschrift für Hans-Ludwig Schreiber, Heidelberg 2003, S. 551-581.

Amelung, Knut: Einwilligungsfähigkeit und Rationalität, in: JR 1999, S. 45-47.

Amelung, Knut: Über Freiheit und Freiwilligkeit auf der Opferseite der Strafnorm, in: GA 1999, S. 182-203.

Amelung, Knut: Anmerkung zum Beschluss BayObLG, NStZ 1999, S. 458, in: NStZ 1999, S. 458-460.

Amelung, Knut: Willensmängel bei der Einwilligung als Tatzurechnungsproblem, in: ZStW 1997, S. 490-518.

Amelung, Knut: Über die Einwilligungsfähigkeit, in: ZStW 1992, Teil I, S. 525-558 und Teil II, S. 821-833.

Amelung, Knut/*Eymann*, Frieder: Die Einwilligung des Verletzten im Strafrecht, in: JuS 2001, S. 937-946.

Angstwurm, Hans: Todesdefinition sowie Hinweise zum Hirntod, Teilhirntod und Herztod, in: Der Internist 1999, S. 283-285

Anschütz, Felix: Der unheilbar Kranke und der sterbende Patient, in: MedR 1985, S. 17-20.

Arends, Jann: Ernährung in der Palliativphase – eine (Kontra)-Indikation?, in: Aulbert, E./Klaschik, E./Pichlmaier, H. (Hrsg.), Ernährung und Flüssigkeitssubstitution in der Palliativmedizin – Beiträge zur Palliativmedizin, Band 4., Stuttgart/ New York 2001, S. 14-23.

Arzt, Gunther: Bürokratisierung der Hilfe beim Sterben und beim Suizid – Zürich als Modell, in: Amelung, Knut et al. (Hrsg.), Festschrift für Hans-Ludwig Schreiber, Heidelberg 2003, S. 583-592.

Arzt, Gunther: Recht auf den eigenen Tod?, JR 1986, S. 309-314.

Arzt, Gunther: Aktuelle Problematik der Tatbestandsmerkmale des Mordes nach deutschem Recht, in: Göppinger, Hans/Bresser, Paul H. (Hrsg.), Tötungsdelikte – Bericht über die XX. Tagung der Gesellschaft für die gesamte Kriminologie vom 4. bis 6. Oktober 1979 in Köln, Stuttgart 1980, S. 49-65.

Auer, Alfons/*Menzel*, Hartmut/*Eser*, Albin: Zwischen Heilauftrag und Sterbehilfe – Zum Behandlungsabbruch aus ethischer, medizinischer und rechtlicher Sicht, Köln/Berlin/Bonn/München 1977.

Aulbert, Eberhard: Palliativmedizin – eine neue Disziplin?, in: Aulbert, Eberhard/Klaschik, Eberhard/Pichlmaier, Heinz (Hrsg.), Palliativmedizin – Verpflichtung zur Interdisziplinarität, Stuttgart/New York, 2000, S. 15-29.
Aulbert, Eberhard: Prinzipien der Symptomkontrolle in der Palliativmedizin, in: Zentralbl Chir 1998, S. 632-636.

Ballnus, W., Die Hospizidee – Eine neue Ars moriendi?, in: Z Gerontol Geriat 1995, S. 242-246.
Bauer, Axel: Therapiebegrenzung und Therapieabbruch – Ein ethisches und juristisches Dilemma in der Intensivmedizin, in: Zeitschrift für Medizinische Ethik 2001, S. 139-151.
Baumann, Jürgen/*Weber*, Ulrich/*Mitsch*, Wolfgang: Strafrecht – Allgemeiner Teil, 10. Auflage, Bielefeld 1995.
Beck, D./*Kettler*, D.: Welche Zukunft hat die Palliativmedizin in Deutschland?, in: Zentralbl Chir 1998, S. 624-631.
Beine, Karl-H.: Selbstmitleid als Tatmotiv?, in: MMW 2000, S. 16.
Beleites, Eggert: Grundsätze der Bundesärztekammer zur ärztlichen Sterbebegleitung – Historie und aktuelle Diskussion, in: Wienke, Albrecht/Lippert, Hans-Dieter (Hrsg.), Der Wille des Menschen zwischen Leben und Sterben – Patientenverfügung und Vorsorgevollmacht, Berlin/Heidelberg/New York 2001, S. 65-73.
Beleites, Eggert: Wegweiser für ärztliches Handeln, in: Deutsches Ärzteblatt 1998, S. A2365-A2366.
Berger, Christian: Privatrechtliche Gestaltungsmöglichkeiten zur Sicherung der Patientenautonomie am Ende des Lebens, in: JZ 2000, S. 797-805.
Bernat, Erwin: Behandeln oder sterben lassen?, Rechtsdogmatische und rechtsvergleichende Überlegungen zum Abbruch lebenserhaltender medizinischer Behandlung, in: Ahrens, Hans-Jürgen/von Bar, Christian/Fischer, Gerfried/Spickhoff, Andreas/Taupitz, Jochen (Hrsg.), Festschrift für Erwin Deutsch, Köln, Berlin, Bonn, München 1999, S. 443-462.
Bernat, Erwin: Die rechtlichen Grenzen der Sterbehilfe: gezeigt am Beispiel der amyotrophen Lateralsklerose, in: WMW 1996, S. 195-198.
Bernsmann, Klaus: Der Umgang mit irreversibel bewusstlosen Personen und das Strafrecht, in: ZRP 1996, S. 87-92.
BGB-RGRK: Das Bürgerliche Gesetzbuch – mit besonderer Berücksichtigung der Rechtsprechung des Reichsgerichts und des Bundesgerichtshofes, herausgegeben von Mitgliedern des Bundesgerichtshofes, Band IV, 4. Teil §§ 1741-1921 bearbeitet von Karl Ernst Dickescheid, Berlin/New York 1999.
Bienwald, Werner: Die betreute Republik – Zur übergroßen Zahl von Betreuungs„fällen“, in: BtPrax 2002, S. 3-7.
Bienwald, Werner: Anmerkung, in: FamRZ 1998, S. 1138-1139.
Binding, Karl/*Hoche*, Alfred: Die Freigabe der Vernichtung lebensunwerten Lebens, Leipzig 1920.

Birnbacher, Dieter: Tun und Unterlassen, in: Wiesing, Urban (Hrsg.), Ethik in der Medizin, Stuttgart 2000, S. 213-220.
Birnbacher, Dieter: Das Tötungsverbot aus der Sicht des klassischen Utilitarismus, in: Hegselmann, Rainer /Merkel, Reinhard (Hrsg.), Zur Debatte über Euthanasie - Beiträge und Stellungnahmen, Frankfurt am Main 1991, S. 25-50.
Birnbacher, Dieter et al.: Der vollständige und endgültige Ausfall der Hirntätigkeit als Todeszeichen des Menschen – Anthropologischer Hintergrund, in: Deutsches Ärzteblatt 1993, S. B2170-B2173.
Bobbert, Monika/*Werner*, Micha H.: „Keine wesentlichen neuen Gesichtspunkte"? – Stellungnahme zum Entwurf der Bundesärztekammer zur ärztlichen Sterbebegleitung und den Grenzen zumutbarer Behandlung, in: EthikMed 1997, S. 209-219.
Bochnik, H. J.: Spielräume als Regelgeflecht: Der Einzelfall und die Regel als zentrales Problem der Heilkunde, in: Bochnik, H. J./Gärtner-Huth, C./Richtberg, W. (Hrsg.), Der einzelne Fall und die Regel – Medizin als Heilkunde und Heulkunst, Köln 1988, S. 11-27.
Bodenburg, Reinhard: Entzerrung der ärztlichen Aufklärungspflicht: Grundaufklärung und Einschätzungsprärogative, in: NJW 1980, S. 601-605.
Bottke, Wilfried: Probleme der Suizidbeteiligung, in: GA 1983, S. 22-37.
Bottke, Wilfried: Suizid und Strafrecht, Berlin 1982.
Brändel, Oliver C.: Über das Recht, den Zeitpunkt des eigenen Todes selbst zu bestimmen, in: ZRP 1985, S. 85-92.
Brückner, Christian: Erfahrungen und Empfehlungen aus der Schweiz. Materiellrechtliche und prozessuale Grundlagen. Praktische Handhabung und Erfahrungen, in: Wienke, Albrecht/Lippert, Hans-Dieter (Hrsg.), Der Wille des Menschen zwischen Leben und Sterben – Patientenverfügung und Vorsorgevollmacht, Berlin/Heidelberg/New York 2001, S. 139-149.
Burchardi, Hilmar: Begrenzung oder Beendigung der Behandlung aus der Sicht des Intensivmediziners – Ein internationaler Vergleich der Richtlinien, in: Ahrens, Hans-Jürgen/von Bar, Christian/Fischer, Gerfried/Spickhoff, Andreas/Taupitz, Jochen (Hrsg.), Festschrift für Erwin Deutsch, Köln/Berlin/Bonn/München 1999, S. 477-493.
Buchborn, Eberhard: Ärztlicher Standard: Begriff – Entwicklung – Anwendung, in: MedR 1993, S. 328-333.
Buchborn, Eberhard: Ärztliche Erfahrungen und rechtliche Fragen bei AIDS, in: MedR 1987, S. 260-265.

Charalambakis, Aristotelis: Selbsttötung aufgrund Irrtums und mittelbare Täterschaft, in: GA 1986, S. 485-507.
Clade, Harald: Medizinische Leitlinien – Entscheidungshilfen für Arzt und Patienten, in: Deutsches Ärzteblatt 2001, S. A 288-A 290.
Coeppicus, Rolf: Anreize zur Errichtung von Patientenverfügungen, in: ZRP 2003, S. 175-178.

Coeppicus, Rolf: Behandlungsabbruch, mutmaßlicher Wille und Betreuungsrecht, in: NJW 1998, S. 3381-3387.
Cremer, Michael: Palliativstation und Hospiz – Unterschiede und Gemeinsamkeiten, in: Aulbert, Eberhard/Klaschik, Eberhard/Pichlmaier, Heinz (Hrsg.), Palliativmedizin – Verpflichtung zur Interdisziplinarität, Stuttgart/New York, 2000, S. 64-69.
Csef, Herbert: Aktive Euthanasie oder bessere Palliativtherapie?, in: Der Schmerz 1998, S. 1-7.
Czerner, Frank: Aktive Sterbehilfe auch gegenüber Kindern? Zur Übertragbarkeit der aktuellen Diskussion in den Niederlanden auf die Bundesrepublik Deutschland unter verfassungsrechtlichen Gesichtspunkten, in: MedR 2001, S. 354-360.

Dagtoglou, Prodromos: Die Griechische Verfassung von 1975 – Eine Einführung, in: Jahrbuch des Öffentlichen Rechts der Gegenwart 1983, S. 355-393.
Dauster, Manfred: Betreuungsrechtliche Aspekte des Arzt-Patienten-Verhältnisses in der letzten Lebensphase, in: Wienke, Albrecht/Lippert, Hans-Dieter (Hrsg.), Der Wille des Menschen zwischen Leben und Sterben – Patientenverfügung und Vorsorgevollmacht, Berlin/Heidelberg/New York 2001, S. 87-118.
De Groot, Dineke: Das Recht und das Lebensende in den Niederlanden, in: BtPrax 2001, S. 223-231.
Degener, Theresia: Chronologie der Bioethik – Konvention und ihre Streitpunkte, in: KritV 1998, S. 7-33.
Deichmann, Marco: Vormundschaftsgerichtlich genehmigtes Töten durch Unterlassen?, in: MDR 1995, S. 983-985.
Detering, Jutta: Forum: § 216 StGB und die aktuelle Diskussion um die Sterbehilfe, in: JuS 1983, S. 418-423.
Dettmeyer, Reinhard/*Musshof*, F./*Madea*, B.: Medizinrechtliche Aspekte der Palliativmedizin, in: Z Palliativmed 2002, S. 50-56.
Deutsch, Erwin: Verfassungszivilrecht bei der Sterbehilfe, in: NJW 2003, S. 1567-1568.
Deutsch, Erwin: Die Behandlung von Patienten mit fortgeschrittenen Tumoren als Rechtsproblem, in: MedR 2001, S. 435-439.
Deutsch, Erwin: Klinische Forschung International: Die Deklaration von Helsinki des Weltärztebundes in neuem Gewand, in: NJW 2001, S. 857-860.
Deutsch, Erwin: Medizinrecht, 3. Auflage, Berlin/Heidelberg/New York/Barcelona/Budapest/Hongkong/London/Mailand/Paris/Santa Clara /Singapur /Tokio 1997.
Deutsch, Erwin: Der Beitrag des Rechts zur klinischen Forschung in der Medizin, in: NJW 1995, S. 3019-3024.

Deutsch, Erwin: Stellungnahme zum Thema Sterbehilfe, in: RA-Bundestag, öffentliche Anhörung zum Thema Sterbehilfe, 10. Wahlperiode, Prot. Nr. 51 v. 15.5.1985, S. 124-134.

Deutsch, Erwin: Das therapeutische Privileg des Arztes: Nichtaufklärung zugunsten des Patienten, in: NJW 1980, S. 1305-1309.

Deutsch, Erwin: Der Zeitpunkt der ärztlichen Aufklärung und die antezipierte Einwilligung des Patienten, in: NJW 1979, S. 1905-1909.

Diehl, Volker et al.: „Lebensqualität" als Bewertungskriterium in der Onkologie, in: Schölmerich, Paul/Thews, Gerhard (Hrsg.), „Lebensqualität" als Bewertungskriterium in der Medizin – Symposium der Akademie der Wissenschaften und der Literatur, Mainz/Stuttgart/New York 1990, S. 149-163.

Dodegge, Georg: Die Entwicklung des Betreuungsrechts bis Anfang Juni 2001, in: NJW 2001, S. 2758-2770.

Dodegge, Georg: Die Entwicklung des Betreuungsrechts bis Anfang Juni 2000, in: NJW 2000, S. 2704-2714.

Dölle, Wolfgang: Der manipulierte Tod?, in: Schwartländer, Johannes (Hrsg.), Der Mensch und sein Tod, Göttingen 1976, S. 45-60.

Dölling, Dieter: Anmerkung, in: JR 1998, S. 160-162.

Dölling, Dieter: Zulässigkeit und Grenzen der Sterbehilfe, in: MedR 1987, S. 6-12.

Dölling, Dieter: Fahrlässige Tötung bei Selbstgefährdung des Opfers, in: GA 1984, S. 71-94.

Dörner, Klaus: Hält der BGH die „Freigabe der Vernichtung lebensunwerten Lebens" wieder für diskutabel?, in: ZRP 1996, S. 93-96.

Dressler, Wolf-Dieter: Ärztliche Leitlinien und Arzthaftung, in: Brandner, Hans Erich/Hagen, Horst/ Stürner, Rolf (Hrsg.), Festschrift für Karlmann Geiß, Köln/Berlin/Bonn/München, 2000, S. 379-388.

Duttge, Gunnar: Sterbehilfe aus rechtsphilosophischer Sicht, in: GA 2001, S. 158-178.

Eberbach, Wolfram H.: Ausgewählte zivilrechtliche Aspekte des Arzt-Patienten-Verhältnisses am Ende des Lebens, in: Wienke, Albrecht/Lippert, Hans-Dieter (Hrsg.), Der Wille des Menschen zwischen Leben und Sterben – Patientenverfügung und Vorsorgevollmacht, Berlin/Heidelberg/New York 2001, S. 11-46.

Eberbach, Wolfram H.: Staatliche Genehmigung zum Sterben? – Zur Anwendbarkeit von § 1904 Abs. 1 Satz 1 BGB auf den Behandlungsabbruch, in: MedR 2000, S. 267-270.

Eberbach, Wolfram: Die ärztliche Aufklärung unheilbarer Kranker, in: MedR 1986, S. 180-186.

Ebert, Udo: Strafrecht – Allgemeiner Teil, 3. Auflage, Heidelberg 2001.

Eggeberecht, Dirk-Bodo/*Beck*, Dietmar/*Kettler*, Dietrich: Schaffen und Erhalten psychischer Ressourcen – Möglichkeiten in der Palliativmedizin, in: Aulbert,

Eberhard/Klaschik, Eberhard/Pichlmaier, Heinz (Hrsg.), Palliativmedizin – Verpflichtung zur Interdisziplinarität, Stuttgart/New York, 2000, S. 294-300.
Eibach, Ulrich: Künstliche Ernährung um jeden Preis? – Ethische Überlegungen zur Ernährung durch „percutane enterale Gastronomie“ (PEG-Sonden), in: MedR 2002, S. 123-131.
Eibach, Ulrich: Grenzen der Finanzierbarkeit des Gesundheitswesens und die Sorge für chronisch kranke Menschen – Sozialethische, christliche Aspekte der Verteilung der Mittel im Gesundheitswesen und die Diskussion über den „Lebenswert“ chronisch kranker und schwerstpflegebedürftiger Menschen, in: EthikMed 2001, S. 61-75.
Eibach, Ulrich: „Du sollst Menschenleben nicht töten!“ – Zwischen aktiver und passiver Sterbehilfe, in: MedR 2000, S. 10-16.
Eid, Volker: Geschichtliche Aspekte des Euthanasieproblems, in: Eid, Volker (Hrsg.), Euthanasie oder soll man auf Verlangen töten?, Mainz 1975, S. 12-24.
Eisenbart, Bettina: Patienten-Testament und Stellvertretung in Gesundheitsangelegenheiten, 2. Auflage, Baden-Baden 2000.
Eisenbart, Bettina: Die Stellvertretung in Gesundheitsangelegenheiten, in: MedR 1997, S. 305-312.
Elzer, Oliver: Die Grundrechte Einwilligungsunfähiger in klinischen Prüfungen – ein Beitrag zum EMRÜ-Biomedizin, in: MedR 1998, S. 122-128.
Engisch, Karl: Aufklärung und Sterbehilfe bei Krebs in rechtlicher Sicht, in: Kaufmann, Arthur et al. (Hrsg.), Festschrift für Paul Bockelmann, München 1979, S. 519-537.
Engisch, Karl: Konflikte, Aporien und Paradoxien bei der rechtlichen Beurteilung der ärztlichen Sterbehilfe, in: Jescheck, Hans-Heinrich/Lüttger, Hans (Hrsg.), Festschrift für Eduard Dreher, Berlin/New York 1977, S. 309-330.
Engisch, Karl: Suizid und Euthanasie nach deutschem Recht, in: Eser, Albin (Hrsg.) Suizid und Euthanasie, Stuttgart 1976, S. 312-321.
Engisch, Karl: Tun und Unterlassen, in: Lackner, Karl et al. (Hrsg.) Festschrift für Wilhelm Gallas, Berlin/New York 1973, S. 163-196.
Engisch, Karl: Der Arzt an den Grenzen des Lebens, Bonn 1973.
Engisch, Karl/*Hallermann*, Wilhelm: Die ärztliche Aufklärungspflicht aus rechtlicher und ärztlicher Sicht, Köln/Berlin/Bonn/München, 1970.
Ensink, Franz Bernhard M.: Das Projekt SUPPORT – eine Möglichkeit zur Optimierung der palliativmedizinischen Versorgung als ethisch zu präferierende Alternative zur aktiven Sterbehilfe, unter: http://www.gwdg.de/~pctgoe /Seiten/Publikation/SUPPORTethics.pdf.
Erman, Bürgerliches Gesetzbuch, 10. Auflage, Köln 2000.
Eser, Albin: „Der Patient darf nicht zum Objekt gesundheitlicher Maßnahmen werden“, in: Fortschritte der Medizin 1998, S. 37-39.
Eser, Albin: Möglichkeiten und Grenzen der Sterbehilfe aus der Sicht eines Juristen, in: Jens, Walter/Küng, Hans, Menschenwürdig sterben – Ein Plädoyer für Selbstverantwortung, München/Zürich 1996, S. 149-182.

Eser, Albin: Das neue Schwangerschaftsabbruchstrafrecht auf dem Prüfstand, in: NJW 1992, S. 2913-2925.
Eser, Albin: Freiheit zum Sterben – Kein Recht auf Tötung, in: JZ 1986, S. 786-795.
Eser, Albin: Sterbehilfe und ärztliche Verantwortung, in: MedR 1985, S. 6-17.
Eser, Albin: Strafrecht III – Schwerpunkte: Delikte gegen die Person und Gemeinschaftswerte, 2. Auflage, München 1981.
Eser, Albin: Neues Recht auf Sterben? Einige grundsätzliche Betrachtungen, in: Eser, Albin (Hrsg.) Suizid und Euthanasie, Stuttgart, 1976, S. 392-407.
Eser, Albin: Der manipulierte Tod? Möglichkeiten und Grenzen der Sterbehilfe aus rechtlicher Sicht, in: Schwartländer, Johannes (Hrsg.) Der Mensch und sein Tod, Göttingen 1976, S. 61-81.
Eychmüller, Steffen: Flüssigkeitssubstitution in der Terminalphase – eine kontroverse Diskussion, in: Der Schmerz 2001, S. 357-361.

Fechner, Erich: Menschenwürde und generative Forschung und Technik, in: JZ 1986, S. 653-664.
Felbinger, W. Th./Suchner, U.: Ernährungsstrategien bei kritisch kranken Patienten, in: Anästhesiologie und Intensivmedizin 2000, S. 206-222.
Field, Gisela: Gegenwärtiger Stand der Palliativmedizin in Großbritannien, in: Aulbert, Eberhard/Klaschik, Eberhard/Pichlmaier, Heinz (Hrsg.), Palliativmedizin – Verpflichtung zur Interdisziplinarität, Stuttgart/New York, 2000, S. 57-63.
Frei, A. et al.: Begleiteter Suizid nach Entlassung aus der psychiatrischen Klinik, in: Der Nervenarzt 1997, S. 903-906.
Fritsche, Paul: Der Arzt und seine Verpflichtung zur Sterbehilfe, in: MedR 1993, S. 126-130.
Fröschle, Tobias: Maximen des Betreuerhandelns und die Beendigung lebenserhaltender Eingriffe, in: JZ 2000, S. 72-80.
Fuchs, Christoph: Kostendämpfung und ärztlicher Standard – Verantwortlichkeit und Prinzipien der Ressourcenverteilung, in: MedR 1993, S. 323-327.
Fuchs, Thomas: Euthanasie und Suizidbeihilfe – Das Beispiel der Niederlande und die Ethik des Sterbens, in: Spaemann, Robert/Fuchs, Thomas (Hrsg.), Töten oder sterben lassen?, Freiburg/Basel/Wien 1997, S. 31-107.
Fuchs, Thomas/*Lauter*, Hans: Der Fall Chabot – Assistierter Suizid aus psychiatrischer Sicht, in: Der Nervenarzt 1997, S. 878-883.
Fuchs, Thomas/*Lauter*, Hans: Kein Recht auf Tötung, in: Deutsches Ärzteblatt 1997, S. B186-B188.
Füllmich, Reiner: Zur Ablehnung lebensverlängernder medizinischer Maßnahmen durch nicht entscheidungsfähige Patienten, in: NJW 1990, S. 2301-2303.

Gahl, Klaus: Beziehung zwischen Arzt und Patient, in: Kahlke, Winfried/Reiter-Theil, Stella (Hrsg.), Ethik in der Medizin, Stuttgart 1995, S. 23-33.

Gahl, Klaus/*Raspe*, Hans-Heinrich: Ethische Aspekte klinischer Handlungsbegriffe, in: EthikMed 1995, S. 29-34.
Gallas, Wilhelm: Strafbares Unterlassen im Fall einer Selbsttötung, in: JZ 1960, S. 649-655 und 686-692.
Gandjour, A./*Lauterbach*, K.W.: Allokationsproblematik im Kontext beschränkter Ressourcen, in: Der Internist 1999, S. 255-259.
Gehrlein, Markus: Leitfaden zur Arzthaftpflicht, München 2000.
Geilen, Gerd: Rechtsfragen der Euthanasie, in: Habscheid, Walther J./Gaul, Hans Friedhelm/Mikat, Paul (Hrsg.) Festschrift für Friedrich Wilhelm Bosch, Bielefeld 1977, S. 277-290.
Geilen, Gerd: Medizinischer Fortschritt und juristischer Todesbegriff, in: Lüttger, Hans (Hrsg.), Festschrift für Ernst Heinitz, Berlin 1972, S. 373-396.
Geilen, Gerd: Neue juristisch-medizinische Grenzprobleme, in: JZ 1968, S. 145-152.
Geilen, Gerd: Das Leben des Menschen in den Grenzen des Rechts – Zu den Wandlungen des Todesbegriffs und zu neuen Schutzproblemen des werdenden Lebens, in: FamRZ 1968, S. 121-130.
Gerlach, Jürgen von: Das Arzthaftungsrecht in der Antike, in: Brandner, Hans Erich/Hagen, Horst/Stürner, Rolf (Hrsg.), Festschrift für Karlmann Geiß, Köln/Berlin/Bonn/München, 2000, S. 389-410.
Giesen, Dieter: Ethische und rechtliche Probleme am Ende des Lebens, in: JZ 1990, S. 929-943.
Gössel, Karl Heinz: Strafrecht – Besonderer Teil, Band 1 – Delikte gegen immaterielle Rechtsgüter des Individuums, Heidelberg 1987.
Gropp, Walter: Strafrecht – Allgemeiner Teil, Berlin/Heidelberg/New York 1997.
Gropp, Walter: Suizidbeteiligung und Sterbehilfe in der Rechtsprechung, in: NStZ 1985, S. 97-103.
Gruber, U./*Vollmer*, T./*Hiddemann*, W.: Palliative Psychoonkologie – Bedarf und Handlungsformen – Am Ende neu beginnen?, in: Der Internist 2000, S. 619-626.
Gründel, Mirko: Einwilligung des Betreuers in den Abbruch lebenserhaltender Maßnahmen, in: NJW 1999, S. 3391-3392.

Häberle, Peter: Menschenwürde und Verfassung am Beispiel von Art. 2 Abs. 1 Verf. Griechenland 1975, in: Rechtstheorie 1980, S. 389-426.
Hampel, Eva: Therapieverzicht – Eine empirische medizinsoziologische Untersuchung zum ärztlichen Entscheidungsverhalten bei schwerkranken PatientInnen im Krankenhaus (Praxis der passiven Sterbehilfe), Diss. Göttingen 1997.
Hanack, Ernst-Walter: Euthanasie in strafrechtlicher Sicht, in: Hiersche, Hans-Dieter. (Hrsg.), Euthanasie, 1975, S. 121-168.
Hahn, Bernhard: Zulässigkeit und Grenzen der Delegierung ärztlicher Aufgaben, in: NJW 1981, S. 1977-1984.

Hanekop, G.G. et. al.: Schmerztherapie in der Palliativmedizin, in: Der Internist 2000, S. 633-640.
Hanika, Heinrich: Patientencharta – Stärkung der Rechte der Patienten bei der Reform des Gesundheitswesens in Europa – Herausforderung für Deutschland?, in: MedR 1999, S. 149-161.
Hankemeier, Ulrich/*Krizanits*, Franz H.: Medikamentöse Therapie, in: Hankemeier, Ulrich/Schüle-Hein, Karin/Krizanits, Franz H. (Hrsg.), Tumorschmerztherapie, 2. Auflage, Berlin/Heidelberg/NewYork/Barcelona/Hongkong/London/Mailand/Paris/Singapur/Tokio 2001, S. 41-79.
Hankemeier, Ulrich/*Krizanits*, Franz H./*Schüle-Hein*, Karin: Grundlagen der Behandlung, in: Hankemeier, Ulrich/Schüle-Hein, Karin/Krizanits, Franz H. (Hrsg.), Tumorschmerztherapie, 2. Auflage, Berlin/Heidelberg/NewYork/Barcelona/ Hongkong/London/Mailand/Paris/Singapur/Tokio 2001, S. 1-19.
Harder, M., Voluntas aegroti suprema lex – Bemerkungen zum sogenannten „Patiententestament", in: Arztrecht 1991, S. 11-20.
Hardwig, Werner: Die Gesinnungsmerkmale im Strafrecht, in: ZStW 1956, S. 14-40.
Hart, Dieter: Evidenz-basierte Medizin und Gesundheitsrecht – Überlegungen zu rechtlichen Konsequenzen der Verwissenschaftlichung der Medizin, MedR 2000, S. 1-5.
Hartmann, Tanja: Patientenverfügung und Psychiatrische Verfügung – Verbindlichkeit für den Arzt?, in: NStZ 2000, S. 113-120.
Heberer, M./*Kaufmann*, M.A.: Ökonomie in der Intensivmedizin: Rationalisieren oder Rationieren?, in: Zentralbl Chir 1999, S. 703-709.
Helgerth, Ronald: Anmerkung zu BGH St 40, 257, in: JR 1995, S. 338-340.
Helgerth, Roland: Aids – Einwilligung in infektiösen Geschlechtsverkehr, in: NStZ 1988, S. 261-264.
Helgerth, Roland: Strafrechtliche Beurteilung der Sterbehilfe durch den Arzt, in: JR 1976, S. 45-47.
Helmchen, Hanfried: Therapeutische Wirksamkeit – Wirkungen, Wirksamkeit und Wertigkeit therapeutischer Maßnahmen, in: Der Nervenarzt 2001, S. 56-60.
Helmchen, Hanfried: „Lebensqualität" als Bewertungskriterium in der Psychiatrie, in: Schölmerich, Paul/Thews, Gerhard (Hrsg.), „Lebensqualität" als Bewertungskriterium in der Medizin, Symposium der Akademie der Wissenschaften und der Literatur, Mainz/Stuttgart/New York, 1990, S. 93-112.
Hellriegel, Klaus-Peter: Wirtschaftliche Grenzen in der Onkologie, in: ZaeFQ 2000, S. 833-836.
Helou, Antonius et al.: Das öffentliche Meinungsbild zur aktiven Sterbehilfe – Ergebnisse eines Pilotprojekts, in: DMW 2000, S. 308-315.
Herrmann, A et al.: Parenterale und enterale Ernährung in der Palliativmedizin, in: Zentralbl Chir 1999, S. 573-584.

Herbst Manfred/*Goeke*, Hildburg: Wem dient die Pallaitivmedizin?, in: Aulbert, Eberhard/Klaschik, Eberhard/Pichlmaier, Heinz (Hrsg.), Palliativmedizin – Ein ganzheitliches Konzept, Stuttgart/New York, 1998, S. 19-24.
Herz, U. von et al.: Bedeutung der Ernährung für die Lebensqualität bei PEG-Patienten, in: Aktuel Ernaehr Med 2000, S. 77-80.
Herzberg, Rolf Dietrich: Straffreie Beteiligung am Suizid und gerechtfertigte Tötung auf Verlangen – Zugleich eine Besprechung der Entscheidungen des OLG München vom 31. 9. 1987 – 1 Ws 23/87 -, des LG Ravensburg vom 3. 12. 1986 – 3 Kls 31/86 – und des VG Karlsruhe vom 11. 12. 1987 – 8 K 205/87, in: JZ 1988, S. 182-189.
Herzberg, Rolf Dietrich: Sterbehilfe als gerechtfertigte Tötung im Notstand?, in: NJW 1996, S. 3043-3049.
Herzberg, Rolf Dietrich: Der Fall Hackethal: Strafbare Tötung auf Verlangen?, in: NJW 1986, S. 1635-1644.
Heun, Werner: Der Hirntod als Kriterium des Todes des Menschen – Verfassungsrechtliche Grundlagen und Konsequenzen, in: JZ 1996, S. 213-219.
Heyers, Johannes: Anmerkung, in: JR 2003, S. 501-503.
Hiddemann, W.: Palliativmedizin, in: Der Internist 2000, S. 605.
Hiersche, Hans-Dieter: Der „Kemptener Fall“ cui bono? – Aus der Sicht eines Arztes, in: *Ubert*, Udo et al. (Hrsg.), Festschrift für Ernst-Walter Hanack, Berlin/New York 1999, S. 697-716.
Hilgendorf, Eric: Lebensschutz zwischen Begriffsjurisprudenz und „Ratioismus“, in: NJW 1997, S. 3074-3075.
Hilgendorf, Eric: Scheinargumente in der Abtreibungsdiskussion – am Beispiel des Erlanger Schwangerschaftsfalls, in: NJW 1996, S. 758-762.
Hirsch, Brigitte: Schmerztherapie aus der Sicht eines ambulanten Palliativdienstes, in: Aulbert, Eberhard/Klaschik, Eberhard/Pichlmaier, Heinz (Hrsg.), Palliativmedizin – Verpflichtung zur Interdisziplinarität, Stuttgart/New York, 2000, S. 212-220.
Hirsch, Günter: Der sterbende Mensch, in: ZRP 1986, S. 239-242.
Hirsch, Hans Joachim: Behandlungsabbruch und Sterbehilfe, in: Festschrift für Karl Lackner, Berlin 1987, S. 597-620.
Hirsch, Hans Joachim: Anmerkung, in: JR 1979, S. 429-433.
Hirsch, Hans Joachim: Einwilligung und Selbstbestimmung, in: Stratenwerth, Günter et al. (Hrsg.), Festschrift für Hans Welzel, Berlin/New York 1974, S. 775-799.
Höfling, Wolfram/*Rixen*, Stephan: Vormundschaftsgerichtliche Sterbeherrschaft ?, in: JZ 2003, S. 884-894.
Höfling, Wolfram: Menschen mit Behinderungen, das „Menschenrechtsübereinkommen zur Biomedizin“ und die Grund- und Menschenrechte, in: KritV 1998, S. 99-110.
Höfling, Wolfram: Über die Definitionsmacht medizinischer Praxis und die Aufgabe der Verfassungslehre, in: JZ 1996, S. 615-618.

Höfling, Wolfram: Die Unantastbarkeit der Menschenwürde – Annäherungen an einen schwierigen Verfassungsrechtssatz, in: JuS 1995, S. 857-862.
Höfling, Wolfram: Um Leben und Tod: Transplantationsgesetzgebung und Grundrecht auf Leben, in: JZ 1995, S. 26-33.
Hoerster, Norbert: Rechtsethische Überlegungen zur Sterbehilfe, Beiträge zur Thanatologie – Heft 18, Mainz 2000.
Hoerster, Norbert: Warum keine aktive Sterbehilfe?, in: ZRP 1988, S. 1-4.
Hoerster, Norbert: Rechtsethische Überlegungen zur Freigabe der Sterbehilfe, in: NJW 1986, S. 1786-1792.
Hoerster, Norbert: Zur Bedeutung des Prinzips der Menschenwürde, in: JuS 1983, S. 93-96.
Hofmann, Hasso: Die versprochene Menschenwürde, AÖR 1993, S. 353-377.
Horn, Eckhard: Der medizinisch nicht indizierte, aber vom Patienten verlangte ärztliche Eingriff – strafbar? – BGH, NJW 1978, 1206, in: JuS 1979, S. 29-31.
Hruschka, J., Anmerkung zum Urteil des BGH v. 22.2.1978, in: JR 1978, S. 519-522.
Hubert-Fehler, Alix/Hollmann, Angela: Eine Entscheidung mit rechtlichen Konsequenzen – Ernährung durch eine Magensonde (PEG), in: Deutsches Ärzteblatt 1998, S. A805-A808.

Ipsen, Jörn: Staatsrecht II (Grundrechte), 4. Auflage, Neuwied/Kriftel 2001.

Jakobs, Günther: Tötung auf Verlangen, Euthanasie und Strafrechtssystem, Bayerische Akademie der Wissenschaften München 1998.
Jakobs, Günther: Strafrecht Allgemeiner Teil, Die Grundlagen und die Zurechnungslehre, 2. Auflage, Berlin, New York 1991.
Jähnke, Burkhard: Zur Frage des „nullum-crimen-Satzes“ im Allgemeinen Teil des Strafgesetzbuches, in: Geiß, Karlmann et al. (Hrsg.), Festschrift aus Anlass des fünfzigjährigen Bestehens von Bundesgerichtshof, Köln/Berlin/Bonn/München 2000, S. 393-407.
Jens, Walter/*Küng*, Hans: Menschenwürdig sterben – Ein Plädoyer für Selbstverantwortung, München/Zürich 1996.
Jescheck, Hans-Heinrich/*Weigend*, Thomas: Lehrbuch des Strafrechts – Allgemeiner Teil, 5. Auflage, Berlin 1996.
Jescheck, Hans-Heinrich/*Ruß*, Wolfgang/*Willms*, Günther (Hrsg.), Strafgesetzbuch – Leipziger Kommentar, 10. Auflage, Berlin/New York 1985 (Bde. 1, 2), 1989 (Bd. 5).
Jesper, Ria: Ethische Aspekte der enteralen Ernährung, in: Pflege Aktuell 1998, S. 676-680.
Jetter, Dieter: Geschichte der Medizin, Stuttgart/New York 1992.
Joecks, Wolfgang: Strafgesetzbuch – Studienkommentar, 3 Auflage, München 2001.

Jonen-Thielemann, Ingeborg: Kommunikation mit dem Krebskranken und seinen Angehörigen, in: Aulbert, Eberhard/Klaschik, Eberhard/Pichlmaier, Heinz (Hrsg.), Palliativmedizin – Verpflichtung zur Interdisziplinarität, Stuttgart/New York, 2000, S. 278-287.

Kallert, Th. W.: Das "apallische Syndrom" – zu Notwendigkeit und Konsequenzen einer Begriffsklärung, in: Fortschr. Neurol. Psychiat. 1994, S. 241- 255.

Kant, Immanuel: Kritik der praktischen Vernunft, herausgegeben von Karl Vorländer, 10 Auflage Hamburg 1990.

Kareklas, Stefanos Emm.: Griechenland, in: Eser, Albin/Koch, Hans-Georg (Hrsg.), Materialien zur Sterbehilfe, Freiburg im Breisgau 1991, S. 321-337.

Karger, A./*Haupt*, M., Sterbehilfe bei Demenz – Ethische Überlegungen zwischen Paternalismus und Autonomie, in: Nervenarzt 1997, S. 907-913.

Kargl, Walter: Zur kognitiven Differenz zwischen Tun und Unterlassen, in: GA 1999, S. 459-481.

Kaufmann, Arthur: Euthanasie – Selbsttötung – Tötung auf Verlangen, in: MedR 1983, S. 121-125.

Kaufmann, Arthur: Zur ethischen und strafrechtlichen Beurteilung der sogenannten Früheuthanasie, in: JZ 1982, S. 481-487.

Kayser, Godehard: Rechtsprechungsübersicht zum Betreuungsrecht, in: FGPrax 1995, S. 173-177.

Kendel, K.: Gedanken zum Sterben in künftiger Zeit, in: Arztrecht 1997 – Übergänge II, S. VI-VII.

Kern, Bernd-Rüdiger: Fremdbestimmung bei der Einwilligung in ärztliche Eingriffe, in: NJW 1994, S. 753-759.

Kern, Bernd-Rüdiger: Arzt und Betreuungsrecht, in: MedR 1993, S. 245-251.

Kern, Bernd-Rüdiger: Aufklärungspflicht und wissender Patient, in: MedR 1986, S. 176-180.

Kern, Bernd-Rüdiger/*Laufs*, Adolf: Die ärztliche Aufklärungspflicht, Berlin 1983.

Khorammi, Katharina: Die „Euthanasie-Gesetze" im Vergleich – Eine Darstellung der aktuellen Rechtslage in den Niederlanden und in Belgien, in: MedR 2003, S. 19-25.

Kindhäuser, Urs: Strafgesetzbuch – Lehr- und Praxiskommentar, Baden-Baden 2002.

Klaschik, Eberhard: Medizinische Einführung in die Thematik-Möglichkeiten, Grenzen und Stellenwert der Palliativmedizin und Erfahrungen in diesem Bereich, in: Wienke, Albrecht/Lippert, Hans-Dieter (Hrsg.), Der Wille des Menschen zwischen Leben und Sterben – Patientenverfügung und Vorsorgevollmacht, Berlin/Heidelberg/New York 2001, S. 3-9.

Klaschik, Eberhard: Palliativmedizin: Antwort auf eine ethische Herausforderung, in: Jahrbuch für Wissenschaft und Ethik 5/2000, Berlin/New York 2000, S. 251-257.

Klaschik, Eberhard et al.: Palliativmedizin – Definitionen und Grundzüge, in: Der Internist 2000, S. 606-611.

Klaschik, Eberhard: Sterbehilfe – Sterbebgleitung, in: Der Internist 1999, S. 276-282.

Klaschik, Eberhard/Nauck, F.: Historische Entwicklung der Palliativmedizin, in: Zentralbl Chir 1998, S. 620-623.

Klein, Martin: Hirntod: Vollständiger und irreversibler Verlust aller Hirnfunktionen?, in: EthikMed 1995, S. 6-15.

Kliemt, Hartmut: Unveräußerliche Güter und Enteignung, in: Tietzel, Manfred (Hrsg.), Ökonomische Theorie der Rationierung, München 1998, S. 279-298.

Klinkhammer, Gisela: Breite Ablehnung aktiver Euthanasie – Ärzte und Politiker weisen auf die Möglichkeiten der Palliativmedizin hin, in: Deutsches Ärzteblatt 2001, S. A1157-A1158.

Knieper, Judith: Vormundschaftsgerichtliche Genehmigung des Abbruchs lebenserhaltender Maßnahmen, in: NJW 1998, S. 2720-2721.

Koch, Hans Georg: „Der medizinisch assistierte Tod" – Aktuelle Rechtsfragen der Sterbehilfe im deutschen Recht, in: Holderegger, Adrian (Hrsg.), Das medizinisch assistierte Sterben, 1998, S. 297-327.

Koch, Hans Georg: Einführung, in: Eser, Albin/Koch Hans Georg (Hrsg.) Materialien zur Sterbehilfe, Freiburg im Breisgau 1991, S. 3-30.

Koch, Hans Georg: Bundesrepublik Deutschland, in: Eser, Albin/Koch Hans Georg (Hrsg.) Materialien zur Sterbehilfe, Freiburg im Breisgau 1991, S. 33-73.

Köhler, Michael: Europäische Bioethikkonvention - Beitritt unter Vorbehalt?, ZRP 2000, S. 8-10.

Kolb, G.: Rechtliche und ethische Aspekte der Sondenernährung älterer Patienten mit fortgeschrittener Demenz, in: European Journal of Geriatrics 2001, S. 7-12.

Krack, Ralf: Teilnahme am Suizid und Tötung auf Verlangen, in: KJ 1995, S. 60-76.

Kramer, Hans-Jürgen: Ärztlicher Standard unter den Gesichtspunkten Ressourcenverteilung, Wirtschaftlichkeitsgebot und Haftung, in: MedR 1993, S. 345-346.

Krey, Volker, Deutsches Strafrecht, Allgemeiner Teil, Band 1, Grundlagen, Tatbestandsmäßigkeit, Rechtswidrigkeit, Schuld, Stuttgart, Berlin, Köln, 2001.

Krey, Volker: Strafrecht, Besonderer Teil, Band 1: Besonderer Teil ohne Vermögensdelikte, 11. Auflage, Stuttgart/Berlin/Köln 1998.

Krimmel, Lothar: Was ist „medizinisch notwendig"?, in: Deutsches Ärzteblatt 1997, S. C16-C18.

Kröber, Hans-Ludwig: Psychiatrische Kriterien zur Beurteilung der Einwilligungsfähigkeit, in: Rechtsmedizin 1998, S. 41-46.

Kropp, S. et al.: Rechtliche Voraussetzungen vor medizinischen Eingriffen bei psychiatrisch behandlungsbedürftigen Patienten, in: DMW 2001, S. 507-510.

Krüger, Gertraud, Die Patientenrechte aus der Sicht des Patienten, in: Pichler, Johannes W., Einführung in die Patientenrechtspolitik, Wien/Köln 1990, S. 95-98.
Krümpelmann, Justus: Vorsatz und Motivation, in: ZStW 1975, S. 888-901.
Kühl, Kristian: Strafrecht, Allgemeiner Teil, 3. Auflage, München 2000.
Küng, Hans: Menschenwürdig sterben, in: Jens, Walter/Küng, Hans, Menschenwürdig sterben – Ein Plädoyer für Selbstverantwortung, München/Zürich 1996, S. 13-85.
Küper, Wilfried: Lebensgefährdende Behandlung – Gefährdungs- oder Gefährlichkeitsdelikt?, in: Weigend, Thomas/Küpper, Georg (Hrsg.), Festschrift für Hans Joachim Hirsch, Berlin/New York 1999, S. 595-614.
Küper, Wilfried, Strafrecht – Besonderer Teil, Definitionen und Erläuterungen, 3. Auflage, Heidelberg 1999.
Küper, Wilfried, Strafrecht – Besonderer Teil 1, Delikte gegen Rechtsgüter der Person und Gemeinschaft, Berlin/Heidelberg 1996.
Kuhse, Helga: Warum Fragen der aktiven und passiven Euthanasie auch in Deutschland unvermeidlich sind, in: Hegselmann, Rainer /Merkel, Reinhard (Hrsg.), Zur Debatte über Euthanasie - Beiträge und Stellungnahmen, Frankfurt am Main 1991, S. 51-70.
Kutzer, Klaus: Die Auseinandersetzung mit der aktiven Sterbehilfe – Ein spezifisches Problem der Deutschen?, in: ZRP 2003, S. 209-212.
Kutzer, Klaus: Der Vormundschaftsrichter als Schicksalsbeamter? – ZRP-Rechtsgespräch, in: ZRP 2003, S. 213-216.
Kutzer, Klaus: Sterbehilfeproblematik in Deutschland: Rechtsprechung und Folgen für die klinische Praxis, in: MedR 2001, S. 77-79.
Kutzer, Klaus: Keine Halbgötter in Schwarz – Die Rolle der Vormundschaftsgerichte soll neu gestaltet werden, in: ZRP 2000, S. 402-404.
Kutzer, Klaus: Wir brauchen keine neuen Gesetze zur Sterbehilfe, in: ZRP 1997, S. 117-119.
Kutzer, Klaus: Strafrechtliche Grenzen der Sterbehilfe, in: NStZ 1994, S. 110-115.
Kutzer, Klaus: Recht auf Schmerzbehandlung, in: Der Schmerz 1991, S. 53-55.

Lackner, Karl/*Kühl*, Kristian: Strafgesetzbuch, 24. Auflage, München 2001.
Langer, Winrich: Euthanasie im Krankenhaus – Tötungskriminalität zwischen Sterbehilfe und Mord -, in: JR 1993, S. 133-144.
Larenz, Carl/*Canaris*, Claus-Wilhelm: Methodenlehre der Rechtswissenschaft, 3. Auflage, Berlin/Heidelberg/New York et al. 1995.
Laufs, Adolf: Nicht der Arzt allein muss bereit sein, das Notwendige zu tun, in: NJW 2000, S. 1757-1769.
Laufs, Adolf: Arzt, Patient und Recht am Ende des Jahrhunderts, in: NJW 1999, S. 1758-1769.

Laufs, Adolf: Arzt und Recht – Fortschritte und Aufgaben, in: NJW 1998, S. 1750-1761.
Laufs, Adolf: Zivilrichter über Leben und Tod?, in: NJW 1998, S. 3399-3401.
Laufs, Adolf: Zur neuen Berufsordnung für die deutschen Ärztinnen und Ärzten, in: NJW 1997, S. 3071-3073.
Laufs, Adolf: Therapiefreiheit des Arztes, in: ZaeFQ 1997, S. 586-592.
Laufs, Adolf: Die Entwicklung des Arztrechts 1988/89, in: NJW 1989, S. 1521-1528.
Laufs, Adolf: Grundlagen des Arztrechts, in: Ehmann, Horst/Hefermehl, Wolfgang/Laufs, Adolf (Hrsg.), Festgabe für Hermann Weitnauer, Berlin 1980, S. 363-386.
Laufs, Adolf/*Uhlenbruck*, Wilhelm: Handbuch des Arztrechts, 2. Auflage, München 1999.
Laum, H.D.: Wahrheit und Schweigen am Krankenbett – die rechtliche Bewertung, in: Zentralbl Chir 2000, S. 920-925.
Lempa, Maria et al.: Wieviel Schmerz ist erträglich? – Zielvorstellungen chirurgischer Patienten für die Schmerztherapie, in: Der Chirurg 2000, S. 1263-1269.
Leonardy, Helmut: Sterbehilfe, in: DRiZ 1986, S. 281-291.
Lilie, Hans: Hilfe zum Sterben, in: Deutsch, Erwin/Klingmüller, Ernst/Kullmann, Hans Josef (Hrsg.), Festschrift für Erich Steffen, Berlin/New York 1995, S. 273-288.
Lilie, Hans: Strafrechtliche Gesichtspunkte, in: Wienke, Albrecht/Lippert, Hans-Dieter (Hrsg.), Der Wille des Menschen zwischen Leben und Sterben – Patientenverfügung und Vorsorgevollmacht, Berlin/Heidelberg/New York 2001, S. 75-86.
Lipp, Volker: Privatautonomie, Sterbehilfe und Betreuung, in: DRiZ 2000, S. 231-239.
Loos, Fritz: Anmerkung, in: JR 1994, S. 511-514.
Lutterotti, Markus von: Irreversibler Bewusstseinsverlust und ärztliche Behandlungspflicht, in: WMW 1996, S. 59-62.

Madea, Burkhard/*Henssge*, Claus/*Dettmeyer*: Hirntod als allgemeiner Todesbegriff, in: MedR 1999, S. 162-163.
Mader, Ute: Palliativmedizin in Deutschland, in: DMW 2003, S. 419-420.
Maiwald, Manfred: Grundlagenprobleme der Unterlassungsdelikte, in: JuS 1981, S. 473-483.
Maunz, Theodor/*Dürig*, Günter: Grundgesetz-Kommentar.
Maurach, Reinhart/*Schroeder*, Friedrich-Christian/*Maiwald*, Manfred: Strafrecht Besonderer Teil, Teilband 1 – Straftaten gegen Persönlichkeits- und Vermögenswerte, 8. Auflage, Heidelberg 1995.
Maurach, Reinhart/*Zipf*, Heinz: Strafrecht Allgemeiner Teil Teilband 1 – Grundlehren des Strafrechts und Aufbau der Straftat, 8. Auflage, Heidelberg 1992.

Memmer, M.: Patientenverfügungen im österreichischen Recht, in: WMW 6/1997, S. 135-138.
Mendler, Till, M.: Geborgen sterben dürfen, in: Ethik Med 1993, S. 136-146.
Meran, Johannes G.: Konzeptuelle und ethische Fragen der geriatrischen Onkologie, in: Z Gerontol Geriat 2001, S. 280-291.
Meran, J. G./*Hamm*, M./*Ganser*, A.: Aufklärung – Begleitung – Entscheidungshilfe: Ethische Aspekte bei der Behandlung der amyotrophen Lateralsklerose, in: WMW 1996, S. 190-194.
Merkel, Reinhard: Früheuthanasie – Rechtsethische und strafrechtliche Grundlagen ärztlicher Entscheidungen über Leben und Tod in der Neonatalmedizin, Baden-Baden 2001.
Merkel, Reinhard: Personale Identität und die Grenzen strafrechtlicher Zurechnung – Annäherung an ein unentdecktes Grundlagenproblem der Strafrechtsdogmatik, in: JZ 1999, S. 502-511.
Merkel, Reinhard: Ärztliche Entscheidungen über Leben und Tod in der Neonatalmedizin – Ethische und strafrechtliche Probleme, in: JZ 1995, S. 1145-1155.
Merkel, Reinhard: Tödlicher Behandlungsabbruch und mutmaßliche Einwilligung bei Patienten im apallischen Syndrom – Zugleich eine Besprechung von BGH NJW 1995, 204, in: ZStW 1995, S. 545-575.
Merkel, Reinhard: Teilnahme am Suizid, Tötung auf Verlangen, Euthanasie – Fragen an die Strafrechtsdogmatik, in: Hegselmann, Rainer /Merkel, Reinhard (Hrsg.), Zur Debatte über Euthanasie – Beiträge und Stellungnahmen, Frankfurt am Main 1991, S. 71-127.
Mitscherlich, Alexander/*Mielke*, Fred: Medizin ohne Menschlichkeit – Dokumente des Nürnberger Ärzteprozesses, Frankfurt am Main 1997.
Möllering, Jürgen: Schutz des Lebens – Recht auf Sterben – Zur rechtlichen Problematik der Euthanasie, Stuttgart 1977.
Müller, Sven-David: Dysphagie: Wachsendes Gesundheitsrisiko in der Geriatrie, in: Geriatrie Journal 2000, S. 32-35.
Müller-Bohlen, Lutz/*Paape*, Ines: PEG – Über die Notwendigkeit einer künstlichen Ernährung als Entscheidungshilfe für die betreuungsrechtliche Praxis, in: BtPrax 2000, S. 183-187.
Müller-Busch, H. Christof: Palliativmedizin im 21. Jahrhundert – Was tun? Was Unterlassen?, in: Zeitschrift für Palliativmedizin 2000, S. 8-16.
Müller-Busch, H. Christof: Selbstbestimmung und Autonomie sterbenskranker Menschen, in: Aulbert, Eberhard/Klaschik, Eberhard/Pichlmaier, Heinz (Hrsg.), Palliativmedizin – Verpflichtung zur Interdisziplinarität, Stuttgart/New York, 2000, S. 253-264.
Müller-Freienfels, Wolfram: Anmerkung zu OLG Frankfurt a. M., JZ 1998, 799, in: JZ 1998, S. 1123-1128.

Nacimiento, Wilhelm: Das apallische Syndrom – Diagnose, Prognose und ethische Probleme, in: Deutsches Ärzteblatt 1997, S. B-529-533.

Nager, Frank: Der Arzt angesichts Sterben und Tod, in: EthikMed Supplement 1 /1998, S. S14-S25.
Neumann, U./*Schild*, W.: Nomos Kommentar zum Strafgesetzbuch, ab 1995, zit. NK-Bearbeiter.
Neuner, Jörg: Die Stellung Körperbehinderter im Privatrecht, in: NJW 2000, S. 1822 – 1833.

Oduncu, Fuat S.: Der „Hirntod" als Todeskriterium – Biologisch-medizinische Fakten, anthropologisch-ethische Fragen, in: *Roxin*, Claus/*Schroth*, Ulrich (Hrsg.), Medizinstrafrecht: Im Spannungsfeld von Medizin, Ethik und Strafrecht, Stuttgart/ München/Hannover/Berlin/Weimar/Dresden 2001, S. 199-249.
Oduncu, Fuat: Hirntod und Organtransplantation – Medizinische, juristische und ethische Fragen, Göttingen 1998.
Oehler, Dietrich: Neue strafrechtliche Probleme des Absichtsbegriffes, in: NJW 1966, S. 1633-1639.
Oehmichen, M.: Sterbebeistand – Tod auf Verlangen: Grenzen zwischen Medizin und Recht, in: ZGerontolGeriat 1995, S. 273-278.
Ollenschläger, Günther: Ernährungstherapie in der Palliativmedizin, in: Der Internist 2000, S. 641-647.
Ollenschläger, Günther: Ernährungsprobleme in der Pallaitivmedizin, in: ZaeFQ 2000, S. 575-578.
Ollenschläger, Günther: Ernährungsprobleme, in: Hankemeier, Ulrich/Schüle-Hein, Karin/Krizanits, Franz H. (Hrsg.), Tumorschmerztherapie, 2. Auflage, Berlin/Heidelberg/NewYork/Barcelona/Hongkong/London/Mailand/Paris /Singapur/Tokio 2001, S. 295-310.
Ollenschläger, Günther et al.: Leitlinien und Evidenz-basierte Medizin in Deutschland, in: Z Gerontol Geriat 2000, S. 82-89.
Opderbecke, Hans Wolfgang: Arzt und Krankenpflege: Konfliktfelder und Kompetenzen, in: MedR 1996, S. 542-545.
Opderbecke, Hans Wolfgang/*Weißauer*, Walther: Ein Vorschlag für Leitlinien – Grenzen der intensivmedizinischen Behandlungspflicht, in: MedR 1998, S. 395-399.
Opderbecke, Hans Wolfgang/*Weißauer*, Walther: Grenzen der ärztlichen Behandlungspflicht bei irreversibler Bewusstlosigkeit, in: Anästhesiologie und Intensivmedizin 1996, S. 42-49.
Otto, Harro: Grundkurs Strafrecht – Die einzelnen Delikte, 6. Auflage, Berlin/New York 2002.
Otto, Harro: Grundkurs Strafrecht – Allgemeine Strafrechtslehre, 6. Auflage, Berlin/New York 2000.
Otto, Harro: Anmerkung zu BayObLG, JR 1999, S. 122, in: JR 1999, S. 124-125.
Otto, Harro: Selbstgefährdung und Fremdverantwortung – BGH NJW 1984, 1469 –, in: Jura 1984, S. 536-541.

Otto, Harro: Eigenverantwortliche Selbstschädigung und -gefährdung sowie einverständliche Fremdschädigung und -gefährdung, in: Jescheck, Hans-Heinrich/Vogler, Theo (Hrsg.), Festschrift für Herbert Tröndle, Berlin/New York 1989, S. 157-175.

Palandt, Bürgerliches Gesetzbuch, bearbeitet von Bassenge, Peter et al., 61. Auflage, München 2002.

Patzig, Günther/*Schöne-Seifert*, Bettina: Theoretische Grundlagen und Systematik der Ethik in der Medizin, in: Kahlke, Winfried/Reiter-Theil, Stella (Hrsg.), Ethik in der Medizin, Stuttgart 1995, S. 1-9.

Pelzl, Stephan: An der Grenze von Leben und Tod – Euthanasie und Strafrecht, in: KJ 1994, S. 179-199.

Peter, Anne-Marie: Arbeitsteilung im Krankenhaus aus strafrechtlicher Sicht – Voraussetzungen und Grenzen des Vertrauensgrundsatzes, Baden-Baden 1992 (Nomos Universitätsschriften – Recht Bd. 70).

Pichlmaier, Heinz: Wahrheit und Wahrhaftigkeit am Krankenbett, in: Aulbert, Eberhard/Klaschik, Eberhard/Pichlmaier, Heinz (Hrsg.), Palliativmedizin – Verpflichtung zur Interdisziplinarität, Stuttgart/New York, 2000, S. 274-277.

Pichlmaier, Heinz: Entwicklung der Palliativmedizin in Deutschland, in: Aulbert, Eberhard/Klaschik, Eberhard/Pichlmaier, Heinz (Hrsg.), Palliativmedizin – Ein ganzheitliches Konzept, Stuttgart/New York, 1998, S. 1-7.

Picker, Eduard: Menschenwürde und Menschenleben – Zum Auseinanderdriften zweier fundamentaler Werte als Ausdruck moderner Tendenzen zur Relativierung des Menschen, in: Jakobs, Horst Heinrich et al. (Hrsg.), Festgabe für Werner Flume, Berlin/Heidelberg 1998, S. 155-263.

Pieroth, Bodo/*Schlink*, Bernhard: Grundrechte – Staatsrecht II, 13. Auflage, Heidelberg 1997.

Präsidium der Deutschen Gesellschaft für Medizinrecht: Empfehlungen der DGMR zum Arzt-Patient-Verhätnis, in: Wienke, Albrecht/Lippert, Hans-Dieter (Hrsg.), Der Wille des Menschen zwischen Leben und Sterben – Patientenverfügung und Vorsorgevollmacht, Berlin/Heidelberg/New York 2001, S. 151-154.

Probst, Martin: Betreuungsrecht – wohin? – Zur Notwendigkeit eines Wandels vom justizzentrierten zum integrierten Betreuungsrecht, in: BtPrax 2002, S. 7-13.

Probst, Martin: Betreuungsrecht in der Krise? – Zur Notwendigkeit eines Wandelns vom justizzentrierten zum integrierten Betreuungsrecht, in: ZRP 2001, S. 426-431.

Pschyrembel – Klinisches Wörterbuch, 257. Auflage, Berlin/New York 1994.

Quante, Michael: Passive, indirekt und aktiv direkte Sterbehilfe – deskriptiv und ethisch tragfähige Unterscheidungen?, in: EthikMed 1998, S. 206-226.

Radbruch, Lukas/*Sabatowski*, Rainer/*Grond*, Stefan: Der problematische Schmerz, in: Aulbert, Eberhard/Klaschik, Eberhard/ Pichlmaier Heinz (Hrsg.), Palliativmedizin – Verpflichtung zur Interdisziplinarität, 2000, S. 192-198.
Rainer, J. Michael: Zur Euthanasie in der griechischen und römischen Antike, in: Bernat, Erwin (Hrsg.), Ethik und Recht an der Grenze zwischen Leben und Tod, Graz 1993, S. 19-25.
Raspe, H.: Evidenz-basierte Medizin: eine Einführung für klinisch Tätige, in: Z Gerontol Geriat 2000, S. 78-81.
Rebmann, Kurt/*Säcker*, Franz Jürgen/*Rixecker*, Roland (Hrsg.), Münchener Kommentar zum Bürgerlichen Gesetzbuch, Band 8. – Familienrecht II, §§ 1589-1921, 4. Auflage, München 2002.
Rehborn, Martin: Passive Sterbehilfe und Patiententestament, in: MDR 1998, S. 1464-1467.
Reiter-Theil, Stella: Ethik in der Klinik – Theorie für die Praxis: Ziele, Aufgaben und Möglichkeiten des Ethik-Konsils, in: EthikMed 1999, S. 222-232.
Reiter-Theil/*Hiddemann*, W.: Ethik in der Medizin: Bedarf und Formen, in: Der Internist 1999, S. 246-254.
Rengier, Rudolf: Methodische Aspekte und Aufgaben des Bundesgerichtshofes im Lichte von Entscheidungen zum Besonderen Teil des Strafrechts, in: Canaris, Claus-Wilhelm/Heldrich, Andreas/Hopt, Klaus J. et al. (Hrsg.), 50 Jahre Bundesgerichtshof – Festgabe aus der Wissenschaft, Band IV. Strafrecht, Strafprozeßrecht, S. 467-483.
Reuter, Birgit: Die gesetzliche Regelung der aktiven ärztlichen Sterbehilfe des Königreichs der Niederlande – ein Modell für die Bundesrepublik Deutschland?, Reihe: Recht und Medizin, Bd. 46 (Zugl.: Göttingen, Univ. Diss., 2000) Frankfurt am Main/Berlin/Bern/Bruxelles/New York/Oxford/Wien, 2001.
Richter, Wolfgang/*Aulbert*, Eberhard/*Hankemeier*, Ulrich: Psychische Grundlagen von Schmerzempfindung, Schmerzäußerung und Schmerzbehandlung, in: Hankemeier, Ulrich/Schüle-Hein, Karin/Krizanits, Franz H. (Hrsg.), Tumorschmerztherapie, 2.Auflage, Berlin/Heidelberg/ NewYork/Barcelona /Hongkong/London /Mailand/Paris/Singapur/Tokio 2001, S. 20-30
Rickmann, Sabine: Zur Wirksamkeit von Patiententestamenten im Bereich des Strafrechts, Frankfurt am Main/Bern/New York/Paris 1987 (Recht und Medizin, Bd. 13).
Riedel, Eibe H.: Gentechnologie und Embryonenschutz als Verfassungs- und Regelungsproblem, in: EuGRZ 1986, S. 469-478.
Rieger, Hans-Jürgen: Haftung für Suizid während stationären Behandlung – Urteil des Bundesgerichtshofs vom 20.06.2000, in: Dtsch. Med. Wschr. 2000, S. 1344-1345.
Rixen, Stephan: Das todkranke Kind zwischen Eltern und Arzt – Ein Überblick über die rechtliche Problematik der Therapie lebensbedrohlicher Erkrankungen nichteinwilligungsfähiger Minderjähriger, in: MedR 1997, S. 351-355.

Röfer, Gabriele/*Schlacke*, Sabine: Ärztliche Leitlinien: Empirie und Recht professioneller Normsetzung, in: NJW 1999, S. 838-839.
Rönnau, Thomas: Sterbehilfe, in: JA 1996, S. 108-114.
Roller, Susanne, Beachtung, Bewertung und Behandlung von Atemnot in der Palliativmedizin, in: ZaeFQ 2000, S. 579-585.
Rosenau, Henning: Ein arztfreier Raum im Krankenhaus? – Konfliktfelder und Kompetenzen zwischen Arzt und Krankenpflege, in: Arztrecht 2000, S. 268-273.
Roßner, Hans-Jürgen, Begrenzung der Aufklärungspflicht des Arztes bei Kollision mit anderen ärztlichen Pflichten – Eine medizinrechtliche Studie mit vergleichenden Betrachtungen des nordamerikanischen Rechts, (Reihe: Recht und Medizin, Bd. 40), Frankfurt am Main/Berlin/Bern/New York/Paris/Wien, 1998.
Rothärmel, Sonja: Einstellung von Sondenernährung, Patientenverfügung und gerichtliche Genehmigung der Therapiebegrenzung, in: Zentralbl Chir 2001, S. 722-729.
Roxin, Claus: Zur strafrechtlichen Beurteilung der Sterbehilfe, in: Roxin, Claus/Schroth, Ulrich (Hrsg.), Medizinstrafrecht: Im Spannungsfeld von Medizin, Ethik und Strafrecht, Stuttgart/München/Hannover/Berlin/Weimar/Dresden 2001, S. 93-119.
Roxin, Claus: Täterschaft und Tatherrschaft, 7. Auflage, Berlin/New York 2000.
Roxin, Claus: Höchstrichterliche Rechtsprechung zum Allgemeinen Teil des Strafrechts, München 1998.
Roxin, Claus: Strafrecht Allgemeiner Teil, Band I: Grundlagen – der Aufbau der Verbrechenslehre, 3. Auflage, München 1997.
Roxin, Claus: Anmerkung, in: NStZ 1992, S. 35-36.
Roxin, Claus: Die Sterbehilfe im Spannungsfeld von Suizidteilnahme, erlaubtem Behandlungsabbruch und Tötung auf Verlangen, in: NStZ 1987, S. 345-350.
Roxin, Claus: Über die mutmaßliche Einwilligung, in: Stratenwerth, Günter et al. (Hrsg.), Festschrift für Hans Welzel, Berlin/New York 1974, S. 447-475.
Roxin ,Claus: An der Grenze von Begehung und Unterlassung, in: Bockelmann, Paul/Kaufmann, Arthur/Klug Ulrich (Hrsg.), Festschrift für Karl Engisch, Frankfurt a. M. 1969, S. 380-405.
Roxin, Claus: Verwerflichkeit und Sittenwidrigkeit als unrechtsbegründende Merkmale im Strafrecht, in: JuS 1964, S. 373-381.
Rudolphi, Hans-Joachim et al.: Systematischer Kommentar zum Strafgesetzbuch, Band 1 und 2, 7. Auflage, Neuwied/Kriftel 2001.
Rudolphi, Hans-Joachim: Examensklausur Strafrecht, in: Jura 1979, S. 39-48.
Rüthers, Bernd: Entartetes Recht, München 1994.
Ruhl, Werner: Referat, in: Verhandlungen des 63. Deutschen Juristentages, Band II/1, Teil K, S. K 29-K 40.

Sabatowski, R. et al.: Entwicklung und Stand der stationären palliativmedizinischen Einrichtungen in Deutschland, Der Schmerz 2001, S. 312-319.

Sabatowski, R. et al.: Ambulante Palliativ- und Hospizdienste in Deutschland, in: Zeitschrift für Palliativmedizin 2000, S. 17-24.
Sagel-Grande, Irene: Rechtliche Regelung der Euthanasie in den Niederlanden, in: ZStW 1999, S. 742-755.
Saliger, Frank: Sterbehilfe ohne Strafrecht? – Eine Bestimmung des Anwendungsbereichs der Sterbehilfe als Grundstein für ein intradisziplinäres Sterbehilferecht, in: KritV 2001, S. 382-439.
Saliger, Frank: Sterbehilfe mit staatlicher Genehmigung – OLG Frankfurt a. M., NJW 1998, 2747, in: JuS 1999, S. 16-21.
Saliger, Frank: Sterbehilfe nach Verfahren – Betreuungs- und strafrechtliche Überlegungen im Anschluss an BGH St 40, 257, in: KritV 1998, S. 118-151.
Salomon, Fred: Entscheidungskonflikte am Notfallort, in: AINS 2000, S. 319-325.
Samson, Erich: Absicht und direkter Vorsatz im Strafrecht, in: JA 1989, S. 449-454.
Samson, Erich: Begehung und Unterlassung, in: Stratenwerth, Günter et al. (Hrsg.), Festschrift für Hans Welzel, Berlin/New York 1974, S. 579-603.
Sass, Hans-Martin/*Kielstein*, Rita: Akzeptanz und Validierung von Betreuungsverfügungen – ethische und klinische Überlegungen, in: WMW 1997, S. 121-124.
Sass, Hans-Martin: Behandlungsqualität oder Lebensqualität? Ethische Implikationen von „Lebensqualität" als Bewertungskriterien in der Medizin, in: Schölmerich, Paul/Thews,Gerhard (Hrsg.), „Lebensqualität" als Bewertungskriterium in der Medizin, Symposium der Akademie der Wissenschaften und der Literatur, Mainz, Stuttgart, New York, 1990, S. 225-239.
Saternus, Klaus-Steffen/*Kernbach-Wighton*, Gerhard: Ärztliche Aufklärung und Behaltensleistung bei älteren und alten Patienten, in: Ahrens, Hans-Jürgen et al. (Hrsg.), Festschrift für Erwin Deutsch, Köln/Berlin/Bonn/München 1999, S. 723-738.
Sax, Walter: Zur rechtlichen Problematik der Sterbehilfe durch vorzeitigen Abbruch einer Intensivbehandlung, in: JZ 1975, S. 137-151.
Schadewaldt, H.: Euthanasie – Eine medizinhistorische Einführung, in: Hiersche, (Hrsg.) Euthanasie, 1975, S. 11-36.
Schaffer, Wolfgang: Die Aufklärungspflicht des Arztes bei invasiven medizinischen Maßnahmen, in: VersR 1993, S. 1458-1465.
Scheffen, Erika: Zivilrechtliche Neuregelung der passiven Sterbehilfe und Sterbebegleitung, in: ZRP 2000, S. 313-317.
Scheidegger, Daniel: Intensivmedizin und Sterbehilfe – Ist die Unterscheidung aktiv/passiv sinnvoll?, in: Holderegger, Adrian (Hrsg.), Das medizinisch assistierte Sterben, 1998, S. 263-271.
Scheler, Fritz: Von der Unabhängigkeit des Arztes und über die Arzt-Patienten Beziehung, in: Ahrens, Hans-Jürgen/von Bar, Christian/Fischer, Ger-

fried/Spickhoff, Andreas/Taupitz, Jochen (Hrsg.), Festschrift für Erwin Deutsch, Köln/Berlin/Bonn/München 1999, S. 739-755.
Schellong, Sebastian: Künstliche Beatmung – Strukturgeschichte eines ethischen Dilemmas, Stuttgart/New York 1990.
Schewe, G: Arzthaftung und Wirtschaftlichkeitsgebot, in: Häring Rudolf (Hrsg.), Chirurgie und Recht, Berlin 1993, S. 273-280.
Schick, J. Peter: Fremd- und Selbstbestimmung zum Tode im Lichte strafrechtlicher Wertungen, in: Gössel, Karl Heinz/.Triffterer, Otto (Hrsg.), Gedächtnisschrift für Heinz Zipf, Heidelberg 1999, S. 393- 418.
Schlehofer, Horst: Die Menschenwürdegarantie des Grundgesetzes – absolute oder relative Begrenzung staatlicher Strafgewalt?, in: GA 1999, S. 357-364.
Schlich, Thomas: Ethik und Geschichte: Die Hirntoddebatte als Streit um die Vergangenheit, in: EthikMed 1999, S. 79-88.
Schlunk, Thomas: Schmerztherapie bei Tumorpatienten, 10. Auflage, Tübingen 1999.
Schmidhäuser, Eberhard: Selbstmord und Beteiligung am Selbstmord in strafrechtlicher Sicht, in: Stratenwerth, Günter et al. (Hrsg.), Festschrift für Hans Welzel, Berlin/New York 1974, S. 801-822.
Schmidt, Peter/*Madea*, Burkhard: Grenzen ärztlicher Behandlung am Ende des Lebens, in: MedR 1998, S. 406-409.
Schmitt, Rudolf: Die Pflicht zur Verhinderung von Selbsttötungen, in: JZ 1987, S. 400-401.
Schmitt, Rudolf: Das Recht auf den eigenen Tod, in: MDR 1986, S. 617-621.
Schmitt, Rudolf: Ärztliche Entscheidungen zwischen Leben und Tod in strafrechtlicher Sicht, in: JZ 1985, S. 365-370.
Schmitt, Rudolf: Euthanasie aus der Sicht des Juristen, in: JZ 1979, S. 462-467.
Schneider, Alfred: Richtlinien, Leitlinien und Standards, in: Die Schwester/Der Pfleger 2002, S. 78-81.
Schneider, Günther: Konfliktlösung: ärztliche Berufsfreiheit versus Regelungen der Qualitätssicherung – Vorschläge aus juristischer Sicht, in: MedR 1998, S. 151-154.
Schöch, Heinz: Offene Fragen zur Begrenzung lebensverlängernder Maßnahmen, in: Weigend, Thomas/Küpper, Georg (Hrsg.), Festschrift für Hans Joachim Hirsch, Berlin/New York 1999, S. 693-712.
Schöch, Heinz: Die erste Entscheidung des BGH zur sog. indirekten Sterbehilfe – Zum Urteil des BGH vom 15.11.1996 – 3 StR 79/96 –, in: NStZ 1997, S. 409-412.
Schöch, Heinz: Beendigung lebenserhaltender Maßnahmen – Zugleich eine Besprechung der Sterbehilfeentscheidung des BGH vom 13.9.1994 –, in: NStZ 1995, S. 153-157.
Schöch, Heinz: Menschenwürdiges Sterben und Strafrecht, in: ZRP 1986, S. 236-239.

Schöne-Seifert: Bettina: Referat, in: Verhandlungen des 63. Deutschen Juristentages, Band II/1, Teil K, München 2000, S. K 41-60.
Schönke, Adolf/*Schröder*, Horst: Strafgesetzbuch Kommentar, 26. Auflage, München 2001.
Scholten, Hans-Joseph: Die niederländische Regelung der Sterbehilfe – ein Modell für Deutschland? in: BtPrax 2001, S. 231-236.
Schreiber, Hans Lothar: Die medikamentöse Versorgung als Heilbehandlung gemäß § 1904 BGB n. F. im zukünftigen Betreuungsgesetz, in: FamRZ 1991, S. 1014-1022.
Schreiber, Lothar Hans/*Schreiber*, Christiane: Alte Menschen als Ziel krimineller Handlungen in der Familie, in: ZRP 1993, S. 146-149.
Schreiber, Hans-Ludwig: Die Würde des Menschen – eine rechtliche Fiktion?, in: MedR 2003, S. 367-372.
Schreiber, Hans-Ludwig: Palliativmedizin in Deutschland – nicht eingelöster gesellschaftlicher Anspruch an die moderne Medizin, Vortrag, 2002. (demnächst zu veröffentlichen).
Schreiber, Hans-Ludwig: Strafrecht der Medizin, in: Roxin, Claus/ Widmaier, Gunter (Hrsg.), 50 Jahre Bundesgerichtshof – Festgabe aus der Wissenschaft, Band IV. Strafrecht, Strafprozessrecht, München 2000, S. 503-526.
Schreiber, Hans-Ludwig: Ein neuer Entwurf für eine Richtlinie der Bundesärztekammer zur Sterbehilfe, in: Ahrens, Hans-Jürgen/von Bar, Christian/Fischer, Gerfried/Spickhoff, Andreas/Taupitz, Jochen (Hrsg.), Festschrift für Erwin Deutsch, Köln/Berlin/Bonn/München 1999, S. 773-786.
Schreiber, Hans-Ludwig: Zur Reform des Arztstrafrechts, in: Weigend, Thomas/Küpper, Georg (Hrsg.), Festschrift für Hans Joachim Hirsch, Berlin/New York 1999, S. 713-724.
Schreiber, Hans-Ludwig: Sterbehilfe und Therapieabbruch, in: Ebert, Udo et al. (Hrsg.), Festschrift für Ernst-Walter Hanack, Berlin/New York 1999, S. 735-744.
Schreiber, Hans-Ludwig: Sterbehilfe und Behandlungsbeschränkung, in: Kirche und Recht 1999, S. 227-233.
Schreiber, Hans-Ludwig: Novellierung des Arztstrafrechts – Juristische Gründe, in: ZaeFQ 1998, S. 568-574.
Schreiber, Hans-Ludwig: Aufklärung – rechtlicher Zwang zur Wahrheit? – Voraussetzungen und Grenzen ärztlicher Aufklärung aus juristischer Sicht, in: MMW 1996, S. 424-426.
Schreiber, Hans-Ludwig: Ärztliche Aufklärung – Zweck, Grenzen und Modalitäten, in: Madea, B. et al. (Hrsg.), Innere Medizin und Recht, Berlin/Wien 1996, S. 17-21.
Schreiber, Hans-Ludwig: Die Todesgrenze als juristisches Problem – Wann darf ein Organ entnommen werden?, in: Kourakis, Nestor (Hrsg.), Mnimi II I. Daskalopoulou, K. Stamati, Chr. Mbaka, A-Meletes Poinikou Dikaiou (Strafrechtliche Studien), Athina 1996, S. 441-455.

Schreiber, Hans-Ludwig: Der Hirntod als Grenze des Lebensschutzes, in: Goydke, Jürgen et al. (Hrsg.), Festschrift für Walter Remmers, Köln/Berlin/Bonn/München 1995, S. 593-599.
Schreiber, Hans-Ludwig: Wann darf ein Organ entnommen werden? – Recht und Ethik der Transplantation, in: Deutsch, Erwin/Klingmüller, Ernst/Kullmann, Hans Josef (Hrsg.), Festschrift für Erich Steffen, Berlin/New York 1995, S. 451-463.
Schreiber, Hans-Ludwig: Rechtliche Aspekte der Lebensqualität, in: Schölmerich, Paul/Thews,Gerhard (Hrsg.), „Lebensqualität" als Bewertungskriterium in der Medizin, Symposium der Akademie der Wissenschaften und der Literatur, Mainz/ Stuttgart/New York 1990, S. 247-253.
Schreiber, Hans-Ludwig: Das Recht auf den eigenen Tod – zur gesetzlichen Neuregelung der Sterbehilfe, in: NStZ 1986, S. 337-345.
Schreiber, Hans-Ludwig: Notwendigkeit und Grenzen rechtlicher Kontrolle der Medizin, Göttinger Universitätsreden 71, Göttingen 1984, S. 29-49.
Schreiber, Hans-Ludwig: Kriterien des Hirntodes – Bericht über eine Stellungnahme des Wissenschaftlichen Beirates der Bundesärztekammer, in: JZ 1983, S. 593-594.
Schreiber, Hans-Ludwig: Die Patientenaufklärung aus juristischer Sicht, in: Der Internist 1983, S. 185-189.
Schreiber, Hans-Ludwig: Vorüberlegungen für ein künftiges Transplantationsgesetz, in: Kohlmann, Günter (Hrsg.), Festschrift für Ulrich Klug, Köln 1983, S. 341-358.
Schreiber, Hans-Ludwig: Recht und Ethik – am Beispiel des Arztrechts, in: Hanack, Ernst-Walter/Rieß, Peter/Wendisch, Günter (Hrsg.), Festschrift für Hanns Dünnebier, Berlin/New York 1982, S. 633-647.
Schroeder, Friedrich-Christian: Begriff und Rechtsgut der „Körperverletzung", in: Weigend, Thomas/Küpper, Georg (Hrsg.), Festschrift für Hans Joachim Hirsch, Berlin/New York 1999, S. 725-737.
Schroeder-Printzen, Günther: Kostendämpfung und ärztlicher Standard – Wirt schaftlichkeitsprüfung im Vertragsarztrecht, in: MedR 1993, S. 339-341.
Schubert, J.K./*Nöldge-Schomburg*, G.F.F.: Lassen sich Grenzen intensivtherapeutischen Handelns festlegen?, in: Zentralbl Chir 2001, S. 717-722.
Schüppel, R.: Die Relativität von Zielvorgaben als Chance zur Bewältigung komplexer Entscheidungsprozesse in der Medizin, in: Gesundheitswesen 1996, S. 423-431.
Schürch, Sibylle: Rationierung in der Medizin als Straftat, Basel/Genf/München 2000.
Schuster, Hans-Peter: Ethische Probleme im Bereich der Intensivmedizin, in: Der Internist 1999, S. 260-269.
Schwab, Dieter: Probleme des materiellen Betreuungsrechts, in: FamRZ 1992, S. 493-507.

Schewe, G.: Arzthaftung und Wirtschaftlichkeitsgebot, in: Häring, Rudolf (Hrsg.), Chirurgie und Recht, Berlin 1993, S. 273-280.
Seehafer, Wilfried, Der Arzthaftungsprozeß in der Praxis – eine Untersuchung von Arzt- (Krankenhaus)haftungsprozessen in der Stadt Bremen, in: MedR 1989, S. 123-127.
Seitz, Walter: Das OLG Frankfurt a. M. und die Sterbehilfe, in: ZRP 1998, S. 417-421.
Selle, Dirk von: Absicht und intentionaler Gehalt der Handlung, in: JR 1999, S. 309-315.
Sonnen, B.-R.: Sterbehilfe als vorsätzliche Tötung oder als straflose Suizidbeteiligung, in: Z Gerontol Geriat 1995, S. 279-284.
Soyka, D.: Veränderung der Schmerztherapie in Deutschland – Vom vernachlässigten Symptom zu einem zentralen Gesundheitsproblem, in: Der Schmerz 2000, S. 81-84.
Spann, Wolfgang: Das „Patiententestament", in: MedR 1983, S. 13-16.
Spickhoff, Andreas: Anmerkung, in: JZ 2003, S. 739 (741).
Spickhoff, Andreas: Die Patientenautonomie am Lebensende: Ende der Patientenautonomie? – Zur Feststellbarkeit und Durchsetzbarkeit des realen oder hypothetischen Willens des Patienten, in: NJW 2000, S. 2297-2304.
Spittler, Johann Friedrich: Der menschliche Körper im Hirntod, ein dritter Zustand zwischen lebendem Menschen und Leichnam?, in: JZ 1997, S. 747-751.
Spohr, Michael: Psycho-soziale Aspekte bei Schwerstkranken und Sterbenden, in: ZaeFQ 2000, S. 595-601.
Stackmann, Nikolaus: Keine richterliche Anordnung von Sterbehilfe, in: NJW 2003, S. 1568-1569.
Staudigel, K./*Hankemeier*, U.: Ärztliches Verbot von Schmerztherapie bei Tumorschmerzpatienten – Ein unglaublicher Fallbericht, in: Der Schmerz 2000, S. 111-113.
Staudinger J. von: Kommentar zum Bürgerlichen Gesetzbuch, Viertes Buch – Familienrecht §§ 1896-1921, Bearbeitung von Werner *Bienwald*, 13. Bearbeitung, Berlin 1999.
Steffen, Erich: Noch einmal: Selbstverantwortetes Sterben?, in: NJW 1996, S. 1581.
Steffen, Erich: Arzt und Krankenpflege: Konfliktfelder und Kompetenzen, in: MedR 1996, S. 265-266.
Steffen, Erich: Kostendämpfung und ärztlicher Standard – Anforderungen des Haftungsrechts, in: MedR 1993, S. 338.
Stern, Klaus: Das Staatsrecht der Bundesrepublik Deutschland, Band III Allgemeine Lehren der Grundrechte 1. Halbband (von Klaus Stern und Michael Sachs), Grundlagen und Geschichte, nationaler und internationaler Grundrechtskonstitutionalismus, juristische Bedeutung der Grundrechte, Grundrechtsberechtigte, Grundrechtsverpflichtete, München 1988.
Sternberg-Lieben, Detlev: Anmerkung, in: JZ 2002, S. 153-156.

Sternberg-Lieben, Detlev: Selbstbestimmtes Sterben: Patientenverfügung und gewillkürte Stellvertretung, in: Eser, Albin/Schittenhelm, Ulrike/Schumann, Heribert (Hrsg.), Festschrift für Theodor Lenckner, München 1998, S. 349-375.
Sternberg-Lieben, Detlev: Strafbarkeit des Arztes bei Verstoß gegen ein Patienten-Testament, in: NJW 1985, S. 2734-2739.
Stoffers, Kristian F.: Die Abgrenzung von Tun und Unterlassen in der neueren Rechtsprechung – eine Anmerkung zu BGHSt. 40, 257 –, in: Jura 1998, S. 580-583.
Strätling, Meinolfus et al.: Möglichkeiten zur Verminderung rechtlicher und ethischer Probleme bei der Behandlung nicht einwilligungsfähiger oder von Entscheidungsunfähigkeit bedrohter Patienten, in: MedR 2001, S. 385-395.
Strätling, Meinolfus/*Eisenbart*, Bettina/*Scharf*, Volker Erwin: Stellvertretung in Gesundheitsfragen unter epidemiologisch-demographischen Gesichtspunkten: Wie realistisch sind die Vorgaben des deutschen Betreuungsrechts? – Zur medizinrechtlichen Problematik der Behandlung nicht einwilligungsfähiger Patienten, in: MedR 2000, S. 251-256.
Stratenwerth, Günter: Strafrecht, Allgemeiner Teil I - Die Straftat, 4. Auflage, Köln/Berlin/Bonn/München 2000.
Stratenwerth, Günter: Zum juristischen Begriff des Todes in: Bockelmann, Paul/Kaufmann, Arthur/Klug Ulrich (Hrsg.), Festschrift für Karl Engisch, Frankfurt a. M. 1969, S. 528-547.
Stratenwerth, Günter: Prinzipien der Rechtfertigung, in: ZStW 1956, S. 41-70.
Stree, Walter: Beteiligung an vorsätzlicher Selbstgefährdung – BGHSt 32, 262 und BGH, NStZ 1984, 452, in: JuS 1985, S. 179-184.
Strub, Gerhard/*Wolf*, Stefan: Sterbehilfe, in: Kaufmann, Arthur (Hrsg.), Moderne Medizin und Strafrecht, Heidelberg 1989, S. 151-160.
Struensee, Eberhard: Handeln und Unterlassen, Begehungs- und Unterlassungsdelikt, in: Küper, Wilfried/Welp, Jürgen (Hrsg.), Festschrift für Walter Stree und Johannes Wessels, Heidelberg 1993, S. 133-157.

Taupitz, Jochen: Empfehlen sich zivilrechtliche Regelungen zur Absicherung der Patientenautonomie am Ende des Lebens?, in: NJW 2000, Beilage zu Heft 25, S. 6-10.
Taupitz, Jochen: Empfehlen sich zivilrechtliche Regelungen zur Absicherung der Patientenautonomie am Ende des Lebens?, Gutachten A für den 63. Deutschen Juristentag, in: Verhandlungen des 63. Deutschen Juristentages, Band I, Teil A, München 2000, S. A 3-A 125.
Taupitz, Jochen: Rechtliche Bindungen des Arztes: Erscheinungsweisen, Funktionen, Sanktionen, in: NJW 1986, S. 2851-2861.
Tempel, Otto: Inhalt, Grenzen und Durchführung der ärztlichen Aufklärungspflicht unter Zugrundelegung der höchstrichterlichen Rechtsprechung, in: NJW 1980, S. 609-617.

Thielemann-Jonen, Ingeborg/*Pichlmaier*, H.: Terminale Pflege Krebskranker, in: MMW 1988, S. 279-283.
Titzmann, Michael: Strukturale Textanalyse, 3. Auflage, München 1993.
Tröndle, Herbert: Nochmals: Sterbehilfe, lex artis und mutmaßlicher Patientenwille – Erwiderung auf M. v. Lutterotti: Ärztliche Überlegungen zu juristischen Vorschlägen, in: MedR 1988, S. 163-166.
Tröndle, Herbert: Warum ist die Sterbehilfe ein rechtliches Problem?, in: ZStW 1987, S. 25-48.
Tröndle, Herbert: Referat, in: Verhandlungen des 56. Deutschen Juristentages, Band II (Sitzungsberichte), Teil M, S. M 29-M44.
Tröndle, Herbert: Strafrechtlicher Lebensschutz und Selbstbestimmungsrecht des Patienten – Betrachtungen zum „Ravensburger Fall", in: *Kerner*, H.-J./*Kaiser*, G. (Hrsg.), Festschrift für Hans Göppinger, Berlin, Heidelberg, New York, London, Paris, Tokyo, Hong Kong 1990, S. 595-610.
Tröndle, Herbert/Fischer, Thomas: Strafgesetzbuch und Nebengesetze, 50. Auflage, München 2001.
Trück, Thomas: Mutmaßliche Einwilligung und passive Sterbehilfe durch den Arzt, Diss. Univ.-Tübingen, Tübingen 2000.
Twycross, R.G.: Freiwillige Euthanasie – Eine klinische Betrachtung, in: Eser, Albin (Hrsg.) Suizid und Euthanasie, Stuttgart, 1976, S. 111-120.

Uhlenbruck, Wilhelm: Bedenkliche Aushöhlung der Patientenrechte durch die Gerichte, in: NJW 2003, S. 1710-1712.
Uhlenbruck, Wilhelm: Brauchen wir in Deutschland ein Gesetz zur aktiven Sterbehilfe?, in: NJW 2001, S. 2770-2772.
Uhlenbruck, Wilhelm: Die Stellvertretung in Gesundheitsangelegenheiten – Zu einem wichtigen, aber verkannten Rechtsinstitut in Deutschland, in: Ahrens, Hans-Jürgen/von Bar, Christian/Fischer, Gerfried/Spickhoff, Andreas/Taupitz, Jochen (Hrsg.), Festschrift für Erwin Deutsch, Köln/Berlin/Bonn/München 1999, S. 849-862.
Uhlenbruck, Wilhelm: Entmündigung des Patienten durch den Gesetzgeber?, in: ZRP 1998, S. 46-48.
Uhlenbruck, Wilhelm: Die Altersvorsorge-Vollmacht als Alternative zum Patiententestament und zur Betreuungsverfügung, in: NJW 1996, S. 1583-1585.
Uhlenbruck, Wilhelm: Rechtliche Grenzen einer Rationierung in der Medizin, in: MedR 1995, S. 427-437.
Uhlenbruck, Wilhelm: Vorab-Einwilligung und Stellvertretung bei der Einwilligung in einen Heileingriff, in: MedR 1992, S. 134-141.
Ulsenheimer, Klaus: Das Leid mit den Leitlinien, in: Zentralbl Chir 2001, S. 730-734.
Ulsenheimer, Klaus: Ärztliches Gewissen und ärztlicher Heilauftrag zwischen Selbstbestimmungsrecht, Glaubensfreiheit und Lebensschutz – dargestellt am

Beispiel der Zeugen Jehovas, in: Anästhesiologie und Intensivmedizin 2001, S. 157-163.
Ulsenheimer, Klaus: Aktive und passive Sterbehilfe aus der Sicht der Rechtsprechung, in: Der Internist 2000, S. 648-653.
Ulsenheimer, Klaus: Arztstrafrecht in der Praxis, 2. Auflage, Heidelberg 1998.

Verrel, Torsten: Mehr Fragen als Antworten – Besprechung der Entscheidung des XII. Zivilsenats des BGH vom 17.3.2003 über die Einstellung lebenserhaltender Maßnahmen bei einwilligungsunfähigen Patienten, in: NStZ 2003, S. 449-453.
Verrel, Torsten: Vormundschaftsgerichte in der Beletage? – Bemerkungen zum fortdauernden Streit über die Anwendbarkeit von §1904 BGB auf die Begrenzung lebenserhaltender Maßnahmen, in: KritV 2001, S. 440-456.
Verrel, Torsten: Zivilrechtliche Fürsorge ist besser als strafrechtliche Kontrolle, in: MedR 1999, S. 547-550.
Verrel, Torsten: Selbstbestimmungsrecht contra Lebensschutz – Bringt der BGH Bewegung in der Sterbehilfediskussion?, in: JZ 1996, S. 224-231.
Vesting, Jan W.: Die Verbindlichkeit von Richtlinien und Empfehlungen der Ärztekammer nach der Musterberufsordnung 1997, in: MedR 1998, S. 168-171.
Vogel, Joachim: Norm und Pflicht bei den unechten Unterlassungsdelikten, (Strafrechtliche Abhandlungen – Neue Folge Bd. 83), Berlin 1998.
Vogel, Joachim: Die versuchte „passive Sterbehilfe“ nach BGH MDR 1995, 80 in: MDR 1995, S. 337-340.
Vossler, Norbert: Bindungswirkung von Patientenverfügungen?, in: ZRP 2002, S. 295-298.

Wachsmuth, Werner/*Schreiber*, Hans-Ludwig: Sicherheit und Wahrscheinlichkeit – juristische und ärztliche Aspekte, in: NJW 1982, S. 2094-2098.
Wachsmuth, Werner/*Schreiber*, Hans-Ludwig: Das Dilemma der ärztlichen Aufklärung – Neue Probleme für die Rechtsprechung, in: NJW 1981, S. 1985-1987.

Walter, M.: Palliative chirurgische Therapie, in: Zentralbl Chir 1998, S. 678-686.
Wassermann, Rudolf: Das Recht auf den eigenen Tod, in: DRiZ 1986, S. 291-297.
Weigend, Thomas: Über die Begründung der Straflosigkeit bei Einwilligung des Betroffenen, in: ZStW 1986, S. 44-72.
Weißauer, Walther/*Opderbecke*, Hans Wolfgang: Behandlungsabbruch bei unheilbarer Krankheit aus medikolegaler Sicht – Anmerkungen zum Urteil des 1. Strafsenats des BGH vom 13. September 1994 – 1 StR 357/194 – MedR 1995, 72, in: MedR 1995, S. 456-462.
Welzel, Hans: Das deutsche Strafrecht, 11. Auflage, Berlin 1969.

Wernstedt, Thela/*Mohr*, M./*Kettler*, D.: Sterbehilfe in Europa. Eine Bestandsaufnahme am Beispiel von zehn Ländern unter besonderer Berücksichtigung der Niederlande und Deutschlands, in: AINS 2000, S. 220-231.
Wertenbruch, Wilhelm: Grundgesetz und Menschenwürde – Ein kritischer Beitrag zur Verfassungswirklichkeit, Köln/Berlin 1958.
Wessels, Johannes/*Hettinger*, Michael: Strafrecht – Besonderer Teil 1, 25. Auflage, Heidelberg, 2001.
Wessels, Johannes/*Beulke*, Werner: Strafrecht – Allgemeiner Teil, Heidelberg 2001.
Wettstein, Albert: Gesetzliche Regelung der passiven Sterbehilfe – Ein Vorschlag aus geriatrischer Sicht, in: Schweizerische Ärztezeitung 2001, S. 716-722.
Wiedemann, Bernd/*Funke*, Carsten: Tumorschmerztherapie, in: ZaeFQ 1998, S. 23-28.
Wilhelm, Dorothee: Probleme der medizinischen Arbeitsteilung aus strafrechtlicher Sicht, in: MedR 1983, S. 45-51.
Wiesing, Urban: Ist aktive Sterbehilfe „unärztlich“?, in: Holderegger, Adrian (Hrsg.), Das medizinisch assistierte Sterben, 1998, S. 233-246.
Wilms, Heiner/*Jäger*, York: Menschenwürde und Tötung auf Verlangen, in: ZRP 1988, S. 41-46.
Wölk, Florian, Der minderjährige Patient in der ärztlichen Behandlung – Bedingungen für die Wahrnehmung des Selbstbestimmungsrechts von Minderjährigen bei medizinischen Eingriffen, in: MedR 2001, S. 80-89.
Wolff, Hanns P.: Arzt und Patient, in: Sass, Hans-Martin (Hrsg.), Medizin und Ethik 1999, S. 184-211.
Wolfslast, Gabriele: Grenzen der Organgewinnung – Zur Frage einer Änderung der Hirntodkriterien, MedR 1989, S. 163-168.
Wuermeling, Hans-Bernhard: Der Richtlinienentwurf der Bundesärztekammer zu ärztlicher Sterbebegleitung und den Grenzen zumutbarer Behandlung, in: EthikMed 1997, S. 91-99.

Zech, Detlev/*Schug*, Stephan A./*Grond*, Stefan: Therapiekompendium Tumorschmerz und Symptomkontrolle, 5. Auflage, Balingen 1999.
Zenner, Hans-Peter: Die Physik und Grundfragen ärztlichen Handelns, in: Deutsches Ärzteblatt 2000, S. A164.
Zimmermann, Manfred: Die Versorgung von Patienten mit chronischen Schmerzen – Defizite und Zukunftsperspektiven, in: Der Schmerz 2001, S. 85-91.
Zippelius, Reinhold: Forum: An den Grenzen des Rechts auf Leben, in: JuS 1983, S. 659-663.
Zöller, Mark Alexander: Passive Sterbehilfe zwischen Selbstbestimmungsrecht des Patienten und mutmaßlicher Einwilligung, in: ZRP 1999, S. 317-319.

Literatur in der griechischen Sprache

Alexiadis, Aristeidis-Dimitrios: I prostasia tou nosokomeiakou asthenous (=Der Schutz des Krankenhauspatienten), in: Arch Hellen Med 2000, S. 101-108.

Alexiadis, Aristeidis-Dimitrios: Eisagogi sto Iatriko Dikaio (=Einführung in das Arztrecht), Thessaloniki 1996.

Alexias, Georgios: Logos peri zois kai thanatou – I iatriki praxi os morfi koinonikis allilodrasis stis Monades Entatikis Therapias (=Über Leben und Tod – Die ärztliche Praxis als Art gesellschaftlicher Interaktion in den intensivmedizinischen Stationen), Athina 2000.

Alivisatos, Ioannis G.: I epikoinonia iatrou-arrostou (=Die Kommunikation zwischen Arzt und Patienten), in: Iatriki 1980, S. 273-276.

Anapliotou-Vazaiou, Eirini: Epitropes Deontologias (=Deontologiekommissionen), in: Iatriko Vima 1989, S. 47-48.

Androulakis, Nikolaos: Poiniko Dikaio, Geniko Meros (=Strafrecht, Allgemeiner Teil), Athina 2000.

Androulakis, Nikolaos, Poinikon Dikaion I, Genikon Meros (=Strafrecht I, Allgemeiner Teil), Athinai-Komotini 1991.

Androulakis, Nikolaos: Poinikon Dikaion, Eidikon Meros (=Strafrecht, Besonderer Teil), Athinai 1974.

Androulakis, Nikolaos: Poinikai Meletai (=Strafrechtliche Studien), Athina 1972.

Androulakis, Nikolaos et al: Systimatiki Ermineia Poinikou Kodika (=Systematischer Kommentar des Strafgesetzbuchs), Athina 1993.

Androulidaki-Dimitriadi, Ismini: Dikaio kai Ygeia (=Recht und Gesundheit), in: Primba, Tonia (Hrsg.), Dikaio kai Ygeia-Praktika Synedriou, Athina 1994, S. 25-30.

Androulidaki-Dimitriadi, Ismini: I ypochreosi enimerosis tou asthenous – symvoli sti diakrivosi tis astikis iatrikis euthynis (=Die Pflicht zur Aufklärung des Patienten – Beitrag zur Erforschung der zivilrechtlichen Arzthaftung), Athina-Komotini 1993.

Apostolidis, Panos D.: Ippokrateios Orkos (=Hippokratischer Eid), Athina 2000.

Avramidis, Athanasios V.: Euthanasia (=Euthanasie), Athina 1995.

Baloyannis, Stavros: O egefalikos thanatos: Thanatos i zoi? (=Der Hirntod: Tod oder Leben?), in: Egefalos 2000, S. 7-21.

Baloyannis, Stavros: Oligai apopseis epi tis euthanasias (=Ansichten über Euthanasie), in: Egefalos 1998, S. 9-17.

Bakatsoulas, Menelaos: I symmetochi eis autoktonian (=Die Teilnahme am Suizid), in: Poinika Chronika 1962, S. 129-144 und 193-207.

Bekas, Giannis: Euthanasia: Eglima i kathikon? (=Euthanasie: Straftat oder Pflicht?), in: Poinikos Logos 2001, S. 734-737.

Bitzilekis, Nikolaos: I symmetochiki praxi (=Die Teilnahmehandlung), Thessaloniki 1990.

Bitzilekis, Nikolaos: I eikazomeni synainesi tou pathontos os logos arsis tou adikou (=Die mutmaßliche Einwilligung des Verletzten als Rechtfertigungsgrund), in: Epistimoniki Epetirida Dikigorikou Syllogou Thessalonikis 6/1985, S. 43-57.

Canellopoulou-Bottis, Maria: Iatriki euthyni gia mi enimerosi i plimmeli enimerosi tou asthenous kata to elleniko kai to anglosaxoniko dikaio (=Arzthaftung bei fehlender bzw. mangelhafter Aufklärung des Patienten nach griechischem und anglosaxonischem Recht), Athina-Komotini 1999.

Charalambakis, Aristotelis: I emmesi autourgia – skepseis se basika problemata tis symmetochis sto elleniko poiniko dikaio (=Die mittelbare Täterschaft – Überlegungen über wesentliche Probleme der Teilnahmelehre im griechischen Recht), Athina-Komotini 1988.

Dagtoglou, Prodromos: Syntagmatiko Dikaio – Atomika Dikaiomata B, Athen/Komotini 1991.

Daikos, G. K.: Enimerosi tou karkinopathous (=Aufklärung des Krebspatienten), in: Iatriki 1992, S. 263-264.

Damigos, D./*Siafaka*, B.: Synchrones apopseis kai ereunitika dedomena gia tin euthanasia – psychologikes kai koinonikes diastaseis (=Aktuelle Ansichten und Untersuchungsdaten zur Euthanasie – die psychologischen und gesellschaftlichen Dimensionen), in: Iatriki 1999, S. 201-210.

Daskalopoulos, Ioannis Mich.: Stoicheia Englimatologias, Tomos Protos – Geniki Englimatologia (=Elemente der Kriminologie, Erster Band – Allgemeine Kriminologie), Teuchos Proton, Athinai 1972.

Degleris, Nikos: Euthanasia & iatriki deontologia (=Euthanasie und ärztliche Deontologie), in: Tetradia Psychiatrikis Aprilios-Iounios 1988, S. 80-82.

Diamantidou, A. et al.: Charakteristika prosopikotitas me noso Alzheimer prin kai meta tin emfanisi tis nosou (=Persönlichkeitsmerkmale vor und nach dem Ausbruch der Alzheimer-Krankheit), in: Engefalos 2001, S. 86-92.

Dontas, An.: Ethika kai praktika dilemmata stin paratasi tis zois ton elikiomenon atomon (=Ethische und praktische Dilemmata bei der Lebensverlängerung von betagten Subjekten), in: Materia Medica Greca 1989, S. 371-376.

Dosios, Th. et al.: Oi apopseis deigmatos tou ellenikou koinou kai Ellenon karkinopathon schetika me tin enimerosi tou karkinopathous gia tin arrostia tou (= Die Ansichten von Teilen der griechischen Öffentlichkeit und der griechischen Krebskranken zu der Aufklärung des Krebspatienten über seine Krankheit), in: Iatriki 1992, S. 300-307.

Etaireia Bioiatrikis Ithikis kai Deontologias, Stroggylo Trapezi: Dilimmata sti boitheia pros tous bareos paschontes (=Dilemmata bei der Hilfe von Schwerstkranken), in: Iatriki 1991, S. 576-590.

Euaggelou, Iason: To problema tis euthanasias (=Das Problem der Euthanasie), Athina-Komotini 1999.

Eudokas, Takis Ch.: To telos i i archi – prothanaties kai metathanaties empeiries, Athina 1996.
Euthymiou, Anast. E.: I apologitiki tis euthanasias (=Die Verteidigung der Euthanasie), in: Dikaiosyni 1974, S. 205.

Filippidis, Tilemachos: Mathimata Poinikou Dikaiou, Eidiko Meros – Teuchos a, Thessaloniki 1979.
Fotiadou, A./*Koutouvidis*, N./*Papageorgiou*, P./*Varsou*, Sm.: I psychiatriki ektimisi kai paremvasi se karkinopatheis telikou stadiou (=Psychiatrische Evaluation und Intervention bei terminal kranken Krebspatienten), in: Engefalos 2001, S. 36-41.
Frantzeskakis, Ioannis: "Eutnanasia kai to dikaioma sti zoi kai sto thanato" (="Euthanasie und das Recht auf Leben und Tod), in: Archeio Nomologias 1983, S. 678-680.

Gafos, Ilias: Nomika problemata ton metamoscheuseon (=Rechtliche Probleme bei den Transplantationen), in: Poinika Chronika 1969, S. 449-455.
Gafos, Ilias: Poinikon Dikaion, Eidikon Meros – teuchos d´, Athinai 1963.
Garanis, Tina et al.: Entatiki Therapeia – Ethikoi Problematismoi sto thema tis euthanasias (=Intensivtherapie – Ethische Erwägungen bezüglich der Euthanasie), in: Arch Hellen Med 1996, S. 38-44.
Gardikas, K.: Logoi kai Logia (=Vorträge und Wörter), Athina, 1992.
Giannakou-Peftoulidou, M. et al.: O egefalikos thanatos (=Der Hirntod), in : Metamoscheusi 1993, S. 122-129.
Giannidis, Ioannis/*Mbitsaksis*, Panos: Idiotiki Gnomodotisi (=Private Stellungnahme), in: Poin Chron 1991, S. 604-615.
Grammatikos, F./*Tsapas*, G.: Skepseis iatrikis taktikis kai deontologias (=Überlegungen über ärztliche Taktik und Deontologie), in: Iatriko Vima 1993, S. 23-26.

Kaiafa-Gbandi, Maria: I poiniki euthyni tou anaisthisiologou stis iatrocheirourgikes epemvaseis (=Die strafrechtliche Haftung des Anästhesisten bei den chirurgischen Eingriffen), in: Nomino Vima 1989, S. 872-883.
Kaisaris, Panagiotis: Peri tis Euthanasias (=Über die Euthanasie), Patra 1999.
Kaisaris, Panagiotis : Peri tis euthanasias (=Über die Euthanasie), in : Poin Dik 1998, S. 231-235.
Kanatsios, I kat' apaitisin anthropoktonia (=Die Tötung auf Verlangen), Athen 1955.
Kandylis, Konstantinos: I poiotita zois tou asthenous me karkino sto teliko stadio (=Die Lebensqualität des sich im terminalen Stadium befindenden Krebspatienten), in: Hellenic Oncology 1993, S. 66-74.
Kaninias, Spyridon: Gnomodotisi (=staatsanwaltschaftliche Stellungnahme), in : Poin Chron 1976, S. 507-508.

Karageorgos, Konstantinos: I poiniki ektimisi ton iatrocheirourgikon epemvaseon (=Strafrechtliche Beurteilung der ärztlich-chirurgischen Eingriffe), Thessaloniki 1996.
Karakatsanis, K. G./*Balamoutsos*, N. G.: Egefalikos Thanatos – Mipos chrezei epanexetasis? (=Hirntod – Sollte die Diagnose überdacht werden?), in: Iatriki 1999, S. 219-228.
Karambelas, Lambros: I simasia kai i axia tis synainesis stin iatriki praxi(=Die Bedeutung der Einwilligung in die Heilbehandlung), in: Poinika Chronika 1988, S. 337-344.
Karambelas, Lambros: I Euthanasia – apo nomiki apopsi (=Die Euthanasie – aus rechtlicher Sicht), in: Poinika Chronika 1986, S. 539-542.
Kastrinaki, Kalliopi: Syndromo karkinikis anorexias-cachexias (=Tumoranorexie und -Kachexie), in: Hellenic Oncology 2000, S. 81-87.
Katrougalos, Giorgos: To dikaioma sti zoi kai to thanato (=Das Recht auf Leben und auf Tod), Athina-Komotini 1993.
Katsantonis, Alexandros: Ai iatrikai therapeutikai epemvaseis kai i simasia tis synaineseos tou asthenous (=Die ärztliche Heileingriffe und die Bedeutung der Einwilligung des Patienten), in: Poinika Chronika 1970, S. 65-68.
Katsantonis, Alexandros: I anthropoktonia en synainesei kata ton neon poinikon kodika(=Die Tötung mit Einwilligung nach dem neuen Strafgesetzbuch), in: Poinika Chronika 1956, S. 225-238.
Kioupis, Dimitrios: Symmetochi se autoktonia (301 P.K.) – Ermineia mias amfilegomenis diataxis (=Teilnahme am Suizid – 301 PK: Interpretation einer umstrittenen Vorschrift), in: Poinika Chronika 1995, S. 549-575.
Konstantinidis, E. Konstantinos: Poiniko Dikaio kai anthropini axioprepeia(=Strafrecht und Menschenwürde), Athina-Komotini 1987.
Kontaxis, Athanasios: Poinikos Kodikas (=Strafgesetzbuch), Ekdosi C, Athina 2000.
Kordiolis, N.: Nees taseis stin antimetopisi tou ponou apo carkino (=Neue Entwiklungslinien in der Krebstherapie), in: Hellenic Oncology 1998, S. 205-207.
Kordiolis, N.: O ponos kai ta problemata epikoinonias metaxi ton iatron (=Der Schmerz und die Kommunikationsprobleme zwischen den Ärzten) , in: Hellenic Oncology 1993, S. 169-171.
Kotsianos, Stefanos: I iatriki euthyni- Astiki, Poiniki(=Zivilrechtliche und strafrechtliche Arzthaftung), B΄ekdosis, Thessaloniki 1977.
Koutselinis, Antonis: Basikes Arches Bioethikis, Iatrikis Deontologias kai Iatrikis Euthynis (=Grundprinzipien von Bioethik, ärztlicher Deontologie und Arzthaftung), Athina 1999.

Logothetis, K. et al.: Nomika problemata ton metamoscheuseon (=Rechtliche Probleme bei den Transpantationen), in: Metamoscheusi 1993, S. 175-186.
Lypourlis, Dimitrios: Ippokratis-Iatriki theoria kai praxi, Thessaloniki 2000.

Lypourlis, Dimitrios: Ippokratiki iatriki (=Ippokratische Medizin), Thessaloniki 1983.

Mangakis, Georgios-Alexandros: Poiniko Dikaio – diagramma genikou merous (=Strafrecht – Diagramm Allgeineines Teiles), 3. ekdosi, Athina 1984.

Manoledakis, Ioannis: Poiniko Dikaio, Arthra 1 – 49 PK, Epitomi Genikou Merous (=Strafrecht, Artikel 1-49 PK, Allgemeiner Teil), 5. ekdosi, Thessaloniki 1999.

Manoledakis, Ioannis: Yparchi dikaioma sto thanato? – me aformi en aprosfato biblico (=Gibt es ein Recht auf den Tod? – Anlässlich eines aktuellen Buches), in: Yperaspisi 1994, S. 523-532.

Manoledakis, Ioannis: To ennomo agatho os vasiki ennoia tou poinikou dikaiou (=Das Rechtsgut als Grundbegriff des Strafrechts), Thessaloniki 1998.

Manoledakis, Ioannis: Paratiriseis (Anmerkung), in: Armenopoulos 1972, S. 468-469.

Margaritis, Lambros: Somatikes Vlaves (=Körperverletzungen), Arthra 308-315 A PK, Thessaloniki 1991.

Margaritis, Lambros: Oi exoterikoi oroi tou axiopoinou (=Die objektiven Bedingungen der Strafbarkeit), Thessaloniki 1983.

Margaritis, Michail Polyc.: I euthanasia – entaseis metaxi pragmatikou kai ischyontos (= Die Euthanasie – Tensionen zwischen Realem und Geltendem), in: Kourakis, Nestor (Hrsg.), Timitikos Tomos gia ton kathigiti Dionysio Spinelli (Festschrift für Dionysios Spinellis), Tomos B, Athina 2001, S. 691-713.

Merakou, K./*Garani-Papadatou*, T.: Dikaiomata asthenon – Mia nea parametros sti frontida tis ygeias (=Patientenrechte: Ein neuer Parameter in der Gesundheitsfürsorge), in: Iatriki 1999, S. 161-168.

Merakou, K./*Theodoridis*, D.: Enimerosi tou asthenous: I theoria kai i praxi (Aufklärung des Patienten: Theorie und Praxis), in: Nosokomeiaka Chronika 1999, S. 69-76.

Merikas, Georgios: Ta megala ippokratika axiomata kai i simerini iatriki (=Die großen hippokratischen Axiome und die moderne Medizin), in: Arch Hellen Med 1985, S. 21-27.

Michaloudis, Georgios: Analisi kostous-ofelous se mia polidynami monada entatikis therapeias stin Ellada (=Kosten-Nutzen-Analyse in einer Intensivstation in Griechenland), Didaktoriki Diatribi, Athina 1992.

Michos, Apost.: To problema tis euthanasias (=Das Problem der Euthanasie), in: Archeion Nomologias 1965, S. 249-251.

Mountokalakis, Theodoros: Iatriki basismeni se endeixeis kai i eleutheria tou giatrou (=Evindenz-basierte Medizin und die Freiheit des Arztes), in: Iatriki 1998, S. 111-113.

Mountokalakis, Theodoros: I agonia gia tin plani tou agnoountos tin alithia (= Die Agonie gegenüber demjenigen, der die Wahrheit nicht weiß), in: Arch Hell Med 1993, S. 53-54.

Neumann, Ulfrid: I poiniki prostasia tis axioprepeias tou anthropou stin archi kai to telos tis zois tou (=Der Schutz der Menschenwürde am Anfang und am Ende des Lebens), in: Manoledakis, Ioannis/Prittwitz, Cornelius (Hrsg.) I poiniki prostasia tis anthropinis axioprepeias (=Der strafrechtlicher Schutz der Menschenwürde), Thessaloniki 1997, S. 59-73.

Oikonomopoulou, Christina/*Zisimopoulos*, Th./*Thalassinos*, N.: Metrisi poiotitas frontidas karkinopathon (=Bewertung der Pflegequalität von Krebspatienten), in: Hellenic Oncology 1999, S. 46-52.

Oreopoulos, D.: Technologia kai anthropismos (=Technologie und Humanismus), in: Arch. Hellen. Med. 1988, S. 296-300.

Pallis, C.: Egefalikos Thanatos (=Hirntod), in: Iatriko Vima 1984, S. 27-46.

Panousis, Yannis: Euthanasia: auto-ktonia meso tritou? (=Euthanasie: Selbst-Tötung mittels eines Dritten?), in: Poiniki Dikaiosyni 1999, S. 732-736.

Papacharalambous, Charis: I symmetochi se autoktonia (=Die Teilnahme am Suizid), Athina 1997.

Papacharalambous, Charis: Diathesimotita tis zois kai opseis tis idionymis poinikis prostasias kata ta a. 300, 301 PK (=Verfügbarkeit des Lebens und Aspekte strafrechtlichen Schutzes nach Artikeln 300, 301 PK), in: Mnimi II Daskalopoulou, I./Stamati, K./Mbaka, Chr., Tomos A: Meletes Poinikou Dikaiou (=Band A: Strafrechtliche Studien), Athens 1999, S. 329-364.

Papagiannis, Antonios: Parigoritki Iatriki: Mia nea eidikotita i mia ekfrasi klinikis praktikis? (=Palliativmedizin: Ein neues Fachgebiet oder ein Ausdruck klinischer Praxis?), in: Helliniki Iatriki 1997, S. 72-77.

Papaneofytou, Agapios: Synainesi kai prosboli ennomou agathou (=Einwilligung und Verletzung eines Rechtsguts), in: Poinika Chronika 1984, S. 881-895.

Papapetropoulos, Th. et al: Taseis pros tin euthanasia metaxy iatron, dikigoron, dikaston kai foititon Iatrikis stin poli ton Patron (=Einstellungen von Ärzten, Rechtsanwälten, Richter und Medizinstudenten zur Euthanasie in der Stadt Patras) in: Iatriki 1997, S. 69-73.

Paraskeuopoulos, Nikos: Poiniki euthyni apo autokatastrofikes praxeis (=Strafrechtliche Haftung bei selbstverletzenden Handlungen), in: Elleniki Epitheorissi Eglimatologias 3-4/1989, S. 58-72.

Peponis, Gregorios: Gnomodotisi Eisaggeleos (=staatsanwaltschaftliche Stellungnahme), in: Poinika Chronika 1989, S. 922-924.

Politis, Charis: Iatriko Dikaio (=Arztrecht), Athina 1999.

Politis, Charis: Chartis ypochreoseon tou giatrou (=Charta von ärztlichen Berufspflichten), in: Iatriko Vima 1989, S. 27-33.

Protopapadakis, Euaggelos D.: I euthanasia apenanti sti synchroni Bioethiki (=Die Euthanasie angesichts der modernen Bioethik), Athina/Komotini 2003.

Psarouda-Benaki, Anna: To iatriko kathikon diafotiseos tou asthenous os proypothesis tis synaineseos tou (=Die ärztliche Pflicht zur Patientenaufklärung als Voraussetzung der Einwilligung des Patienten), in: Poinika Chronika 1974, S. 641-648.

Sideris, Dimitrios K.: Nomika problemata apo plastikes epemvaseis sto prosopo (=Rechtliche Probleme bei plastischen Eingriffen am Gesicht), in: Poin Chron 1991, S. 945-964.

Sifakaki, Georgia: Antimetopizontas tin aniati astheneia kai to thanato: i skopia tis psychologias (=Die Konfrontation mit der unheilbaren Krankheit und dem Tod aus der Sicht der Psychologie), in: Potamianos, A. Grigoris (Hrsg.), Dokimia stin psychologia tis ygeias, Athina 1995, S. 131-180.

Sifnaios, K./*Chalkias*, Th.: O neos Poinikos Kodix (=Das neue Strafgesetzbuch), Athinai 1955.

Skarpa, Nektaria: Karkinikos ponos kai antimetospisi tou (=Tumorschmerz und seine Behandlung), in: Iatriko Vima 1999, S. 14-21.

Sofoulakis, Lambros: I prostasia tis zois kata to syntagma kai tous nomous(=Schutz des Lebens nach der Verfassung und den Gesetzen), Athina 1994.

Sofoulakis, Lambros: Euthanasia (=Euthanasie), in: Archeio Nomologias 1992, S. 458-469.

Soutzoglou-Kottaridi: O elikiomenos karkinopathis (=Der ältere Krebspatient), in: EKE (Epitheorisi Koinonikon Ereunon) 1987, S. 189-209.

Spinellis, Dionysios: Metadosi tou AIDS kai Poiniko Dikaio (=AIDS Übertragung und Strafrecht), in: Nomiko Vima 1989, S. 1173-1193.

Spyridakis, I. S.: I dikastiki symparastasi (=Die rechtliche Betreuung) , Athina-Komotini 1998.

Statheas, Georgios, Problimatismoi schetikos me to adikima tis anthropoktonias kata synainesi (=Die Problematik des Delikts der Tötung mit Einwilligung), in: Elliniki Dikaiosyni 1988, S. 844-846.

Staikos, Antonios: Epitomos ermineia ellinikou Poinikou Kodikos (=Einbändiger Kommentar des griechischen Strafgesetzbuchs), Tomos C, Eidikon Meros, Athina 1961.

Symeonidou-Kastanidou, Elissavet: To problema tis euthanasias (=Das Problem der Euthanasie), in: Mnimi II Daskalopoulou, I./Stamati, K./Mbaka, Chr., Tomos A: Meletes Poinikou Dikaiou, Athens 1996, S. 401-440.

Symeonidou-Kastanidou, Elisavet: Eglimata kata tis zois – Arthra 299-307 PK (=Delikte gegen das Leben), Thessaloniki 1995.

Triantafyllou, Georgios N.: I autodiakindyneusi tou thymatos sta eglimata tis anthropoktonias kai tis somatikis vlavis apo ameleia – i syneiditi ekthesi tou thymatos ston kindyno (=Die Selbstgefährdung des Opfers bei den Delikten der fahrlässigen Tötung und Körperverletzung – die bewusste Gefährdung des Opfers), Athina 1999.

Tsarpalas, Aggelos: Poinika problemata ek ton metamoscheuseon (=Strafrechtliche Probleme bei den Transplantationen), in: Poinika Chronika 1972, S. 177-194 & 269-282.
Tsichlas, Argyrios: Gnomodotisi Eisaggeleos (=staatsanwaltschaftliche Stellungnahme), in: Poinika Chronika 1991, S. 601-602.

Vadalouka, Athina: Anakoufistiki kai symptomatiki agogi asthenon telikou stadiou (=Palliative und symptomatische Behandlung bei Patienten im terminalen Stadium), Athina 1999.
Varka-Adami, Alexandra: Kritiki theorisi tou N. 2737/99 „gia tis metamoscheuseis anthropinon iston kai organon" (=Kritische Anmerkungen zum Gesetz 2737/99 „über die Transpantationen menschlicher Gewebe und Organe"), in: Kritiki Epitheorisi 2000, S. 117-143.
Varka-Adami, Alexandra: I symmetochi tou asthenous kai tou periballontos tou sti lipsi apofaseon gia ti synechisi i mi tis therapias (=Die Teilnahme des Patienten und seines familiären Umfeldes an der Entscheidungsfindung bezüglich der Fortsetzung oder des Abbruchs der Therapie), in: Elliniki Dikaiosyni 1997, S. 1976-1978.
Varka-Adami, Alexandra: O prosdiorismos tou thanatou stin elleniki nomothesia kai i ypochreosi iatrikis pistopoiisis tou (=Die Bestimmung des Todeszeitpunktes anhand der griechischen Gesetzgebung und die ärztliche Pflicht zur Ausstellung des Totenscheins), in: Elliniki Dikaiosyni 1996, S. 535-541.
Varka-Adami, Alexandra: To dikaio ton metamoscheuseon (=Transplantationenrecht), Athina-Komotini 1993.
Vassilopoulos, P./*Filopoulos*, E.: Tha prepei i elikia na epireazei tin epilogi tis therapeias tou karkinopathous?, (=Sollte das Alter die Wahl der Therapie von Krebspatienten beeinflussen?) in: Hellenic Oncology 1993, S. 172-175.
Vavaretos, Achilleas: Poinikos Kodix (=Strafgesetzbuch), Ekdosis 4., Athinai 1970.
Venizelos, M. et al.: Oi dynatotites parochis ypiresion se astheneis me karkino telikou stadiou stin Protovathmia Frontida Ygeias. Mia proti ektimisi apo tin empeiria enos Kentrou Ygeias (=Die Dienstleistungsmöglichkeiten zugunsten terminal krebskranker Patienten in der klinischen Fürsorge ersten Grades – Erste Ergebnisse aus der Praxis eines Gesundheitszentrums), in: Protovathmia Frontida Ygeias 1998, S. 148-151.
Vougioukas, Konstantinos: Euthanasia kai anthropoktonia en synainesei (=Euthanasie und Tötung mit Einwilligung), in: Tmima Nomikis tis scholis Nomikon kai Oikonomikon Epistimon tou Aristoteleiou Panepistimiou Thessalonikis (Hrsg.), Annales 1994, Tomos 4, Teuchos 3, Thessaloniki 1995, S. 1454-1475.

Zisiadis, Vasileios: I symvoli tou psychologikou stoicheiou stin aksiologisi tis euthanasias (=Der Beitrag des psychologischen Elementes an der Bewertung der

Euthanasie), in: Syzitisi 10/12/1996, Thema: L' euthanasie, Thessaloniki 1997, S. 34-42.
Ziroyannis, P./*Tzavella*, F./*Koutselinis*, A.: Euthanasia: I ithiki tou telous tis zois (=Die Ethik des Lebensendes), in: Archives of Hellenic Medicine 1998, S. 382-389.
Ziroyannis, P.: O iatros dipla ston thniskonta astheni (=Der Arzt neben dem sterbenden Patienten), in: Archives of Hellenic Medicine 1996, S. 22-24.

Literatur in der englischen Sprache

Abrahm, Janet L.: The role of the Clinician in Palliative Care, in: Jama 2000, S. 116.
Annas, George J.: The Health Care Proxy and the Living Will, in: Arras, John D./Steinbock, Bonnie (Hrsg.), Ethical Issues in Modern Medicine, 4. Edition, London 1995, S. 212-217.

Braunack-Mayer, Annette Joy: What makes a problem an ethical problem? An empirical perspective on the nature of ethical problems in general practice, in: Journal of Medical Ethics 2001, S. 98-103.

Canellopoulou-Bottis, Maria: A New Law on Organ Donation in Greece: One More Effort to Advance Transplants, in: European Journal of Health Law 2000, S. 427-439.
Cuttini, M. et al.: End-of-life decisions in neonatal intensive care: physicians' self-reported practices in seven European countries, in: The Lancet 2001, S. 2112-2118.

Dimoliatis, Ioannis: Lord, now you are letting your servant depart in peace: a theoretical model, combining quality of life and years of life, which offers clues for the proper time to die with dignity, in: Med Law 2000, S. 635-655.
Doyal, Len/*Doyal*, Lesley: Why aktive euthanasia and physician assissted suicide should be legalised, in: BMJ 2001, S. 1079-1080.
Doyal, Len: Clinical ethics committees and the formulation of health care policy, in: Journal of Medical Ethics 2001, suppl. I, S. i 44-i 49.
Dworkin, Ronald: Life's dominion – An Argument about Abortion and Euthanasia, London 1995.

Emanuel, Ezekiel J./*Emanuel*, Linda L.: Four Models of the Physician-Patient Relationship, in: Arras, John D./Steinbock, Bonnie (Hrsg.), Ethical Issues in Modern Medicine, 4. Edition, London 1995, S. 67-77.

Farsides, Bobbie: Palliative care – a euthanasia – free zone?, in: Journal of Medical Ethics 1998, S. 149-150.

Fisher, Malcolm/*Raper*, Raymond F.: Commentary: Delay in stopping treatment can become unreasonable and unfair, in: BMJ 2000, S. 1268.
Foley, Kathleen: Dismanting the Barriers: Providing Palliative and Pain Care, in: JAMA 2000, S. 115.
Fotakis, N. S. et al: Report – Greece, in: Deutsch, Erwin/Schreiber, Hans-Ludwig (Hrsg.) Medical Responsibility in Western Europe, Berlin/Heidelberg 1985, S. 285-360.
Fraser, Sharon I./*Walters*, James W.: Death – whose decision) Euthanasia and the terminally ill, in: Journal of Medical Ethics 2000, S. 121-125.

Ganzini, Linda et al: Oregon Physicians'Attitudes About and Experiences With End-Of-Life Care Since Passage of the Oregon Death with Dignity Act, in: JAMA 2001, S. 2363-2369.
Garanis - Papadatos, Tina/*Dalla Vorgia*, Panagiota: Ethical Review Procedures for Clinical Trials in Greece, in: European Journal of Health Law 2000, S. 441-447.
Gillick, Muriel: Artificial nutrition and hydration in the patient with andvanced dementia: is withholding treatment compatible with traditional Judaism?, in: Journal of Medical Ethics 2001, S. 12-15.
Glare, Paul/*Lickiss*, J. Norelle: Palliativmedicine: the way ahead, in: MJA 2000, S. 452-453.
Grubb, Andrew: Euthanasia in England – A Law Lackong Compassion?, in: European Journal of Health Law 2001, S. 89-93.
Grubb, Andrew: Who decides? Legislating for the incapacitated Adult, in: European Journal of Health Law 1998, S. 231-240.
Guerra, Maria Jose: Euthanasia in Spain: The public debate after Ramon Sampedro's case, in: Bioethics 1999, S. 426-432.

Henderson, Schuyler W.: The Unnatural Nature of Pain, in: JAMA 2000, S. 117.
Hendrick, Judith: Legal aspects of clinical ethics committees, in: Journal of Medical Ethics 2001, Suppl I, S. i 50-i 53.
Hughes, Julian C.: Views of the person with dementia, in: Journal of Medical Ethics 2001, S. 86-91.
Huijer, Marli/*van Leewen*, Evert: Personals values and cancer treatment refusal, in: Journal of Medical Ethics 2000, S. 358-362.

Janssens, Rien J. P. A./*ten Have*, A. M. J./*Zylicz*, Zbigniew: Hospice and Euthanasia in the Netherlands: an ethical point of view, in: Journal of Medical Ethics 1999, S. 408-412.

Keown, John: The Euthanasia Debate in Britain, in: JIB/Ethique 1997, S. 55-63.
Klotzko, Arlene Judith: What kind of life? What kind of death? An interview with Dr. Henk Prins, in: Bioethics 1997, S. 24-42.

Koniaris, Theodore/*Karlovassitou-Koniari*, Anna: Medical Law in Greece, Athens 1999.

Laskaratos, John/*Poulakou-Rebelakou*, Effie/*Marketos*, Spyros: Abandonment of terminally ill patients in the Byzantine era. An ancient tradition?, in: Journal of Medical Ethics 1999, S. 254-258.

Leenen, H.J.J.: The Development of Euthanasia in the Netherlands, in: European Journal of Health Law 2001, S. 125-133.

Lo, Bernard: Assessing Decision-Making Capacity, in: Arras, John D./Steinbock, Bonnie (Hrsg.), Ethical Issues in Modern Medicine, 4. Edition, London 1995, S. 185-195.

Lynn, Joanne: Why I Don't Have a Living Will, in: Arras, John D./Steinbock, Bonnie (Hrsg.), Ethical Issues in Modern Medicine, 4. Edition, London 1995, S. 217-222.

Mason, J. K./*McCall Smith*, R. A.: Law and Medical Ethics, Third Edition, London/Dublin/Edinburg 1991.

Mavroforou, Anna/*Michalodimitrakis*, Emmanuel: Euthanasia in Greece, Hippocrates' birthplace, in: European Journal of Health Law 2001, S. 157-162.

McCall Smith, Alexander: Euthanasia: the strengths of the middle ground, in: Med.L.Rev. 1999, S. 194-207.

Michaloudis, G. et al. : Ethics in Intensiv Care Units in Greece, in : 8th European Congress of Intensive Care Medicine, Athens 1995, S. 455-458.

Nys, Herman: Physician involvement in a patient's death: a continental european perspective, in: Med.L.Rev. 1999, S. 208-246.

Pavis, Hilary/*Wilcock*, Andrew: Prescribing of drugs for use outside their licence in palliative care: survey of specialists in the United Kingtom, in: BMJ 2001, S. 484-485.

Pellegrino, Edmund D.: Physician-Assisted Suicide and Euthanasia: Rebuttals of Rebuttals – The Moral Prohibition Remains, in: Journal of Medicine and Philosophy 2001, S. 93-100.

Reiter-Theil, Stella: The Freiburg approach to ethics consultation: process, outcome and competencies, in: Journal of Medical Ethics 2001, suppl. I, S. i21-i23.

Riesenberg, Don: Hospital Care of Patients with Dementia, in: Jama 2000, S. 87-89.

Schneidermann, Lawrence J./*Jecker*, Nancy S./*Jonsen*, Albert R.: Medical Futility: Its Meaning and Ethical Implications, in: Arras, John D./Steinbock, Bonnie (Hrsg.), Ethical Issues in Modern Medicine, 4. Edition, London 1995, S. 281-288.

Seay, Gary: Do Physicians Have an Inviolable Duty Not to Kill?, in: Journal of Medicine und Philosophy 2001, S. 75-91.
Sheldon, Tony: Being "tired of life" is not grounds for euthanasia, in: BMJ 2003, S. 71.
Sheldon, Tony: Reported euthanasia cases in Holland fall for second year, in: BMJ 2002, S. 1354.
Sheldon, Tony: "Existential" suffering not a justification for euthanasia, in: BMJ 2001, S. 1384.
Simon, Alfred: Support for ethical dilemmas in individual cases: experiences from the Neu-Mariahilf hospital in Goettingen, in: Journal of Medical Ethics 2001, suppl. I, S. i18-i20.
Sklansky, Mark, Neonatal euthanasia: moral considerations and criminal liability, in: Journal of Medical Ethics 2001, S. 5-11.
Slowther, Anne/*Hope*, Tony/*Ashcroft*, Richard: Clinical ethics committees: a worldwide developement, in: Journal of Medical Ethics, suppl. I, S. i1
Sullivan, Amy D./*Hedberg*, Katrina/*Fleming*, David W.: Legalized Physician Assisted Suicide in Oregon – The Second Year, in: The New England Journal of Medicine 2000, S. 598-604.

Van der Burg, Wibren: Bioethics and Law: A Developmental Perspective, in: Bioethics 1997, S. 91-114.
Van der Steen et al.: Decisions to treat or not to treat pneumonia in demented psychogeriatric nursing home patients: development of a guideline, in: Journal of Medical Ethics 2000, S. 114-120.
Vestergaard, Jørn: Medical Aid in Dying under Danish Law: Mainly Regarding Living Wills and Other Forms of Renouncing Life Prolonging Treatment, in: European Journal of Health Law 2000, S. 405-425.

Wheat, Kay: The law's treatment of the suicidal, in: Med.L.Rev. 2000, S. 182-209.

Die Reihe RECHT UND MEDIZIN wird von den Professoren Deutsch (Göttingen), Laufs (Heidelberg) und Schreiber (Göttingen) herausgegeben. Ihre Aufgabe ist es, Monographien und Dissertationen auf dem Gebiet des medizinischen Rechts zu veröffentlichen. Dieses Gebiet, das an Bedeutung noch zunehmen wird, umfaßt auf der juristischen Seite sowohl zivilrechtliche als auch straf- und öffentlich-rechtliche Fragestellungen. Die Fragen können von der juristischen oder von der medizinischen Seite aus untersucht werden. Übergreifendes Ziel ist es, den medizin-rechtlichen Fragen nicht etwa ein gängiges juristisches Denkschema überzuwerfen, sondern die besonderen Probleme der Regelung medizinischer Sachverhalte eigenständig aufzufassen und darzustellen.

Die Adressen der drei Herausgeber sind:

Prof. Dr. Dr. h.c. Erwin Deutsch (Zivilrecht und Rechtsvergleichung)
Höltystraße 8
37085 Göttingen

Prof. Dr. Dr. h.c. Adolf Laufs (Zivilrecht und Rechtsgeschichte)
Kohlackerweg 12
69151 Neckargemünd

Prof. Dr. Dr. h.c. Hans-Ludwig Schreiber (Strafrecht und Rechtstheorie)
Grazer Str. 14
30519 Hannover

RECHT UND MEDIZIN

Band 1 Erwin Deutsch: Das Recht der klinischen Forschung am Menschen. Zulässigkeit und Folgen der Versuche am Menschen, dargestellt im Vergleich zu dem amerikanischen Beispiel und den internationalen Regelungen. 1979.

Band 2 Thomas Carstens: Das Recht der Organtransplantation. Stand und Tendenzen des deutschen Rechts im Vergleich zu ausländischen Gesetzen. 1979.

Band 3 Moritz Linzbach: Informed Consent. Die Aufklärungspflicht des Arztes im amerikanischen und im deutschen Recht. 1980.

Band 4 Volker Henschel: Aufgabe und Tätigkeit der Schlichtungs- und Gutachterstellen für Arzthaftpflichtstreitigkeiten. 1980.

Band 5 Hans Lilie: Ärztliche Dokumentation und Informationsrechte des Patienten. Eine arztrechtliche Studie zum deutschen und amerikanischen Recht. 1980.

Band 6 Peter Mengert: Rechtsmedizinische Probleme in der Psychotherapie. 1981.

Band 7 Hazel G.S. Marinero: Arzneimittelhaftung in den USA und Deutschland. 1982.

Band 8 Wolfram Eberbach. Die zivilrechtliche Beurteilung der *Humanforschung*. 1982.

Band 9 Wolfgang Deuchler: Die Haftung des Arztes für die unerwünschte Geburt eines Kindes ("wrongful birth"). Eine rechtsvergleichende Darstellung des amerikanischen und deutschen Rechts. 1984.

Band 10 Hermann Schünemann: Die Rechte am menschlichen Körper. 1985.

Band 11 Joachim Sick: Beweisrecht im Arzthaftpflichtprozeß. 1986.

Band 12 Michael Pap: Extrakorporale Befruchtung und Embryotransfer aus arztrechtlicher Sicht; insbesondere: Der Schutz des werdenden Lebens in vitro. 1987.

Band 13 Sabine Rickmann: Zur Wirksamkeit von Patiententestamenten im Bereich des Strafrechts. 1987.

Band 14 Joachim Czwalinna: Ethik-Kommissionen - Forschungslegitimation durch Verfahren. 1987.

Band 15 Günter Schirmer: Status und Schutz des frühen Embryos bei der *In-vitro*-Fertilisation. Rechtslage und Diskussionsstand in Deutschland im Vergleich zu den Ländern des angloamerikanischen Rechtskreises. 1987.

Band 16 Sabine Dönicke: Strafrechtliche Aspekte der Katastrophenmedizin. 1987.

Band 17 Erwin Bernat: Rechtsfragen medizinisch assistierter Zeugung. 1989.

Band 18 Hartmut Schulz: Haftung für Infektionen. 1988.

Band 19 Herbert Harrer: Zivilrechtliche Haftung bei durchkreuzter Familienplanung. 1989.

Band 20 Reiner Füllmich: Der Tod im Krankenhaus und das Selbstbestimmungsrecht des Patienten. Über das Recht des nicht entscheidungsfähigen Patienten, künstlich lebensverlängernde Maßnahmen abzulehnen. 1990.

Band 21 Franziska Knothe: Staatshaftung bei der Zulassung von Arzneimitteln. 1990.

Band 22 Bettina Merz: Die medizinische, ethische und juristische Problematik artifizieller menschlicher Fortpflanzung. Artifizielle Insemination, In-vitro-Fertilisation mit Embryotransfer und die Forschung an frühen menschlichen Embryonen. 1991.

Band 23 Ferdinand van Oosten: The Doctrine of Informed Consent in Medical Law. 1991.

Band 24 Stephan Cramer: Genom- und Genanalyse. Rechtliche Implikationen einer "Prädiktiven Medizin". 1991.

Band 25 Knut Schulte: Das standesrechtliche Werbeverbot für Ärzte unter Berücksichtigung wettbewerbs- und kartellrechtlicher Bestimmungen. 1992.

Band 26 Young-Kyu Park: Das System des Arzthaftungsrechts. Zur dogmatischen Klarstellung und sachgerechten Verteilung des Haftungsrisikos. 1992.

Band 27 Angela Könning-Feil: Das Internationale Arzthaftungsrecht. Eine kollisionsrechtliche Darstellung auf sachrechtsvergleichender Grundlage. 1992.

Band 28 Jutta Krüger: Der Hamburger Barmbek/Bernbeck-Fall. Rechtstatsächliche Abwicklung und haftungsrechtliche Aspekte eines medizinischen Serienschadens. 1993.

Band 29 Alexandra Goeldel: Leihmutterschaft – eine rechtsvergleichende Studie. 1994.

Band 30 Thomas Brandes: Die Haftung für Organisationspflichtverletzung. 1994.

Band 31 Winfried Grabsch: Die Strafbarkeit der Offenbarung höchstpersönlicher Daten des ungeborenen Menschen. 1994.

Band 32 Jochen Markus: Die Einwilligungsfähigkeit im amerikanischen Recht. Mit einem einleitenden Überblick über den deutschen Diskussionsstand. 1995.

Band 33 Meltem Göben: Arzneimittelhaftung und Gentechnikhaftung als Beispiele modernen Risikoausgleichs mit rechtsvergleichenden Ausblicken zum türkischen und schweizerischen Recht. 1995.

Band 34 Regine Kiesecker: Die Schwangerschaft einer Toten. Strafrecht an der Grenze von Leben und Tod – Der Erlanger und der Stuttgarter Baby-Fall. 1996.

Band 35 Doris Voll: Die Einwilligung im Arztrecht. Eine Untersuchung zu den straf-, zivil- und verfassungsrechtlichen Grundlagen, insbesondere bei Sterilisation und Transplantation unter Berücksichtigung des Betreuungsgesetzes. 1996.

Band 36 Jens-M. Kuhlmann: Einwilligung in die Heilbehandlung alter Menschen. 1996.

Band 37 Hans-Jürgen Grambow: Die Haftung bei Gesundheitsschäden infolge medizinischer Betreuung in der DDR. 1997.

Band 38 Julia Röver: Einflußmöglichkeiten des Patienten im Vorfeld einer medizinischen Behandlung. Antezipierte Erklärung und Stellvertretung in Gesundheitsangelegenheiten. 1997.

Band 39 Jens Göben: Das Mitverschulden des Patienten im Arzthaftungsrecht. 1998.

Band 40 Hans-Jürgen Roßner: Begrenzung der Aufklärungspflicht des Arztes bei Kollision mit anderen ärztlichen Pflichten. Eine medizinrechtliche Studie mit vergleichenden Betrachtungen des nordamerikanischen Rechts. 1998.

Band 41 Meike Stock: Der Probandenschutz bei der medizinischen Forschung am Menschen. Unter besonderer Berücksichtigung der gesetzlich nicht geregelten Bereiche. 1998.

Band 42 Susanne Marian: Die Rechtsstellung des Samenspenders bei der Insemination / IVF. 1998.

Band 43 Maria Kasche: Verlust von Heilungschancen. Eine rechtsvergleichende Untersuchung. 1999.

Band 44 Almut Wilkening: Der Hamburger Sonderweg im System der öffentlich-rechtlichen Ethik-Kommissionen Deutschlands. 2000.

Band 45 Jonela Hoxhaj: Quo vadis Medizintechnikhaftung? Arzt-, Krankenhaus- und Herstellerhaftung für den Einsatz von Medizinprodukten. 2000.

Band 46 Birgit Reuter: Die gesetzliche Regelung der aktiven ärztlichen Sterbehilfe des Königreichs der Niederlande – ein Modell für die Bundesrepublik Deutschland? 2001.
2. durchgesehene Auflage 2002.

Band 47 Klaus Vosteen: Rationierung im Gesundheitswesen und Patientenschutz. Zu den rechtlichen Grenzen von Rationierungsmaßnahmen und den rechtlichen Anforderungen an staatliche Vorhaltung und Steuerung im Gesundheitswesen. 2001.

Band 48 Bong-Seok Kang: Haftungsprobleme in der Gentechnologie. Zum sachgerechten Schadensausgleich. 2001.

Band 49 Heike Wachenhausen: Medizinische Versuche und klinische Prüfung an Einwilligungsunfähigen. 2001.

Band 50 Thomas Hasenbein: Einziehung privatärztlicher Honorarforderungen durch Inkassounternehmen. 2002.

Band 51 Oliver Nowak: Leitlinien in der Medizin. Eine haftungsrechtliche Betrachtung. 2002.

Band 52 Christina Herrig: Die Gewebetransplantation nach dem Transplantationsgesetz. Entnahme – Lagerung – Verwendung unter besonderer Berücksichtigung der Hornhauttransplantation. 2002.

Band 53 Matthias Nagel: Passive Euthanasie. Probleme beim Behandlungsabbruch bei Patienten mit apallischem Syndrom. 2002.

Band 54 Miriam Ina Saati: Früheuthanasie. 2002.

Band 55 Susanne Schneider: Rechtliche Aspekte der Präimplantations- und Präfertilisationsdiagnostik. 2002.

Band 56 Uta Oelert: Allokation von Organen in der Transplantationsmedizin. 2002.

Band 57 Jens Muschner: Die haftungsrechtliche Stellung ausländischer Patienten und Medizinalpersonen in Fällen sprachbedingter Mißverständnisse. 2002.

Band 58 Rüdiger Wolfrum / Peter-Tobias Stoll / Stephanie Franck: Die Gewährleistung freier Forschung an und mit Genen und das Interesse an der wirtschaftlichen Nutzung ihrer Ergebnisse. 2002.

Band 59 Frank Hiersche: Die rechtliche Position der Hebamme bei der Geburt. Vertikale oder horizontale Arbeitsteilung. 2003.

Band 60 Hartmut Schädlich: Grenzüberschreitende Telemedizin-Anwendungen: Ärztliche Berufserlaubnis und Internationales Arzthaftungsrecht. Eine vergleichende Darstellung des deutschen und US-amerikanischen Rechts. 2003.

Band 61 Stefanie Diettrich: Organentnahme und Rechtfertigung durch Notstand? Zugleich eine Untersuchung zum Konkurrenzverhältnis von speziellen Rechtfertigungsgründen und rechtfertigendem Notstand gem. § 34 StGB. 2003.

Band 62 Anne Elisabeth Stange: Gibt es psychiatrische Diagnostikansätze, um den Begriff der schweren anderen seelischen Abartigkeit in §§ 20, 21 StGB auszufüllen? 2003.

Band 63 Christiane Schief: Die Zulässigkeit postnataler prädiktiver Gentests. Die Biomedizin-Konvention des Europarats und die deutsche Rechtslage. 2003.

Band 64 Maike C. Erbsen: Praxisnetze und das Berufsrecht der Ärzte. Der Praxisverbund als neue Kooperationsform in der ärztlichen Berufsordnung. 2003.

Band 65 Markus Schreiber: Die gesetzliche Regelung der Lebendspende von Organen in der Bundesrepublik Deutschland. 2004.

Band 66 Thela Wernstedt: Sterbehilfe in Europa. 2002.

Band 67 Axel Thias: Möglichkeiten und Grenzen eines selbstbestimmten Sterbens durch Einschränkung und Abbruch medizinischer Behandlung. Eine Untersuchung aus straf- und betreuungsrechtlicher Perspektive unter besonderer Berücksichtigung der Problematik des apallischen Syndroms. 2004.

Band 68 Jutta Müller: Ärzte und Pflegende, die keine Organe spenden wollen. Transplantatmangel muss nicht sein. 2004.

Band 69 Ihna Link: Schwangerschaftsabbruch bei Minderjährigen. Eine vergleichende Untersuchung des deutschen und englischen Rechts. 2004.

Band 70 Susann Tiebe: Strafrechtlicher Patientenschutz. Die Bedeutung des Strafrechts für die individuellen Patientenrechte. 2005.

Band 71 Jörg Gstöttner: Der Schutz von Patientenrechten durch verfahrensmäßige und institutionelle Vorkehrungen sowie den Erlass einer Charta der Patientenrechte. 2005.

Band 72 Oliver Jürgens: Die Beschränkung der strafrechtlichen Haftung für ärztliche Behandlungsfehler. 2005.

Band 73 Stephanie Gropp: Schutzkonzepte des werdenden Lebens. 2005.

Band 74 Clemens Winter: Robotik in der Medizin. Eine strafrechtliche Untersuchung. 2005.

Band 75 Barbara Eck: Die Zulässigkeit medizinischer Forschung mit einwilligungsunfähigen Personen und ihre verfassungsrechtlichen Grenzen. Eine Untersuchung der Rechtslage in Deutschland und rechtsvergleichenden Elementen. 2005.

Band 76 Anastassios Kantianis: Palliativmedizin als Sterbebegleitung nach deutschem und griechischem Recht. 2005.

www.peterlang.de

FSC
www.fsc.org
MIX
Papier | Fördert gute Waldnutzung
FSC® C083411

Kolibri 360 GmbH
Ferdinand-Jühlke-Straße 7
99095 Erfurt, Deutschland
produktsicherheit@kolibri360.de

Druck:
CPI Druckdienstleistungen GmbH
im Auftrag der
Kolibri 360 GmbH
Ferdinand-Jühlke-Str. 7
99095 Erfurt